高速公路项目投建营一体化理论与实践

中铁交通投资集团有限公司　编著

人民交通出版社股份有限公司
北　京

内 容 提 要

本书分上、下两篇，共十三章。上篇为理论篇，包含高速公路投建营一体化模式解析、高速公路投建营一体化项目投融资模式、高速公路投建营一体化项目建设管理、高速公路投建营一体化项目运营管理共四章。下篇为实践篇，包含南横高速公路项目投融资决策与项目管理策划、南横高速公路项目立项审批与专题管理、南横高速公路项目施工图两阶段设计与投资控制、南横高速公路项目招标采购与合同管理、南横高速公路项目建设管理、南横高速公路项目技术与科研管理、南横高速公路项目交（竣）工验收管理、南横高速公路项目运营管理、南横高速公路投建营一体化项目建设总结与展望共九章。

本书可为公路工程管理人员提供参考。

图书在版编目（CIP）数据

高速公路项目投建营一体化理论与实践 / 中铁交通投资集团有限公司编著. — 北京 ：人民交通出版社股份有限公司, 2023.12

ISBN 978-7-114-19009-4

Ⅰ.①高… Ⅱ.①中… Ⅲ.①高速公路—基本建设项目—项目管理—研究 Ⅳ.①U412.36

中国国家版本馆 CIP 数据核字(2023)第 187467 号

Gaosu Gonglu Xiangmu Tou-Jian-Ying Yitihua Lilun yu Shijian

书　　名：高速公路项目投建营一体化理论与实践
著 作 者：中铁交通投资集团有限公司
责任编辑：钱　堃
责任校对：赵媛媛
责任印制：张　凯
出版发行：人民交通出版社股份有限公司
地　　址：（100011）北京市朝阳区安定门外外馆斜街 3 号
网　　址：http://www.ccpcl.com.cn
销售电话：（010）59757973
总 经 销：人民交通出版社股份有限公司发行部
经　　销：各地新华书店
印　　刷：北京虎彩文化传播有限公司
开　　本：787 × 1092　1/16
印　　张：20.25
字　　数：490 千
版　　次：2023 年 12 月　第 1 版
印　　次：2023 年 12 月　第 1 次印刷
书　　号：ISBN 978-7-114-19009-4
定　　价：98.00 元
（有印刷、装订质量问题的图书，由本公司负责调换）

编制单位

编制单位：中铁交通投资集团有限公司

编制委员会

主任委员：沈安斌

委　　员：黄成均　胡应武　张　峰　王胜利　张彦春

编写人员

主　　编：钟万波　黄文国

副 主 编：范爱民　贾世杰

编写人员：周学宁　魏　猛　郭　鹏　廖剑锋　杜中富
段玲玲　平云亚　练瑞琪　申松锁　路　伟
王俊伟　谭　斌　王　耀　朱食丰　张　睿
徐　倩　蔡豪伟　牟文杰　袁国峰　陈　敏
李　敏　王　昱　宋炜钰

序

我国高速公路发展经历了“瓶颈制约”“总体缓解”“基本适应”三个阶段，现正处于提质增效的转型阶段。受制于高速公路建设资金保障缺位及建设债务风险较高、高速公路管理主体分散多元及管理模式不统一等多方面因素，各地交通运输部门不断探索投融资及建设管理模式创新。“投建营一体化”是由同一责任主体负责项目投资、建设和运营，保证项目在投资、建设与运营的不同阶段目标相互衔接，投资总体目标前后一致，从而实现投资预期的投资建设模式。“投建营一体化”是经济环境与市场竞争双重影响下工程投资建设模式的自然发展方向，各大工程建筑企业也从不同路径在提高自主投资、自主建设、自主运营能力等方面进行了积极有效的探索，进而以“投建营”全产业链优势服务“交通强国”建设，推动高速公路行业高质量转型发展。

中铁交通投资集团有限公司（简称“中铁交通”）是中国中铁股份有限公司最早从事高速公路投资、建设、运营管理的专业化公司。自2007年成立以来，中铁交通秉承“开路先锋”精神，深耕高速公路投资建设运营全生命周期管理，求真务实，形成一套具有中铁特色的高速公路建设管理体系。为了适应新时代、新发展的要求，中铁交通树立“大中铁理念”，倡导“大商务价值”，培育“大运营思维”，科学谋划企业中长期发展规划，推动企业行稳致远，推进高速公路“投建营一体化”高质量发展。

南横高速公路项目是广西南宁通往粤港澳大湾区的重要通道，主线全长约111.67km，是广西第一条一次建成双向八车道高速公路，设计速度为120km/h。由中铁交通牵头的联合体负责项目投资、建设和运营管理，建设期为4年，运营期为30年。广西中铁南横高速公路有限公司践行中铁交通大商务管理理念，聚焦价值创造、效益提升，积极推进全周期、全要素、全过程管理，科学开展高速公路建设管理创新、模式创新，探索了一套符合实际、可复制、可推广的高速公路“投建营一体化”理论与实践模式。以此为基础，中铁交通组织技术力量，对南横高速公路项目进行全面、系统的总结，编写了本书，期望通过通俗易懂的语言、图文并茂的形式，对高速公路“投建营一体化”模式进行深入剖析，全面展示南横高速公路项目在投融资决策与项目管理策划、立项审批与专题管理、施工图两阶段设计与投资控制、招标采购与合同管理、建设管理、技术与科研管理、交（竣）工验收管理以及运营管理等方面的标准示范和创新成果，力求对有兴趣参与高速公路投建营一体化模式研究的学者和有志于从事高速公路投资、建设、运营管理的人员有所帮助。

中铁交通投资集团有限公司党委书记、董事长　李建光

2023年12月

前　言

投建营一体化模式是集项目投融资、建设和运营于一体的，全寿命周期、全产业链的项目运作模式，最早是部分海外业主受资金和运维难题困扰主动提出的诉求。2016年商务部、国务院国资委印发《关于推动中央企业大力开展境外建设项目"建营一体化"工作的指导意见》（商合发〔2016〕66号），鼓励企业从承包商身份向投资人、运营商等多元身份转变，通过EPC+F、PPP、BOT等形式参与国际基础设施项目投资与建设工作。2018年，习近平总书记在中非合作论坛北京峰会开幕式上的主旨讲话中提出，支持中国企业以投建营一体化等模式参与非洲基础设施建设，重点加强能源、交通、信息通信、跨境水资源等合作。2019年，商务部等19部门联合印发了《关于促进对外承包工程高质量发展的指导意见》（商合发〔2019〕273号），指导企业提升项目投融资能力、运营管理能力等，鼓励其以投建营一体化模式加深项目全产业链参与程度，逐步增强企业投融资、工程建设、运营服务的综合优势。

投建营一体化模式在我国高速公路领域得到长足发展，据不完全统计，从2015年到2021年底，我国共约58个高速公路项目采用投建营一体化模式。但尚未有学者对关于高速公路投建营一体化项目运作管理方面的理论与实践进行系统梳理。本书从理论层面对投建营一体化模式进行全面解析，结合中铁交通投资集团有限公司负责投资的南横高速公路投建营一体化项目实践对其进行剖析，以期帮助读者更加全面、系统地了解高速公路投建营一体化项目运作过程和要点，推动投建营一体化项目运作实践的规范化和程序化。

本书分上、下两篇，共十三章，上篇为理论篇，含前四章，第一章分析了高速公路投建营一体化模式的发展背景、内涵、运作方式和特点等，第二章至第四章从投融资模式、投融资决策、建设程序、建设管理模式、建设目标管理、运营管理模式、运营管理服务拓展、运营管理能力提升等方面，依次对高速公路投建营一体化项目投融资模式、建设管理和运营管理的关键问题进行阐述和深入分析。下篇为实践篇，含后九章，为南横高速公路项目运作实践部分，第五章至第十二章从项目投融资决策与项目管理策划、立项审批与专题管理、施工图两阶段设计与投资控制、招标采购与合同管理、建设管理、技术与科研管理、交（竣）工验收管理、运营管理等方面对南横高速公路投建营一体化项目运作实操过程进行规范化整理。第十三章对南横高速公路项目运作过程的关键环节和要点、管理经验进行高度凝练和总结，为高速公路投建营一体化项目未来发展提供指引。

本书内容全面，注重理论与实践相结合，涉及高速公路投建营一体化项目投融资、建设、运营全寿命周期运作过程的关键环节和要点，既有关于投建营一体化模式的理论分析，又有结合南横高速公路项目实操经验的阐述和解读。本书既可为参与投建营一体化模式研究的高校教师、研究生等提供研究指引，也可为从事高速公路投建营一体化项目投融资、建设、运营管理的工程技术和管理人员提供参考。

本书由广西中铁南横高速公路有限公司和中南大学组织的专家、学者及南横高速公路项目现场管理团队共同撰写完成。在本书撰写过程中，中铁交通投资集团有限公司领导给予了大量指导和关心，对高速公路投建营一体化管理模式和未来发展方向提供了很好的意见和建议，在此表示诚挚感谢。

本书未完全列出所有引用的参考资料，在此对这些参考资料的提供者表示衷心感谢！限于编者水平，书中难免存在不足之处，敬请各位读者批评指正并不吝赐教。

编　者

2023 年 3 月

目　录

上篇　理　论　篇

下篇　实　践　篇

上篇
理论篇

第1章　高速公路投建营一体化模式解析

当前,我国高速公路建设领域正在积极探索新型投融资模式以及工程建设模式。投建营一体化模式有利于解决高速公路项目融资和运营维护难题,促进设计施工融合、整合资源,节约成本和推动公路行业健康发展,同时为建筑企业带来发展空间和附加值,是实现高速公路高质量发展的重要途径。分析高速公路投建营一体化模式的发展背景、内涵、运作方式和特点,有利于深入理解投建营一体化模式的本质特征。

第1节　高速公路投建营一体化发展背景及现状

高速公路是重要的基础设施,对促进区域经济社会发展有重要意义。近年来,我国高速公路建设仍持续稳定发展。随着土地、原材料、施工等费用不断提高,高速公路建设成本也在大幅攀升,传统的政府投资模式已很难适用于高速公路资金密集型产业。同时,项目全寿命周期管理的内在需求以及工程承包市场竞争环境的变化促使高速公路项目投资、建设、运营管理模式发生变革。

一、发展背景

(一)高速公路建设需要较大资金投入,催生项目投融资及建设模式转变

经过改革开放以来四十余年的发展,我国公路交通运输实现从"瓶颈制约"到"总体缓解",再到"基本适应"的历史性转变,公路规模总量已居世界前列,其中高速公路里程位居世界第一。国家发展改革委、交通运输部于2022年7月4日发布了《国家公路网规划》,提出了到2035年基本建成覆盖广泛、功能完备、集约高效、绿色智能、安全可靠的现代化高质量国家公路网。更高的建设标准和环境保护要求,意味着更高的建设成本。建设现代化高质量公路体系,需要较大的资金投入,传统的完全由政府主导的投融资模式无法满足规划发展需求。

特别是自2014年以来,国家相继出台了加强地方政府性债务管理、规范地方政府举债融资等文件,政策环境和投融资渠道发生了重大变化,高速公路项目资金来源逐步被限缩,致使建设资金异常紧缺。虽然我国在高速公路建设领域已经形成"国家投资、地方投资、社会融资、利用外资""贷款修路、收费还贷""滚动发展""发行收费公路专项债券"的多元化投融资机制,但整体来看,高速公路投资主体仍较为集中,融资渠道单一,资金运作效率不高。为破解高速公路建设发展资金难题,缓解政府财政压力,各地交通运输部门从投融资体制、建设养护机制方面切入,积极推动投融资模式创新,吸引社会资本参与高速公路项目投资,产生了BOO

(Build-Own-Operate,建设-拥有-运营)、BOT(Build-Operate-Transfer,建设-运营-移交)、BOOT(Build-Own-Operate-Transfer,建设-拥有-运营-移交)、EPC + F(Engineering-Procurement-Construction + Finance,设计-采购-施工 + 融资)、投建营一体化等投资建设模式,大幅减轻政府项目建设资金压力,对提升资金运作效率和增强项目可实施性,推动高速公路持续、健康、稳定发展起到了极大的推动作用。

(二)传统建设管理模式制约高质量发展,呼唤全寿命周期管理模式

高速公路项目的策划、设计、采购、施工、竣工验收和运营维护是一个有机整体,传统建设管理模式中投资、建设、运营主体分离以及建设过程中设计、施工业务分离,使得项目各阶段工作割裂,各参与方信息交流不通畅,后期运营维护往往处于相对被动状态,对于项目整体效益达成具有不利影响,严重制约了高速公路项目健康可持续发展。全寿命周期管理作为一种更高效的管理理念和方法,能将传统管理模式下相对分离的项目策划决策阶段、建设实施阶段和运营维护阶段在管理目标、管理组织、管理手段等方面进行有机集成,有利于实现工程项目整体功能的优化和整体价值的提升,近年来受到广泛重视。

我国经济社会已进入高质量发展阶段,我国建筑业处于转型升级关键期,高速公路项目建设管理模式变革势在必行。投建营一体化作为一种全寿命周期管理模式,是工程项目建设管理模式的重大创新。投建营一体化模式紧紧围绕工程项目全寿命周期生产要素,聚焦生产组织集成化,打造全过程集成化管理,是提升工程项目全寿命周期集成化管理服务水平、推动建筑业转型、实现高质量发展的必然选择。

(三)工程承包市场竞争日趋激烈,投建营一体化是建筑企业发展模式变革的重要途径

进入21世纪,我国工程承包市场竞争愈发激烈,热点市场逐渐趋于饱和,传统的工程承包业务模式和业务领域发展空间受到制约,工程承包利润越来越微薄,承包条件越来越苛刻,获利渠道越来越窄。单纯的施工承包和EPC总承包模式,在项目建成后移交,不负责后续运维,不仅利益链条短,而且不利于充分发挥项目效益。新的市场形势下,我国大型建筑企业率先探索以投资拉动工程承包甚至转型开展投资,通过发展投资能力、融资能力、市场拓展能力以及运营能力等,增强品牌优势和提升企业资质等级,提供多样化的承包服务,向工程价值链的高端发展。

投建营一体化模式有利于建筑企业提高产业链参与度,将自身业务向微笑曲线高附加值两边延伸,向前扩展到项目开发和投融资环节,向后扩展到项目运营维护环节,逐步实现由以建设施工优势为主向投融资、工程建设、运营服务综合优势的转变。对于原来以工程建设为主的建筑企业,开展投建营一体化业务是主动适应工程承包市场环境变化、实现企业转型的重要方式。建筑企业通过发展投建营一体化业务,实现从单纯的工程设计、施工向投资、设计、采购、施工、运营全产业链一体化的转变,有利于打造全产业链发展新格局,有效改善企业经营结构、资产结构和盈利模式,为企业发展开辟新的出路和空间。投建营一体化模式将是建筑企业增强市场竞争优势的“利器”和实现业务转型的“撒手锏”。

二、发展现状

(一)国家政策鼓励企业推进投建营一体化发展

投建营一体化模式,最早提及类似概念的文件是2005年国务院发布的《国务院关于落实

科学发展观加强环境保护的决定》(国发〔2005〕39号),提出了设计、施工、运营一体化的理念,但是范围仅限于污染治理工程。2013—2015年,国务院及相关部委陆续提出了设计、采购、施工、运营总承包的模式,但项目主要集中在综合管廊、生态修复等环保领域。2016年商务部、国务院国资委联合印发了《关于推动中央企业大力开展境外建设项目"建营一体化"工作的指导意见》(商合发〔2016〕66号),指导企业充分认识实施建营一体化的重要意义,推动企业以EPC+F、PPP(Public-Private-Partnership,政府和社会资本合作)、BOT、BOOT等多种模式深度参与国际基础设施投资和建设,促进企业从过去单纯的承包商向投资商、运营商、服务商等多种角色、多重身份转变。2017年住房城乡建设部编制《建筑业发展"十三五"规划》,其中,在"发展目标"的"产业结构调整目标"部分,提出要求"促进大型企业做优做强,形成一批以开发建设一体化、全过程工程咨询服务、工程总承包为业务主体、技术管理领先的龙头企业"。2018年习近平总书记在中非合作论坛北京峰会开幕式上的主旨讲话中提出支持中国企业以投建营一体化等模式参与非洲基础设施建设。2019年在刚果(布)首都布拉柴维尔举行的第五届对非投资论坛上,国家发展改革委外资司副司长张志青再次建议在非中企投资模式逐步向投建营一体化模式转变。同年商务部等19部门联合印发了《关于促进对外承包工程高质量发展的指导意见》(商合发〔2019〕273号),指导企业积极促进投建营综合发展,增强企业参与项目投融资和建成后运营管理的能力,鼓励金融机构按照市场化原则对有条件的建设-运营-移交等PPP类项目提供项目融资,鼓励企业以建营一体化、投建营一体化等多种模式实施项目,提高产业链参与度,逐步实现由以建设施工优势为主向投融资、工程建设、运营服务综合优势的转变。

(二)企业积极探索高速公路投建营一体化实践

投建营一体化模式是集项目投融资、建设和运营于一体的、全寿命周期的、全产业链的项目运作模式,最早是部分海外业主因受资金和运维难题困扰而主动提出的诉求。在参与国家"走出去"战略安排的历史进程中,我国建筑企业从过去以工程承包为主不断向基础设施建设的投资领域扩展,包括能源、交通、水务等各类基础设施建设行业,形成了阶段性、过渡性的投建营一体化潮流。高速公路领域,我国早年以BOT模式、PPP模式实施的很多高速公路项目都属于投建营一体化项目,如2003年遂渝高速公路采用BOT模式运作,2004年投资方与重庆高速公路发展有限公司共同出资在重庆市注册成立重庆铁发渝遂高速公路有限公司,负责渝遂高速公路及其附属设施的投资、建设、经营和管理,实现从"承包商"向"投资人"的身份转变,是高速公路投建营一体化模式实践探索的星星之火。据不完全统计,从2015年提出投建营一体化概念起到2021年底,我国共约58个高速公路项目采用投建营一体化模式。从项目个数和金额看,投建营一体化项目数量和投资总额均保持增长态势,从投资主体看,参与投建营一体化项目的投资主体包括中国交通建设股份有限公司、中国建筑股份有限公司、中国中铁股份有限公司、中铁交通投资集团有限公司等。从2016年起,中铁交通投资集团有限公司共投资10个高速公路投建营一体化项目,其中4条高速公路已经建成运营,总投资约544亿元,总里程383km,在建高速公路6条,预计总投资845亿元,建设里程591km。可见,投建营一体化模式在高速公路建设中得到了有效的应用,与传统模式相比,在投资、进度、质量、安全、环保等方面都体现了一定的优越性,对项目建设起到高效推进、提高质量、控制投资和降低成本的作用,对促进我国高速公路建设管理模式的变革有着重要的现实意义。

第2节 高速公路投建营一体化内涵探析

投建营一体化是近年来新提出的工程名词，具有较强的中国特色，目前无专门的理论对其进行研究。因此，有必要综合相关文献及业界理解，对高速公路投建营一体化概念进行解析，梳理其具体运作模式，并对其特点进行分析，探究项目价值增值方式。

一、概念界定

投建营即投融资、建设、运营，投建营一体化即按全寿命周期管理理念，由同一责任主体负责项目的投融资、建设和运营，通过对项目投资、融资、设计、采购、建造、运营和退出等一系列步骤进行全面统筹、协调与管理，保证项目在投资、建设与运营不同阶段的目标相互衔接，投资总体目标前后一致。与传统工程投资、建设、运营模式相比，投建营一体化模式拓展和延伸了传统工程承包项目的业务链条，将项目运作的范围向前扩展到项目的开发和投融资环节，向后扩展到项目的运营维护环节。根据投资主体参与投建营一体化项目投资、建设和运营过程中具体角色和参与程度不同，投建营一体化有多种表现形式（表1-1），可分为广义和狭义两种概念。

投建营一体化表现形式　　表1-1

序号	投资		建设		运营		投建营一体化表现形式	投资主体特征
	一家主体	多家联合	自主实施	委托实施	自主实施	委托实施		
1	√			√		√	投资+委托建设+委托运营	产业投资人
2		√		√		√	联合投资+委托建设+委托运营	产业投资人
3	√			√	√		投资+委托建设+运营	具备投资、运营能力
4		√		√	√		联合投资+委托建设+运营	具备投资、运营能力
5	√		√			√	投资+建设+委托运营	具备投资、建设能力
6		√	√			√	联合投资+建设+委托运营	具备投资、建设能力
7	√		√		√		投资+建设+运营	具备投资、建设、运营能力
8		√	√		√		联合投资+建设+运营	具备投资、建设、运营能力

（一）广义层面的投建营一体化

广义上理解，只要投资主体（包括联合体中的任一成员单位）参与了项目的投资、建设和运营的全过程工作，即可称之为“投建营一体化”。投资方面，投资主体可以独资或联合体的形式投资项目；建设和运营方面，可由投资主体实施工程建设、运营，也可将建设和/或运营委托给第三方主体实施。

当投资主体以独资或联合体形式投资项目，设立项目公司，将建设和运营业务委托第三方实施时，投资主体主要作为产业投资人参与项目，负责项目前期投资决策、融资、招标以及建设管理和运营管理，对应表1-1中第1、2种投建营一体化表现形式。如沙特国际电力与水务公司（ACWA Power），主要作为专业的产业投资人，投资中东、北非、东南亚等地区的大型电力和海水淡化项目，基本上在全球范围内选择最优的建设施工和运营管理提供商，以达到投资效益最大化。中国投资有限责任公司搭建了较为完善的海外投资平台，对接“中国元素”，在“一带一路”共建国家及相关地区投资港口、铁路、公路、电网、油气管道等互联互通基础设施项目，致力于实现国家外汇资金多元化投资。

当投资主体以独资或联合体形式投资项目，设立项目公司，将项目建设任务委托第三方实施，自主运营时，项目投资主体应具备投资、运营能力，对应表1-1中第3、4种投建营一体化表现形式。如中国大唐集团有限公司、中国长江三峡集团有限公司（以下简称“三峡集团”）这类以大型水电开发与运营为主的清洁能源集团，通过绿地投资、股权收购等多种方式积极开发风电、太阳能等新能源业务。巴基斯坦第一风力发电项目是其中一个比较有代表性的可再生清洁能源项目。该项目采用BOO模式进行投资开发，由三峡集团旗下的中国三峡南亚投资有限公司100%持股，成立项目公司，委托中国水利电力对外有限公司作为项目EPC总承包商组织规划设计和施工建设，三峡集团作为投资人负责管理和运营。

当投资主体以独资或联合体形式投资项目，设立项目公司，承担项目建设任务，委托运营时，项目投资主体应具备投资、建设能力，对应表1-1中第5、6种投建营一体化表现形式。我国一些轨道交通PPP项目社会资本方以施工类投资人为主，缺乏成熟的运营经验和管理体系，具体运营工作需要委托轨道交通领域专业化的运营公司实施。如北京地铁大兴机场线由北京市轨道交通建设管理有限公司、北京城建集团有限责任公司、北京市政建设集团有限责任公司、北京市政路桥股份有限公司、中国铁建股份有限公司、中铁十四局集团有限公司、中铁十二局集团有限公司等单位共同组建联合体，与政府出资人代表北京市基础设施投资有限公司共同出资成立项目公司，负责项目投资建设。北京地铁大兴机场线于2019年开通运营，由项目公司委托北京市轨道交通运营管理有限公司作为项目运营的实施单位。其中的联合体非牵头方一般由于投资能力不强，通过与外部专业投资或建设公司合作，进行联合投资，以小比例投资带动工程承包。

（二）狭义层面的投建营一体化

狭义上理解，投建营一体化指投资主体以独资或联合体形式投资项目，承担项目建设任务，设立项目公司，竣工后由项目公司负责项目的运营工作，即整个项目的投融资、建设、运营环节均由投资主体或项目公司直接负责，不委托外部第三方建设实施单位或运营单位，通过采用投资开发、项目融资、工程建设、运营管理“四位一体”发展模式，打通从投资、融资、建设到运营管理的整条产业链，实现投资主体、建设主体及运营主体一体化和项目投融资、建设及运营全过程一体化，是投建营一体化较高层次，对应表1-1中第7、8种投建营一体化表现形式。此种情况下，要求投资主体具备较强的投融资实力以及建设、运营等相关专业能力和整体把控能力。国外如法国的万喜集团、西班牙的ACS集团等，均专门成立了特许经营公司，设有专业的建设实施和运维团队，此类特许经营公司以项目公司的名义进行项目投资、建设和运营，无专门的承包商和运营商，属于“投资＋建设＋运营”完全自主实施的投建营一体化模式。国内如中国铁建股份有限公司、中国中铁股份有限公司等通过下属企业合资组建项目公司，通过项目公司签订建设/运营合同，在项目公司层面实现内部资源协同，充分发挥集团内部骨干企业在规划设计、施工建设、设备制造和运营维护等方面的优势，完成从前期规划、勘测、设计到中期施工建设再到后期运营的全产业链工作，实现集团层面的甲乙方一体化和上下游一体化，属于投资主体自主开展建设实施和运营的投建营一体化模式。

我国高速公路投建营一体化主要表现形式为表 1-1 中的后 4 种情形。

二、运作模式

高速公路投建营一体化是包含项目投融资、建设管理和运营管理的全寿命周期管理模式变革，具体运作方式主要涉及投资方与政府的交易结构设计和项目建设管理模式。投资方参与投建营一体化项目的主要模式包括 BOT、PPP、BOO 等，其中 PPP 模式又包含多种具体的运作形式；为有效贯通项目产业链，工程建设环节一般采用 EPC 总承包模式。故高速公路投建营一体化项目运作模式主要包括 BOT + EPC、PPP + EPC 和 BOO + EPC 等。

（一）BOT + EPC 模式

BOT + EPC 模式是指投资方和政府采用 BOT 模式运作项目，投资方组建项目公司，项目公司与政府签订特许经营权协议，由项目公司负责项目资金筹措、建设实施、运营管理、养护维修、债务偿还和资产管理的全过程，自主经营，自负盈亏，投资方中具备施工总承包资质的法人采取 EPC 总承包模式运作项目，项目公司在特许经营期满后将该项目及其全部设施无偿移交给政府。BOT + EPC 模式运作流程如图 1-1 所示。

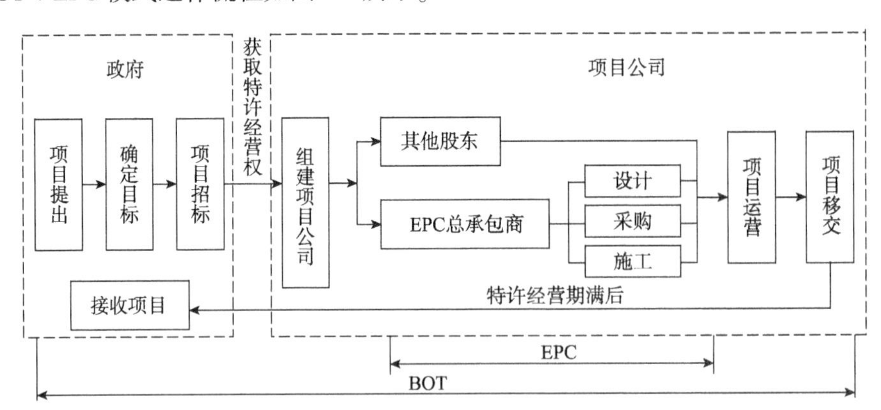

图 1-1　BOT + EPC 模式运作流程图

对于新建项目，一般采用“PPP 模式下的 BOT” + EPC 模式。针对改建或扩建项目，采用“PPP 模式下的 ROT” + EPC 模式，即投资方与政府以 ROT（Rehabilitate-Operate-Transfer，改建-运营-移交）模式运作项目，投资方与政府共同出资组建项目公司，项目公司与政府签订特许经营权协议，中标 EPC 工程总承包的社会投资人负责项目建设或改扩建，项目公司在特许经营期内负责项目运营维护，特许经营期满后，将项目无偿移交给政府。

（二）PPP + EPC 模式

PPP + EPC 模式是指政府依法通过一次采购程序同时选定 PPP 项目社会资本方和 EPC 工

程总承包单位,总承包单位通过 PPP 投融资模式介入项目。此种形式下,政府一般与社会资本方共同出资组建项目公司,项目公司与政府签订特许经营权协议,负责项目投融资、建设(或改扩建)和运营。中标 EPC 工程总承包的社会资本方直接与项目公司签订 EPC 总承包合同。在特许经营期满后,项目公司将项目设施无偿移交给政府部门。PPP + EPC 模式运作流程如图 1-2 所示。

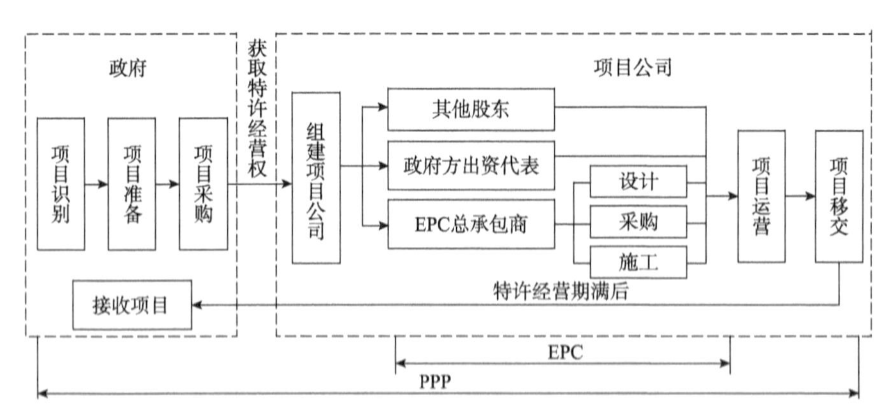

图 1-2　PPP + EPC 模式运作流程图

（三）BOO + EPC 模式

BOO + EPC 模式是指在采用 BOO 模式建设运营的项目中,投资方中具备施工总承包资质的法人以 EPC 总承包模式实施项目建设,投资方组建项目公司,项目公司与政府签订特许经营权协议,负责项目融资、设计、建造和运营维护等工作。特许经营期满后,该资产归项目公司所有。BOO + EPC 模式运作流程如图 1-3 所示。

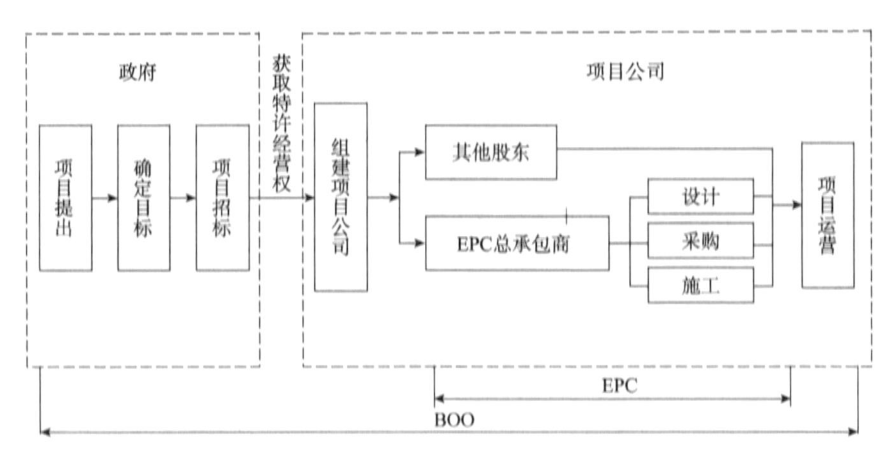

图 1-3　BOO + EPC 模式运作流程图

三、特点分析

与传统高速公路政府投资、企业承包建设的工程承包项目相比,投建营一体化项目的项目结构、资金投入、实施环境、风险分担、开发周期、合同结构等均发生了根本性变化,投建营一体化模式具有以下突出特点：

(一)拓展投融资渠道，加快高速公路建设发展

投建营一体化模式的实施，充分发挥了PPP、BOT等模式的融资功能，拓展了高速公路建设投融资渠道，可引进融资能力强、施工水平高的大型企业，实现高速公路建设投资主体的多元化，有效缓解高速公路建设需求大与建设资金不足之间的矛盾，加快高速公路建设发展。

(二)优化资源配置，合理控制建设成本

投建营一体化模式可充分发挥总承包单位在设计、施工、组织协调、项目管理方面的优势，有效避免投资、设计、采购、施工、运营各环节脱节和相互制约，有利于集中采购、整合社会资源、发挥专业化管理优势、体现规模效应，如总承包商可统一招标采购影响工程造价的大宗材料以降低采购成本等。此外，总承包单位同时具备投资人身份或投资人利益关联体身份，投资人的产权约束机制能有效传导给总承包单位，真正达到合理控制投资、节约社会资源的目的。

(三)注重全寿命周期管理，有效提高综合效益

技术标准的把握和工程耐久性的控制是EPC模式的关键工作。采用投建营一体化模式，各投资主体在项目投资效益和工程质量、安全、进度目标上趋于一致，工程管理要求易于在设计施工过程中得到落实，且投资人之一担任项目总承包商，其立足点包含业主角度和承包商角度，将更加重视统筹考虑建设和运营期内的全寿命周期成本，注重实施全寿命周期管理，变被动为主动，有利于激发投资人的管理潜能，保证工程质量和耐久性，促进项目管理精细化、信息化、科学化，实现综合效益最大化。

(四)规范市场秩序，提升交通行业形象

项目投资、设计、施工、运营一体化，提高了建设市场的准入标准，避免了无序竞争；相较于传统的分阶段、分标段多次进行工程招标，投建营一体化一次招标的模式减少了招标环节和变更数量，压缩了权力寻租空间，有利于降低工程建设领域的廉政风险，提升交通行业形象。

四、价值增值

投建营一体化模式的价值增值可以体现在项目使用功能和质量的提高、实施成本和经营成本的降低、社会效益和经济效益的增长、建设周期缩短、实施过程的组织和协调优化等诸多方面。传统模式下工程项目价值实现过程分散于项目前期策划、设计、施工、运营等各环节，涉及投资方、设计单位、实施单位、运营单位等多方主体，每一主体主要从自身利益出发实施项目，注重某一阶段项目价值的实现，而项目整体价值实现过程被割裂，缺乏有效统筹，容易造成资源浪费、项目质量不高等问题，不利于实现项目整体价值最优。投建营一体化模式立足于全寿命周期角度，通过投融资、建设、运营之间的深度融合以及设计、采购、施工之间的协调管理优化，使得工程项目实施效率得到实质性提高，大大提升工程项目整体价值。

(一)投融资、建设、运营深度融合的增值

投建营一体化项目通过投融资、建设、运营诸环节资源的有效整合，减少整条产业链内耗，实现建设质量提升、全产业链运营效率提高和全寿命周期成本降低，大大提升项目全寿命周期价值。

1. 提升建设质量的价值增值

传统投建营分离模式下,承包商身份单一,只参与工程项目建设,其首要目的是通过完成建设任务获得最大利润,短期利益使得承包商主要考虑施工质量,不会主动从全寿命周期角度考虑项目质量的提高,出现偷工减料等不良道德行为的可能性较高,给项目高质量运营带来隐患。投建营一体化模式下,项目总承包商具有“投资人 + 承包商”的双重身份,总承包商的收益由建设阶段的施工利润和运营阶段的收益分红组成,且主要来源于具有高附加值的运营阶段。而项目建设质量是保证运营质量的基础,因此,总承包商会站在股东角度充分考虑,将项目整体利益最大化放在首位,在建设和运营过程中变被动为主动,通过高于社会平均水准的项目管理降低施工利润,以提高项目建设质量,为运营质量提供保障,从而实现全寿命周期质量成本最优。

2. 提高全产业链运营效率的价值增值

传统投建营分离模式下,项目投资、建设、运营阶段由不同责任主体实施,投资-建设、建设-运营、投资-运营、投资-建设-运营间无法进行无缝衔接,容易出现管理不协调、权责不匹配等现象。投建营一体化模式避免了各环节之间配合衔接问题,有利于发挥项目公司资金、技术、管理的综合优势,实现投资决策阶段预测资金需求、工程建设动态协同、项目交付后无缝移交运营的全价值链转型,提升全产业链运营效率,实现工程项目全过程资金协同和项目交付运营资产的保值增值。

3. 降低全寿命周期成本的价值增值

传统投建营分离模式下,项目投资、建设、运营等各个责任主体分属不同单位,利益目标不统一,难以形成合力。投建营一体化模式克服了传统投建营分离模式下各责任主体全局控制意识淡薄、只站在自身角度实施项目的弊端。投建营一体化项目投资主体践行以投资为主导的全寿命周期管理理念,依托总承包商集成管理优势,统筹协调从项目前期规划设计到后期运营维护的全过程,从项目整体角度设定成本管理目标,重点关注高附加值的投融资、规划设计和运营等环节,有利于降低全寿命周期成本,实现全寿命周期成本与效益整体最优。

(二)设计、采购、施工协调管理的增值

投建营一体化项目通过采用EPC总承包模式,立足于设计、采购、施工的协调管理,发挥总承包商系统集成优势,通过设计、采购、施工过程中的组织集成,缩短工期、降低建设管理成本、提高质量,实现价值增值。

1. 缩短工期的价值增值

设计、采购、施工分离模式下,工程项目的建设按照“设计—招标—施工”次序依次进行,设计单位在缺少施工承包商以及供应商协作的情况下设计,容易出现设计精度不高、可施工性较差等问题,施工过程中会发现种种设计缺陷,发生设计变更,拖延项目进展;采购人员依据设计文件采购设备、材料,可能出现设备、材料与工程需求不匹配的情况,引起现场停工,延长建设周期。EPC总承包模式统筹考虑设计、采购、施工各阶段工作,实现设计、采购、施工深度协同。设计阶段,设计方与施工方充分沟通,采购方提供设备、材料的相关参数信息,提升设计的精度和可施工性,减少设计变更;施工阶段,总承包商充分发挥整体协调和资源统筹作用,设计方及时就建设问题提出解决方案，采购方按照进度提供设备、材料，通过设计、采购、施工的高效协同作业，显著提高投建营一体化项目整体效率，大大缩短建设工期，更早发挥项目经济效益和社会效益，提升项目价值。

2. 降低建设管理成本的价值增值

设计、采购、施工分离模式下，设计方和施工方只对建设单位负责，而采购由建设单位负责，各方按照合同的要求完成相应任务，缺乏沟通、协调。施工阶段往往因为设计图纸问题停工协调，增加设计方修改工作量，引起施工人员、机械窝工，增加人、材、机管理成本。此外，由于设计方、采购方、施工方无合同关系，必须由建设单位协调，增加建设单位的协调成本。投建营一体化模式下，以 EPC 总承包模式实施项目，设计、采购、施工由同一主体或联合体实施，责任主体明确，在功能完善、质量可靠和建设安全的前提下，设计、采购、施工各方全过程沟通、协调，优化设计成果和施工方案，集中采购物资，减少协调工作量，有利于加强投资控制、降低管理成本，实现项目价值增值。

3. 提高质量的价值增值

投建营一体化模式下，除项目公司能立足全局对全寿命周期工程质量进行把控外，采用 EPC 总承包模式进行项目建设，质量主体责任明确，有利于总承包商对设计、采购、施工进行全过程质量管控，克服以往设计、采购、施工分离造成的相互制约和脱节的弊端。设计过程中，设计人员会更多考虑材料、设备选型及可施工性，施工人员可介入设计过程，有利于提高设计质量。施工过程中，针对施工重难点问题，设计人员可更好地对施工组织全过程进行配合和指导，通过深度设计交底和对大宗材料、大型设备的精准描述，避免施工环节由于没有完全理解设计意图而造成的采购和施工错误，在很大程度上消除了质量不稳定因素，有效避免和解决设计、采购、施工分离模式下工程质量无法得到保障、质量监控难等问题，保证工程品质，实现项目价值增值。

第3节 高速公路高质量发展与投建营一体化

实行投建营一体化有利于提升项目建设进度、质量、安全与成本控制效果，提高项目建设管理和运营效率，协调经济效益与社会、生态环境关系，提升建筑企业可持续发展水平，是实现高速公路高质量发展的重要途径。

一、高质量发展目标及内涵

(一)高质量发展目标提出

2017 年，党的十九大报告首次提出“高质量发展”的新表述，明确了中国经济由高速增长阶段转向高质量发展阶段，正处在转变发展方式、优化经济结构、转换增长动力的攻关期。

2018 年，国务院政府工作报告指出“国有企业要通过改革创新，走在高质量发展前列”。

2019 年 9 月，中共中央、国务院印发了《交通强国建设纲要》，提出交通运输业要贯彻落实“坚持推动高质量发展”的新发展理念，努力打造一流设施、一流技术、一流管理、一流服务的综合交通运输格局,为实现中华民族的伟大复兴提供强大支撑。2022 年 1 月,交通运输部正式印发《公路“十四五”发展规划》,紧紧围绕新阶段、新理念、新格局发展要求,全面贯彻落实《交通强国建设纲要》《国家综合立体交通网规划纲要》部署要求,突出公路交通高质量发展主题,提出公路高质量发展“五个更”目标,即到 2025 年,安全、便捷、高效、绿色、经济的现代化公路交通运输体系建设取得重大进展,高质量发展迈出坚实步伐,设施供给更优质、运输服务更高效、路网运行更安全、转型发展更有力、行业治理更完善,有力支撑交通强国建设,高水平适应经济高质量发展要求,满足人民美好生活需要。此外,对照交通强国建设目标,还提出了 2035 年的远景目标,即路网运行通达通畅性显著提升,公路工程安全品质和系统可靠性显著提高,公路管理效率和服务水平大幅提升,绿色与生态和谐理念贯穿公路工程,公路数字化、智能化水平显著提高,公路交通与经济社会发展深度融合,建成安全可靠、便捷高效、绿色智能、融合创新的现代化公路交通体系。

(二)高质量发展内涵解读

管理学领域侧重从供求关系角度来解读高质量发展的内涵,重点包括以下几个方面:①高质量发展的指导思想是践行新发展理念,必须坚定不移贯彻创新、协调、绿色、开放、共享的新发展理念;②高质量发展的主线是深化供给侧结构性改革,提高供给体系质量;③高质量发展的实现途径是推动质量变革、效率变革、动力变革;④高质量发展的关键是构建现代化的经济体系;⑤高质量发展的制度保障是构建市场机制有效、微观主体有活力、宏观调控有度的经济体制。归纳可得高质量发展内涵的核心表征是推进“三大领域”的“三大变革”,即规模领域的质量变革、结构领域的效率变革、驱动领域的动力变革,如图 1-4 所示。质量变革体现在从重视产品、服务和工程规模,转变为重视经济发展各领域、各环节的素质和质量;效率变革体现在通过不断提高劳动生产率、资本产出率和全要素生产率,提升产业价值链和产品附加值,推动产业迈向中高端水平;动力变革体现在从单纯注重物质、资金、人力等要素数量的投入,转变为更加重视科技创新和管理革新对经济发展的驱动。

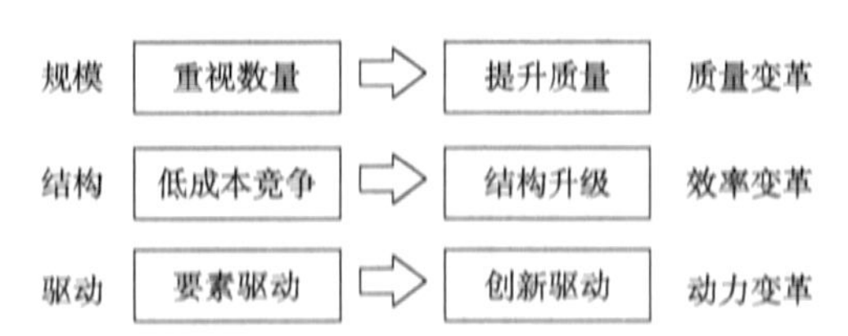

图 1-4　高质量发展内涵的核心表征

高速公路行业发展在经济社会发展中发挥着支撑经济增长、容纳社会劳动力等支柱性和基础性作用,高速公路高质量发展也必须是体现新发展理念的发展,是能够提供更安全、便捷、高效、绿色、经济的运输服务的发展,也是能够较好满足人民日益增长的多层次、多样化交通运输需求的发展。本书根据既有高质量发展的相关理论基础,总结归纳出高速公路高质量发展的内涵,即高速公路高质量发展是以绿色创新为动能,通过协调的效率提升,使高速公路行业的供给能够更好、更均衡地满足人民群众对公路及其服务质量安全、智能、绿色可持续等的需要,实现公路工程、建设企业乃至行业发展层面全面的质量优化。其具体体现在发展标准、发展过程和发展方式 3 个维度上的高质量要求,如图 1-5 所示。

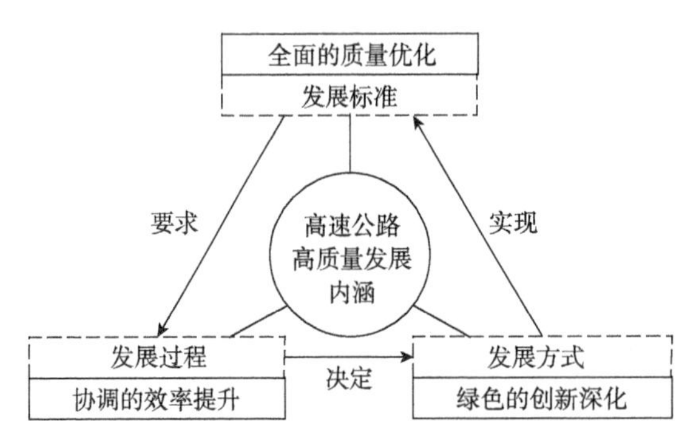

图 1-5　高速公路高质量发展内涵模型

1. 发展标准追求全面的质量优化

高质量发展强调"质量第一",质量是指事物、产品或工作的优劣程度,高质量发展的实质是提升人民生活水平。对于高速公路行业发展来说,高质量一方面表现为高速公路项目的高品质,包括全寿命周期各阶段的效率提升与建筑产品质量、安全、效率、经济、性能、美观、可持续、节能、生态、服务、智能等建筑指标的共同优化;另一方面还表现为公路建设企业发展水平的全面提升,即企业在建设效率、生产方式、经营水平、管理体系、核心技术研发、服务水平和人才培养等方面的全面提升。

2. 发展过程强调协调的效率提升

通过高速公路行业从高速发展阶段到高质量发展阶段的演变,可以识别出高速公路高质量发展过程中的新要求。与传统的高速发展模式相比,高质量发展在发展目标上更加注重经济、社会和生态的协调发展,更加注重发展过程的协调性,包括资源环境的协调利用、制度管理的协调实施,以及区域建设要素的协同配置等。

3. 发展方式遵循绿色的创新深化

面对物质资源的有限性,高新技术和高速公路行业的深度融合为高能耗、高环境负荷的传统建设方式带来了转型机遇。高速公路项目发展方式的创新要以绿色为重要前提,在全产业链和全寿命周期内,实现建造过程中资源利用充分、污染物排放量降低、生态环境破坏减少,从而实现与自然环境的和谐发展。具体来说,从从业人员的角度,创新人才和劳动力素质培养需要注重对绿色发展理念的教育和考核,使绿色发展理念深入人心;从物质资源角度,建造项目的材料、机械需要进一步创新,实现低耗、减排、高效、环保;从建造技术的角度,要引进和推广国内外先进建造技术,促进超低能耗技术和绿色施工技术创新。

二、投建营一体化促进高质量发展

高速公路投建营一体化通过实施主体的一体化实现项目投资、设计、施工、运营全寿命周期一体化,具体运作时着重从管理品质入手,涵盖质量、技术、安全、文化和绿色等方面,是促进高速公路高质量发展的有效途径。

质量优化方面,投建营一体化能够实现质量统一管理,在项目施工过程中落实质量责任终身制,做到标准化管理,材料统一采购和加工,打造高品质工程;有利于培育具有国际竞争力的大型建筑企业，建筑企业通过投建营一体化模式全产业链的发展，促进经营结构和资本结构优化，在市场环境不利时进行高效的业务组合，发挥“技术 + 服务 + 资本 + 管理”全要素经营优势，实现全产业链竞争力的大幅提升。

效率提升方面，投建营一体化模式有利于促使参建各方持续优化方案设计并确保方案有效实施，将参建各方的单一优势转化为整体优势，实现价值创造能力、增值能力和创新能力联动提升，有助于提高建设效率；投建营一体化可有效避免投资、设计、采购、施工、运营的脱节和相互制约，有利于设计、采购和施工合理交叉，能充分挖掘工序协作潜力，实现资源优化配置。此外，投建营一体化模式作为高速公路项目投融资和组织管理方式，通过引入优秀的建筑企业，促进项目管理精细化、信息化、科学化，并且有助于获得先进技术、经验和设备。例如，将数字技术与业务管理和生产过程深度融合，为生产组织和质量管控提供支撑，为养护巡查和病害识别等提供智能化手段，提升工程建设品质和运营养护效率，助力高速公路高质量发展。

创新深化方面，投建营一体化有利于推进绿色高速公路建设，投资主体在高速公路建设和运营的全寿命周期融入绿色建设理念，通过优化源头设计、统筹资源利用、强化生态环保、控制总体成本，实现高速公路与自然、人文、经济、环境的和谐、可持续发展。

第2章　高速公路投建营一体化项目投融资模式

高速公路作为准公益性产品，其建设周期长，投资金额大，投资回收期长，投融资模式与建设管理模式及运营管理有着直接、紧密的关系，并且投融资模式选择本身需要综合考虑建设管理及运营管理中的诸多问题。投建营一体化模式下的高速公路建设面临较多的不确定性因素和较大风险，投融资是项目建设的首要环节，进行投融资模式决策分析对高速公路投建营一体化项目成功有重要意义。

第1节　高速公路投建营一体化项目投资模式

高速公路投资模式主要包括高速公路项目投资主体的确立及其行为方式、股权结构、资金的来源和运作、投资利益及管理权限的划分等。为顺应市场经济改革的总体趋势，我国高速公路投资体制经过了一系列调整，由传统的政府财政投资体制逐渐转变为政府主导、多元化投资、市场化运作的投资体制，在此背景下高速公路投资模式也不断创新，为促进我国高速公路快速发展提供了体制机制保障。

一、高速公路项目投资模式分析

(一)我国高速公路项目投资体制发展与演变

根据我国经济发展情况，按照所处阶段和水平进行划分，我国高速公路项目投资体制的发展主要可以分为以下几个阶段：

第一阶段，"六五"到"七五"(1981—1990年)，主要采用政府全权负责的投资体制。1984年国务院第54次常务会议通过"三项政策"：一是提高养路费征收标准，二是开征车辆购置附加费，三是允许贷款或集资修建的高等公路和大型公路桥梁、隧道收取车辆通行费用于偿还贷款，即"贷款修路，收费还贷"政策。在这一政策下，高速公路项目投入由政府部门统一安排，资金全部来源于财政资金，包括养路费、交通部补助、国债等。1984年4月京津塘高速公路项目获得国务院批准，正式拉开我国大陆高速公路建设的序幕。按照概算要求，京津塘高速公路主线工程的建设资金来源除世界银行贷款之外，主要为中央政府投资即交通部车购费配套投资，工程建设沿线的拆迁、征地和线外工程及部分主线工程投资由地方政府自筹资金解决。我国大陆第一条建成通车的高速公路——沪嘉高速公路于1984年12月12日动工，1988年10月31日竣工，总投资2.28亿元，其中交通补助3300万元，地方财政拨款700万元。在当时的投资体制下，此种完全由政府来负责的投资方式易出现项目建设成本加大、运营成本较高、项目运作缺乏效率等问题。

第二阶段,“八五”到“九五”(1991—2000年),采用政府主导型的投资体制。按照《中共中央关于建立社会主义市场经济体制若干问题的决定》(中国共产党第十四届中央委员会第三次全体会议1993年11月14日通过),开始对公路经营管理和产权制度进行改革尝试。政府主导型的投资体制是指仍由政府进行高速公路项目投资,但是资金来源不再是原来单一的财政资金,转而开始拓宽建设投资、融资渠道,除政府投资外,还积极引进外资,通过发行债券、股票等多种形式筹集资金。佛山—开平高速公路全长80km,是国内第一条股份制高速公路。该项目1992年的合同概算造价是17.2566亿元,其中交通部和广东省交通运输主管部门投资7.42亿元,世界银行贷款5亿多元,尚缺口资金5亿多元。1992年6月经广东省体改委批准,成立了当时全国首家高速公路股份制企业——广东佛开高速公路股份有限公司,并向该项目沿线的企业、有关单位和内部职工定向募集普通股。它标志着我国公路建设、经营、管理机制开始趋向良性循环,同时也是公路建设投资体制改革的一个重大突破。这种以多种形式筹集资金的模式,增加了资金来源,解决了政府财政资金不足的问题,但项目仍然由政府主导建设和收费运营,在一定程度上仍然存在项目投资和运营效率不高的问题。

第三阶段,“十五”以后(2001年以后),采用市场化主导的项目投资体制。在这种投资体制下,企业起主导作用,政府主要起引导作用,引导企业进行高速公路项目投资,一方面使高速公路建设规划得以实施,另一方面企业也能从高速公路的建设经营中获取利润。企业为了收回投资并获得利润,会优化高速公路项目建设方案,降低建设成本,控制运营成本等,使得项目建设和运营效率更高,实现社会效益和企业经济效益双提升。“十五”期间是我国道路运输发展最快最好的时期,是我国公路,特别是高速公路发展最快的时期,五年累计完成投资19505亿元,是“九五”期间的2倍。“十五”期间建成高速公路2.47万km,是“八五”和“九五”期间建成高速公路里程总和的1.5倍,总里程达4.1万km,居世界第二。

采用市场化的投资模式后,我国高速公路得到跨越式发展,但高速公路准公益性产品属性与企业市场化运营的商品逐利性之间的矛盾、社会效益目标和建设发展效率要求之间的冲突及信息评判的不对称导致高速公路准公益性产品的属性难以落实等问题越来越突出,公众对政府主导及公共属性回归的呼声越来越高。因此,在市场化发展积累了一定的经验和成果的同时,需要不断探寻更合理的投融资体制和模式。

(二)我国高速公路项目投资模式分类及特点

根据我国高速公路项目投资主体与出资形式不同,高速公路项目投资模式可分为政府直接投资、政府授权平台企业投资、政府与社会资本共同投资、社会资本投资四类。

1.政府直接投资

我国高速公路建设初期主要依靠政府直接投资,政府为了促进区域经济发展,提高国民经济水平,进一步满足公众的生活需要,通过财政投资、发行国债或地方财政债券以及行政事业性收入投资建设高速公路项目。在此种模式下,高速公路建设管理是以省级地方政府为主进行的。由于高速公路建设涉及地方政府中的交通、国土、水利、环境等多个部门,涉及不同地区的利益,为了加快高速公路建设速度,减少矛盾,协调关系,让高速公路建设成为一种社会行为,高速公路建设主要通过成立以省级地方政府主管领导为首的建设指挥部,统一领导和协调高速公路建设中的生产指挥及组织。

2. 政府授权平台企业投资

随着我国经济体制改革不断深化,基础设施建设投融资体制改革也在逐步展开,特别是在1988年国务院发布《关于投资管理体制的近期改革方案》(国发〔1988〕45号)后,为了实现城市建设领域的"政企分开",促进基础设施建设事权与财权的统一,提高基础设施建设融资能力和基础设施建设资金的使用效益,各地区相继组建了投融资平台,高速公路建设也初步形成了以投融资平台为主体的投融资模式。政府成立高速公路建设投融资公司作为投融资平台,注入高速公路建设资金,委托其进行高速公路经营,并由地方国资委或建设主管部门作为出资人进行统一管理。投融资平台代表政府的投资意志,接受政府委托,对高速公路项目进行投资和建设管理,并通过运用政府增量投资和高速公路存量资产,充分利用国内外资本市场,多渠道筹集社会资金,加速区域高速公路建设,促使高速公路资产合理配置和保值增值。

3. 政府与社会资本共同投资

高速公路建设投资需要大量的资金支持,在全国金融机构放贷趋紧、地方政府负债率普遍较高的情况下,政府和社会资本共同进行高速公路投资建设的模式得到大力发展,尤其是2014年国家关于政府和社会资本合作模式的相关政策出台后,其在高速公路建设领域的应用越来越多,受政策影响,社会资本参与高速公路建设投资的积极性也普遍提高。政府与社会资本共同投资可以采用诸如BOT、PPP等模式,双方按股权比例出资成立项目公司,政府通过给予社会资本(项目公司)长期的特许经营权和收益权,换取高速公路建设及有效运营。采用这种政府和社会资本合作的方式来建设高速公路项目,不仅能够解决政府高速公路建设投资不足的问题,而且能充分发挥社会资本方(项目公司)的融资能力,整合社会资本方资金、人员、技术等资源,政府方和社会资本方共同承担项目责任和投融资风险,能够降低高速公路项目建设成本,或在同等建设成本下提供更高质量的高速公路服务。

4. 社会资本投资

目前国家积极鼓励社会资本进入高速公路建设领域,出现了直接由社会资本进行投资的模式,政府不参与投资,只进行监督和指导。该种模式下社会资本方直接投资高速公路建设,负责高速公路项目资金筹措、建设、经营、养护管理以及通行费收取等,完全由社会资本投资的投建营一体化项目即属于该种投资模式。《收费公路权益转让办法》(中华人民共和国交通运输部、国家发展和改革委员会、财政部令2008年第11号)出台后,高速公路权益投资门槛有所提高,目前的投资主体主要是国有大型企业集团以及保险公司、社保基金公司等大型机构投资者。社会资本的引入离不开金融机构,金融机构可与高速公路企业联合作为社会资本方,双方可共同设立产业基金,由基金公司担任产业基金管理人,产业基金一般金额较大,资金使用性质灵活,可弥补项目建设资金缺口,且基金属于股权投资,可优化企业的资本结构,降低企业资产负债率,增强企业再融资能力。产业基金相比保险资金要求较低,在未来一段时间内,大量的金融机构将可借助产业基金投入高速公路项目建设。

二、高速公路投建营一体化项目投资模式分析

投建营一体化模式与传统的工程承包模式不同,它拓展和延长了传统工程承包项目的业

务链条。站在大型建筑企业投资方的角度来看,投建营一体化项目与传统工程承包项目相比,收益水平更高,但运作模式和交易架构更复杂,运作难度更大,面临的风险也更大。投资是整个投建营一体化的首要环节,它既解决了部分项目建设工程款的问题,又是参与方在项目建成后参与运营管理的充要条件。

投建营一体化模式下,社会资本方投资成立项目公司,或社会资本方与政府方共同出资成立项目公司,投入股本形成项目公司权益资本。由于高速公路等基础设施项目具有准公益性,且投资金额大、周期长、风险大,所以投资的社会资本方一般都是一些大型央企、跨国企业等资信高的企业,有时也是由多家公司组成的大型投资集团。在该种模式下,投资方不是项目的发起人,在法律上也不拥有项目,只是通过为项目注入资本金而成为项目股东,在公共部门授予的特许经营期内负责项目设计、融资、建设及运营维护。社会资本方注入的资金来源可分为内部筹资和外部筹资。内部筹资包括企业自身的积累、盘活闲置资产和内部沉淀资金调剂等多种方式;外部筹资包括 OPM(Other People's Money,他人的钱)战略(企业充分利用做大规模的优势,增强与供应商的讨价还价能力,将存货和应收账款占用的资金及资金成本转嫁给供应商的运营资本管理战略)、融资租赁和发行证券等方式。从筹资成本和难易程度来看,投资方应优先考虑 OPM 战略,即使用他人的资金,大型建筑企业可以凭借自身的规模优势,充分利用商业银行的承兑汇票等金融工具,以及通过合同条款实现对材料供应商、机械设备租赁商、劳务协作供应商的支付,并保持适度的负债定额。OPM 战略的实施能有效减小建筑企业举债规模,从而减少利息支出,降低财务费用;融资租赁方式具有速度快、弹性大、成本合理等优点;具备上市发行债券的企业还可以发行有价证券。此外,投资方通过投资高速公路投建营一体化项目,负责项目后续建设和运营,能够将前期建设各项资金结余转换为公司的利润,再通过流转使之成为投入的项目资本金,从而实现以最小的项目投入获得整个项目的最大权益。此类项目的投资,既可以改变公司原有的业务模式,又可以改善公司经营性资产的比例,很好地兼顾了企业对当前和长远利润的需求,给企业带来良好的经济效益。

第2节　高速公路投建营一体化项目融资模式

在鼓励融资创新、拓宽融资渠道的相关政策推动下,我国金融领域多次改革,融资方式推陈出新,各种创新型融资模式在高速公路融资体系中扮演着越来越重要的角色。虽然各种不同外源融资渠道获取资金大体上仍保持以银行信贷为主,以股票、债券等资本市场资金为辅的格局,但信托贷款、融资租赁等新兴融资渠道迅速发展。基于融资方式、融资成本、融资难易程度、融资额度和融资风险等因素,不同融资方式运用于高速公路时会呈现出不同的优缺点和适用性。

一、高速公路项目融资模式分类与比较

(一)高速公路项目融资模式分类

前文已对高速公路项目股权资金来源进行分析,这里所说的高速公路项目融资模式分类依据是债务资金的来源和渠道,是指项目建设阶段通过银行贷款、债券、资产支持证券、融资租

赁证券市场、经营权转让等进行的借贷融资。

1. 银行贷款

目前我国高速公路项目融资资金主要来源于银行贷款，银行贷款资金在高速公路项目融资中扮演着最重要的角色。我国银行规模庞大，能够满足大型高速公路项目的资金需求。银行由于吸收了大部分低利率的存款，获取资金的成本低，所以可以较低的利率发放贷款。但是银行对借贷主体的信用要求较高，部分高速公路新建项目由于自身信用不足，随着银行贷款的增长，项目公司资产负债率不断上升，贷款可获得性降低，过多的银行贷款会导致公司资本结构失衡。

2. 债券融资

企业债券通常又称为公司债券，是企业依照法定程序发行，约定在一定期限内还本付息的债券。企业债券代表着发债企业和投资者之间的一种债权债务关系。债券持有人是企业的债权人，而不是所有者，无权参与或干涉企业经营管理，但债券持有人有权按期收回本息。从实践经验和债券融资本身的特点来看，债券融资是最适合公路建设的一种债务融资工具。与股票相比，债券通常规定了固定的利率，与企业绩效没有直接联系，投资者的收益比较稳定，风险较小。对于发行人来说，在根据自身资信度发行债券后，只需要按约定条件偿还投资者本金并支付利息，投资人不拥有发行人的资产所有权和管理权。

3. 资产支持证券融资

资产支持证券(Asset-Backed Securities，ABS)融资是指将某一特定资产或资金流产生的未来现金流量的期望值分割，形成小单位票据，然后通过票据发行筹资。它依据某一已建成项目或在建项目的未来预期收益，一次性支付原始权益人一笔款项或股份，以取得该项目未来运营的现金收益权。原始权益人则得以实现其已建成项目或在建项目资产存量变现和流动，从事新的建设投资。ABS不仅可以筹集大量资金，还有助于盘活许多具有良好收益的固定资产。ABS模式中项目资产所有权属于特殊目的机构(Special Purpose Vehicle，SPV)，而项目的运营、决策权属于原始权益人，原始权益人有义务把项目现金收入支付给SPV，债券到期后，由资产产生的收入还本付息，支付服务费后，资产所有权复归原始权益人。

4. 融资租赁

租赁是指财产的所有者按合同将财产租给承租人使用，使用者按期交纳一定的租金给出租人的一种经济行为。租赁是所有权与使用权之间的一种借贷关系，是在财产使用权与所有权相分离的情况下，租用使用权的经济行为。在我国高速公路建设中，融资租赁是一种常用的项目融资方式。高速公路资金密集性决定了高速公路需要的一次性资金量巨大。我国各省(区、市)高速公路公司和高速公路承建商为加快高速公路建设速度，常常将资金短缺的问题进行分解，实行分项包干，对于设备采购的资金困难问题，通常采用融资租赁的办法。高速公路建设的投资方之一对一些大型、价格昂贵、通用性很强且使用频率很高的高速公路建设、检测和勘察设施设备，常常采用融资租赁的办法解决设备采购资金不足的问题。在解决一次性投入大量资金困难和一些设施设备实际使用时间远远低于其使用寿命的问题时，融资租赁是提高资金使用效率、加速资金周转和充分发挥设施设备功率的一种行之有效的办法。

5. 证券市场融资

高速公路建设需要大量资金投入，通过证券市场筹集公路建设资金已成为一种趋势。随着资本市场的迅猛发展，明晰经济效益前景好的高速公路项目产权关系后，成立股份有限公司，能够上市发行股票筹集资金。相对于转让公路经营权等一次性筹资，证券市场融资是长期的。广东省高速公路发展股份有限公司通过发行股票“粤高速 A”及“粤高速 B”筹集高速公路建设资金，其融资修建的佛山—开平高速公路是我国采用股份制修建的第一条高速公路。目前，发行股票上市融资已成为我国公路企业融资的一个有效途径，我国 A 股市场现有数十家高速公路上市公司，筹集了大量社会闲散资金，促进了高速公路的发展。

6. 经营权转让

高速公路经营权是依托在高速公路实物资产上的无形资产，是指经省级以上人民政府批准，对已建成通车高速公路设施允许收取车辆通行费的收费权和由交通部门投资建成的公路沿线规定区域内服务设施的经营权。高速公路经营权转让是指由政府授权所属的高速公路经营公司，将经批准的规定范围内的全部或部分高速公路经营权，在一定期限内转让给具有法人资格的境内外单位经营的一种特许行为。受让方在经营期限内享有该高速公路的经营权、收益权，并负责高速公路养护，到期后将经营权返还出让方。交通部于 1996 年颁布的《公路经营权有偿转让管理办法》（交通部令 1996 年第 9 号）对转让公路经营权的一些原则和一般性问题作了规定。我国目前已有多条高速公路进行了经营权转让。如福禧投资控股有限公司以 32 亿元买断了沪杭高速公路上海段 30 年的经营权，是我国高速公路经营权转让的典型案例。高速公路经营权转让可将企业的投资和未来的部分收益提前收回，用于新项目的开发建设，解决高速公路建设资金严重不足的问题，使资金尽快回笼周转。

（二）高速公路项目融资模式比较

融资模式评价是一个复杂的过程，涉及因素较多，难以用某项指标对其作出准确评价，只能基于目前高速公路项目本身的现金流情况以及各模式的市场占有情况作出定性评判和比较，如表 2-1 所示。

高速公路项目融资模式比较　　表 2-1

融资模式	融资成本	融资难易	融资额度	融资风险
银行贷款	较低	一般	一般	一般
债券融资	较低	较难	较大	较小
ABS 融资	较低	一般	较小	较小
融资租赁	一般	一般	较小	较小
证券市场融资	一般	难	较大	较大
经营权转让	较高	较难	较大	较小

从表 2-1 可以看出，银行贷款是我国目前公路建设比较成熟且易于操作的主要融资模式，在国内已开展多年，各种配套环节已趋完善，是高速公路项目主要融资模式。债券融资的融资额度较大、成本较低、风险较小，是一种比较理想的融资模式。实践证明，债券融资是公

路行业今后仍应积极开拓的融资渠道，随着国家投融资体制改革的深入，公路行业企业债券发行会越来越容易，融资规模也会越来越大。ABS 融资成本比银行贷款低。ABS 针对的是基础资产，与原始权益人自身情况没有关系，过程简化，相对融资成本较低，需要国家层面提供更大的支持，为 ABS 在高速公路建设融资方面的发展创造更有利的条件。融资租赁手续简便，有利于节约财务成本，不涉及高速公路经营权、土地使用权等权属的实质性改变，有利于引入公路资产融资的竞争机制，促使银行同业竞争、下浮贷款利率，产生“鲶鱼效应”，摊薄公路融资成本。从总体上看，证券市场融资额度较大，但审批过程严格，融资难度大，具有一定的融资风险，应在相关政策的指导下，不断完善相关法律法规，适度加以发展。经营权转让融资程序比较复杂，需要熟悉金融、法律等方面知识的专业人才，在公路行业的实际应用环节中仍存在较多问题需要解决。

二、高速公路投建营一体化项目融资模式分析

投建营一体化模式下高速公路建设融资需求高，融资难度大，除传统银行贷款融资方式以外，根据国务院鼓励融资创新、拓宽融资渠道的相关规定，可以根据项目特点采用以下几种渠道融资：担保创新类贷款（经营权或收益权质押贷款、预期收益质押贷款等），政策性金融机构贷款，产业投资基金融资（通过私募等方式设立的相关领域的产业基金等），通过债权投资计划、股权投资计划、资产支持计划等工具引入社保资金、保险资金等，通过企业债券、项目收益债券、中期票据等方式发债筹措资金，应收账款证券化融资等。此外，可借助上市公司的优势优化融资结构，将投资收益（主要为股票、定期存款及投资企业分红）投入 BOT + EPC 项目的衍生产品上。对于权益资金筹集问题，公司还可利用高速公路项目沿线规定区域内的服务设施经营权、广告收费权吸引社会资本方及有实力的广告公司投资来解决。这样既降低了权益资金筹集所带来的融资风险，也有效解决了运营维护资金问题。

第 3 节　高速公路投建营一体化项目投融资决策

在高速公路投建营一体化模式下，项目公司具有投资主体与融资主体双重身份，肩负项目投资风险与融资风险双重压力，进行科学、合理的投融资决策是项目投融资得以顺利进行的关键。高速公路项目投融资规模相对较大，不确定因素较多，且高速公路具有公共物品属性，在进行投融资决策时除需考虑市场因素外，还需考虑政府政策、区域协调发展等重要因素。因此，相对于其他行业的投融资决策来说，高速公路投建营一体化项目的投融资决策分析更复杂。

一、投资决策分析

高速公路投建营一体化项目通常由政府发起，企业作为投资人需进行投资决策。高速公路投建营一体化项目投资决策是指企业通过对拟采用投建营一体化模式建设的高速公路项目的必要性、投资目标、投资结构、投资成本与收益等投资活动中的重大问题进行分析、判断和选择，制定最终的投资方案，包含评价投资环境、确定项目投资目标、选择实现项目投资目标的手

段及预估所需付出的代价的动态过程，核心是在比较和鉴别投资方案的预期收益和预期成本的基础上选择最合适的投资方案，谋求在一定的环境条件下，用尽可能小的投资成本实现项目预期投资目标。

（一）投资决策影响因素

（1）法律法规与各项政策。国家的产业发展政策、优惠政策、高速公路收费规定等，都会影响高速公路项目的建设与最终收益，从而影响投资决策。

（2）高速公路项目收益。高速公路项目的收益主要来自收取通行费用。在投建营一体化模式下，政府委托项目公司负责某条高速公路建设，并将此高速公路特许经营期内的收费权交给项目公司作为投资回报，到期后项目公司无偿将高速公路收费权交还政府。在此情况下，特许经营期内的收费能否弥补项目公司建设与运营投入并获得合理收益，是投资主体需要分析的重要问题。

（3）项目风险。高速公路项目建设周期较长，投资回报较慢，在其设计、建设、运营过程中存在多种风险，如项目完工风险、车流量风险、管理风险、技术风险及不可抗力因素引起的风险等，均应在项目投资过程中加以考虑。

（二）投资决策内容

站在项目投资人视角考虑，投资人投资项目的目的是通过后续项目建设和运营来获取一定的盈利，因此在进行项目投资决策时需要进行项目选择与评估，从企业整体角度对拟投资建设项目的计划、设计、实施方案进行全面的技术经济论证和评价，并从财务角度分析和测算项目的财务盈利能力，对项目的财务可行性和内在价值进行评估。

1. 高速公路投建营一体化项目选择

高速公路投建营一体化项目选择应考虑三个维度的可行性：社会可行性、经济可行性和技术可行性。

（1）社会可行性

项目实施要在一定的社会环境中进行，因此需要分析项目建设和运营对社会的影响以及其与当地人文能否互相适应，即进行社会可行性分析，包括项目实施的可能性以及土地利用、能源节约、环境保护、人文社会关系协调等方面的可行性研究，判断在整体社会和谐的前提下，项目的投资和实施能否促进资源节约和环境友好，能否防范可预见的社会风险，使其处于可控状态。高速公路建设项目产生的效益除了表现为道路使用者所产生的直接经济效益外，更多地表现为促进和带动其他相关产业部门发展而产生的宏观社会经济效益。因此在选择高速公路投建营一体化项目时，需要分析项目在区域公路网中的地位和作用，从项目影响区域经济社会和交通运输发展现状和规划、主要相关道路现状以及交通量预测等几个角度分析该项目建设的社会可行性。

（2）经济可行性

投建营一体化项目经济可行性包含三个方面要素：项目资金能否通过融资到位，以确保项目能顺利建成；项目建成后产生的经济效益能否偿还项目贷款，并为项目投资人带来回报；项目若属于国家战略项目或民生项目，政府能否提供补贴以确保项目建成以及建成后正常运行。就投资方而言，经济可行性研究确定的资金结构和资金计划是申请融资信贷的指南，同时经济可行性研究是金融机构发放贷款的重要依据，只有通过可行性研究确认经济效益良好、偿还能力可靠、风险可控的项目，金融机构才会给予贷款。高速公路建设项目经济可行性研究区别于一般工业项目经济可行性研究的特点在于，它需要进行交通量预测，而交通量受区域经济发展状况、汽车保有量、燃料价格、天气、交通方式、交通条件、竞争性公路等多项因素影响。而且对于经营性高速公路，在经济分析中既要做效益评价和财务评价，又要做影响区域宏观经济的国民经济评价，分析该项目在经济上的可行性。

(3)技术可行性

高速公路项目可能会受到建设环境、地质条件的制约，需要通过技术可行性研究，科学确定该项目合理的建设规模和技术标准。我国如今的工程施工技术水平，已迈入世界先进行列，绝大多数工程项目不存在技术上不可行的情况，但是依然有些高难度的项目，需要从技术上克服障碍，这需要资金，更需要时间。因此，在高速公路投建营一体化项目建设实施前，投资方要提前了解项目技术难点，针对项目技术难点准备解决方案。在预可行性研究的基础上，全面、系统地研究拟建设项目立项的必要性、拟采用工程技术标准的可行性或拟引入的国外先进技术的适用性、建设运营方案在经济上的合理性，根据国家现行规范、标准的要求，在考虑项目在路网中的作用、与相交公路技术标准匹配程度以及沿线地形地质条件的基础上，确定拟建项目采用的技术标准。

2. 高速公路投建营一体化项目评估

站在投资者的角度对高速公路投建营一体化项目进行投资可行性评估，评价指标可以分为静态指标和动态指标。静态指标主要有静态投资回收期(P_t)和投资收益率(ROI)，动态指标主要有财务净现值(FNPV)和财务内部收益率(FIRR)。

(1)静态投资回收期

静态投资回收期是在不考虑资金时间价值条件下，项目效益抵偿项目全部投资所需要的时间，具体计算如式(2-1)所示：

$$\sum_{t=1}^{P_t}\mathrm{NCF}_t=\sum_{t=1}^{P_t}(CI-CO)_t=0 \tag{2-1}$$

式中：NCF_t——各年净现金流；

CI——各年现金流入量；

CO——各年现金流出量；

t——第 t 年。

将项目计算求得的 P_t 与部门或行业的基准投资回收期 P_c 相比较，若 $P_t \leqslant P_c$，可以考虑投资该项目；若 $P_t > P_c$，可以考虑拒绝该项目。

(2)投资收益率

投资收益率表示总投资的盈利水平，指项目达到设计能力后正常年份的年息税前利润或运营期内年平均息税前利润与项目总投资的比率。对于高速公路项目，投资收益率是指在投资周期内的年平均投资回报率，具体计算如式(2-2)所示：

$$\mathrm{ROI}=\frac{\mathrm{EBIT}}{TI\times T}\times 100\% \tag{2-2}$$

式中：EBIT——项目达到设计能力后正常年份的年息税前利润或运营期内年平均息税前

利润；

TI——项目总投资。

该指标高于基准值时，表明项目财务盈利能力满足投资者的基本要求。

(3)财务净现值

财务净现值体现项目资金投资产生的净贡献，计算方式是在项目评价期内，按照基准收益率 i_c 将各年的净现金流量折算到项目评价期初的现值总和，具体计算如式(2-3)所示：

$$\mathrm{FNPV} = \sum_{t=1}^{T}(CI - CO)_t(1 + i_c)^{-t} \tag{2-3}$$

式中：$(CI - CO)_t$——第 t 年的净现金流量；

T——项目投资周期；

i_c——基准收益率。

当 FNPV≥0 时，说明项目的收益率高于基准收益率，从财务评价角度来看，项目可行；当 FNPV <0 时，说明项目的收益率低于基准收益率，项目不可行。

(4)财务内部收益率

财务内部收益率指标体现项目的实际收益水平，求得使项目评价期内每年的净现金流量现值总和为零时的折现率，即为财务内部收益率，具体计算如式(2-4)所示：

$$\sum_{t=1}^{T}(CI - CO)_t(1 + \mathrm{FIRR})^{-t} = 0 \tag{2-4}$$

将 FIRR 与行业基准收益率 i 相比较，当 FIRR≥i 时，从财务评价角度来看，项目可行；当 FIRR < i 时，一般认为项目不可行。

二、融资决策分析

高速公路项目融资决策，即高速公路项目融资结构的优化决策。融资决策是融通资金的各结构要素，是融资模式、资金结构、信用担保结构等诸要素的有效组合。

(一)融资决策影响因素

(1)政策待遇。一个项目能否获得有益的政策待遇，作为融资发起人的项目公司需要进行全面调查，以充分利用相关优惠政策。

(2)项目风险。在项目整体融资框架下，面对外部和内部环境变化(如通货膨胀风险、财务杠杆影响、政府担保兜底等)时选择不同的融资渠道对项目绩效和项目公司经营能力都有很大影响。

(3)融资成本。融资成本是资金在筹集和使用过程中因所有权与使用权分离而形成的产物，即从利用所筹资金开始到还本付息的过程中所产生的成本以及前期筹措过程中的成本。

(4)与项目匹配程度。与项目匹配程度即融资渠道是否满足或贴近项目的特征、属性、经济技术指标、财务要求等，融资渠道的特征、适用范围、优势领域等方面的情况与项目的实际情况匹配度越高，选择该融资渠道就越有利于提高项目利润率以及帮助项目取得成功。

(二)融资决策内容

(1)融资模式优化。一般来讲，融资模式多种多样且各有优缺点，高速公路投建营一体化项目公司必须根据项目情况谨慎选择，以确定最合适的融资模式，尽量使资金来源多元化。

(2)融资成本优化。项目公司在选择融资方式的同时,应熟悉各种不同类型金融市场的性质和业务活动,以便从更多的金融市场上获得资金来源。在同一金融市场上应和多家融资机构洽谈融通资金,增加选择余地,通过贯彻择优原则,争取最低的融资成本。

(3)融资期间结构优化。项目发起人要保持相对平衡的债务期限结构,尽可能使债务与清偿能力相适应,体现均衡性。

三、投融资风险分析

高速公路投建营一体化项目投资额大、建设周期长、项目各方之间的合同关系复杂,在未来各个时期内存在许多不确定因素,因而也存在着不同程度的风险。正确认识项目风险,认真识别和量化风险,对风险规避与管理有重要意义。

(一)风险识别

高速公路投建营一体化项目投资方/项目公司面临的投融资风险主要包括以下几个方面。

1. 政策风险

高速公路投建营一体化项目涉及面广、投资期长,国家或项目所在地区的相关政策的稳定性、法律体制的完善性、法律执行的程序、中央和地方政府对高速公路建设项目的审批程序、审批过程的公开程度,以及项目运营涉及的行政许可和管理及处罚的公平程度都对项目开展有重要影响。这些政策风险如果不加以防范,可能对项目的获取和项目执行过程中遇到的各种政策、法律纠纷和障碍的解决带来诸多麻烦和困难,增加项目前期可行性调查成本和后期管理成本,加大非生产性开支的比例,降低还本付息能力,挤压项目获利空间。

2. 市场风险

高速公路项目投产运营后的效益取决于市场需求情况,高速公路提供的服务是否存在市场及市场的好坏,收入是否能够偿还债务、抵消项目经营所需的费用并使投资者收回投资,是决定高速公路项目能否成功的关键因素。对于高速公路投建营一体化项目来说,市场风险主要有需求风险、价格风险和竞争性风险。需求风险主要表现为交通量未能达到预期的交通量或者未能达到预期的增长率;价格风险主要指物价指数上升、通货膨胀引起运营管理费用增加,政府物价部门拒绝调增收费价格;竞争性风险主要是指在项目建成后,政府又提供一个与本项目有实质性竞争的项目,减少了有效的市场需求。这三种风险相互联系、相互影响,都会对高速公路项目的预期收益产生较大影响。

3. 金融风险

高速公路项目金融层面的风险主要包括利率风险以及通货膨胀风险。利率风险是指在项目建设经营过程中,利率变动直接或间接地造成项目的投资增加和收益受到损失的风险。如果投资方利用浮动利率融资,一旦利率上升,项目生产运营成本就会攀升;而如果采用固定利率融资,一旦市场利率下降,则会造成机会成本的提高。通货膨胀风险,即由于发生通货膨胀,高速公路项目建设及运营成本上涨,从而影响项目收益。在投资数额大、使用周期长的情况下,金融层面的风险可能导致资金链不能按时提供资金或者资金数额不足,最终导致项目面临巨大亏损。

4. 不可抗力风险

不可抗力风险是指项目的参与方不能预见且无法避免的事件给项目造成损坏或毁灭的风险，如自然灾害、战争等风险。不可抗力是一个重要的风险因素，一旦出现会导致财产损失，威胁人身安全，导致项目不能如期完工甚至完全失败，造成严重的经济损失。

5. 管理风险

高速公路投建营一体化项目涉及众多参与方，在建设和运营过程中，如果不能高效、科学地分配各方之间的任务，确保项目如期建成并正常发挥效益，从而实现各参与方共赢，则属于管理风险。虽然在项目建设前各投资主体经协调达成了一致，但投建营一体化模式下的高速公路项目具有自身的特殊性，施工难度较高、资金不能及时到位、管理不善等，可能导致项目建设延期、项目建设成本超支。此外，项目公司的经营管理能力是决定高速公路运营成本控制的重要因素。高速公路项目运营过程中，可能由于运营者业务素质或管理水平不高等，高速公路应有的效益不能正常发挥，投资各方无法实现预期投资目标。

（二）风险评价

在识别风险之后，需要进行风险评价。风险评价的方法主要分为定性评价方法、定量评价方法以及两种方法相结合，现列举以下 5 种方法。

1. 层次分析法

层次分析法是一种多准则分析决策方法，通常按照分析对象的特点、性质等明确总目标，然后对问题进行层层分解。将对象分层之后，再找到每个层次的影响因素，通过相互比较，来确定这一层次的因素相对于上一层次目标的权重。按照这种程序，可得出所有因素相对于总目标的权重。如此，就可以将每一层次因素的重要程度、先后顺序排列出来。

2. 模糊数学评价法

模糊数学评价法是根据模糊数学的隶属度理论把定性评价转化为定量评价，确定隶属度函数和模糊隶属度矩阵，对风险事件进行排序，从而对被分析对象的优劣程度进行综合评价。

3. 风险价值方法

风险价值方法（Value at Risk，VaR）也称风险价值模型。使用 VaR 可以事前计算风险，从而提供充足的风险应对准备时间，主要适用于金融风险评价，在金融风险评价中体现出了独特的快捷性。

4. 蒙特卡洛模拟方法

蒙特卡洛模拟方法是利用计算机和统计理论，对风险发生概率或风险损失数值进行研究和计算的一种方法。

5. 风险矩阵

进行风险评价时，将风险事件的后果严重程度和风险事件发生的概率定性分为若干级，以严重性为表列，以可能性为表行，在行列交点上给出定性的加权指数，所有的加权指数构成一个矩阵，每一个指数代表一个风险等级。

第3章　高速公路投建营一体化项目建设管理

建设阶段是高速公路项目建成工程实体的阶段，是项目管控的重点阶段。投建营一体化模式的应用改变了以往建设项目的组织架构和管理模式，在一定程度上优化了传统建设管理模式，有效降低建设成本，提高工程质量，缩短建设工期，提高建设管理效率和水平。

第1节　高速公路投建营一体化项目建设程序与管理理念

高速公路项目建设有着严密的程序及步骤、细致的分工和广泛的外部协作关系，一条高速公路从计划建设到竣工交付使用，涉及多个管理阶段和管理任务。投建营一体化项目在项目前期即涉及政府和投资方的合作，建设程序更为复杂，管理理念也与传统模式存在很大区别。

一、建设程序

与传统DBB(Design-Bid-Build，设计-招标-建造)模式相比，投建营一体化模式从项目设想、选择、评估、决策到设计、施工和竣工验收等整个建设过程涉及的工作更多，流程更加复杂。高速公路投建营一体化项目建设程序可分为项目识别与准备、采购、全面实施三个阶段，识别与准备阶段、采购阶段的实施主体为政府指定的实施机构，全面实施阶段的实施主体为项目公司。以PPP+EPC运作模式为例，高速公路投建营一体化项目建设程序如图3-1所示。

(一)识别与准备阶段

高速公路投建营一体化项目识别与准备阶段，以政府部门为实施主体，主要进行项目发起与筛选、物有所值评价、财政承受能力论证以及实施方案编制及审核等工作。政府部门根据国家或国民经济发展的长远规划，选择并筛选项目，委托咨询机构开展项目建议书、可行性研究报告编制及审批等项目前期工作。政府指定实施机构进行投建营一体化项目前期相关工作，包括组织开展初步实施方案编制、物有所值评价、财政承受能力论证工作，并按照相关要求，组建管理架构，编制实施方案，同时委托具有相应资质的设计单位编制初步设计文件等。

(二)采购阶段

高速公路投建营一体化项目采购阶段，主要由政府指定实施机构发布资格预审(招标)公告，进行资格预审，编制采购文件，组织招投标，确定社会投资人，进行合同谈判并签订投资协议。

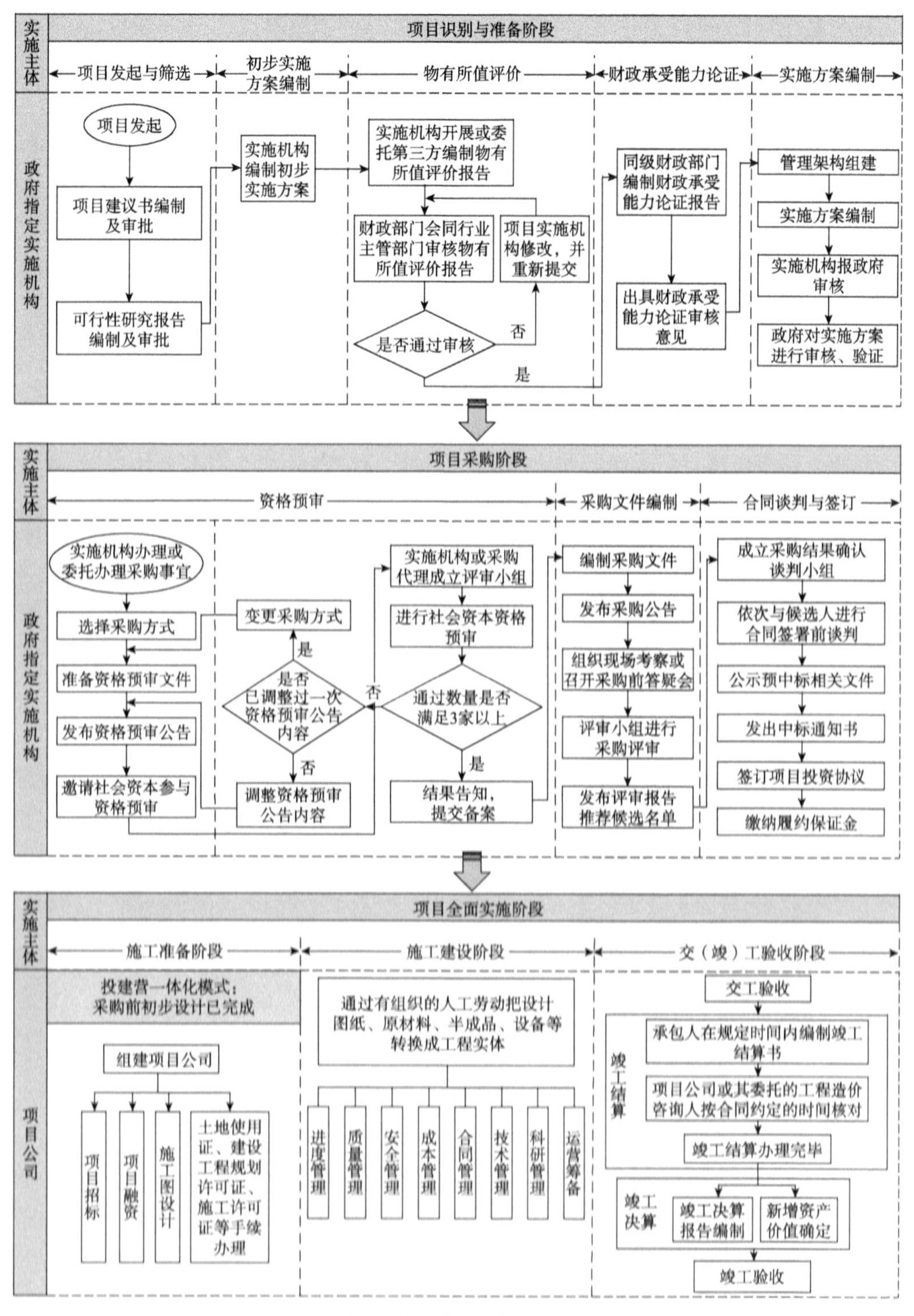

图 3-1　高速公路投建营一体化项目建设程序

(三)全面实施阶段

高速公路投建营一体化项目全面实施阶段又分为三个子阶段:施工准备阶段、施工建设阶段和交(竣)工验收阶段。

1. 施工准备阶段

该阶段主要包括四方面的工作:一是投资方依法组建项目公司;二是项目公司通过公开招标或内部招标的方式进行监理招标、勘察设计招标、施工招标和其他试验、监测、咨询等协作单位的招标,其中,政府前期已招标的由实施机构进行移交;三是项目公司开展融资方案设计,筹措项目资金,完成项目融资,并组织设计单位进行施工图设计,投建营一体化模式下初步设计一般已在政府采购社会资本之前完成;四是项目公司根据国家有关法律法规,组织进行用地手续办理、征地拆迁和其他施工前准备工作。

2. 施工建设阶段

施工建设阶段是通过有组织的人工劳动把设计图纸、原材料、半成品、设备等转换成工程实体的过程。该阶段项目公司根据批准的开工报告及施工许可,组织项目施工建设,开展施工过程中的项目进度管理、质量管理、安全管理、成本管理、合同管理、技术管理、科研管理、运营筹备等工作。项目公司与总承包商签订 EPC 总承包合同,就合同定价、项目风险分担等问题达成共识。总承包商主要工作包括制定切实可行的施工方案,合理组织人力、技术、物资资源,统筹协调各分包商的关系,建立有效的激励机制等,确保项目各项目标顺利实现。投建营一体化模式下,该阶段项目公司应同时启动运营前筹备工作,具体包括拟定运营管理模式,组建管理团队,招聘人员并组织培训,完成办公场所建设、装修,调试运营设备等。

3. 交(竣)工验收阶段

项目各合同段在符合交工验收条件后,经监理工程师同意,由施工单位向项目公司提出申请,项目公司及时组织交工验收。项目各合同段交工验收合格后,项目公司应按交通运输部规定的要求及时完成项目交工验收报告,并向交通运输主管部门备案。承包商应在规定时间内编制竣工结算书,与项目公司办理竣工结算。开通试运营 2 年后,交通运输主管部门组织竣工验收,项目公司编制工程竣工决算报告,办理资产结转。

二、管理理念

投建营一体化模式囊括 PPP、BOT 等投融资模式和 EPC 工程项目建设管理模式各自的特点,高速公路投建营一体化项目投资者和管理者应遵循符合这些特点的建设管理理念。

(一)伙伴关系理念

伙伴关系(Partnering)理念源于 Partnering 工程项目管理模式。它要求业主与工程项目各参与方在相互信任、资源共享的基础上达成协议,在充分考虑各参与方利益、诉求的基础上确定共同目标,建立工作小组及时沟通以避免出现争议或诉讼,通过相互合作共同解决工程实施过程中出现的问题,并共同承担风险及相关费用,保证项目共同目标和各参与方利益的实现。

投建营一体化模式下的伙伴关系体现在两个方面:一是政府方和社会投资方之间的合作

关系,政府方与投资方之间以特许经营权协议为基础,将部分政府责任转移给投资方,通过签署合同确定双方的权利和义务,建立起“利益共享、风险共担、全程合同”的共同体关系,减轻政府财政负担,减小社会资本投资风险;二是投资方内部各联合体成员之间的合作关系,各投资方之间本着“互惠合作”的理念,在发展方式、经营策略、合作模式、组织架构等方面达成共识,共同签署联合体合作协议和股东协议。联合体合作伙伴各成员之间严格履行合同规定的责任和义务,通过“强强联合”,在合作中发挥伙伴优势,取长补短,整合资源,建立起牢固的战略联盟关系,有力支撑投建营一体化发展。

伙伴关系理念建立在项目各参与方之间平等协商、相互沟通的基础上,这一理念使得项目管理更人性化和人文化,有利于发挥人的潜能,更有利于促进项目各参与方着眼于长远的战略性合作。投建营一体化项目各参与方中有一些同属于一个企业集团,遵循伙伴关系理念、树立合作共赢意识、发挥协同效应这一要求显得更具现实性和针对性。

(二)全寿命周期管理理念

全寿命周期管理理念是指从长期效益角度出发,应用一系列先进的技术手段和管理方法,统筹规划、建设、运营等各阶段,在确保规划合理、工程优质、生产安全的前提下,以项目全寿命周期的整体最优为项目管理目标。

高速公路建设管理是一个系统工程,包括前期的决策管理、实施期的项目管理和运营期的运营管理。传统建设管理模式中这三个阶段的管理工作相对独立,难以进行有效集成,全寿命周期目标难以实现。投建营一体化模式下,由同一责任主体负责项目的投资、建设和运营,保证项目在建设管理不同阶段的目标相互衔接,充分体现了全寿命周期管理理念。

全寿命周期管理理念在投建营一体化模式中的应用主要体现在三个方面:一是在项目公司和总承包商的合理安排下,施工单位、供货商、运营商能够提前介入设计阶段,与设计单位紧密配合,使设计单位在设计过程中真正从项目全寿命周期角度思考问题,显著提高高速公路项目全寿命周期效益;二是总承包商通过对设计、采购、施工进行统一策划、统一组织、统一指挥和全过程控制,实现设计、采购、施工之间合理有序的交叉搭接,缩短项目从规划设计到竣工验收的周期,尽早发挥投资效益;三是投资方负责项目规划设计、融资、建设管理、运营管理等全过程的工作,管理对象贯穿项目立项到工程运营结束的全寿命周期,投资方更加注重建设项目的可持续性,且承包人兼具投资人身份,能在建设阶段从项目全寿命周期角度充分预计和考虑项目质量问题,实现项目全寿命周期技术和经济指标的最优。

(三)统筹协调理念

统筹协调理念是科学发展观的具体体现,高速公路投建营一体化项目建设管理要做好两个方面的统筹工作。

一是经济、社会、环境效益的统筹。“持续经营,共同发展”是投建营一体化项目的重要特征,项目公司要秉承“以人为本、环境友好、资源节约”的理念,积极践行“实施和谐发展,履行社会责任”的战略举措,项目建设过程中始终坚持重视生态环保,以可持续发展理念指导工程建设,促进经济、社会和环境协同发展。

二是内部管理和外部协作的统筹。项目公司通过整合内外部资源,提高项目建设管理能力。投建营一体化模式是对项目投融资、建设管理、运营维护、风险控制等能力的深度整合,项目公司不仅要注重各股东间资金、技术、人才等资源的整合，还要加强与政府部门、监理、咨询、金融等机构的外部协作，为项目顺利实施提供有力的资源保障。

第2节 高速公路投建营一体化项目建设管理模式分析

投建营一体化既是一种融资模式，又是一种综合管理模式。与传统政府投资项目管理模式相比，投建营一体化模式在项目治理结构、实施组织方式、实施过程等方面都发生了深刻变革。“建”是连接“投”与“营”的关键一环，投建营一体化项目建设管理重在发挥投资方核心主导和统筹协调作用，集成设计、施工、监理等专业力量，通过参建各方高效协同，有效管控项目建设关键要素，确保项目全寿命周期效益发挥。

一、高速公路项目建设管理模式分类与比较

工程项目建设管理模式是在项目管理过程中对项目资源配置、制度安排和运行机制的综合，是项目创造价值的核心逻辑。综合文献对高速公路项目建设管理模式的研究，可按照项目治理权归属方和项目承发包方式对高速公路项目建设管理模式进行划分。

（一）按项目治理权归属方划分

基于项目治理理论，按照项目管理决策权和监督权的配置，从规范不同利益主体之间责、权、利关系的角度，我国现行的高速公路项目建设管理模式可以分为业主自行管理模式、咨询公司协助业主管理模式和代建制管理模式。

1. 业主自行管理模式

业主自行管理模式指业主自行组织项目管理机构（如工程指挥部等）对高速公路项目进行全过程的管理，按项目业主（投资主体）不同可分为政府管理模式和项目法人管理模式。

（1）政府管理模式

政府管理模式是指由政府充当项目业主，直接承担高速公路建设项目的组织管理，包括组织项目的勘察、设计、施工及相应的招标，签订工程发包合同，在项目实施过程中履行项目业主的责任和义务，全面监控项目建设投资、质量和进度。政府管理模式的一种特殊形式是指挥部管理模式，在这种管理模式中，政府针对高速公路建设项目专门成立临时性的项目建设指挥部，招聘项目管理人员（在我国主要是从本系统各单位借调技术管理人员），开展项目建设的组织管理工作，项目建成后指挥部解散。

（2）项目法人管理模式

项目法人管理模式是指具有自主建设、经营和发展能力的企业法人，对其所投资的高速公路建设项目进行组织协调，开展投资控制、质量控制、进度控制及全面、全过程的项目管理。

2. 咨询公司协助业主管理模式

咨询公司协助业主管理模式是指业主委托咨询公司或监理公司负责高速公路项目前期策划和设计工作，项目实施过程中由咨询工程师或监理工程师进行项目监督管理工作。咨询公司或监理公司一般都具备成熟的技术能力和丰富的工程管理经验，有利于保证项目质量、进

度、安全和成本目标实现。

3. 代建制管理模式

代建制管理模式是指政府针对其所投资建设的高速公路项目,通过招标的方式选择专业化的项目管理单位作为代建单位,由代建单位负责项目投资管理和建设组织实施工作,项目建成后交付给项目使用单位。代建单位按照代建合同的授权,以业主代表的身份代表业主开展项目管理工作,代建单位具有项目建设阶段的法人主体地位,全权负责项目建设全过程的组织管理。高速公路代建制是在非经营性政府投资项目代建制的基础上发展起来的,高速公路建设实行代建制,是交通基础设施投融资体制改革和政府职能转变过程中出现的建设体制创新。

上述三种高速公路项目建设管理模式比较如表 3-1 所示。

按项目治理权归属方划分的高速公路项目建设管理模式比较　　表 3-1

管理模式	业主自行管理模式	咨询公司协助业主管理模式	代建制管理模式
决策权	业主	业主	项目管理公司
监督权	业主	咨询工程师或监理工程师	项目管理公司
优点	有利于加强项目管理的领导、组织、指挥、监督和协调	提高项目管理质量	项目管理专业化,有利于引进竞争机制,管理效率高
缺点	缺乏公平竞争,不利于项目管理的专业化,影响管理效率和质量	缺乏公平竞争	各方关系难以协调

(二)按项目承发包方式划分

从工程项目承发包方式的角度,我国现行高速公路建设管理模式可以分为设计-招标-建造模式、设计-建造总承包模式、设计-采购-施工总承包模式。

1. 设计-招标-建造模式

DBB 模式是一种传统的建设管理模式,工程项目的实施必须按照设计、招标、建造的顺序进行,只有在上一个阶段的任务完成后,才可以开始进行下一阶段的任务。DBB 模式下,项目业主首先与咨询单位签订专业服务合同,委托其进行工程项目前期的可行性研究、论证和评估工作,在工程项目立项后委托设计单位进行勘察设计,并准备施工招标文件。设计完成后业主组织施工招标,选择施工承包商,业主与施工承包商签订工程承包合同,由施工承包商负责工程项目的施工组织与管理,有关工程部位的分包和采购合同由施工承包商与分包商、供应商单独订立。DBB 模式管理结构如图 3-2 所示。DBB 模式的管理方法和技术手段较成熟,业主、设计方和施工方权、责、利分明,有利于业主对项目的控制,适用于业主管理能力较强的工程项目。DBB 模式也存在许多不足之处:一是工程项目设计和施工分离,设计的经济性较差,设计变更较多,导致施工措施费用和业主协调成本增加;二是一个完整的高速公路工程施工项目,被划分为土建、路面、机电、房建、绿化、交通安全设施等专项工程单独管理,合同界面多,不利于项目施工管理的整合集成,增加业主管理协调难度。

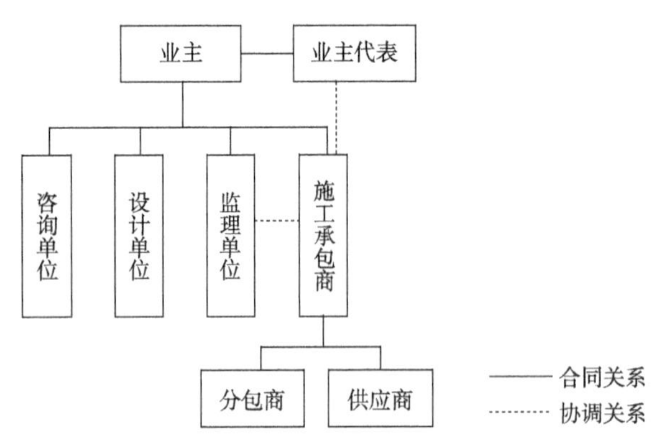

图 3-2　DBB 模式管理结构图

2. 设计-建造总承包模式(DB 模式:Design-Build)

DB 模式是为消除传统模式中设计和施工分离的弊端而产生的一种模式,通过统筹安排项目实施的全过程,实现功能、质量、工期、成本控制等目标。DB 模式下,项目业主首先委托咨询单位对拟建项目进行前期研究和总体策划,项目立项后,通过招标选择 DB 总承包商,与 DB 总承包商签订设计施工总承包合同,DB 总承包商按照合同约定,承担项目设计和施工任务,并对承包工程的质量、安全、工期、造价全面负责。有关工程部位的设计、施工分包和采购合同由 DB 总承包商与分包商、供应商单独订立。DB 模式管理结构如图 3-3 所示。DB 模式在合同管理和组织管理上比 DBB 模式具有更大优势。DB 模式下,项目业主只需与一个 DB 总承包商签订合同,减少了合同界面,设计单位和施工单位在同一个管理组织体系内,信息沟通和工作效率得到较大提高,有利于提高设计质量,同时,DB 模式可以使设计、施工合理衔接,有效缩短工程建设周期。

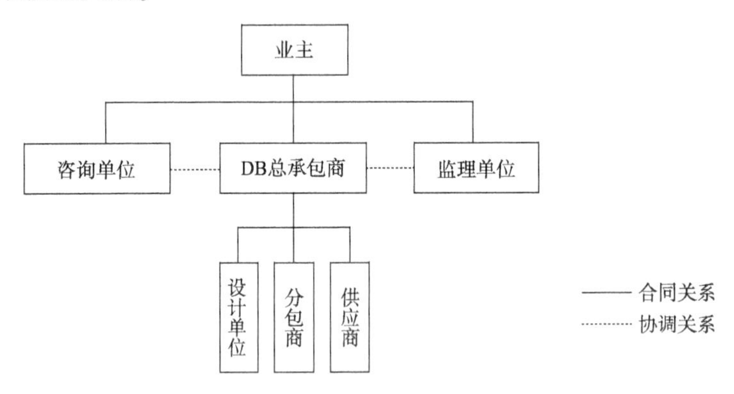

图 3-3　DB 模式管理结构图

3. 设计-采购-施工总承包模式(EPC 模式:Engineering-Procurement-Construction)

EPC 模式下,项目业主通过招标方式确定总承包商并签订工程总承包合同,合同计价形式为固定总价。业主向 EPC 总承包商说明拟建工程项目的投资意图和功能要求及条件,委托 EPC 总承包商按合同约定对工程项目的设计、采购、施工、试运行等进行部分或全过程的承包,EPC 总承包商对所承包工程的安全、质量、成本、进度全面负责。EPC 总承包内容包括初步设计、施工图设计、设备材料采购、施工安装、调试、技术培训等。EPC 模式管理结构如

图3-4所示，业主一般不聘请监理工程师，而是委派业主代表监督管理工程项目。EPC模式一般适用于规模较大、采购费用占总成本比例较高、专业技术要求高、管理难度大的工程项目，设计、采购和施工的紧密衔接能使各项工作之间合理有序地进行交叉搭接，特别是设计与施工的紧密结合能大幅提高设计的可施工性，并实现施工管理规模化。

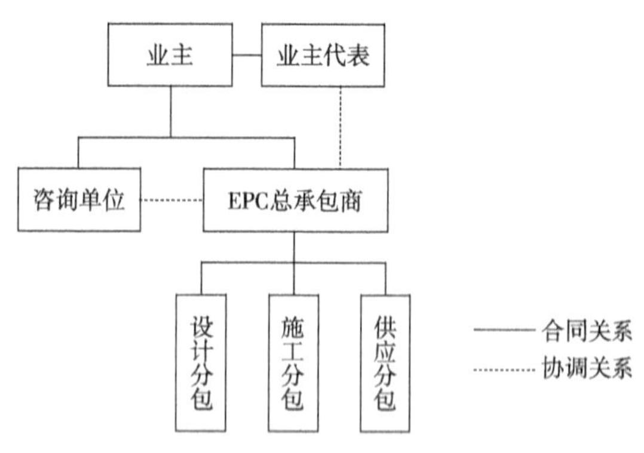

图3-4　EPC模式管理结构图

上述三种高速公路项目建设管理模式比较如表3-2所示。

按项目承发包方式划分的高速公路建设管理模式比较　　表3-2

管理模式	DBB模式	DB模式	EPC模式
适用范围	适用于业主管理能力较强的工程项目	适用于通用型的工程项目、采购费用占总成本比例较低的工程项目	适用于规模较大、采购费用占总成本比例较高、专业技术要求高、管理难度大的工程项目
主要特点	设计、采购、施工分离，按顺序进行	DB总承包商负责设计、施工任务，有序交叉进行	EPC总承包商负责设计、采购、施工任务，有序交叉进行
设计、施工进度控制	难协调，不易控制	交叉进行，合理安排	交叉进行，合理安排
投资效益	相对较差	相对较好	较好
能力发挥	充分发挥业主能力	充分发挥DB总承包商能力	充分发挥EPC总承包商能力
风险承担	各方共同承担	DB总承包商承担大部分风险	EPC总承包商承担大部分风险

二、高速公路投建营一体化项目建设管理模式分析

从项目治理权归属角度看，投建营一体化项目建设管理模式为业主自行管理模式中的项目法人管理模式；从项目承发包角度看，投建营一体化项目建设管理模式采用EPC总承包模式。以下依次讨论高速公路投建营一体化项目组织模式、设计管理模式、施工管理模式和监理管理模式。

（一）组织模式

投建营一体化模式下的项目组织是集BOT融资建设模式和EPC承发包模式下的项目组织于一体的更为复杂、关系更为紧密的项目组织，以合同或协议的形式将两种组织融为一体。典型的BOT融资模式组织结构基于一系列协议或合同，以项目公司为中心，涉及多个角色，包括政府部门、项目发起人、银行或财团、设计方、承包商、运营商等组织，每个角色与项目公司都

是一种双边关系。EPC模式下业主将整个工程委托给总承包商,总承包商按照总承包合同约定对工程项目建设的全过程负责,依法将工程项目的部分工程分包给具有相应资质的分包商。投建营一体化项目大多采用“决策层+管理层+实施层”的组织结构,将以项目公司为核心的组织形式和以EPC总承包商为项目管理中心的组织形式有效地结合在一起,形成独具特色的项目组织形式,如图3-5所示。其中,EPC总承包商具备项目业主和承包商双重身份,既属于投建营一体化项目投资主体的一员,又受项目股东派遣,负责项目设计、采购、施工等一体化建设工作,参与项目全过程建设管理,不仅将原本庞大的项目组织体系化繁为简,而且更有利于提高项目组织管理水平。

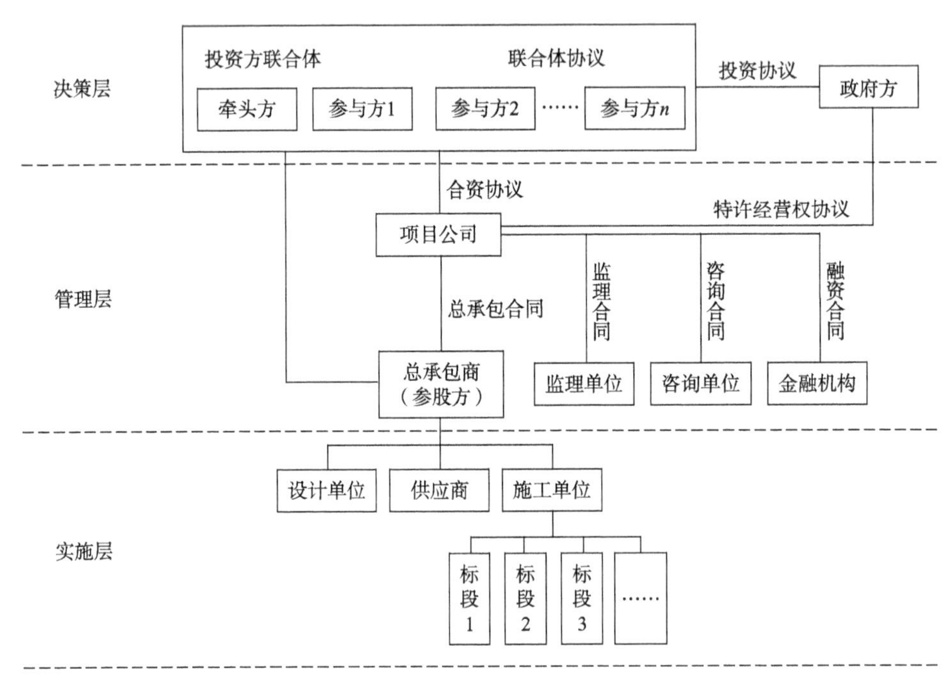

图3-5 投建营一体化项目组织基本形式

分析投建营一体化项目组织基本形式,可将投建营一体化模式下的组织关系分为五类。

1. 项目公司与政府方之间的关系

高速公路投建营一体化项目从最初设想到项目运营都离不开政府或相关部门的支持,政府对项目的前期策划和最终确立拥有话语权和决定权,并拥有项目的最终所有权。投资人招标文件及特许经营权协议是界定政府方与项目公司之间权利和义务的法律基础。政府方在投建营一体化项目建设过程中具有一定的主导作用,既是项目的管理者,又是项目特许经营权的授予者。政府方参与项目建设过程的组织协调,既具有对工程项目质量、进度、安全等进行监督的权利,又有保障项目投资环境和政治环境稳定的义务;项目公司既享有作为项目投资者的权利,又有履行项目建设管理和运营管理的义务。

2. 投资方之间、投资方与项目公司之间的关系

投建营一体化项目一般由多个投资方共同出资,每个投资方按出资比例占有项目公司相应比例的股份,参与项目投资的投资方之间签订合资协议,联合成立项目公司后,制定公司章

程。各投资方之间是一种利益共存的关系,按出资比例享有项目公司收益分配。

3. 项目公司、总承包商、各标段施工单位之间的关系

总承包商既是项目公司股东之一,又是项目总承包方,项目公司和总承包商以总承包合同界定彼此之间的合作关系,项目公司以此为依据对总承包商进行管理。若总承包商将设计任务及施工任务分包出去,则总承包商与设计单位及各标段施工单位之间是一种合同关系,设计和施工分包单位依据分包合同对总承包商负责。总承包商也可自行承担各标段施工任务,或由集团子公司完成,那么他们之间属于企业内部的协调关系。

4. 项目公司与债权人之间的关系

高速公路项目建设过程中,项目公司通过贷款等形式进行融资,分担资金风险。项目贷款通常由银行或财团等金融机构提供,项目公司向银行或财团提供贷款抵押或担保,以融资合同界定项目公司与银行或财团之间的融资关系。

5. 项目公司与其他参与方之间的关系

项目公司监理单位、咨询单位和试验检测单位等单位之间的合作关系通常以监理合同、咨询合同、试验检测合同等界定。

(二)设计管理模式

投建营一体化模式下,EPC 总承包商同时也是项目公司主要股东,这一特殊的双重身份决定了 EPC 总承包商和项目公司利益的一致性,EPC 总承包商不仅重视一次性施工利润,更注重高速公路项目运营的长期投资回报。工程项目设计是整个工程建设的先行和关键,对工程项目投资效益和全寿命周期的经济效益起决定性作用,因此,提高设计质量、加快设计进度、在保证工程质量的前提下降低工程成本,追求项目增值,成为政府方、项目公司和 EPC 总承包商共同的目标。投建营一体化项目设计管理思路由"服务于业主"转向"服务于业主及总承包商",真正将设计、采购、施工和运营形成一个紧密配合的整体,施工单位、供应商和运营商都可以提前参与设计过程,积极配合设计单位,从项目全寿命周期角度进行合理设计,避免由信息孤岛造成投资增加、进度拖延、工程质量差等问题。

高速公路投建营一体化项目设计管理包括三级管理,即政府部门管理、项目公司管理、总承包商管理。政府部门负责项目设计的宏观决策和最终管理,审批初步设计、施工图设计,完成设计图纸备案,政府指定实施机构委托设计单位完成方案设计和初步设计;项目公司协助政府方进行初步设计管理,承担设计优化及施工图设计管理工作,协调政府部门进行方案设计、初步设计及施工图设计报规、报批、报审工作,委托具备相应资质的设计咨询单位提供设计图纸审查、技术与经济咨询服务;总承包商履行 EPC 职权范围内施工图设计管理工作,与设计单位签订设计合同,委托设计单位完成施工图设计,对施工图出图计划、施工图质量、施工图优化以及设计变更进行管理。投建营一体化模式下,设计单位的收益方式和管理方式均发生了改变,设计单位在关注项目技术可行性的同时,具有关注经济性和考虑项目经济价值的原动力,实现"从设计中节约成本"。

(三)施工管理模式

我国高速公路投建营一体化项目主要是在集团公司投资框架下,形成以项目公司为监管

层、施工总承包企业为龙头、专业施工企业为作业层的施工管理模式,如图 3-6 所示。项目公司可设总经理 1 名,总工程师 1 名,组建办公室、财务会计部、商务管理部(工程经济部)、建设管理部、安质环保部和征拆协调部等职能部门,遵循建设管理程序,依法按照批准的施工图设计和施工图预算组织项目施工,对总承包商项目管理工作进行监督管理。总承包商是高速公路项目施工管理的主要执行者,按照合同履行承包责任,制定实施性施工组织设计,主要承担施工、设计与采购环节的工作,对施工过程中的质量、安全、工期负责。总承包商一般设项目指挥部,全面履行总承包商管理职责,指挥部可设指挥长 1 名,全面主持项目指挥部工作,设副指挥长 1 名,负责项目管理和实施协调,组织项目施工生产。项目指挥部下设置综合办公室、财务会计部、商务管理部(工程经济部)、物资管理部、安质环保部等管理职能部门,为加强项目质量管理,可将工地试验室和测量中心纳入指挥部管理职能部门。各标段项目部为工程实施主体,具体负责承建范围内进度、质量、安全、成本、文明施工等各项工作的开展,接受总承包商的管理。

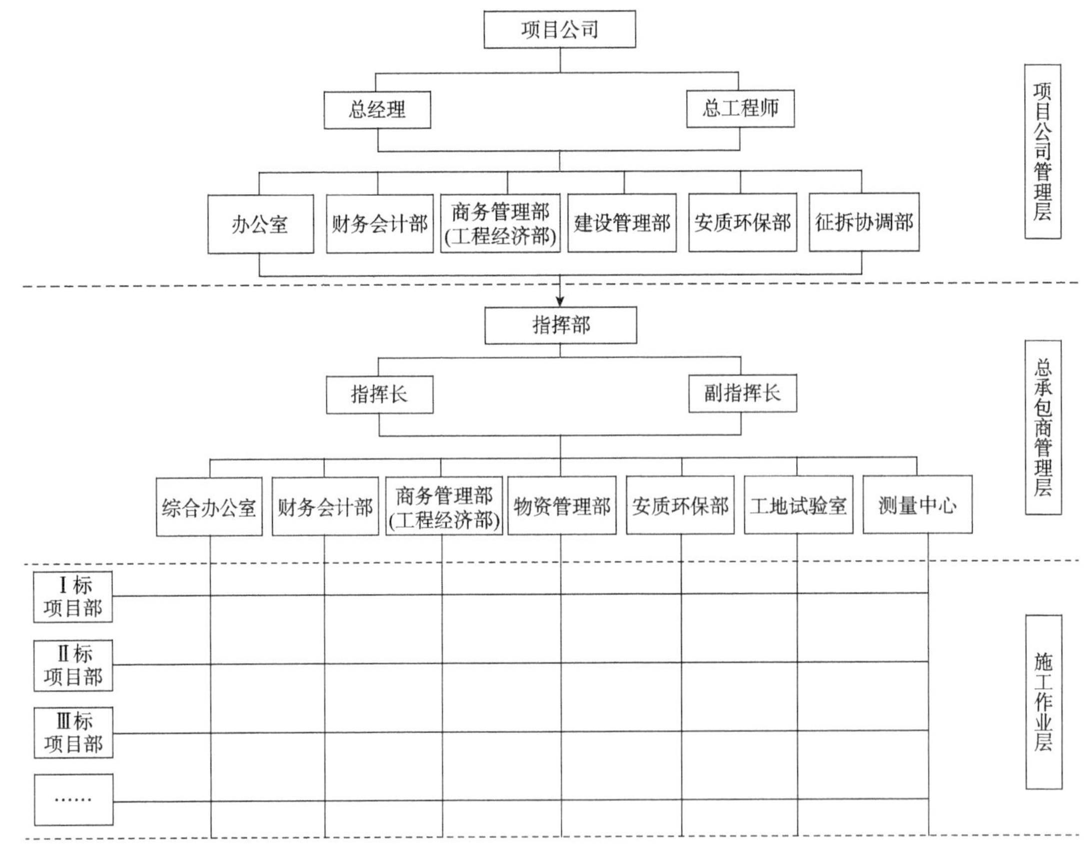

图 3-6 投建营一体化项目施工管理组织机构

(四)监理管理模式

投建营一体化模式下的监理工作应将工程监理贯穿于项目建设的全过程,总结国内外项目监理管理经验,投建营一体化项目可实行一级监理或二级监理,具体包括四种监理管理模式。

模式一:项目公司通过招标选择总包监理单位,总包监理单位负责对总承包单位的监理服务,并协助项目公司对编制的设计方案与采购方案进行优化与审批。

模式二:设计监理单位与施工监理单位组成联合体参与投标,并选择一方作为牵头方。设计监理单位负责各标段设计工作的监理,施工监理单位负责各标段施工过程的监理,双方互相配合,联合开展工作。此外,牵头方还需承担整个项目重大事项的沟通协调工作。

模式三:项目公司通过招标选择各个标段施工监理单位,承担对工程项目施工过程的监理任务,并指派一家实力强的监理单位作为监理牵头方,监理牵头方主要负责对接总承包商,负责重大事项协调工作。此外,为实现 EPC 模式下设计全过程监理,项目公司应招标选择一家设计院或设计监理单位承担设计监理工作。

模式四:项目公司通过招标选择各标段施工监理单位负责各标段的施工监理服务,并组建总监办负责对总承包商进行监理,对设计方案、采购方案进行审查,同时负责各标段监理重大事项的协调处理。

第3节　高速公路投建营一体化项目建设目标管理

投建营一体化项目的建设管理是设计-采购-施工三阶段交叉作业的一种特色管理模式,有利于总承包商充分利用工程管理和施工技术经验,实施项目集成管理,在保证建设各阶段顺利进行的条件下,提高项目建设质量,缩短项目建设总工期,有效控制投资,进而保障建设期工程项目总体效益。

一、高速公路投建营一体化项目质量管理

投建营一体化项目质量管理要站在项目全寿命周期的角度,建立统一的质量管理体系,组织协调各责任主体的质量活动,实现项目各项指标的协同控制,全面提升质量管理水平和工程质量品质。

(一)质量管理特点

1. 总承包商兼有业主身份,全寿命周期质量成本最优

投建营一体化模式下,项目总承包商也是项目公司股东之一,即总承包商具有“业主 + 总承包商”的双重身份,其利益诉求不仅是获取总承包利润,更是要通过保证工程质量实现项目整体效益最优,与业主方利益诉求高度一致,两者形成利益共同体。此时,总承包商会从全寿命周期角度统筹考虑项目成本和质量,寻求全寿命周期质量成本最优,积极提高设计质量和经济性,合理进行材料和设备选型,强化施工环节质量控制,有效促进项目高质量发展。

2. 各参与方整体利益一致,质量管理协调难度降低

投建营一体化模式下,设计分包商和施工分包商一般都是项目公司股东,主要通过投资带动设计、施工业务,在获取设计、施工利润的同时,通过项目长期运营获得长期投资回报。因此,设计分包商和施工分包商实际上具有“股东 + 分包商”的双重身份,必然具有保证设计和施工质量的主观能动性。同时,由于项目公司、总承包商、分包商整体利益的一致性,大大减少了各方在质量管理过程中的博弈行为,使得各方关系协调难度大大降低。

3. 质量责任保证体系完善,工程质量责任主体明确

投建营一体化模式下,项目质量管理制度、岗位职责和保证措施完善,质量责任主体明确,

有利于追究工程质量责任和确定工程质量责任主体,避免传统模式下因设计、采购、施工分离而产生变更、索赔、质量问题时难以明确真正责任主体等弊端。

(二)质量管理组织体系

建立健全高效运转的质量管理组织体系是建设优质工程的基础条件。高速公路投建营一体化模式下,项目公司履行项目法人职责,总承包商作为项目建设过程的管理实施主体,履行总承包合同约定的质量管理职责,负责建设过程的质量管理及与之合作的勘察设计、施工、材料及设备供应等单位管理。因此,投建营一体化项目质量管理可建立项目公司(指挥部)、监理单位、设计和施工单位三级管理组织体系,如图3-7所示。项目公司(指挥部)成立以相关领导、各职能部门负责人为成员的项目公司(指挥部)质量管理领导小组,全面负责项目质量的组织、检查、指导工作,领导小组下设办公室(安质环保部或建设管理部)负责处理日常质量管理工作,对领导小组各项工作安排的落实情况进行监督。项目公司通过招标引入中心试验室,对监理、工地试验室及现场实体质量进行管控,同时聘请第三方检测、监测单位,咨询单位,咨询检测单位等,负责与现场实体质量有关的检测、检查工作。监理单位成立以项目总监理工程师为第一负责人,各监理工程师共同参与的监理单位质量管理领导小组,负责定期组织开展工程质量检查监督,检查内容包括各标段施工工序的质量检查、隐藏工序检测和质量评定等。设计单位和施工单位成立以项目第一责任人为组长,各相关职能部门参加的设计单位质量管理领导小组以及各标段项目经理部质量管理领导小组,确保工程施工质量责任制的落实。各标段施工单位设立现场质量管理机构(工地试验室),与项目现场施工同步开展工作,工地试验室应配置素质较高的质检员,以保障工地试验室的检测工作质量。

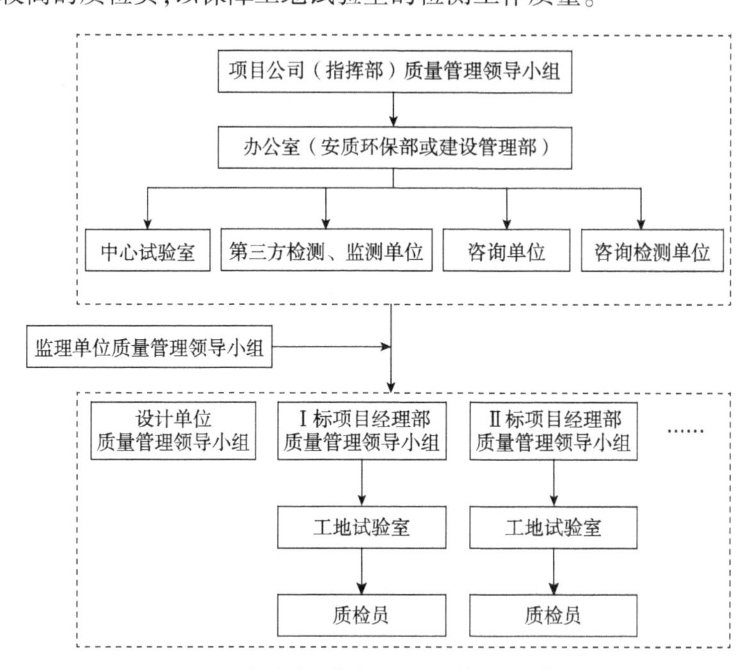

图3-7 投建营一体化项目质量管理组织体系

(三)质量管控措施

投建营一体化项目中,质量管理应以各分包单位为管理重点,总承包商作为项目管理主体，督促各分包单位建立健全质量管理体系，并监督其日常质量管理工作有效开展。

1. 统一各施工分包单位质量管理标准

若各标段施工单位执行的质量管理标准不统一，将会导致全线施工质量控制差异化明显，因此，项目公司（指挥部）质量管理领导小组应编制桥梁、路基、隧道等施工作业指导书，明确各工序质量目标及质量要求，统一质量管理标准，做好施工过程监督和质量事故调查处理，动态监控施工质量，形成全线共同参与、分部分项工程全覆盖的管理局面，确保质量管理人人有责、各司其职。

2. 全面把控设计管理工作，提升项目施工质量

工程设计及设计管理是投建营一体化项目管理的重中之重，总承包商应充分发挥设计管理优势，在初步设计阶段，着手进行方案优化工作，抓好施工图设计阶段的设计优化，在满足成本控制、施工安全要求的前提下，优化设计方案；在施工阶段，做好设计变更优化，实现项目施工质量再提升。

3. 引入技术方案审核机制，实现施工方案优化

施工技术方案编制严谨、合理是工程施工质量控制的技术保障，总承包商可通过引入技术方案审核机制完善各级施工方案的审批，同时，在技术方案中积极采用新技术、新工艺，实现施工方案的优化，提高工程施工质量。

4. 推行首件工程认可制，提升项目施工质量管控水平

按照“预防为主，先导试点”的原则，在分项工程全面开工前推行首件工程认可制，以首件工程样板示范，引领后续同类工程的标准化施工，以提高项目的工艺水平和质量管理水平。同时，结合项目特点，有针对性地开展亮点工程建设并全线推广学习，整体提升项目施工质量管控水平。

5. 加强质量检查与监督，强化工程质量过程控制

工程质量检查与监督是对工程质量的分析和评价活动，针对投建营一体化项目建设管理重难点，总承包商应实行日常巡查与专项督查相结合的过程检查方案，并且针对重点部位、关键工序实行重点监管，根据检查中发现问题的严重程度分级处理，对于检查出的共性问题，可采取召开全线现场工作会的方式集中处理。

6. 制定质量管理考评机制，约束质量管理行为

在总承包商统一管理下，制定质量管理考核办法并实行专项月度评比，根据考评结果进行全线排名并实施奖罚机制。利用考核评比的方式提醒分包单位加强质量管理，提升质量意识，强化奖罚机制的激励作用，使现场质量管理行为日趋规范，不断加大工程质量管控力度。

二、高速公路投建营一体化项目安全管理

安全管理是以实现生产过程安全为目的的现代化、科学化的管理，包括对生产过程中一切人、物、环境的状态管理与控制，是一种动态管理。高速公路投建营一体化项目安全管理应以专业化、集约化思想为指导，构建安全生产组织体系，进行高效协同和精细管理，为安全生产提供科学、有效保障。

(一)安全生产组织体系

为贯彻投建营一体化项目安全管理目标,在项目公司统一策划与管理下,监理单位应接受项目公司委托,以施工阶段安全管理为重点,各参建单位共同参与,构建由项目各参建单位齐抓共管的安全生产组织体系(图3-8),对安全生产进行无缝管理。项目公司(指挥部)成立以相关领导、各职能部门负责人为成员的项目公司(指挥部)安全生产委员会,负责对项目安全生产工作进行统一领导,指导、协调、监督和检查各参建单位的安全生产管理工作。安全生产委员会下设办公室(安质环保部),负责处理日常安全生产管理工作,对安全生产委员会各项工作安排的落实情况进行监督。项目公司聘请水土保持监测单位、环保监测单位、风险评估单位、施工监测单位等对环境安全、施工安全等进行监测。监理单位成立以项目总监理工程师为第一负责人,各监理工程师共同参与的监理单位安全管理领导小组,在项目公司授权范围内对各参建单位进行安全生产检查。设计单位和施工单位成立以项目第一责任人为组长,各相关职能部门参加的设计单位安全管理领导小组以及各标段项目经理部安全管理领导小组,施工现场设置安全生产管理机构,配置满足要求的专职安全管理人员。

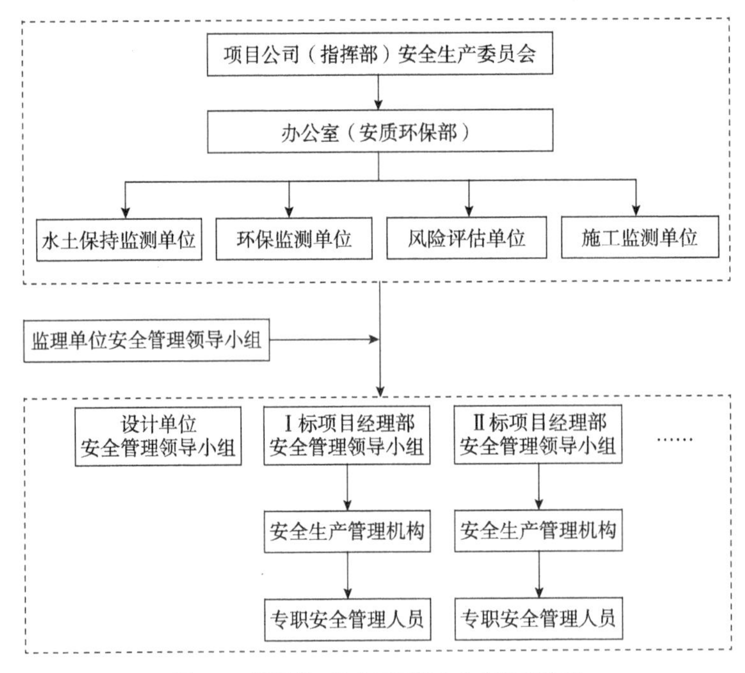

图3-8 投建营一体化项目安全生产组织体系

(二)安全管理措施

1.制定完善的安全生产管理制度

投建营一体化项目应认真贯彻落实“安全第一、预防为主”的方针,促进各单位、各级部门及人员安全生产管理责任的有效落实。为了便于安全生产管理的执行,切实加强安全管理,保证生产过程中人员安全与健康,应制定完善的安全生产管理制度。主要安全生产管理制度(方案)如下:①安全生产责任制;②安全生产检查制度;③安全生产会议制度;④安全生产费用管理制度;⑤劳动用工管理和安全生产教育培训制度;⑥安全生产隐患排查治理制度;⑦危险源辨识、风险评价与控制制度;⑧劳动防护用品配备与管理制度;⑨安全生产技术交底制度;⑩安全设施、设备管理和检修维护制度;⑪职业健康管理制度;⑫安全生产事故报告、应急救援和处理制度;⑬各类安全生产应急处置方案;⑭安全生产档案管理制度;⑮安全生产奖惩和责任追究制度;⑯各生产岗位的安全标准化操作制度;⑰其他保障安全生产的规章制度。

2. 全面排查危险源,治理危大工程

在项目经理部安全管理领导小组的统一领导下,安全生产管理机构应对施工现场危险源进行全面排查,根据发生事故的可能性、频率和导致事故的严重程度对排查出的危险源进行分级,对不同危险等级的危险源有针对性地采取治理措施。

安质环保部根据设计文件和工程结构编制危大工程清单,施工前由项目总工程师组织专业技术人员编制专项施工方案,按规定程序进行审核、论证及交底。实施过程中在现场显著位置公告危大工程名称、施工时间和具体责任人员,并按照规定对危大工程进行监测和安全巡视。

3. 制定突发事件应急预案

各标段项目经理部应成立突发事件应急管理领导小组,编制自然灾害、生产安全事故、公共卫生事件、社会安全事件等应急预案,在信息保障、资源保障、经费保障、物资保障等方面做好安全保障措施,并加强与地方公安、卫生、消防等部门的协调联动。

三、高速公路投建营一体化项目进度控制

与传统项目实施模式相比,高速公路投建营一体化模式下一体化的组织架构和实施方式为项目进度控制提供了更有利的条件,有利于项目公司和总承包商从项目前期工作开始,结合项目特点综合采取多种措施确保项目进度目标实现,尽早发挥项目投资效益。

(一)进度控制特点

1. 招标次数减少,加快项目实施进程

投建营一体化模式下,政府方通过招标方式确定项目投资人后,基本确定了总承包商,设计分包商和施工分包商往往是联合体成员单位,不需要再次招标,只需要进行设计咨询、监理、采购等招标,招标次数大为减少,极大地节约了招标采购时间,加快项目实施进程。

2. 采用EPC承发包模式,有利于项目进度控制

投建营一体化项目采用EPC承发包模式,实现设计、采购和施工的深度交叉和内部协调,从而有效减少工程建设时间。总承包商从项目总工期角度,协调设计、采购、施工各阶段进度计划,设计阶段充分考虑材料设备选型,缩短采购周期;施工人员提前介入设计工作,提高设计质量,充分考虑可施工性,缩短项目施工周期。

(二)进度计划分类

为保证投建营一体化项目按预期进度目标顺利完成,适应项目不同管理层对项目进度计划管理的不同要求,应分级编制项目进度计划。投建营一体化项目进度计划通常可分为四级,即项目公司总体进度计划、EPC总承包商总体进度计划、设计和施工分包进度计划、各阶段详细实施计划。

1. 项目公司总体进度计划

项目公司总体进度计划是项目公司根据工程可行性研究、特许经营权协议、设计方案和上级管理者下达的任务目标，对项目作出的总体安排，是整个进度计划系统中的纲领性进度计划。该计划涵盖对初步设计、征地拆迁、施工图设计、采购、施工、竣工验收、运营准备各阶段的全面统一安排。该计划一旦确定，除遇重大事件外，不作任何修改。

2. EPC 总承包商总体进度计划

EPC 总承包商总体进度计划是由 EPC 总承包商分别依据项目公司总体进度计划、EPC 总承包合同以及上级管理者的要求，对其承担任务作出的总体安排。EPC 总承包商总体进度计划通常需要确定项目设计、采购、施工与试运行等主要工作的开始时间、完成时间和相互间制约关系，项目关键路径、主要里程碑以及各主要工作的负责者。该计划一旦经业主批准，除遇重大事件外，不得作任何修改。EPC 总承包商总体进度计划一般用于高级管理层对工程进度的监督和检查，对于分包商而言，它只是一个纲领性计划，是编制设计和施工分包进度计划的基础。

3. 设计和施工分包进度计划

设计和施工分包进度计划是对 EPC 总承包商进度计划的细化，由各分包商根据合同工期、EPC 总承包商总体进度计划编制而成，包括施工图设计的出图计划、关键设备或材料的采购进度计划和运抵现场时间、各单位工程的施工周期和项目主要资源使用计划等。设计和施工分包进度计划包括的工作项数较多，各项工作间有较复杂的逻辑联系。此计划经 EPC 总承包商审批并经项目公司批准后，成为各分包商的总目标计划，也是分包商编制年度、季度和月度计划的依据。

4. 各阶段详细实施计划

各阶段详细实施计划是在设计和施工分包进度计划基础上的进一步细化，考虑人、材、机、资源等因素而编制的设计、采购和施工阶段的详细作业层实施计划，编制主体为分包商各施工队，编制过程需要充分考虑各阶段作业层间逻辑关系，如合理交叉、相互制约等因素。各阶段详细实施计划在项目实施过程中可以根据资源投入和外围环境等影响因素进行相应调整，但相关调整必须满足设计和施工分包进度计划以及关键路径的要求。

（三）进度控制措施

征地拆迁、初步设计和 EPC 总承包工作进度是影响高速公路投建营一体化项目整体进度的几个主要因素，项目各参建方应制订详细、可行的进度计划保障措施，并在工程实施的全过程中予以贯彻落实。项目公司应着重从以下几方面加强管理、控制，确保进度计划的落实。

1. 重视工程建设的各项前期工作

（1）加强股东沟通协调工作，制订沟通计划，明确各自职责分工，合理分配股东工程设计施工任务，避免股东意见不一致而造成工程拖延。

（2）加强设计阶段的控制和管理，提高工程设计质量，避免工程实施过程中发生过多的设计变更，为工程进度计划的顺利实施奠定基础。

（3）合同是进度管理的重要依据，签订合同时要详细约定对进度的要求，特别是对进度有决定性影响的初步设计合同、EPC 总承包合同。

(4)项目公司征拆部门加大与地方征地拆迁方面的协调力度,积极配合沿线各级地方政府和有关部门,落实工程建设用地征拆工作,确保按进度计划进行施工。

(5)设计、采购、施工接口复杂,容易出现差错,对进度影响大,需要预先进行接口责任划分。

2. 落实进度计划实施过程的检查、监督和协调工作

项目建设实施的各阶段、各层次、各合同段、各施工项目或工序之间,存在大量的交叉工作面,构成错综复杂的关系,若不及时予以协调,容易引发矛盾,对计划实施产生影响。项目公司应从以下几方面进行协调。

(1)高度重视计划的衔接工作,在土建承包人之间,土建与房建、机电、交通安全设施等承包人之间加大宏观层面的计划调度力度。

(2)保持计划的严肃性,在工程实施过程中,对于起控制作用的目标计划,其衔接点、控制点原则上不允许调整。

(3)在进度计划衔接点、控制点前后阶段加大计划检查、分析、调整工作的力度,对交叉施工中出现的矛盾及时进行协调,分清主次并强化大局意识,力保各承包人均能按照既定的计划完成施工任务,实现共赢。

(4)明确规定承包人定期更新、报送各种进度计划的时限要求,召开进度计划会议,及时、全面地掌握工程进度动态。

(5)业主方代表、监理工程师定期对承包人的实际进度(旬/月进度计划)进行检查、记录,采用进度比较方法(如横道图比较法、S形曲线比较法、实际进度前锋线比较法等)进行实际进度与计划进度的比较,一旦发现问题,及时要求其整改并向上汇报。

3. 加强技术管理工作

一般来说,高速公路投建营一体化项目工程规模大、线路长,可能出现事前难以预知的工程技术问题,项目公司可从以下几方面加强技术管理工作。

(1)制定详细的工程技术管理办法、工程变更实施办法等规章制度,设立勘察设计跟踪小组,提供有力的技术支持,实行联合现场办公制度,加快对现场技术问题的处理速度,为工程进度计划的实施扫清障碍。

(2)聘请国内知名技术专家组成专家顾问组,解决建设过程中出现的各种重大技术难题,为工程建设保驾护航。

(3)开展科技创新活动,以提高生产效率、加快工程进度为目标,成立科研课题组,对工程建设领域的新技术、新工艺、新材料及管理方面进行技术攻关,以科技保进度。

4. 保证工程款及时拨付

建设资金及时到位是实现工程进度计划的决定性因素之一。项目公司应在项目建设资金筹措、投资控制、计量拨付、财务管理等方面加大力度,确保资金到位,缩短工程款项的拨付周期并及时拨付,避免因资金问题影响工程进度。

四、高速公路投建营一体化项目投资控制

投建营一体化模式下,高速公路项目具有独特的管理优势,在项目运作过程中,有利于利益相关方达成一致目标、形成可靠的伙伴关系,推动项目信息共享、组织文化建设,有利于关系

治理的实施,保证项目投资控制效果。

(一)投资控制特点

1. 投资、建设、运营一体化,着眼于项目全寿命周期进行投资控制

传统项目实施模式下,投资、建设、运营主体分离,建设与运营过程分离,由于参与各方利益目标不一致,全寿命周期投资控制理念难以实现。投建营一体化模式下,总承包商、设计分包商、施工分包商等单位既是项目的承包商(分包商),又是项目真正的投资者,更关心项目的整体效益。因此,在项目实施过程中,各方会以投资收益为核心,不仅关注建设阶段节约投资,还同时考虑运营维护成本,从项目全寿命周期角度进行投资控制,实现项目整体投资效益最优。

2. 设计、采购、施工一体化,有利于全过程、全方位开展投资控制

投建营一体化模式下,设计、采购、施工一体化实施,促使总承包商从项目整体层面考虑和协调各阶段工作,进行资源合理且优化配置,在保证项目整体目标实现的前提下,优化设计、合理采购并高效施工,充分发挥设计主导作用,有利于全过程、全方位开展投资控制。设计单位与施工单位密切配合,在设计过程中充分考虑材料采购、设备选型和工程施工具体要求,积极主动优化施工方案,提高设计质量,降低投资,尽可能减少设计变更;施工过程中再次进行现场二次优化,施工单位依靠强大的施工技术力量加强施工过程管控,降低施工成本,整体优化项目投资。

(二)投资控制措施

投建营一体化项目投资控制的环节主要包括设计、采购、施工等方面,每个环节有其不同的特点,应结合投建营一体化模式的特点,针对每个控制环节,采取有针对性的控制措施。

1. 设计阶段投资控制措施

(1)采用适当的设计标准,优化设计方案

设计阶段是投资控制的关键环节,精心优化的设计方案可以节约投资,是投资控制的最有效手段。在设计过程中,要注意各专业之间设计标准的统一和匹配,避免个别专业设计标准过高而造成投资浪费。同时,设计人员要拟定多种设计方案,施工、运营等人员提前介入设计阶段,并委托信誉好、经验丰富的设计咨询单位进行设计优化,由投资控制人员进行经济比选,在满足设计要求的前提下从全寿命周期角度选择投资额最低的方案。

(2)推行限额设计和价值工程,有效控制工程投资

按照批准的投资估算控制初步设计,按照批准的初步设计总概算控制施工图设计,各专业设计在保证达到使用功能的前提下,按照分配的投资限额控制设计,严格控制初步设计和施工图设计的不合理变更,保证不突破投资总额。在保证质量安全的前提下,原则上应对整个工程成本进行限额设计,并对重大项目或变更进行价值工程分析,通过多方案比较和分析,有效控制工程投资。

2. 采购阶段投资控制措施

(1)重视工程量清单编制工作

准确编制工程量清单是项目公司有效控制投资的重要手段,应保证初步工程量清单尽量不错项、漏项,避免后期调整工程量清单和投标报价的隐患。在编制工程量清单时应注意以下

几点：一是编制依据要明确；二是项目划分要细致，作业内容、工程质量和标准要清楚；三是清单说明要清晰。

(2)制定采购预算和估计成本

项目公司应提前估计和预测采购成本，合理规划采购资金使用标准，确保项目资金的使用在合理范围内浮动，同时，对于市场价格差异较大的设备和材料，项目公司(指挥部)相关部门可通过提前进行市场询价的方式选择多个参考品牌并确定最高限价。对采购预算资金进行约束，有利于控制采购成本，提高项目资金使用效率。

3. 施工阶段投资控制措施

(1)健全资金控制组织，有效控制建设资金

项目公司应建立资金控制组织机构，重点控制项目投融资和整体建设资金的使用，对项目建设过程中的开工预付款、投标保证金、履约保证金、材料预付款、质量保证金等进行统一管理，规范资金使用制度和资金内控制度，有效控制建设资金。

(2)做好现场管理，确保建设投资物有所值

现场管理人员应依据设计文件和技术规范指导现场管理工作，依据工程设计文件、概预算文件等有关文件建立工程台账，总结容易出现超出概预算和发生工程费用索赔事件的部位和原因，提前制定有效防控措施和应对方案。项目公司(指挥部)应要求总承包商和分包商按照项目工期计划安排编制年度、季度、月度资金使用计划，严格把控工程计量和进度款审核与拨付，避免建设资金提前支出或超支。

(3)加大工程结算控制力度，完善结算管理制约机制

工程结算是项目投资控制的重要环节，对合理定价、合理支出有深远意义。项目公司商务管理部(工程经济部)应对涉及工程造价计算的原始资料在形成过程中的真实性、完整性进行检查核实，对符合要求的工程结算资料，依照管理程序和合同约定进行工程量审核计算、变更项目调整及追加项目价格确认，对已审核结算的工程造价进行企业内部审计后才能支付工程结算款。

(4)严格控制工程变更，确保投资可控

项目公司(指挥部)必须严把变更关，做到事前把关、主动监控，重点关注变更理由、变更程序、变更涉及的合同价款调整等，按照合同中有关工程变更及索赔的约定，严格审核工程变更，计算各项变更对总投资的影响，做好工程变更管理及价款结算，减少不必要的工程费用支出，避免投资失控。

第4章　高速公路投建营一体化项目运营管理

高速公路项目运营管理是对高速公路收费、路政、监控、日常养护等工作进行计划、组织和管理，以充分发挥高速公路的效益，更好地为人们出行提供优质服务，满足人们对高速公路交通资源的需求。随着高速公路不断建成和投入运营，如何做好高速公路运营管理，更好地发挥高速公路经济效益和社会效益，成为投资方和公路管理部门重点考虑的问题。对于高速公路投建营一体化项目投资主体来说，运营管理水平的高低直接决定项目经济效益和社会效益发挥的好坏。如何结合高速公路项目运营管理的特点，不断拓宽运营服务渠道、提升运营管理能力对投建营一体化项目有重要的现实意义。

第1节　高速公路项目运营管理模式

高速公路项目运营管理模式是指高速公路项目在运营管理过程中采取的机构设置、权限划分、职能分配等运营工作的方式方法。不同的运营管理模式直接影响高速公路运行和服务质量，通过梳理与分析高速公路项目运营管理的特点和内容，分类和比较不同的运营管理模式，可加深对高速公路项目运营管理的认识，是探究高速公路投建营一体化项目运营管理的重要基础。

一、高速公路项目运营管理特点

与一般公路项目相比，高速公路项目由于自身的特殊性，其运营管理具有系统性、复杂性、技术密集性以及社会性等特点。

(一)系统性

高速公路处于全封闭状态运行环境，有着特定的管理对象和健全的交通服务设施，其运营管理环境由路桥及其附属设施、信号监控、气象、房屋建筑、计算机、照明、通信等硬环境和运营管理科学理念、管理方法等软环境组成。由于规模庞大的硬环境和管理复杂的软环境打破了原来公路管理的行业界限，客观上要求高速公路项目运营管理形成多工种、多专业密切协作、相互配合的综合性系统工程。系统内，高速公路运营管理单位要实现管理权限的集中、指挥的统一及标准的明确，强化管理和及时共享各部门信息；系统外，要接受政府部门监管，并争取政策支持。

(二)复杂性

高速公路项目运营管理是一项复杂的管理工作，其复杂性主要体现在管理内容多、管理类别复杂、管理主体多元。高速公路项目运营管理内容包括养护管理、收费管理、路政管理、交通安全管理、基础设施管理、服务区管理等。在我国,高速公路项目运营管理部门具有政府机关的行政特征、事业单位管理特征、企业的经营管理特征,导致高速公路项目运营管理类别复杂。正是这种管理类别的复杂性,决定了管理主体的多元化、分散化。

(三)技术密集性

高速公路运营管理技术含量高,大多数岗位都体现了对高科技、高性能的要求。通过大量应用现代化管理工具和手段,高速公路项目运营管理高度信息化和宏观规模化,管理层和操作层基本形成了一个连续运作的整体,同时也改变了一般公路以养护和路政管理为主的传统观念,逐步形成了以养护、路政、安全、供电为代表的道路运输保障系统和以监控、通信、收费为代表的路上信息跟踪系统并行的格局。此外,高速公路项目运营管理朝着高智能化方向转变,例如 ETC 不停车收费代替传统的人工收费、无人机代替路政巡路等。这些现代化设施需要大量高素质管理人员、计算机操作维护人员和专业维护人员等复合型人才,利用科学的管理手段和方法,才能保证其正常运转。

(四)社会性

高速公路国民经济基础性和社会公益性等特点决定了高速公路项目运营管理呈现出社会化的特点,提供优质、高效的服务是高速公路项目运营的最终目标。我国高速公路大多是通过贷款或其他融资方式修建的,因此基本上采取收费的形式,用于偿还贷款。相较于一般公路管理的开放性和公益性,高速公路项目运营管理更多体现的是其特殊的商品属性,这就要求高速公路项目运营管理单位在向使用者收取通行费的同时,必须提供优质的服务。

二、高速公路项目运营管理内容

高速公路项目运营管理是一个系统工程,一般可分为路政管理、养护管理、交通安全管理、收费管理、通信和监控管理、服务区管理六方面内容。

(一)路政管理

高速公路具有占地多、设施量大、现代化程度高、行车条件良好等特点,因此要实施与之相适应的、有效的路政管理来保护路产,维护路权不受侵犯,维护运营管理者和使用者的合法权益。高速公路项目路政管理是指高速公路管理机构根据国家或地方法律、法规及规章的规定,为保护高速公路及其用地和高速公路附属交通设施,维护高速公路的合法权益所进行的行政管理。其包括对违章利用、侵占、污染、毁坏高速公路及其附属设施的行为进行查处;对公民、法人和其他组织占用、利用高速公路及超限运输等事宜进行审批与管理;对施工养护作业现场秩序的维护,恶劣天气条件下的交通管制,故障车辆的牵引拖带,事故现场的救援清障和高速公路环境的保护等。

由于高速公路路政管理具有代表政府部门执法的功能,所以一般由各级地方政府主管部门,如公路管理局派遣或指定的专职人员负责路政管理工作。因此有关部门要依法治路、强化政府职能,依据路上管理要素的变化,建立一套全天候的快速反应机制,将路政管理由监管型转向服务型,实现全新的动态管理。

(二)养护管理

高速公路在使用过程中,其路面及桥梁设施、交通工程设施、监控设施、通信设施、服务设施会因行车荷载及环境因素的作用而逐渐损坏，造成高速公路服务水平下降。因此，在高速公路建成通车运营后，必须进行养护维修。高速公路项目养护管理是依照交通运输部制定的高速公路养护标准和作业规范，尽可能采用新技术、新工艺对高速公路及其附属设施进行维护的管理活动。其主要包括为保持路况、路容完好而进行的日常小修保养，对路面、桥隧、沿线交通及附属设施进行的预防性周期养护维修，为改善现有道路使用功能而进行的改建工程，高速公路沿线景观、绿地的绿化、美化和用地范围的水土保持工作，在灾害及恶劣气候条件下迅速恢复交通的抢修及应急对策。

高速公路项目养护管理是一项重要的基础工作，应尽量做到定量化、机械化、规范化、专业化、社会化，同时不断采用新技术、新工艺，以最经济的方式保证路面、桥隧及沿线设施长期处于良好的技术状态，从被动型养护转向预防性养护，实现高标准、高质量、高效率、高机动性养护的。

(三)交通安全管理

高速公路良好的道路秩序和交通运输的畅通，得益于行之有效的管理，科学、合理的管理能够有效降低人身、财产方面的损失，因此应高度重视交通安全管理，尽力杜绝高速公路交通事故，一旦发生交通事故应尽快处理，将行车影响减到最小。高速公路项目交通安全管理是根据国家有关法律法规，为维护高速公路交通秩序，保障交通安全和行车畅通，对在高速公路上行驶的道路使用者行为进行的约束和管理活动。其包括在高速公路上进行交通巡逻、检查，发现问题并及时向中心控制室汇报，以便快速地排除故障问题；当发生交通事故时，按中心控制室指令，及时、迅速赶赴现场疏导交通、处理交通事故；执行和参与交通控制与管理，对不良气候条件的交通进行控制和限制，对高速公路上交通拥挤状况采取必要措施进行纾解；纠正交通违章，负责交通执法，协助高速公路收费工作，协助通信、监控、收费等部门进行治安管理；对高速公路行车安全进行宣传、教育，对违章驾驶员进行培训和处罚教育等。

交通安全管理是高速公路运营管理的重要组成部分，要与其他管理部门及环节密切协作、相互支持，形成一个密不可分的有机整体。为充分发挥高速公路快速、安全、方便、舒适及经济的优势，必须科学地应用高速公路一系列现代化管理系统，统一、集中、高效地进行交通安全管理。

(四)收费管理

高速公路建成通车运营后，会通过收取通行费以收回建设投资，并维持日常养护管理支出。高速公路项目收费管理是指根据国家有关规定，对高速公路使用者收取通行费工作的管理，主要包括合理布设收费站点；制定合理费率；管理收费设备、收费人员及财务；实施收费稽查、杜绝营私舞弊；采用科学、高效、先进的收费方式，提高服务质量，收取足额的通行费以保证高速公路建设资金的回收；管理好运营时支出的各种费用。

收费管理是运营管理工作中最基础的重点工作之一，是企业为用户服务的窗口，是企业经济效益的体现，应按照准确、高效原则重点解决路费流失问题和服务质量问题，实现最佳服务水平、最高工作效率和最好的经济效益。收费管理要应用先进的设备，改革收费方式，提高收费效率，重点是不错收、不漏收、不乱收。

（五）通信和监控管理

通过通信和监控系统可以有效掌握高速公路的交通情况，从而制定和执行有效的交通管理措施。对通信和监控系统进行日常维护管理，确保系统正常运行，是形成高速公路快速反应机制的先决条件。通信管理是使用有线和无线传输设施，对高速公路上一切有关信息实现无盲区的即时即地顺畅传输，形成高真实性、高效率、高水平的信息网络。监控管理是通过数据采集与设备监测，将各种信息和控制命令及时地反馈给高速公路行驶车辆和用户，引导道路使用者遵守交通规则，熟悉和适应高速公路上的行车环境，最终达到减少事故、道路安全畅通的目的。

高速公路通信和监控管理是保证高速公路车辆正常运行必不可少的工作，其监控范围、信息的科学性、可靠性和发布的实时性为使用者提供交通诱导，对实现高速公路现代化运营管理不可或缺。

（六）服务区管理

高速公路服务区是高速公路的重要组成部分，是高速公路正常运营的重要保证，服务区管理是高速公路经营管理的重要补充。服务区直接为驾乘人员提供生活服务和工作便利，是路与人联系的纽带，是维持车辆持续安全行驶的休息加油站，对吸引人们行驶于高速公路具有显著作用。高速公路项目服务区管理是指对依托高速公路服务区为使用者提供餐饮、休息、加油、维修、通信、停车、洗车及医疗救助等服务活动的管理，也包括对依托高速公路资产的综合利用与开发而开展的土地开发、房地产开发、广告经营等活动进行的管理。

服务区管理应遵循以服务为主、自主经营、独立核算、统一规划和不断发展的原则，建立专业化管理队伍，对资金投入和使用、物资调配、物价、卫生、服务等方面的标准和要求，实行统一规划和管理。服务区的设施管理水平、服务水平等应随时代的发展而提升，充分满足人们不同层次和不断提高的需求。

三、高速公路项目运营管理模式分类与比较

高速公路项目运营管理模式选择与其投融资和建设管理体制密不可分，由于建设资金来源及建设管理模式等差异，高速公路项目运营管理模式不尽相同。高速公路运营管理模式包括运营模式和管理模式，管理模式在一定程度上决定了运营模式，从而决定高速公路的运营管理，因此这里主要讨论管理模式。良好的运营管理模式是维持高速公路健康可持续发展的重要前提，随着高速公路投融资体制、建设管理模式的不断变革和路网的不断发展与完善，高速公路运营管理模式也不断变革、发展、完善。根据不同的划分标准，高速公路运营管理模式主要有以下几种类型。

（一）按建管关系分类

按照高速公路投资建设和运营管理的关系，可将运营管理模式分为建管一体型和建管分离型。

1. 建管一体型

建管一体型指的是高速公路建设和运营管理由一个主体负责，高速公路的建设者就是运

营管理者。我国高速公路建设初期，省级交通运输主管部门为投资主体，通过在交通管理部门下设高速公路建设和运营管理机构对高速公路进行管理。随着交通系统机构改革的进行和高速公路项目投资及运营管理市场化的发展，各省（自治区、直辖市）将高速公路管理局改制重组后形成国有企业（如高速公路建设集团、交通投资集团等），负责高速公路项目建设及运营管理，原先高速公路管理局下属的各管理处成为集团的子公司。社会资本方作为投资主体的项目，如社会资本自主运营的投建营一体化项目、BOT 项目等，也属于典型的建管一体型项目。

建管一体型模式在一定程度上有利于精简管理机构，降低工程造价及运营成本，提高工程质量和运营效益，实现建设与运营两个阶段的有机衔接。但该模式容易出现"重建轻管""重建轻养"，管理内容单一、管理效率和服务质量不高等问题。同时，该模式下一般一条高速公路设立一个管理机构，导致多家高速公路管理机构并存，造成管理政策难以统一，管理机构间难以协调的问题，最终妨碍高速公路系统的总体规划以及总体效益的发挥。

2. 建管分离型

建管分离型也称为专业化管理型，即高速公路由建设单位负责修建，建成后交由专门的运营管理机构负责运营管理，由同一个高速公路管理机构对一个省、市内所有高速公路进行统一管理。如北京市原公路局下设统一的高速公路管理机构，负责全市高速公路的收费、日常养护、监控管理、路政管理及各种服务管理工作。有些高速公路项目为了更快收回资金或者实现更加专业化的运营管理，建设单位会将高速公路经营权进行转让或者实行委托运营管理，形成了建管分离的市场化运作机制，如西潼高速公路西安—临潼段的经营权转让、沪嘉高速公路的专营权转让等。随着市场化改革的推进，建管一体型模式的格局在许多省、市已经被打破，如广东省交通集团有限公司自 2002 年起，打破原来"一路一公司"的管理模式，开始实施委托运营管理模式试点，2005 年广东省建成通车的高速公路都已采用委托运营管理的模式。

建管分离型模式有利于进行专业化管理，各部门能够集中精力研究各项管理业务，较容易实现高水平的管理，但由于建设与经营由不同主体承担，在过渡过程中容易出现衔接空白的问题，需要较长的调整适应期，同时管理人员的工作主动性和创新性相对较差，管理存在被动性。

（二）按管养关系分类

按高速公路养护管理方和养护方分离与否，可将运营管理模式分为管养一体型和管养分离型。

1. 管养一体型

管养一体型是计划经济体制的产物，起初公路作为基础设施，具有公益性，其养护管理由路政部门统一负责，采用养护施工作业与管理为一体的养护管理模式。国内较早运行的高速公路，养护体制上很多都沿用了当时普通公路养护管理模式，即管养一体型模式，如石安、京石、沈大高速公路等。随后，虽然有出现管养分离型模式的探索，但在高速公路项目投资逐步向市场化、多元化发展的背景下，BOT、PPP 等模式成了高速公路项目建设管理的主导模式，同时项目全寿命周期的统筹越来越受到重视，因此高速公路建设又开始推行建管养一体化管理模式。

管养一体型模式有利于及时发现问题并进行养护作业，实现养护管理人员现场对养护施工人员的有效管理，但管理权过度集中，容易导致权责不分，监督失去力度；没有引进市场化的竞争机制，容易导致养护管理及施工长期一成不变，不易引进先进技术，不易实现养护专业化，养护成本较高。

2. 管养分离型

管养分离型是将养护管理与养护施工按市场化原则加以分离，并建立联系的类型。管理部门没有专属的施工作业队伍，只有少数人员负责技术性的管理，对于具体的养护施工，则以业主的身份，采用合同委托的形式进行管理。1998 年在福州召开的全国加快公路建设工作会议上，交通部副部长提出了“事企脱钩、管养分离、转换机制、减员增效”的改革思路，于是高速公路养护管理开始向“管养分离、事企分开”方向发展。如广东广佛高速公路的日常养护维修通过招标委托广东能达高等级公路维护有限公司（现广东能达公路养护股份有限公司）进行。

管养分离型使得高速公路管理机构能够从繁杂的具体养护生产事务中解脱出来，集中精力进行运营管理，可有效提高养护效益和养护水平，并降低养护成本。但由于双方之间的权、责、利完全通过合同进行管理，在面对突发事件、大工程量事件时，双方在协调方面容易出现问题。

（三）按管理机构性质分类

按照管理机构的性质，运营管理模式可分为事业型管理模式和企业型管理模式。

1. 事业型管理模式

事业型管理模式下，高速公路的国有资产管理与行业管理均由交通部门来承担，即由政府职能管理部门统一管理，实行收支两条线管理，对其收入和支出分别进行管理，其通行费的收入要全部交给其上级主管部门，由上级主管部门审批划拨每年计划的运营管理经费。我国各省第一批高速公路大多为省级交通运输主管部门通过银行贷款等形式建设起来的，建成后的运营管理机构基本都由原来的高速公路建设指挥部过渡形成，具有事业单位性质。当各个省市的高速公路通车里程快速增加，形成一定规模之后，大多数省份基本上在省公路局之外独立成立了省高速公路管理局，其性质是独立的事业单位法人。

事业型管理模式又可以分为“一省一局”和“一省两局”两种类型。“一省一局”，即高速公路与普通公路统一归省公路局管理，具体路段由不同的法人实体负责经营管理，如黑龙江、内蒙古、河北、上海、河南等地。“一省两局”，就是专门设立与省公路局并列的省高速公路管理局负责全省范围内的高速公路管理工作，如吉林、贵州、广西、新疆等地。但随着交通运输事业的飞速发展，这样的管理体制机制出现了一些不容忽视的问题，如竞争意识不强，经济效益不高，制约了高速公路事业可持续健康发展。近年来，全国各省高速公路管理局都进行了转企改制，以充分发挥市场在资源配置中的决定性作用，推进政企分开、政资分开，完善公司法人治理结构，建立现代企业制度。

事业型管理模式有利于政府管理部门对高速公路进行统一领导和调配，为政府公路网规划目标的实现提供有利条件，同时由交通运输主管部门具体承担高速公路国有资产监管与行业管理双重职能，可以较好地避免公路资金流失，但政府干预大，管理机构独立行使的决定权较小，回收投资慢，在一定程度上造成管理成本增加与效率降低。

2. 企业型管理模式

企业型管理模式采取企业的运作方式，在经济上进行独立的会计核算，企业自主经营、自负盈亏。1996年我国实行项目法人责任制后,交通部于2000年出台了相关文件,要求凡被列入国家和地方基本建设计划的公路建设项目必须实行项目法人责任制度,经营性公路建设项目应依法成立有限责任公司或股份有限公司,对建设项目筹划、资金筹措、建设实施、运营管理、债务偿还和资产管理全过程负责。高速公路的运营管理开始由纯粹的政府行政管理变为企业运营管理,管理机构由有公益性质的事业型转变为既有公益性又有经营性的企业型。

企业型管理模式下的企业一般是事业型高速公路管理局进行集团化改制重组后所形成的国有独资的有限责任公司,按照隶属关系不同可以进一步分为两类:一是隶属省级政府,即集团公司归省国有资产管理部门统一管理,直属省政府领导,如陕西省高速公路建设集团公司是由省政府授权省国资委履行出资人职责,省交通运输厅负责业务管理,承担陕西省高速公路重点项目建设和运营管理重要职能的大型国有独资企业,省级交通运输主管部门则负责行业管理和路政执法的派驻;二是隶属省交通运输厅,即省级政府整合省域范围内的高速公路,由省交通运输厅独资或控股成立高速公路经营集团公司,如甘肃省交通运输厅控股成立甘肃省高速公路服务有限公司(现甘肃省高速公路服务集团有限公司),履行出资人职能,实行产权管理与行业管理,依出资额享有资产收益、参与重大决策和选择经营管理者等权利。

此外,由外资或国内社会资本投资建设的高速公路项目运营管理也属于企业型管理模式。

企业型管理模式由于具有公司化经营色彩,其进行成本核算的激励动力更强,能够调动经营企业的积极性与自主创新性,节约了管理成本,提高了运营效率和经济效益。但现实运行中,有些公司往往以追逐利润为目标,不重视高速公路道路设施养护与管理,服务水平降低,影响项目社会效益发挥。

(四)按行业行政管理关系分类

按照高速公路交通安全管理权在公安和交通部门的分配方式不同,运营管理模式可分为两家分管模式和综合执法模式。

1. 两家分管模式

两家分管模式可以分为两种情形,第一种情形是交通部门和公安部门分别管理,互不隶属,即按照公安和交通部门的业务分工,由交通部门主管高速公路路政、收费、养护、服务开发等管理工作,公安部门负责高速公路的秩序、事故处理等交通安全工作。这种模式起源于早期我国道路交通安全管理体制,我国在高速公路建设早期,便直接沿用这种交通安全管理体制。如1988年10月,沪嘉高速公路建成通车,交通部门与公安部门分别成立了"沪嘉高速公路管理所"和"沪嘉高速公路交通管理所",并先后发布实施《上海市沪嘉高速公路专营管理办法》(沪府发〔1996〕23号)和《上海市高速公路管理办法》(2016年修正)。第二种情形是在高速公路管理机构内建立交通安全管理部门,公安部门派人员到高速公路管理机构办公,实行双重领导。这种模式在我国高速公路建设初期便存在了,如沈大高速公路采用的就是这种模式。

两家分管模式与普通公路采取一致性管理,公安和交通部门按照我国现行法律法规规定,分工合作,各司其职,职责明晰。但也正是因为公安和交通部门分管,不利于高速公路事故快速救援,道路交通事故现场的清理较为迟缓,不符合高速公路"高速、高效"的特点。同时由于这种模式存在两套人员,分割管理,在人员和资源方面造成很大浪费,并且双方难以协调,经常互相扯皮、互相推诿,导致交通事故救援不够及时,路产损失赔偿没有保障。

2. 综合执法模式

综合执法模式就是将交通部门的路政、运政、征费稽查和公安部门的交通安全等相关行政管理的交叉职能分离出来，重新整合高速公路行政管理职能，建立一个由交通部门统一领导管理的高速公路综合执法机构，独立承担高速公路行政执法职责，统一管理高速公路路政、运政、交通安全和交通征费稽查工作。1994 年，重庆市人民政府决定对成渝高速公路实行“统一管理，综合执法”的管理体制，启动高速公路综合执法体制创新和探索。2005 年，重庆市交通行政执法总队成立，这是全国唯一一个集高速公路路政、运政、港航和交通安全管理等职能于一体的交通综合执法机构。随着全国交通系统交通综合行政执法体制改革的推进，各个省份逐渐改造、组建成立交通运输综合行政执法总队并正式投入工作。

综合执法模式在一定程度上有效缓解了各部门之间的权责冲突，也有效避免部门之间的趋利性带来的问题，这有助于实现一个部门权责的统一，运用尽量少的成本提高执法效率，这种模式顺应了我国交通运输综合执法改革的趋势。

（五）按服务区经营管理模式分类

按照高速公路服务区经营管理模式，运营管理模式可以分为自营、租赁、承包、合作四种。目前我国各省市高速公路服务区经营并不是采取单一的管理模式，而是采取多种模式并存的多元化经营管理模式。

1. 自营模式

自营模式就是由高速公路管理部门投资成立高速公路服务区经营管理公司，对高速公路服务区进行自负盈亏的经营管理。这种模式可以整合人力、设备、信息等各种资源，通过优化资源配置，降低运营成本，有效平衡收支状况，统一调配资金，及时改造和更新各种设施，但易由于缺乏经营项目专业性而导致经营水平不高、经济效益较低。

2. 租赁模式

租赁模式是指管理部门将服务区的部分场所和设施租赁出去，由租赁者自主经营管理，高速公路管理部门定期按租赁合同收取租赁者缴纳的租金。租赁模式主要是将服务区经营范围中如汽修、特色餐饮、地方特产销售等经营难度较大、专业化程度较高的项目出租给社会上的专业化公司，可以有效控制成本，提高服务水平，充分利用服务区资源以实现经济效益最大化，但在经营过程中，易只关注利润高的项目，忽视公益性项目，损害服务区作为服务设施的社会效益。

3. 承包模式

承包模式是指高速公路管理部门以一定的约束条件将高速公路服务区整体承包出去，在高速公路管理部门控制物价和服务水平等的情况下，承包单位对高速公路服务区进行自主经营管理。如今，这种经营模式逐渐发展为 BOT 经营管理模式。承包模式投入小、见效快，高速公路管理部门在招租成功后只需按约定收取租金，不需要对服务区的经营再进行投入，但由于对承包公司的管理难度大，难以保证服务区整体质量。

4. 合作模式

合作模式是指高速公路管理部门与专业从事服务区经营管理的公司合作，公司根据服务区的特点对其进行规划并制定服务区经营管理战略,为公众提供特色化服务。合作模式便于管理,还能较好实现服务区的经济和社会效益,但很多省份对合作模式的相关操作和制度还处于摸索阶段,需要进一步探索如何引入社会资本或者相关企业等问题。如果将合作模式加以拓展和完善,延伸其丰富的内涵,合作模式将成为服务区发展的主流。

第2节 高速公路投建营一体化项目运营管理组织架构及服务拓展

高速公路运营管理组织的重要性不言而喻,合理的组织架构能够保证整个运营管理系统的有序运行,有效应对运营管理过程中产生的各种问题,提高运营管理效率。同时为进一步提升运营服务水平,增加项目收益来源,需充分发挥投建营一体化项目的优势,对高速公路进行服务拓展。

一、运营管理组织架构

高速公路投建营一体化项目运营管理组织组建的目的是在高速公路运营过程中承担高速公路设施设备的维护养护管理、收费管理以及安全管理等任务,确保高速公路所有设施、设备安全、顺利运行。

(一)组织架构设置

结构合理且执行力强的团队是保证高速公路运营工作高效开展的必要条件,运营单位组织架构的设置应遵循机构精简、职责明确、满足运营业务基本需求等原则,不但要考虑运营管理内容和职能,同时也要满足运营管理单位日常经营需要。通过分析多条高速公路运营管理组织架构设置可以发现,它们虽然不完全相同,但有许多共性。因此,可以参考一般高速公路的运营管理组织架构,构建高速公路投建营一体化项目运营管理组织架构,如图4-1所示。同时,为发挥投建营一体化项目的优势,提升运维阶段管理效率,在组建运营管理队伍时,部分建设人员可投入运营管理工作。

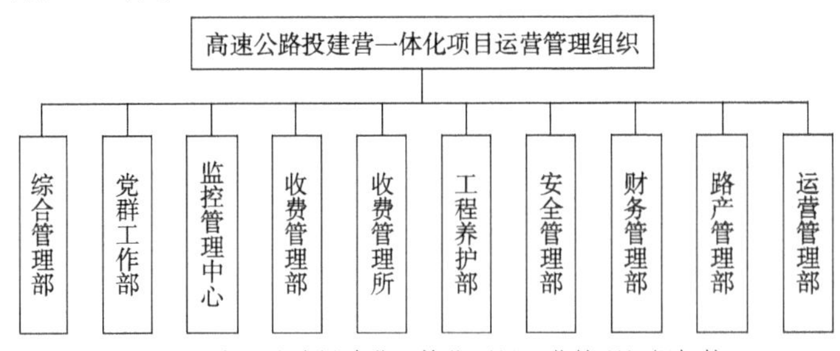

图4-1 高速公路投建营一体化项目运营管理组织架构

(二)岗位职责

运营管理单位根据工作需要制定各部门的岗位职责,并且根据内部机构设置情况,对部门及其下设机构职责作适当调整。这里主要阐述各部门的主要职责,不对其具体职责进行展开描述。

1. 综合管理部

综合管理部是综合职能部门，主要负责公文管理、档案管理、宣传管理、后勤管理（车队、食堂、卫生）、资产管理、人力资源管理、信访维稳等工作。

2. 党群工作部

党群工作部是负责组织实施党的群众工作的部门，主要负责制定党建、工会、共青团等工作制度并组织实施。

3. 监控管理中心

监控管理中心根据区域划分下设监控管理分中心，主要负责本区域高速公路收费监控和收费机电管理，根据管辖路段实际情况设置收费集中监控点，实时监控管辖收费管理所收费现场。

4. 收费管理部

收费管理部是负责收费管理、信息化管理的职能部门，主要负责执行收费制度、制订收费计划、稽查营销、数据统计分析、票卡管理、业务指导与培训等工作。

5. 收费管理所

收费管理所负责收费活动的具体实施，主要工作包括收费站的收费运营、安全保畅、站所建设、综合协调等。

6. 工程养护部

工程养护部是负责养护管理的职能部门，主要负责编制、执行养护计划，计量、认证、支付，施工现场管理，管段养护基础数据管理，组织路况巡查、应急养护，监管管段内养护基地等工作。

7. 安全管理部

安全管理部是负责安全管理的职能部门，主要负责安全生产，应急指挥调度，协调交警、路政及地方政府安全应急部门，收取公路路产赔（补）费，配合监管服务区公共服务质量等工作。

8. 财务管理部

财务管理部是负责财务管理工作的职能部门，主要负责财务预算、成本控制、收支决算、审计等工作。

9. 路产管理部

路产管理部是负责高速公路资产经营和管理的职能部门，负责建立健全资产设备管理办法和各项规章制度，开展各类设施的经营和管理工作，做好资产设施的日常维护、可经营设施安全保障、租赁设施的安全监管。

10. 运营管理部

运营管理部是负责高速公路运营管理的职能部门，主要负责制订运营计划和政策，监督和协调各项运营工作，确保高速公路的高效和安全运行。

二、运营服务拓展的必要性

高速公路服务功能一般在服务区实现,通过在服务区设置相应的功能设施来满足高速公路驾乘人员及车辆的需求。一般综合性高速公路服务区的基本功能配置有加油站、修理所、住所、公厕、商店、餐厅、停车场等,但随着服务区产业的快速发展和人们物质文化生活水平的提高,人们对服务区的功能配置提出了更高的要求,高速公路投建营一体化项目为实现资金快速回笼,增强服务区对驾乘人员的吸引力,需要在不断完善现有基本功能配置的基础上,进行服务功能拓展。

(一)服务区实现社会价值的需求

目前我国高速公路服务区主要提供驾乘人员休息及车辆加油等基本服务,服务功能单一,其拓展功能并未得到充分挖掘和发挥。服务区的一切建设都是围绕着客户进行的,应当把客户的需求当作服务区建设的最高宗旨。随着经济社会发展与人民生活水平的提高,人们对生活品质的追求越来越高,因此对高速公路服务区的功能也有了更高需求,不仅要对现有功能进一步完善,还要对潜在功能进行人性化开发,除了吃得放心、住得舒心的简单需求,还应该能够满足人们更高层次的需要。

通过拓展服务区功能,吸引驾乘人员进入服务区停靠休息,缓解驾乘人员在高速公路上长时间、长距离出行产生的疲劳,在增大消费概率的同时更保障了行车安全。此外,服务区产业开发具有正外部性,其开发效果也会影响周边区域经济发展的速度。

(二)投资主体增加经济效益的需求

近年来,高速公路建设成本急剧增长,融资成本居高不下,通行费增长却极其缓慢。服务区依托高速公路发展,可以利用这一稀缺资源带来的客流量和特殊地理位置,创造更好的商业机会,带来更大的经济效益和社会效益。我国高速公路收入的主要来源“通行费收入”有一定的年限,对高速公路投建营一体化项目投资主体来说,拓展高速公路服务区功能,发展潜在市场势在必行。

随着我国经济的快速发展,高速公路建设进度加快,车流、人流、物流都迅速增长,极大地激发了高速公路产业链尤其是高速公路服务区的经营潜力。在我国,高速公路服务区的经营功能及发展潜力拓展仍处于起步阶段,尚未取得较大的、可推广复制的成功经验,但是从国外的发展经验来看,服务区的发展潜力较大,一旦运作成功,服务区带来的经济效益将远超高速公路的收费效益。

目前我国高速公路服务区大部分只能够提供一些基础的功能,不能完全满足当前驾乘人员的需求,使得服务区并没有给高速公路企业带来很可观的利润,因此经营和发展好服务区、扩展服务功能不但非常必要,而且具有非常重要的现实意义。

三、运营服务拓展渠道

不少地区意识到了服务区功能拓展的必要性,对服务区功能拓展进行积极探索,在当前对高速公路服务区功能拓展研究中,具有普遍适应性且可以推广到大部分服务区的主要有旅游、物流、客运中转站、仓储等项目。结合服务区自身特点及已有功能拓展研究,本书从以下几个方面提出运营服务拓展渠道。

（一）服务区＋旅游

随着人民生活水平的提升，越来越多的人愿意利用节假日外出旅游，而服务区具有便利的交通条件和良好的硬件设施，可以与当地的旅游资源相结合，形成优势互补。“服务区＋旅游”模式能够带来良好的经济效益，增加服务区客源，提高经济收入，增加就业机会，促进高速公路发展。

1. 依托文化开发旅游

通过挖掘人文历史资源，利用服务区周边文史资源，充分展现当地历史文化特色、民族风情，开发文化旅游。如陕西安塞服务区充分发挥所处地域及周围丰富的文化旅游资源优势，依托红色旅游资源，拓展服务领域，延伸服务内容。服务区内设立旅游接待处和顾客咨询台，介绍当地旅游景点，推荐旅游线路，提供旅游资讯，出售旅游纪念品。

2. 依托特产开发旅游

依托地方特产资源，开设特产专柜，推销当地特产，提高特产知名度，吸引驾乘人员旅游和消费。如阳澄湖服务区利用当地水产优势增设了水产市场，出租商场给当地渔民在此销售阳澄湖大闸蟹及其他水产品，吸引来游客后，服务区商场又推出苏州土特产，同时也包含江、浙、沪地区的名优特产。

3. 依托景区开发旅游

地处旅游风景区的服务区可以着力打造休闲度假游，以周围名胜景点为依托，充分发挥其连接景区与城市的区域优势。如陕西金丝峡服务区依托金丝峡良好的旅游资源，在建设初期就基于侧重旅游的发展目标，设计会议室、多功能厅、休闲鱼塘以及102间客房。

4. 挖掘自身优势开发旅游

服务区可挖掘自身优势，充分发挥远离城市、交通便捷、停车方便、基础设施完善、接待能力强等优势，提供餐饮、住宿、休闲、会议等全方位服务。如沪宁高速公路窦庄服务区、仙人山服务区利用处于南京、上海两座经济发达城市之间的地理优势，分别以田园鱼塘垂钓和百亩果园、广场鸽等项目或景观吸引垂钓爱好者和休闲旅客。

（二）服务区＋物流

当前我国高速公路服务区占地普遍较多且空闲多，使用效率较低，具备一定的储存能力。因此，具有潜力的高速公路服务区可提供物流服务，充分利用现有的服务区资源，通过与物流企业合作，共同拓展物流领域的业务，实现资源共享，达到优势互补的目的，发挥高速公路的辐射带动作用，促进经济社会健康可持续发展。

1. 物流集散中心

高速公路的修建极大地改善了人们的生活方式，特别是我国众多省市高速公路县县通之后，边远山区的特色农产品走出大山，纯天然的绿色有机产品出现在千家万户的餐桌上，改善了人们的饮食习惯，满足了现代人对健康生活的需求和期待。这些特色农产品需要通过物流的各个环节，从产地到达消费地，而高速公路服务区则具备建成农产品物流集散地的天然优势。

农产品需要销往山区农村之外的地方，而在山区农村生活的人们同时也需要其他地方生产的衣物、日用品、电器、箱包、美妆等品类繁多的物品满足日常生活所需。随着网络技术的普及,物流运输渠道逐步完善,快递基层网点得以建设,人们足不出户就能从各大电商平台购买到各种商品。一来一往间,高速公路成为重要的快递物流运输路线,而高速公路服务区成为建设物流集散中心的重要选址。

2. 综合型物流园区

在交通规划原则中,货运交通力求布设在城市外围,将笨重的大型货物运输车辆拦截在城市周边,避免对城市内部交通造成干扰,进而保障城市内部交通的通畅性和安全性。物流园区是货物仓储、中转、配送的重要集散地,是货运交通的发生点和吸引点,其周围将产生大量的货运交通,因此物流园区在选址时也应首先考虑城市外围,并且要求交通便利。

高速公路服务区凭借其地理优势可成为物流园区的重要选址,并且高速公路服务区具备完善的高速公路信息系统,如果把物流信息模块嵌入或搭接在高速公路信息系统中,可以将高速公路服务区建设成集信息、网络、运输、仓储、商贸于一体的综合型物流园区。如湖南高速衡阳物流港项目于2022年开工,该项目依托湖南高速路网,打造全国首创的服务区与物流园无缝对接、交通与物流融合发展的“高速公路物流港”。

(三)服务区+客运中转站

高速公路服务区配置客运中转站是将服务区作为高速公路客车的停靠港湾,并在服务区内上下客。上车的旅客在服务区内集中,下车的旅客通过服务区的中转站二次分流至其他地方。服务区是高速公路不可分割的附属设施,但相对于高速公路通行路面来说,服务区又是一个相对独立的空间,并且有很大的面积,足以开展客运中转服务。

在服务区设置客运中转站,不同需求的旅客可以通过服务区换乘车辆,完成二次、三次转运,大大缩短在途时间,同时促进当地公共交通网的建设和发展。在服务区的客运中转站内建立客运信息管理系统,收集和汇总客流量和客流方向,不仅能保障客流、车流的安全,还能为旅游发展提供坚实数据支撑,及时调度车辆,满足乘客需求,提高效率。

高速公路服务区客运中转站应由当地行政区域内的运输管理部门在服务区内批设站点,与服务区联合组织经营。运输管理部门主要负责对客运线路的运营进行监督与协调,制定本区域长途过境客车的流向时间表,对有空余座位的车辆进行无线调度,将需要配客的车辆引入站内。服务区管理部门负责监管客运中转站的总体运营情况,保证客运中转站的秩序,并配合运输管理部门处理好客运过程中的技术问题。

(四)服务区+绿色能源

为响应我国节能减排政策,落实碳达峰、碳中和“双碳”目标,有效推动可再生资源产业的健康发展,践行绿色通行的理念,在高速公路规划区域绿色能源比较丰富的情况下,可以对其加以充分利用。

高速公路服务区内拥有很多“屋顶资源”,可以充分利用闲散的“屋顶资源”,将太阳能发电与高速公路服务区完美结合,为服务区的电力供应提供能源,尽可能减少常规能源的电力供应,在满足服务区运行需要的同时做好土地资源集约化利用,提升我国土地面积经济输出价值。传统独立光伏发电系统需要依靠蓄电池进行电能存储,蓄电池充满以后多出的电能会直接流失掉,造成能源浪费,因此考虑采用分布式太阳能光伏发电系统将多余的电能输送到电网中,实现节能减排、创效增收。

此外,对于服务区附近地热能、风能、沼气能、潮汐能等资源丰富的地方,应因地制宜,最大限度地利用当地自然资源,大力发展新能源建筑,以达到减少常规能源消耗、优化服务区能源消费结构的目的,最大限度减少煤炭使用量,实现最大化利用新能源和最大限度提高能源利用效率。

(五)智慧+服务区

目前大部分高速公路服务区仅能够提供信息查询等基本信息服务,缺乏智能监控管理、数据采集检测、信息共享发布等现代化、智能化的服务和管理。在网络信息高速发展的背景下,可应用互联网、移动互联网、物联网、云计算、人工智能和大数据等新技术,并将其与服务区管理、服务工作相结合,构建“广泛接入、资源共享、多级协同、公众参与”的高速公路“智慧+服务区”模式,打造“人、车、服务区”交互的智慧服务区系统。

1. 智慧停车场

通过在高速公路主线设置一级停车诱导屏,在服务区入口设置二级停车诱导屏,在各类车型的停车场前设置三级停车诱导屏,实时更新空余车位数量,智能引导服务区的车辆有序停放。同时系统将数据传送给计算机,计算机将数据存放到数据库服务器,用户通过计算机终端或移动终端也可查询服务区停车场的实时车位信息。

2. 智慧公厕

通过在服务大厅设置大幅液晶显示屏,在主、次公厕入口设置显示屏,在厕位门口设置显示灯,将公厕的使用情况(厕所有人、无人使用的状态)及时反馈给驾乘人员。此外,通过环境采集系统实时采集整个服务区公厕内温度、湿度、刺激性气体信息,通过智能水电表采集用电、用水量信息,判断设备是否出现故障,并将信息及时反馈至维护人员。

3. 智慧餐厅

将服务区内传统的餐厅升级为智慧餐厅,采用自助选餐和自助结算模式,实现自助模式餐厅从购餐到结算的高效、有序。在每一个餐具底部植入芯片,使得餐具进入餐台结算区后,芯片可被识别,借助计算机及其通信技术,实现快速结算。

4. 智慧监控广播

通过在服务区出入口、停车场、广场等公共区域设置网络高清摄像机和激光传感器对服务区运营状态进行全时段监测,在综合楼监控室设置监控大屏,实时显示服务区内各位置实况,对服务区的人、车流量进行实时监控,提供服务区饱和度参数,向公众发布拥堵信息,为运营单位、管理部门监管提供决策依据。通过监控室的统一调度,利用室内公共区域的吊顶音响功放和停车场、站前广场及加油站广场安装的室外音柱,实现对服务区室内外情况的监管。

5. 其他

自建Wi-Fi和微信公众号,实现整个服务区Wi-Fi覆盖,为驾乘人员上网休闲、处理电子事务提供极大便利,公众在服务区扫描二维码,即可获取一键导航、网上订餐、信息查询、失物招领、景点介绍、门票购买等智能服务。

第3节 高速公路投建营一体化项目公司运营管理能力分析与提升

高速公路运营是一项复杂的系统工程,要求运营企业具备较高的管理能力。对高速公路投建营一体化项目公司运营管理能力进行分析,并探索运营管理能力提升途径,有利于提高高速公路服务水平,在增加高速公路的经济效益的同时充分发挥其社会效益,更好地促进沿线地区社会经济发展。

一、运营管理能力分析

高速公路投建营一体化项目公司运营管理能力既不失一般公路企业运营管理能力的普遍性,又有其自身的特点。在一般高速公路运营企业所需具备的收费管理能力、养护管理能力、财务管理能力、安全保障能力、应急救援能力等能力的基础上,高速公路投建营一体化项目公司还应强化资源整合能力、协调能力和经营开发能力。

(一)资源整合能力

高速公路运营管理是一个多工种、多专业密切协作、互相配合的系统工程,具有技术密集的特点,大部分岗位体现高科技、高技能,需要大批计算机操作维护人员及机电一体化维护人员,以及“一人多职、一专多能”的高素质管理人员及复合型人才。而高速公路投建营一体化项目投资方以大型建筑企业为主,其运营管理能力往往相对较弱,因此必须整合内外部资源,在保证资源间有效衔接的前提下,实现资源成本的最低化和资源效益的最大化。

资源整合能力是指高速公路投建营一体化项目公司在运营管理过程中对不同渠道来源、不同结构、不同类别资源的识别、选择、配置、融合、利用的能力。根据高速公路业务链的不同,一般可以将高速公路运营管理资源划分为设备资源、人力资源、资产资源、管理资源、技术资源、信息资源等。根据资源的共享程度,又可以分为共享型资源、半共享型资源以及独占型资源,如信息资源、技术资源、管理资源等属于共享型资源;而专业性的人力资源属于半共享型资源;至于独占型资源,则主要是由通信、监控、收费这三大系统中的设备设施和公司资产组成的。

提高资源整合能力是提升高速公路投建营一体化项目公司竞争力的重要手段,有助于推进运营管理标准化、专业化、精细化,切实提高运营管理能力。对于共享型资源来说,公司需要建立良好的交流共享平台,使资源能够被充分利用,同时还要统筹兼顾,最终实现低成本、集中化及差异化的目标。对于半共享型资源来说,公司需要调整资源的调配方式,提高资源使用效率,以达到降低成本的目的。

(二)协调能力

高速公路投建营一体化项目公司在沟通协调好团队内部关系、提高运营管理效率的同时,也要处理好同外部的公共关系,只有协调好同政府、其他企业、媒体等的关系,创造一个有利的外部环境,才能减少运营管理的阻力与困难,以利于提升公司形象,创建高速公路投建营一体化项目品牌，提高投资效益。

高速公路正常、安全运行仅靠项目公司是远远不够的，还需要加强与公安交管、交通运输及其他地方政府部门的沟通协调，例如，加强交通管制协调配合，做好交通分流和保持应急通道畅通。此外，在应急救援方面，如果不能与地方政府、交通、医疗等部门建立起有效的协调联动机制，将严重制约高速公路事故应急响应与救援效率，使得事故救援难以达到预期目标，加重生命和财产损失。

同时，高速公路投建营一体化项目公司要协调好同媒体和其他社会公众的关系，树立和维护良好的形象，获得公众认可，让社会公众知晓项目为社会做出的贡献，赢取公众对项目的认同与更大支持，保证全面运营管理职能的发挥，产生整体性的经济和社会效益。

（三）经营开发能力

高速公路投建营一体化项目的核心在于“营”，在项目全寿命周期中，项目运营管理阶段是决定该项目能否最大限度实现盈利的关键环节，因此要求项目公司能够深入高速公路这个市场，做好高速公路的长期运营工作。项目公司不具有通行费收费定价权，收费标准往往不能及时与市场行情衔接，常规性经营收入无法满足高速公路运营需求且通常无法达到盈利目的，因此需要项目公司提高经营开发能力，通过提高经营性业务比例来提高公司盈利能力。

收取车辆通行费与经营开发是高速公路的两大收入来源，高速公路沿线经营开发同时又带动了车辆通行费收入的增长，形成了辐射带动的良性循环。因此高速公路投建营一体化项目公司应实行收费和经营开发并重的方针，不仅要有投资、建设、运营高速公路项目的能力，又要具有高速公路项目沿线综合经营开发能力。

高速公路造价高，投资回收期长，有必要通过开发高速公路现有资产，增加收入，尽早收回建设投资。通过提升经营开发能力，可将高速公路项目带来的一部分外部收益转化为内部收益，使高速公路投资者能够以相关获益项目的收益获取高速公路建设的投资回报。通过不断增强高速公路投建营一体化项目公司自身经营管理实力提高投资回报率，是促进我国投建营一体化项目健康发展的根本。

二、运营管理能力提升

投建营一体化是提升高速公路项目全寿命周期集成化管理服务水平、促进高速公路高质量发展的必然选择。高速公路投建营一体化项目公司要想提升高速公路项目全寿命周期集成化管理服务水平，有效实现管理协同、降本增效，提高高速公路运营管理效率和收益，迫切需要提高运营管理能力。基于前面对运营管理能力的分析，本书从以下几个方面提出相应的提升路径。

（一）资源整合能力提升

1. 整合和优化人力资源

高速公路投建营一体化项目公司需要合理配置人力资源，保证人才结构的合理性，确保运营管理队伍中具有相关工作经验人员的比例，并通过不断变换运营管理队伍人员的工作岗位，使得管理队伍中具有相关工作经验的人员数不断增加。此外，要积极引导各类人才有序流动，既包括人才在不同单位、部门之间的流动，也包括人才所拥有的知识和经验的传递，让各类人才各得其所、用当其时、才尽其用。例如运营管理人员提前了解项目情况，提前介入项目设计、施工，从运营需求方面对设计、施工提出合理建议；同时部分建设人员也可以在工程建设结束后，加入运营管理队伍，协助运营和养护管理；将投资方其他已运营项目的人力资源调配到新项目进行运营管理；还可以通过外部人力资源引进和内部人力资源培养等方式进行人才资源整合，建立良好的人才引进机制，转变培训管理理念，不仅要注重专业化技能培训，也要不断提高员工个人能力和综合素质，顺应投建营一体化项目运营管理的需要。

2. 加强信息技术的应用

加强云计算、物联网、大数据、移动互联等信息技术在高速公路运营管理中的应用，形成完善的信息共享平台，解决信息孤岛问题，强化收费业务、道路养护业务、道路紧急救援业务之间的联系，在信息资源共享的前提下，实现运营管理各部门管理职能的准确落实。利用共享数据库，对高速公路建设项目业务、公路空间信息、地理模型及养护信息、数据安全等进行针对性管理，提升信息资源在高速公路管理中的应用效果。

3. 整合部分业务模块

高速公路投建营一体化项目投资方一般需要负责运营多条高速公路，而且高速公路工程养护、收费营运、服务区管理、清障施救等业务管理模块具有相似性，因此可以通过进一步整合部分业务模块，发挥规模效益，降低内部业务重复度，形成大营运格局，通过形成更大的经营规模来实现更大范围内有限资源配置更优和专业化程度更高。比如，建立统一的应急救援体系、整合高速公路服务区、组建养护中心和机电系统运维中心等，通过规模合力提升运营管理效果以及市场影响力。在对部分业务进行整合过程中，还可以通过改进、再造重点业务流程，提升关联部门协同配合能力，有效提高投建营一体化项目公司在规模化经营条件下的专业化水平，实现管理和效益的双提升。

（二）协调能力提升

1. 强化与政府间的长期合作

政府和高速公路投建营一体化项目公司良好关系的维系、协调沟通，是高速公路运营管理工作顺利推进的前提条件。因此，公司要保持和政府长期、密切合作，保证在政府调整政策时第一时间得到信息并采取应变措施，同时与其他高速公路管理部门形成多方联动机制，通过定期召开协调会议、进行信息通报、共同制定应急管理预案等措施，建立横向立体协调体，共同管理高速公路，形成齐抓共管、职责清晰、协调联动的格局。

2. 加强与新闻媒体之间的联系

高速公路投建营一体化项目公司平时要加强与本区域主流媒体的沟通联系，定期邀请媒体记者对公司的一些重要活动、成绩进行采访和宣传报告，增强互动，加强相互了解，通过媒体的宣传提高公司知名度与信誉。此外，充分利用各种媒体和信息发布方式，及时将高速公路运营管理的变动告知广大出行者，同时进行交通安全方面的宣传教育。加强媒体意识，充分认识媒体的重要性，充分认识舆论对实际工作的影响，正确对待媒体的采访，而不是回避媒体、不配合媒体，同时提高应对媒体的能力，不躲避、不抗拒记者的采访，坦诚、实事求是地发布信息，统一口径。

3. 妥善处理突发事件和公众投诉

高速公路运营中突发事件较多，高速公路投建营一体化项目公司要提高突发事件处置能力，采取适当措施消除突发事件带来的负面影响，尽快恢复高速公路原状，确保高速公路安全运营。同时，积极探索妥善处理公众投诉的机制和流程，建立处罚机制，提升处理投诉的效率，最大限度解决公众诉求，提升公众满意度，获得公众信任与支持，提高项目的经济和社会效益。

(三)经营开发能力提升

1. 探索多元化经营模式

高速公路线长、点多、面广，拥有丰富的沿线线路、路面、通信设施等资源，在高速公路沿线及服务区、互通区、收费站、出入口等拥有可观的土地资源，项目公司可依托高速公路经营汇聚的大量ETC数据、客户信息、物流信息等信息资源，盘活高速公路的附属资产和衍生资产，实施综合开发利用，如服务、旅游、广告、商贸、房地产开发等沿线开发项目，朝着经营开发多元化方向发展。高速公路投建营一体化项目公司在投资和建设过程中就应该做好高速公路路衍经济经营开发的规划，避免重复投资，造成资源浪费。

2. 加大服务区建设经营管理力度

高速公路服务区作为高速公路延伸产业，提升其服务品质、拓展其服务功能、扩大其业务规模，培育新的利润增长点，是高速公路行业价值创造的重要环节。高速公路投建营一体化项目公司在服务区设计、建设过程中，应充分发挥自身全产业链优势，综合考虑服务区位置选点问题，进行合理规划，科学布局，争取依托不同地域、不同文化及资源优势打造特色服务区，达到设计科学合理、美观实用的目标。同时要创新服务区运营管理机制，强化各服务区资源整合，形成优势互补的协调效应，依托优势资源因地制宜拓展服务区服务功能，打造“服务区+旅游”模式、“服务区+物流”模式等新型服务区，实现产业纵向一体化。

3. 坚持开放合作理念

高速公路运营企业能力与精力有限，导致高速公路沿线各种资源都存在着不同程度的闲置，分布较分散，难以形成合力。高速公路投建营一体化项目公司要转变经营理念，加强与不同地区经营企业的合作，结合自身优势开发利用沿线闲置资源，提高资源利用率。在进行高速公路路衍经济开发及服务区经营方面，坚持开放合作的理念，积极与其他专业化企业开展合作，形成战略联盟，提高高速公路经营利润。

下篇
实践篇

第 5 章　南横高速公路项目投融资决策与项目管理策划

对于企业投资的高速公路项目，投资方前期主要工作是做好项目投融资决策，在项目中标后充分做好项目管理策划，通过科学决策和精细谋划为项目顺利实施保驾护航。南横高速公路项目采用 BOT + EPC 模式运作，由中铁交通投资集团有限公司作为牵头人，联合中国中铁股份有限公司下属 10 家单位组成联合体投标，中标后组建项目公司，构建实施组织架构，深入开展项目调查，积极做好项目管理策划，为后续项目建设实施打下坚实的基础。

第 1 节　项目概况及运作模式

南横高速公路项目是《广西高速公路网规划（2018—2030 年）》规划的“横 9”的重要组成部分，也是广西、广东间新省际通道的重要组成部分。项目前期决策过程中，中铁交通投资集团有限公司积极与广西壮族自治区交通运输厅对接，选择 BOT + EPC 运作模式，并联合中国中铁股份有限公司系统内实力强大的设计、施工单位作为合作伙伴，精心进行投融资方案设计，实现了资源优化配置。

一、项目概况

2018 年，南横高速公路项目作为广西通往粤港澳大湾区的重要通道，设计起点接规划建设的岑溪—大新公路玉林至横县段终点。路线整体由东向西，经横县马山镇、百合镇、那阳镇、横州镇、南乡镇、新福镇、平朗镇，邕宁区中和镇、蒲庙镇，青秀区刘圩镇，止于 G7201 南宁外环高速公路邕宁东枢纽。初步设计推荐路线全长 111. 93km。设计采用双向八车道，速度 120km/h，路基宽度 42m。全线设百合、横县南、南乡、关塘、平朗、中和、刘圩、邕宁东共 8 处互通式立交，其中平朗、邕宁东为枢纽互通式立交，百合、横县南、南乡、关塘、中和、刘圩为一般互通式立交，同步建设必要的交通工程及沿线设施。路线方案见图 5-1。

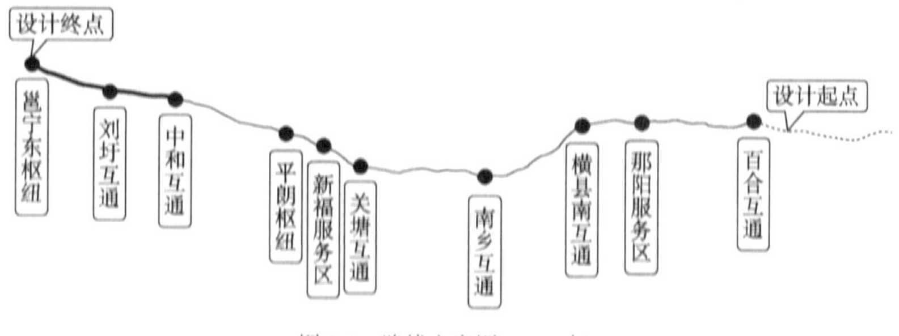

图 5-1　路线方案图（2018 年）

该项目的建设可促进上位规划落实，加强广西与粤港澳大湾区联系，缓解广昆高速公路交通压力，保障国家运输通道通畅，加快北部湾城市群核心城市和人口稠密的桂东南城市群发展，加强广西陆上边境口岸及东盟中南半岛国家从陆上与粤港澳大湾区联系，加快粤桂协作和产业转移，同时对提升北部湾城市群融合发展水平、强化南宁辐射带动作用、落实广西壮族自治区强首府战略均有重要意义，也是构建南宁和玉林间城际快速通道、带动沿线重要城镇发展的重要支撑。

二、运作模式

南横高速公路项目采用 BOT + EPC 模式运作，中铁交通投资集团有限公司（简称“中铁交通”）作为牵头人与中铁资本有限公司（简称“中铁资本”）、中铁二院工程集团有限责任公司（简称“中铁二院”）、中铁三局集团有限公司（简称“中铁三局”）、中铁六局集团有限公司（简称“中铁六局”）、中铁八局集团有限公司（简称“中铁八局”）、中铁九局集团有限公司（简称“中铁九局”）、中铁隧道局集团有限公司（简称“中铁隧道局”）、中铁大桥局集团有限公司（简称“中铁大桥局”）、中铁北京工程局集团有限公司（简称“中铁北京局”）、中铁上海工程局集团有限公司（简称“中铁上海局”）组成联合体，组建广西中铁南横高速公路有限公司（项目公司）。其中，中铁交通主要负责投融资、建设及运营管理；中铁二院主要负责施工图设计及部分投资；中铁资本主要负责项目部分资本金出资；中铁九局、中铁六局、中铁北京局、中铁三局、中铁八局、中铁上海局、中铁大桥局、中铁隧道局主要负责施工任务及部分投资。项目公司履行项目法人职责，对本项目的筹划、资金筹措、建设实施、运营管理、债务偿还和资产管理等全过程负责，自主经营，自负盈亏，并在特许经营协议规定的特许经营期满后，按照特许经营协议的约定将公路（含土地使用权）、公路附属设施及相关资料无偿移交给政府指定机构。中铁交通成立指挥部，履行项目总承包人职责，负责现场征地拆迁、生产组织、安全质量环保管理等工作。项目公司和指挥部实行“一套人马、两块牌子”，由中铁交通派人组建。南横高速公路项目 BOT + EPC 运作模式如图 5-2 所示。

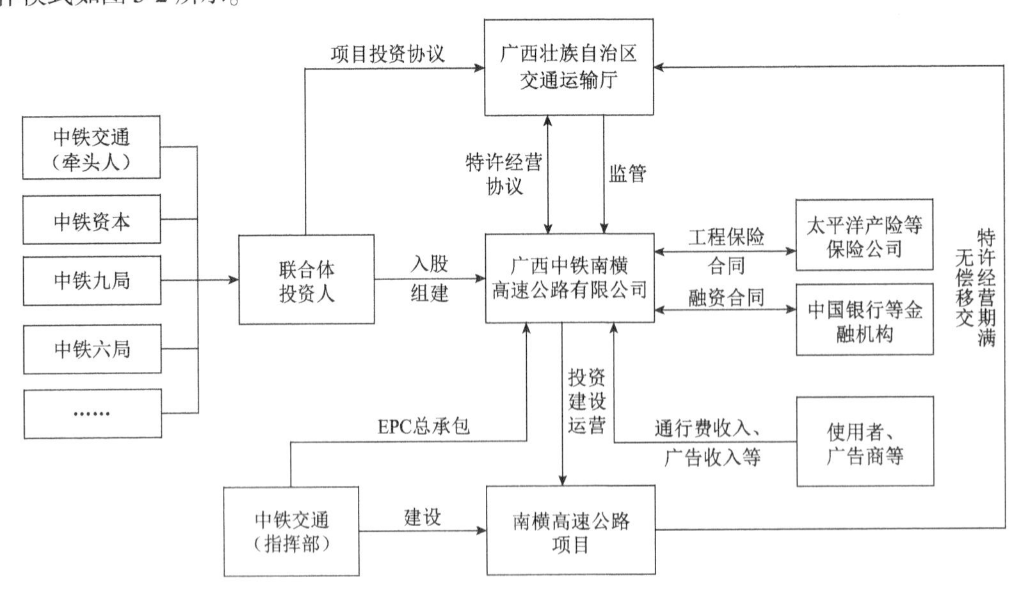

图 5-2　南横高速公路项目 BOT + EPC 运作模式

第2节　项目投资与融资

为确保高速公路项目高质量顺利完成建设任务，做好项目投融资管理是整个项目建设的重要环节。在南横高速公路项目投资决策过程中，中铁交通严格执行投资决策程序，优化联合体投资方构成；项目公司合理设计投融资结构和融资方案，提高资金使用效率，有效降低了资金成本。

一、项目投资与融资方案

（一）投资方案

根据广西壮族自治区交通运输厅批复初步设计，核定南横高速公路项目两阶段初步设计总概算为208.74亿元，其中，建筑安装工程费为145.94亿元，土地征用及拆迁补偿费为31.95亿元，工程建设其他费用为6.46亿元，预备费为9.22亿元，建设期贷款利息为15.17亿元，平均每公里造价为1.86亿元。2019年12月12日，广西壮族自治区交通运输厅发布招标公告，将南横高速公路项目向社会公开招标，选择社会投资人。中铁交通联合体于2020年2月7日中标为南横高速公路项目社会投资人。联合体按约定于2020年2月26日与广西壮族自治区交通运输厅签订了项目投资协议。

（二）融资方案

1. 权益融资

南横高速公路项目资本金为总概算的20%，约41.75亿元，由各股东按股比出资。资本金在项目公司注册时一次性到位1亿元；在项目公司注册完成后2个月内到位10亿元；在项目开工满12个月时累计到位额度不低于项目资本金总额的50%；在开工满24个月时必须全部到位。

2. 债务融资

项目债务资金为总概算的80%，约166.99亿元，以项目公司为融资主体，主要方式为向商业银行贷款融资。项目贷款融资是项目公司以项目未来的特许经营权为贷款质押担保获得建设资金贷款。

在项目融资过程中，项目公司积极贯彻“投资思维”理念，以“控投资”“控成本”为准绳，认真做好融资策划工作，达到了预期效果。同时，加强与各大银行对放款时间、资金规模保障及资金集中等问题的沟通，确保贷款按实时需求发放并降低融资闲置占用额度，降低融资成本。

特许经营期内，项目公司通过车辆通行费收入及其他业务收入偿还银行贷款本息，并收回投资、获得合理回报。基于项目工可的全周期收益预期，综合考虑项目公司可持续性现金流安排，以及开通后运营培育期可能存在的资金缺口，本项目债务资金偿还采取先息后本，本金适当延后的策略。在固定资产合同谈判中，向金融机构争取延后首期本金偿还时间和减少偿还前期本金金额，实现运营周期内现金流平衡。

二、项目融资模式

(一)短期流贷

在项目前期固定资产贷款未落地的情况下,项目公司积极与各金融机构进行沟通,推进项目前期流贷融资工作,保障了项目前期资金需求。项目累计获得相关金融机构信用贷款并用于项目建设。

(二)固定贷款

项目公司基于前期贷合作基础,聚合金融资源,以银团模式完成了179亿元的项目固定资产贷款合同签订,其中中国银行股份有限公司南宁市青秀支行为牵头代理行,中国建设银行股份有限公司南宁新城支行、中国工商银行股份有限公司南宁分行为联合代理行,中国进出口银行广西壮族自治区分行、中国邮政储蓄银行股份有限公司广西壮族自治区南宁市分行为参团行。

项目公司实时结合国家金融政策,加强与各大银行沟通,争取各大银行对本项目提供优惠。

(三)融资成本分析

1. 融资成本控制

项目公司在项目前期通过流贷资金解决融资缺口问题,前期流贷在融资利率方面也兼顾了中短期借款的优势,相较于长期固定资产借款,有效地节约了融资利息支出。项目累计提取前期流贷共77亿元,期限1~4年不等,全部有效控制在同期一年期LPR水平线以下。

根据投资协议和股东决策的投资建设目标,项目公司逐年逐月细化投资计划,倒排生产任务,按照资金需求严格制订资金计划,将贷款的提取和支用落实到具体的时间节点,最大限度减少资金占用和闲置,节约利息支出。

同时,项目公司结合投资支出属性,确保重要节点关键资金的优先级,合理优化长期固定性开支支付时间和结构,缓投资、晚支付,进一步降低融资成本。

2. 获取政策性融资贴息

2021年初,广西正式实施“桂惠贷”政策,每年统筹全区各级财政资金40亿元,对符合条件的贷款按照2个或3个百分点利差比例进行补贴,带动金融机构每年新发放2000亿元优惠利率贷款,推动中小微企业融资“量增、面扩、价降、质提、纾困”,促进惠企红利直达实体经济。“桂惠贷”创新采取资金补贴前置化的贴息方式,由金融机构先按照最高降低3个百分点的优惠利率向企业发放贷款,财政部门再根据贴息贷款的发放金额,将应该享受的利差补贴一次性拨付给金融机构。项目公司积极申请使用该政策,2021—2022年连续成功申请办理广西“桂惠贷”,获得融资贴息、节约了利息支出。

第3节 项目管理策划

项目筹备组进场以后,管理人员首先要研读招投标文件、项目工可报告、经营决策等相关资料,梳理项目重难点、管控目标、管理风险。其次,根据项目管控目标和项目特点,及时开展项目管理策划。重点从项目投融资、建设、运营一体化的角度，充分发挥“投建营一体化”优势，对项目全寿命周期管理开展系统性研究，细化管理目标，制定应对措施，分析风险难点，编制管理清单、厘清管理思路。最后，编制的“项目管理策划”经上级主管部门审批后，现场严格执行。南横高速公路项目筹备组主要从以下几方面开展项目管理策划。

一、项目建设管理模式策划

南横高速公路项目采用“大项目公司、小指挥部”“一套人马、两块牌子”的管理模式。联合体各方按照股东协议组建项目公司并履行法人职责，负责项目投资、建设及运营管理；中铁交通成立指挥部，履行项目总承包人职责，主要负责现场施工组织管理和安全质量管理等工作。项目公司和指挥部合署办公，各自按合同履行职责。“一套人马、两块牌子”的管理模式是中铁交通多年来通过探索、实践形成的成熟管理模式，有利于发挥项目班子整体合力，提高工作效率，对外协调沟通、加强融资和合同履约管理，对内强化管控、加强现场施工组织和安全质量管控，确保项目安全、优质建成。

（一）项目公司组织结构

1. 法人治理结构

股东会：设股东会，由各方股东代表组成。

董事会：设董事会，成员 5 名，其中中铁交通委派 1 名、中铁资本委派 3 名（其中 1 人为董事长人选）、经民主程序选举产生职工董事 1 名。

监事会：设监事会，监事 3 名，其中中铁交通委派 1 名、中铁资本委派 1 名、经民主程序选举产生职工监事 1 名。

经理层：共 3 人，其中总经理 1 人、副总经理兼总工程师 1 人、财务总监 1 人。

党群负责人：共 2 人，其中党工委书记 1 人，同时任董事长；党工委副书记 1 人，同时任纪工委书记、工会主席。

2. 部门设置

项目公司设办公室（党群办公室）、财务会计部、建设管理部、商务管理部（工程经济部）、安质环保部（监理管理部）、征拆协调部等 5 部 1 室。办公室（党群办公室）、征拆协调部部分职员岗位允许以劳务派遣形式使用社会招聘人员，其他部门若股东派遣人员不足，可由施工单位提供助勤人员。股东派遣人员、助勤人员和劳务派遣人员合计人数不超过项目机构总定员。后勤服务岗位仅限于司机、厨师、保洁岗位，由项目公司根据实际情况另行上报审批。

项目公司人员配置应根据工作需要和精干高效的原则逐步到位并实施动态调整，一般不得满编配置。内设机构主要职能、职责、岗位配置及各项工作制度等根据工作需要，由项目公司自行确定，确保主体责任、合同履行、项目管理依法合规。

3. 管理职责

（1）执行国家、省、市及行业主管部门有关工程建设管理的法律法规和方针政策，遵循基本建设程序，依法进行工程建设经营管理工作，全面履行建设单位所有管理职责。

(2)代表股东单位全面负责同政府及行业主管部门接洽工作,负责和政府签订特许经营协议,负责接管项目前期所涉及的合同文件移交和管理工作。

(3)按照基本建设管理程序和项目管理权限向相关部门办理许可、审批、审查和备案事项,完成各项评估、评价、论证、调查报告和审批手续。

(4)分阶段开展勘察设计、设计咨询、工程监理、试验检验的招标、合同签订工作,负责过程管理。

(5)按照批准的施工图设计及施工图预算组织项目建设。按照合同约定和管理制度开展项目投资控制、工期进度、安全质量创优策划。

(6)负责征地拆迁;负责资金筹措、税收策划;组织审查施工组织设计、重要施工工艺和标准试验;负责对承包人安全质量环保管理工作进行监督管理;负责投资成本、变更设计、科技及信息管理;负责开展劳动竞赛,对参建单位进行信用评级;主持交工验收,负责竣工决算,完成质量鉴定、决算审计,申请竣工验收;负责项目运营管理、移交及后评价工作。

(二)指挥部组织结构

1. 部门设置

指挥部设办公室(党群办公室)、财务会计部、工程管理部(物资管理部)、商务管理部(工程经济部)、安质环保部等4部1室。办公室(党群办公室)部分职员岗位允许以劳务派遣形式使用社会招聘人员,其他部门若股东派遣人员不足,可由施工单位提供助勤人员。股东派遣人员、助勤人员和劳务派遣人员合计人数不超过指挥部总定员。后勤服务岗位仅限于司机、厨师、保洁岗位,由指挥部根据实际情况另行上报审批。

指挥部人员配置应根据工作需要和精干高效的原则逐步到位并实施动态调整,不得满编配置。内设机构主要职能、职责、岗位配置及各项工作制度等根据工作需要,由指挥部自行确定,确保主体责任、合同履行、项目管理依法合规。

2. 管理职责

(1)执行国家、省、市及行业主管部门有关工程建设管理的法律法规和方针政策,全面履行总承包单位管理职责。

(2)代表集团公司统一组织、指挥和协调参建单位。配合项目业主各项报批工作、各项管理策划工作、征地拆迁工作以及交(竣)工验收工作。

(3)根据项目公司工期进度策划目标,制定实施性施工组织,配合项目公司劳动竞赛,制定节点工期目标。负责对参建单位施工进度、各项资源配置的监督管理工作。

(4)根据项目公司安全质量创优策划目标,负责对参建单位安全、质量、环保管理工作进行监督管理。

(5)根据总承包合同及内部承包合同办理验工计价和财务往来及工程款的收取、拨付工作。

(6)负责保修期缺陷整改以及配合建设单位运营筹备等相关工作。

(7)负责组织协调系统内部单位的物资采购工作。

(三)设计管理模式

南横高速公路项目工可、初步设计由广西壮族自治区交通运输厅招标,由中标单位开展工程可行性研究、初步设计等工作，项目公司成立后，广西壮族自治区交通运输厅、初步设计单位、项目公司签订三方协议，将前期设计成果及费用移交给项目公司，由项目公司负责统筹协调管理。施工图设计工作由项目联合体成员单位负责，项目公司代表建设单位负责统筹协调管理。

南横高速公路项目采用EPC模式建设，中铁交通为总包管理方，中铁二院作为本项目联合体成员负责施工图设计，双方于2021年1月正式签署合同协议书。中铁二院设计项目组进驻现场，学习和理解工可、初步设计方案等，及时开展施工图方案设计等工作。

（四）施工管理模式

南横高速公路项目采用的施工管理模式为，中铁交通作为联合体牵头人，负责总包管理并成立指挥部。根据《联合体协议》和中国中铁股份有限公司（简称"股份公司"）《投资项目标段划分细则》，本项目按照建安产值均等及有利于生产组织的原则，将现场施工划分为8个标段，每个标段建安产值约为17亿元。8个标段的施工分别由联合体成员中铁三局、中铁六局、中铁八局、中铁九局、中铁隧道局、中铁大桥局、中铁北京局和中铁上海局负责，建设单位与联合体单位签订施工合同。本着节约管理成本、提高工作效率的原则，每个标段由各工程局派员组建项目经理部，现场不允许设置局指挥部，每个项目经理部管理人员配置控制在80人左右。

（五）监理管理模式

项目可实行一级监理管理模式或二级监理管理模式。一级监理管理模式：项目公司→标段总监理办公室；二级监理管理模式：项目公司→总监理办公室（简称"总监办"，同时受项目公司委托对中心试验室进行监督管理）→标段驻地办。若实行二级监理管理模式，项目公司可不设安质环保部，指挥部设安质环保部，主要对施工单位现场进行安全、质量、环保管理，贯彻落实股份公司和集团公司有关管理要求。

南横高速公路项目采用一级监理管理模式，由项目公司采用公开招标方式进行施工监理招标，施工监理共划分为8个标段。项目公司建设管理部负责监理单位的日常管理，负责协调参与各方与总监办的工作关系。总监办按照合同要求接受项目公司的相关指导、管理、考核。征拆协调部负责征地拆迁工作的协调与联系，尽可能协助创造良好的外部工作环境。商务管理部（工程经济部）负责定期对总监办管理人员、设备等进行履约检查及考核，负责对监理人员、设备变更手续的审核。安质环保部负责监督总监办做好施工安全、环保水保监理工作等。总监办协助财务会计部对施工单位建设资金进行监管，保证建设资金的专款专用。

为加强现场的安全质量管控，项目公司在每个监理单位派驻一名业主代表，重点督促监理单位按要求履职，充分发挥监理的作用。从管理效果看，各机构运转正常，项目管理有序可控。

（六）中心试验室管理

南横高速公路项目实行三级试验管理模式，具体为：中心试验室→总监办工地试验室→项目经理部试验室。其中，中心试验室采用公开招标方式引进，由项目公司建设管理部负责日常管理，项目公司总工程师分管。中心试验室以"试验管理、日常抽查、异议仲裁"为重点，对本项目试验检测工作质量进行监督和管理，对原材料、工程实体质量进行抽查，协助项目公司对各项目经理部、各总监办工地试验室进行日常督查。

二、项目调查

(一)项目调查目的

项目调查的主要目的是摸清项目客观环境情况,了解建设管理地方性政策,了解相关管理部门及个体的个性化需求,为项目管理策划、制订管理目标提供基础资料。项目中标后,项目公司(筹备组)成立领导小组,总经理(筹备组组长)任组长,相关业务负责人任组员。根据项目调查内容,制订工作计划,明确任务分工,组织开展现场调查,编制并上报《项目调查报告》。

(二)项目调查内容

1. 项目概况

(1)项目规模、设计标准。

(2)线路基本情况。

(3)合同工期。

(4)主要工程内容。

(5)重难点工程概况、施工方案及工期要求。

2. 施工现场自然及社会环境

(1)地质地貌。

(2)水文气候。

(3)沿线敏感区(点)的分布及其对项目建设的影响。

(4)社会环境。

(5)沿线交通。

(6)沿线用水用电。

3. 项目前期依法合规进展情况

(1)项目已取得的相关批复文件。

(2)项目未取得的批复文件及其目前推进情况。

4. 项目公司筹备情况

(1)股权结构。

(2)项目公司(指挥部)建点情况。

(3)项目公司注册情况。

(4)开工典礼或先期开工项目筹备情况。

5. 设计工作情况

(1)工可、概预算情况。

(2)设计工作进展情况。

(3)设计优化情况。

6. 信息化技术、绿色能源技术在项目中的应用情况

(1)工程建设一体化管理平台应用情况。

(2)光伏发电应用情况。

7. 施工高风险点分布情况

(1)沙坪河特大桥跨越拟规划的平陆运河施工。

(2)上跨黎钦铁路大桥施工。

(3)平朗枢纽跨既有高速公路施工。

(4)邕宁东枢纽上跨南宁外环高速及枢纽范围内燃气、石油运输管道保护涵施工。

(5)鲁塘江大桥跨越主航道施工。

8. 征地拆迁现状及难点

(1)红线内拆迁房屋、拟使用林地分布情况。

(2)养殖、加工、生产等方面特殊构造物分布情况。

(3)电力电缆线路、油气水管路迁改情况。

(4)上跨下穿既有交通线路情况。

9. 建筑材料调查情况

(1)沿线砂石料场来源或分布、产量、出场单价、运距情况。

(2)红线内可利用石方数量、分布情况。

10. 沿线地方政府政策环境

(1)政治、经济、人口、社会等发展情况。

(2)对项目支持性政策文件与具体可用有关条文。

(3)沿线地方产业发展情况。

(三)项目调查管理流程

(1)项目公司组织编制《项目调查报告》初稿,报集团公司生产管理部门初审。

(2)项目公司根据初审意见完善《项目调查报告》,经项目负责人签字,加盖公章后报备集团公司生产管理部门。

(3)初步设计批复或主要管理人员基本到位后三个月内完成编制及备案手续。

三、项目管理交底

为了促进项目公司各项建设管理工作有序进行,及时搭建集团公司与项目公司各项业务工作链接,《项目调查报告》备案后,由集团公司分管领导带队,业务归口部门主办,相关业务部门参加,对项目公司进行建设管理交底。内容包括但不限于:项目前期营销工作情况,集团公司部门管理职责及权限、管理岗位设置及工作人员安排,集团公司形成建设管理交底记录。工作流程有:

(1)集团公司业务归口部门收集各业务部门交底资料,筹备交底工作会议。各业务部门也可根据部门工作情况,委托或另行专项交底。

(2)项目公司(指挥部)汇报项目调查情况。

(3)集团公司投资经营部进行营销交底,对项目前期跟踪、决策情况、投资成本、设计优化、施工利润率目标等进行交底。

(4)集团公司各业务部门针对相关管理办法和制度要求、管理工作流程及操作规程，进行点对点交底。

(5)项目公司负责会议签到及交底记录的整理，集团公司业务归口部门负责存档。

四、项目策划

项目策划是识别项目风险、明确管理目标的重要过程，项目策划书是项目监管、绩效考核的基础性文件。项目管理交底后，项目公司及指挥部按照集团公司《中铁交通投资集团有限公司项目调查、管理交底和目标策划管理办法》(中铁交通生产〔2020〕66号)的规定，组织编制《项目策划书》并上报。

(一)项目管理目标策划书策划内容

1. 建设期管理模式

(1)项目公司组织机构设置、法人治理结构、人员编制。

(2)指挥部组织机构设置、人员编制。

(3)项目监理管理模式。

2. 标段策划目标

(1)设计标段划分、合同额分配、招标工作安排。

(2)监理标段划分、合同额分配、招标工作安排。

(3)施工标段划分、合同额分配、施工界面划分、招标工作安排。

3. 建设(施工)进度目标

(1)合规手续办理、报批进度安排。

(2)设计工作进度(两阶段设计批复进度，路基、桥梁、隧道、房建、机电、交安工程施工图编制及出图进度)。

(3)征迁工作进度。

(4)工期目标(开工、完工、交工时间)。

(5)建设期(施工期)各年度建安计划。

(6)分类工程形象进度(路基、桥涵、隧道、路面、房建、机电、交安、绿化工程开工、完工时间)。

(7)重点工作计划安排(梁场、混凝土拌合站、水稳及沥青拌合站数量、建设进度，水稳层及沥青面层备料计划)。

(8)高风险、控制性单位工程形象进度(桩基、盖梁、制梁、架梁、桥面系完成时间，隧道开挖、衬砌完成时间)。

(9)先行控制性工程形象进度。

4. 物资采供目标

(1)主材供应方案(范围、总量、分年度数量)。

(2)地材稳产保价方案及目标(砂、碎石总量及分年度需要量，自采、利用加工、采购、储存方案)。

5. 成本目标

(1)项目决策指标(投资总额、降造率)。

(2)工可、概算、预算指标。

(3)项目投资控制总目标、分解到建设期的年度控制目标。

(4)竣工结算目标。

(5)总承包利润目标。

(6)工程保险策划。

(7)二次经营策划。

(8)项目公司、指挥部管理经费控制目标(按照工期分年度)。

6. 安全生产管理目标

(1)安全管理目标。

(2)质量管理目标。

(3)环境管理目标。

(4)创优目标。

(5)信息化建设及科研目标。

7. 融资及税务策划目标

(1)三年投资计划。

(2)权益融资计划。

(3)债务融资方案。

(4)融资成本测算及控制目标。

(5)税务管理与策划。

(6)各类政府补贴。

(7)两平衡实施(投资收益与建设成本平衡,项目建设现金流自平衡)。

8. 运营管理策划目标

(1)管理模式(驻站式或分站式管理,路政管理模式,运营管理人员配置)。

(2)功能分布及建筑规模(管理中心、监控中心、养护工区、路政办公区、交警办公区、收费站、服务区等设施的布置及规模)。

(3)管理中心选址等。

9. 其他管理策划目标

略。

10. 各项风险分析、管理工作建议或意见、需集团公司解决的问题

略。

(二)项目商务管理策划书策划内容

1. 编制思路、原则和依据

略。

2. 标前商务信息分析及应对措施

(1)标前策划主要内容及落实情况(遗留问题在建设期、运营期如何化解)。

(2)营销交底及商务关系情况。

(3)商务风险辨识及应对措施(PPP、BOT等投资协议、特许经营权协议,总承包施工合同,法规政策、政府需求、合作方等风险点分析及应对措施)。

(4)标前商务关系维护情况。

3. 成本管理要点、思路及措施

(1)投资成本控制:投资控制管理;工期控制;设计优化;概预算管理。

(2)利润目标:股份公司及集团公司总包目标利润;建安优化转化为总包利润的比率;预备费转化为总包利润的比率;物资集采创效率。

(3)施工成本控制:地材稳价保量;施组管理(指导性施组和实施性施组);临建策划(梁场、混凝土搅拌站、沥青拌合站、小型构件加工场、钢筋加工场等);标段划分(土石方调配、架梁顺序等);项目机构设置等方案策划。

4. 交(竣)工结算商务要点

略。

5. 变更索赔商务要点分析及措施

(1)内部合同方面:负变更创效指标(总包层面、施工单位层面);正变更控制方面。

(2)对外合同方面(政府、业主等)。

6. 总承包合同及施工承包合同商务要点

略。

7. 税务筹划商务要点分析及措施

(1)提升项目公司纳税信用等级。

(2)依法合规做好增值税留抵退税的申报工作,做到政策范围内增值税留抵退税的应退尽退。

(3)依法合规完成印花税申报缴纳。

(4)引入第三方税务咨询机构,全面防范税务风险。

8. 科研创新(工法、论文、奖项等)

略。

9. 其他商务管理工作

略。

(三)策划管理流程

(1)项目公司组织编制《项目策划书》初稿,报集团公司生产管理部门初审。项目公司根据初审意见完善《项目策划书》,经项目负责人签字,加盖公章后上报集团公司审批。

(2)策划内容可单项上报,也可组卷上报。各项策划内容修编完善,需在施工图预算定稿后一周内上报集团公司。集团公司业务归口部门组织各业务部门对各项策划内容进行评审,其中工期、投资控制及利润目标经集团公司总经理办公会决策后批复。

需要经集团公司总经理办公会研究讨论的管理策划及过程管控事项如下：

①高速公路投资运营项目、市政项目、总承包项目的管理策划目标及调整。

②高速公路投资运营项目增加投资的重大设计变更方案。

③高速公路投资运营项目合同外材料调差、索赔方案。

④高速公路投资运营项目运营期办公及生活用房建筑规模方案。

第 6 章　南横高速公路项目立项审批与专题管理

对企业投资来说,项目立项审批和相关专题编制报批等工作是项目筹备组前期准备中最重要的工作之一。项目立项审批决定项目的投资规模、线路位置、设计方案等内容,是投建营一体化全过程管理关键的第一步。对于政府招商的高速公路项目,通常在确定社会投资人之前,政府已经委托专业设计院进行项目工可、初步设计和相关专题编制,已基本确定线路位置和投资估算等。社会投资人中标后,项目筹备组应积极主动与行业主管部门和前期工作相关单位对接,了解各项工作推进情况,根据项目管理目标和投建营一体化要求,及时整合各项资源,有序推进项目立项审批和各项专题编制报批。

第 1 节　南横高速公路项目工可与项目核准

公路建设项目工程可行性研究是对项目建设的必要性、技术可行性、经济合理性和实施可能性进行综合性研究论证,是公路建设项目立项审批的重要组成部分,是项目建设决策的主要依据。在工程可行性研究报告编制完成后,需要根据项目类型进行项目核准并提供工程可行性研究报告报批所需的材料。

一、南横高速公路项目工程可行性研究

(一)可行性研究报告编制依据

2019 年 4 月,广西交通工程建设保障中心委托中设设计集团股份有限公司编制南横高速公路项目可行性研究报告,编制主要遵循了以下规范、规程,并参考了相关的已有研究成果:

(1)《公路建设项目可行性研究报告编制办法》(交规划发〔2010〕178 号)。

(2)《公路工程技术标准》(JTG B01—2014)。

(3)《项目建设经济评价方法与参数》(第三版)。

(4)《广西高速公路网规划(2018—2030 年)》。

(5)《南宁市城市总体规划(2011—2020)》。

(6)《南宁市邕宁区蒲庙镇总体规划修编(2015—2035)》。

(7)《南宁市邕宁区中和乡总体规划修编(2016—2030)》。

(8)《南宁市青秀区刘圩镇总体规划(2007—2020)》。

(9)《横县土地利用总体规划(2006—2020 年)》。

(10)《横县宝华山旅游核心区旅游开发控制性详细规划(2016—2020)》。

(11)《横县工业发展规划(2018—2020)》。

(12)《南宁市横县南乡镇总体规划(2007—2020)》。

(13)《南宁市横县百合镇总体规划(2010—2030)》。

(14)《南宁市横县马山乡总体规划(2010—2030)》。

(15)广西壮族自治区及项目区域干线航道网、铁路等专项规划。

(16)南宁外环高速、六钦高速等相关高速公路设计资料。

(17)广西壮族自治区及项目地区的“十三五”规划。

(18)上阶段国土空间规划成果。

(二)可行性研究报告主要内容

根据《公路建设项目可行性研究报告编制办法》(交规划发〔2010〕178号),公路建设项目可行性研究报告的主要内容应包括:项目影响区域经济社会和交通运输的现状与发展、交通量预测、建设的必要性、技术标准、建设条件、建设方案及规模、投资估算及资金筹措、经济评价、实施安排、土地利用评价、工程环境影响分析、节能评价、社会评价等,对于特殊复杂的重大项目,还应进行风险分析。南横高速公路项目可行性研究报告主要内容如下:

(1)概述。

(2)经济社会和交通运输发展现状及规划。

(3)交通量分析与预测。

(4)技术标准、建设方案和实施方案。

(5)投资估算及资金筹措。

(6)经济评价、节能评价、社会评价和土地利用评价。

(7)工程环境影响分析。

(8)社会稳定风险评估。

(9)问题与建议。

(10)各阶段意见执行情况。

(三)管理要点及注意事项

1. 加强路线走廊带方案研究论证

项目可行性研究报告中路线方案应充分结合区域生产力布局和交通规划、公路发展规划、城镇布局与规划、经济发展规划等,路线的走向、主要控制点应与已批复的规划基本相符。可行性研究方案应综合考虑地形地质、水文、工程量、征拆、环境、压覆矿产资源、基本农田等因素进行充分论证。

2. 合理选择专题研究开展时机

随着国家相关政策、规章及制度的不断变化,环境影响评价、水土保持评价、压覆矿产资源评估、地质灾害危险性评估等专题不再作为工程可行性研究报告审批前置条件,但路线涉及的环境敏感点、压覆矿产、滑坡等问题,往往会对路线走向造成颠覆性影响,所以仍建议在工程可行性研究阶段开展环境影响评价、水土保持评价、压覆矿产资源评估、地质灾害危险性评估等相关专题工作。其中,环境影响评价、压覆矿产资源评估可分阶段开展。工程可行性研究阶段进行调查研究，获得初步成果，可作为工程可行性研究路线方案的依据；勘察设计阶段进行复核及更进一步的研究，可以最大限度地为工程可行性研究报告、设计文件提供基础资料。

3. 严格控制建设规模和工程造价

工程可行性研究阶段，项目建设单位应该重点把控项目建设规模、投资造价、主要技术标准。项目建设既要满足国家和行业相关规范要求，达到投资效益最大化的目的，又要防止不切实际，过度追求高标准建设。

4. 加强互通和连接线设置的论证

工程可行性研究阶段一定要认真研究区域路网现状和规划，科学预测交通流量、流向，合理、慎重地布设一般互通式立交以及相应的连接线，以保证高速公路在确保交通安全、高效使用土地、兼顾高速公路运营效益的前提下，尽可能满足当地政府和群众的需求。为规范高速公路一般互通式立交布设，管理部门应尽快细化其设置原则。

5. 加强沟通和协调

立项审批工作中，工程可行性研究报告编制与用地预审等专项评估为互相制约、相辅相成关系。专项评估以工程可行性研究报告方案为基础，一旦专项评估无法通过，工程可行性研究报告方案就会被否决，因此加强立项审批工作中各编制单位的沟通、协调相当重要。合同中应明确工程可行性研究报告编制单位需配合其他评估单位开展工作并及时提供相关资料。

二、南横高速公路项目核准

可行性研究报告编制完成，经省（自治区、直辖市）交通运输厅和发展改革委部门两级技术审查后，连同用地预审、规划选址等批复文件，报发改部门进行批复立项。高速公路项目立项根据项目类型不同分为核准制和审批制，审批权限也有所不同。对于政府投资项目，由发改部门对上报的项目工程可行性研究报告进行审批；对于企业投资项目，由发改部门对项目申请报告进行核准。审批权限方面，省级统贷统还、省级专项债券投资的项目以及政府采用资本金注入方式参与的国家高速公路网新建 PPP 项目等由省（自治区、直辖市）发展改革委审批；政府采用投资补助方式参与的国家高速公路网新建 PPP 项目以及企业投资的 BOT、PPP 等经营性项目由省（自治区、直辖市）发展改革委核准；政府入股的 PPP 等不跨市的经营性项目以及由市级财政部门投资的项目，由市发展改革委审批。

（一）项目报批流程

南横高速公路项目为企业投资项目，由广西壮族自治区发展改革委核准。项目公司依据可行性研究报告编制项目申请报告，报广西壮族自治区发展改革委核准；2020 年 11 月 4 日，广西壮族自治区发展改革委正式下发《关于岑溪—大新公路横县至南宁段项目核准的批复》（桂发改交通〔2020〕1162 号），对本项目进行了核准批复。南横高速公路项目报批流程如图 6-1 所示。

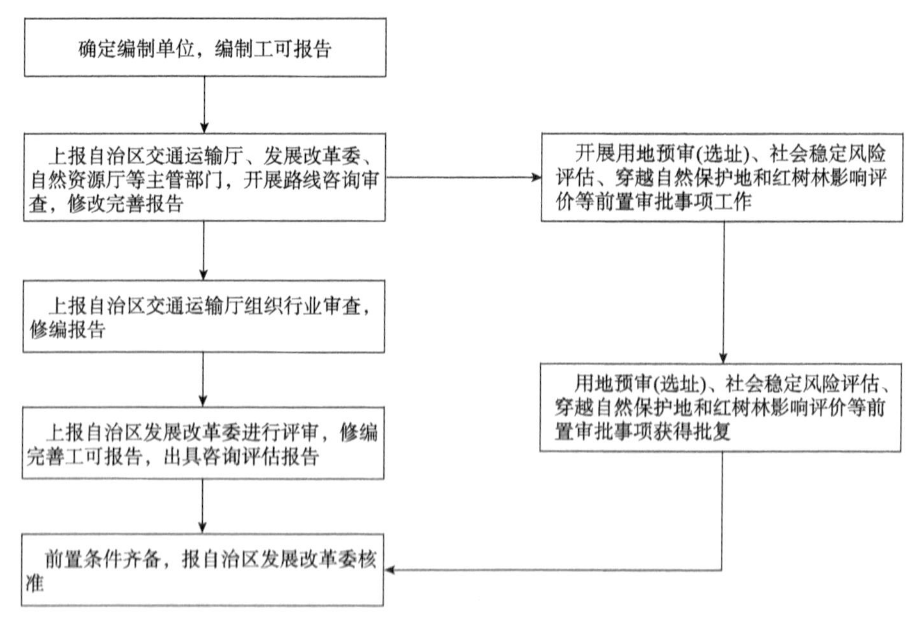

图6-1　南横高速公路项目报批流程图

(二)可行性研究报告报批所需的材料

南横高速公路项目是核准项目，其报批所需材料如下：

(1)工程可行性研究报告核准请示文件。

(2)工程可行性研究报告。

(3)工程项目申请报告。

(4)公路招标基本情况表。

(5)社会稳定风险评估报告和审核意见。

(6)建设项目用地预审(选址)、穿越自然保护地和红树林影响评价等有关部门出具的批复文件。

上述第(1)项由建设单位编辑完成后发正式公文，第(3)项由建设单位自主编制或委托第三方单位编制。

第2节　南横高速公路项目建设用地预审与用地报批

项目建设用地预审是用地审批的前置条件，自然资源主管部门在建设项目审批、核准、备案阶段，依法对建设项目涉及的土地利用事项进行审查和选址规划。用地预审和选址规划确定后，建设单位可根据相关法律法规向自然资源主管部门申请国有土地使用权。

一、用地预审

用地预审是指自然资源主管部门在建设项目审批、核准、备案阶段，依法对建设项目涉及的土地利用事项进行的审查，目的是保证土地利用总体规划的实施，充分发挥土地供应的宏观调控作用,控制建设用地总量。

(一)相关政策解读

1.《中共中央　国务院关于加强耕地保护和改进占补平衡的意见》(中发〔2017〕4号)

《中共中央　国务院关于加强耕地保护和改进占补平衡的意见》(中发〔2017〕4号)第五条规定:一般建设项目不得占用永久基本农田,重大建设项目选址确实难以避让永久基本农田的,在可行性研究阶段,必须对占用的必要性、合理性和补划方案的可行性进行严格论证,通过国土资源部用地预审;农用地转用和土地征收依法依规报国务院批准。严禁通过擅自调整县乡土地利用总体规划,规避占用永久基本农田的审批。

2.《自然资源部关于做好占用永久基本农田重大建设项目用地预审的通知》(自然资规〔2018〕3号)

《自然资源部关于做好占用永久基本农田重大建设项目用地预审的通知》(自然资规〔2018〕3号)规定:现阶段允许将占用永久基本农田的省级高速公路,连接深度贫困地区直接为该地区服务的省级公路重大建设项目,纳入用地预审受理范围。对省级高速公路、连接深度贫困地区直接为该地区服务的省级公路,必须先行落实永久基本农田补划入库要求,方可受理其用地预审,该文件有效期仅5年。

3.《广西壮族自治区国土资源厅关于印发深化支持深度贫困地区脱贫攻坚若干措施的通知》(桂国土资发〔2018〕38号)

《广西壮族自治区国土资源厅关于印发深化支持深度贫困地区脱贫攻坚若干措施的通知》(桂国土资发〔2018〕38号)第十四条规定:深度贫困地区自治区级以下基础设施、易地扶贫搬迁、民生发展等建设项目,确实难以避让永久基本农田的,由自治区国土资源厅办理用地预审,并按照规定办理农用地转用和土地征收。

4.《广西壮族自治区自然资源厅关于印发建设项目用地预审和选址意见书合并办理的通知(试行)》(桂自然资规〔2019〕6号)

《广西壮族自治区自然资源厅关于印发建设项目用地预审和选址意见书合并办理的通知(试行)》(桂自然资规〔2019〕6号)规定:自2019年7月1日起,建设单位可将建设项目用地预审和选址意见书核发合并为建设项目用地预审(选址意见书)进行办理,并纳入建设项目用地“三级联审”审批系统进行审批,本文件有效期5年。

(二)用地预审审查内容

(1)主要审查供地政策是否符合国土空间规划(土地利用总体规划)、用地规模是否合理等方面内容。

(2)主要审查建设项目拟选址位置是否符合国土空间规划(城乡规划)、是否满足安全生产条件、是否对生态环境有影响等方面内容。

(三)项目选址规划与用地预审合并办理主要材料

南横高速公路项目选址规划与用地预审合并办理主要材料清单如表6-1所示。

南横高速公路项目选址规划与用地预审合并办理主要材料清单　　表6-1

材料名称	电子化格式	是否需要纸质	具体要求	备注
建设项目用地预审与选址意见书申请报告	PDF	是	(1)加盖建设单位公章； (2)申请报告中要附上设区市或县级自然资源主管部门出具的初审意见报告	由自治区自然资源主管部门审批的项目，需提供设区市自然资源主管部门初审意见报告；设区市自然资源主管部门审批的项目，需提供县级自然资源主管部门初审意见报告。跨设区市或跨县的建设项目，应有沿线各设区市或县级自然资源主管部门分别出具的初审意见报告
项目建设依据	PDF	是	审批项目建议书或批复立项的审批制建设项目提供建议书批复或立项批复文件；直接审批工程可行性研究报告的审批制建设项目或核准制建设项目提供建设项目列入相关规划或者产业政策的文件；备案制的项目提供备案文件	
项目用地边界拐点坐标表(2000国家大地坐标系)	PDF	是	坐标表要加盖建设单位公章	
国土空间规划图(土地利用总体规划图、城乡规划图)和建设项目功能分区用地统计表	PDF	是	(1)规划图件应标明建设项目拟选址用地的位置和范围； (2)所有提供的图纸和表格均要加盖建设项目所在地自然资源主管部门公章	
建设项目规划选址论证、节地评价和土地利用总体规划修改(调整)方案及永久基本农田补划方案等论证意见	PDF	是	(1)论证意见的附件包括论证报告、专家组审查意见； (2)符合占用永久基本农田条件且涉及占用永久基本农田的项目，要在论证意见中单独列出重大建设项目占用永久基本农田补划方案，明确调整和补划的规模(含水田面积)，图斑数量、平均质量等别和空间位置等； (3)论证意见、土地利用总体规划修改(调整)方案文本应加盖自然资源主管部门公章，论证报告应加盖自然资源主管部门委托的技术审查单位印章，踏勘论证报告文本、规划选址论证报告文本、节地评价报告文本加盖技术承担单位印章	(1)符合且需要修改(或调整)土地利用总体规划的项目； (2)需开展用地踏勘论证或节地评价的项目； (3)需要编制选址论证报告的情况：能源、交通、水利、通信、农业、民生保障等重大国计民生项目拟选址的位置与现行国土空间规划(城乡规划)暂不一致或未纳入国土空间规划(城乡规划)建设用地范围

(四)用地预审材料主要编制依据

(1)《中华人民共和国土地管理法》(2019年修正)。

(2)《中华人民共和国土地管理法实施条例》(2021年修订)。

(3)《国土资源部关于修改〈建设项目用地预审管理办法〉的决定》(国土资源部令2016年第68号)。

(4)《国土资源部关于修改〈建设用地审查报批管理办法〉的决定》(国土资源部令2016年第69号)。

(5)《国土资源部关于强化管控落实最严格耕地保护制度的通知》(国土资发〔2014〕18号)。

(6)《国土资源部关于改进和优化建设项目用地预审和用地审查的通知》(国土资规〔2016〕16号)。

(7)《国土资源部 农业部关于全面划定永久基本农田实行特殊保护的通知》(国土资规〔2016〕10号)。

(8)《中共中央 国务院关于加强耕地保护和改进占补平衡的意见》(中发〔2017〕4号)。

(9)《自然资源部关于以“多规合一”为基础推进规划用地“多审合一、多证合一”改革的通知》(自然资规〔2019〕2号)。

(10)《关于印发广西壮族自治区被征地农民参加基本养老保险制度指导意见的通知》(桂人社发〔2016〕46号)。

(11)《广西壮族自治区自然资源厅关于印发进一步加强建设用地市场建设实施意见的通知》(桂自然资发〔2021〕88号)。

(12)《广西壮族自治区自然资源厅关于推进规划用地“多审合一,多证合一”改革的通知》(桂自然资规〔2019〕9号)。

(13)《广西壮族自治区自然资源厅关于进一步做好建设项目用地预审与选址踏勘论证工作的通知》(桂自然资规〔2020〕2号)。

(14)《公路工程项目建设用地指标》(建标〔2011〕124号)。

(15)现行的土地利用总体规划、路网规划、城市规划等相关规划。

(16)已批复国土空间规划的,建设项目用地预审(选址意见书)依据为已批复的国土空间规划;其他为已批复的土地利用总体规划和城乡规划。

注:以上相关编制依据均应采用最新版本。

(五)项目选址规划与用地预审报批基本流程

《自然资源部关于以“多规合一”为基础推进规划用地“多审合一、多证合一”改革的通知》(自然资规〔2019〕2号)规定,项目选址规划与用地预审应合并办理,由自然资源主管部门统一核发建设项目选址与用地预审意见书。南横高速公路项目选址规划和用地预审流程如图6-2所示。

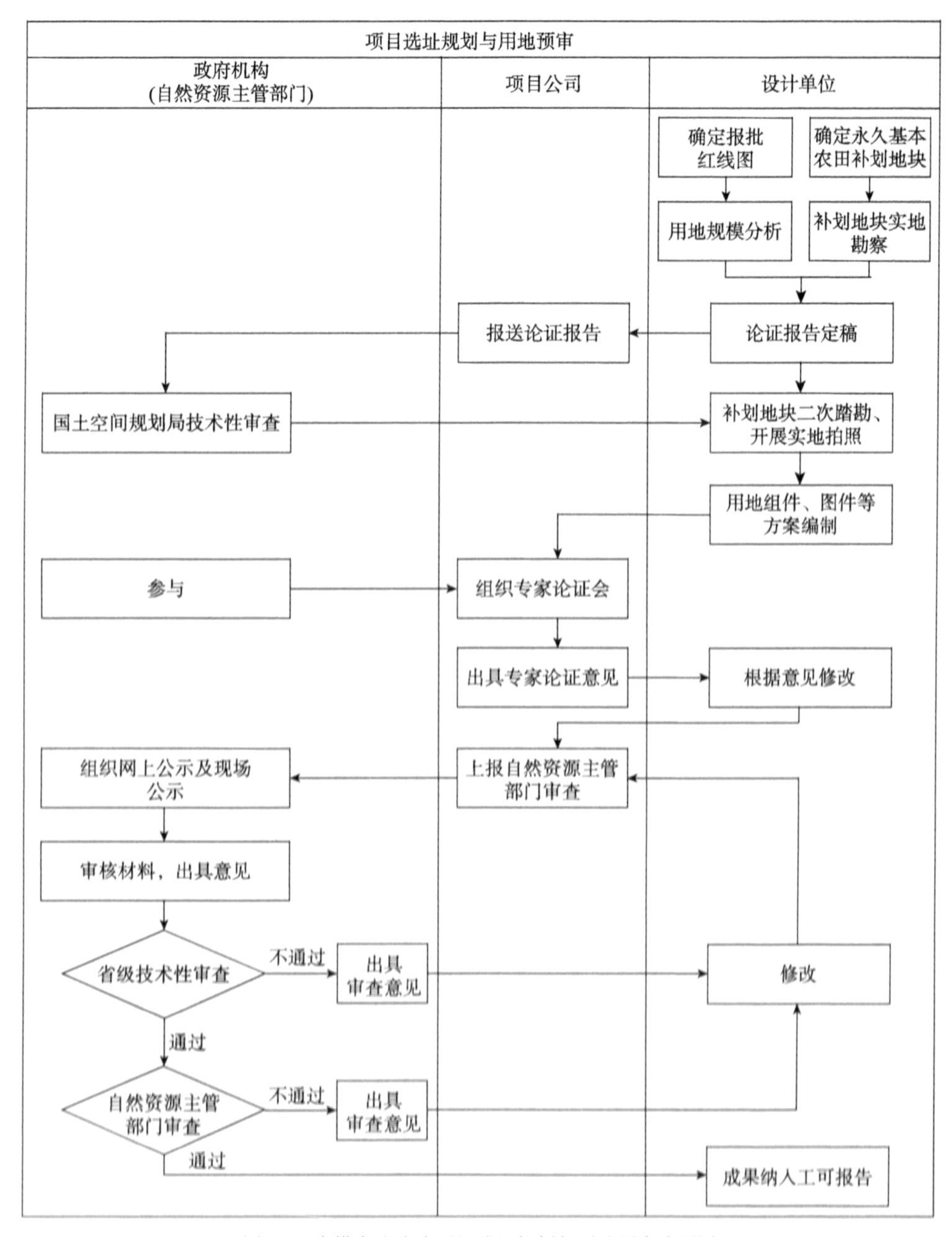

图6-2　南横高速公路项目选址规划与用地预审流程图

二、用地报批

(一)用地报批主要依据

1.《中华人民共和国土地管理法》(2019年修正)

《中华人民共和国土地管理法》(2019年修正)第四十四条规定:建设占用土地,涉及农用地转为建设用地的,应当办理农用地转用审批手续。永久基本农田转为建设用地的,由国务院批准。在土地利用总体规划确定的城市和村庄、集镇建设用地规模范围内,为实施该规划而将永久基本农田以外的农用地转为建设用地的,按土地利用年度计划分批次按照国务院规定由原批准土地利用总体规划的机关或者其授权的机关批准。在已批准的农用地转用范围内,具体建设项目用地可以由市、县人民政府批准。在土地利用总体规划确定的城市和村庄、集镇建设用地规模范围外,将永久基本农田以外的农用地转为建设用地的,由国务院或者国务院授权的省、自治区、直辖市人民政府批准。

2.《中华人民共和国土地管理法实施条例》(2021 年修订)

《中华人民共和国土地管理法实施条例》(2021 年修订)第二十四条第二款规定:建设单位持建设项目的批准、核准或者备案文件,向市、县人民政府提出建设用地申请。市、县人民政府组织自然资源等部门拟订农用地转用方案,报有批准权的人民政府批准;依法应当由国务院批准的,由省、自治区、直辖市人民政府审核后上报。农用地转用方案应当重点对是否符合国土空间规划和土地利用年度计划以及补充耕地情况作出说明,涉及占用永久基本农田的,还应当对占用永久基本农田的必要性、合理性和补划可行性作出说明。

《中华人民共和国土地管理法实施条例》(2021 年修订)第二十五条规定:建设项目需要使用土地的,建设单位原则上应当一次申请,办理建设用地审批手续,确需分期建设的项目,可以根据可行性研究报告确定的方案,分期申请建设用地,分期办理建设用地审批手续。建设过程中用地范围确需调整的,应当依法办理建设用地审批手续。

(二)用地报批申报主体

用地报批的申报主体是项目建设单位,需建设单位先提出建设用地申请,由市、县土地行政主管部门审查后,拟订“一书四方案”(建设项目用地呈报说明书、农用地转用方案、补充耕地方案、土地征收方案、供地方案),经市、县人民政府审核同意后逐级上报至有批准权的人民政府审批。

(三)用地报批申报程序

根据《中华人民共和国土地管理法》(2019 年修正)、《中华人民共和国土地管理法实施条例》(2021 年修订)、《建设用地审查报批管理办法》(2016 年修正)等相关法律法规,用地报批的申报程序为:建设单位提出用地申请,填写建设用地申请表,报市、县土地行政主管部门审查,市、县土地行政主管部门拟定“一书四方案”,经市、县人民政府审核同意后,报省、自治区、直辖市土地行政主管部门审查,通过审查后,由省、自治区、直辖市人民政府批准。如涉及征收永久基本农田或征收土地 $70hm^2$ 以上,征收耕地 $35hm^2$ 以上的,由省、自治区、直辖市人民政府审核后,报自然资源部审核、国务院审批。南横高速公路项目用地报批程序如图 6-3 所示。

(四)土地征收程序

土地征收指由国家出面,通过严格的征地程序,将农民集体所有的土地,收归国家所有,并按照国家法律规定的补偿标准和安置方式,对被征地农民进行补偿安置。根据《中华人民共和国土地管理法》(2019 年修正)、《中华人民共和国土地管理法实施条例》(2021 年修订)等相关法律法规,对土地征收程序作出新的调整,将原来的“告知、确认、听证”三步程序调整为“调查、评估、公告、听证、登记、协议”六步程序,明确“先补偿后搬迁”原则,从而减少了征收主体与被征收主体之间的矛盾,也进一步保障了被征地人民的合法权益。南横高速公路项目土地征收程序如图 6-4 所示。

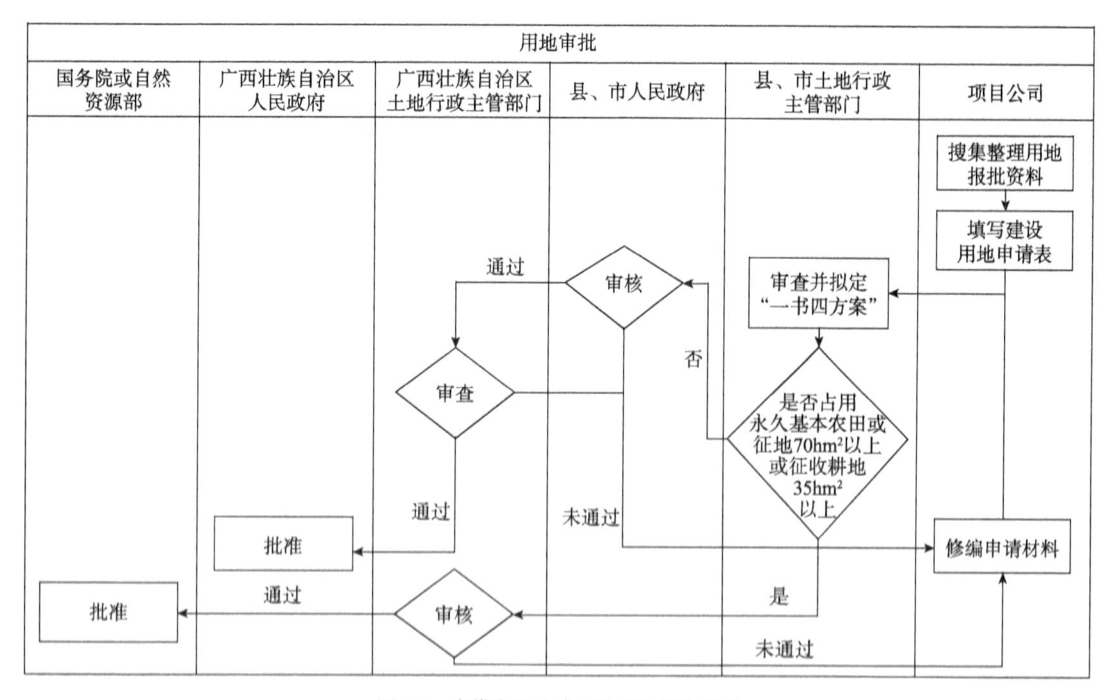

图6-3　南横高速公路项目用地报批程序

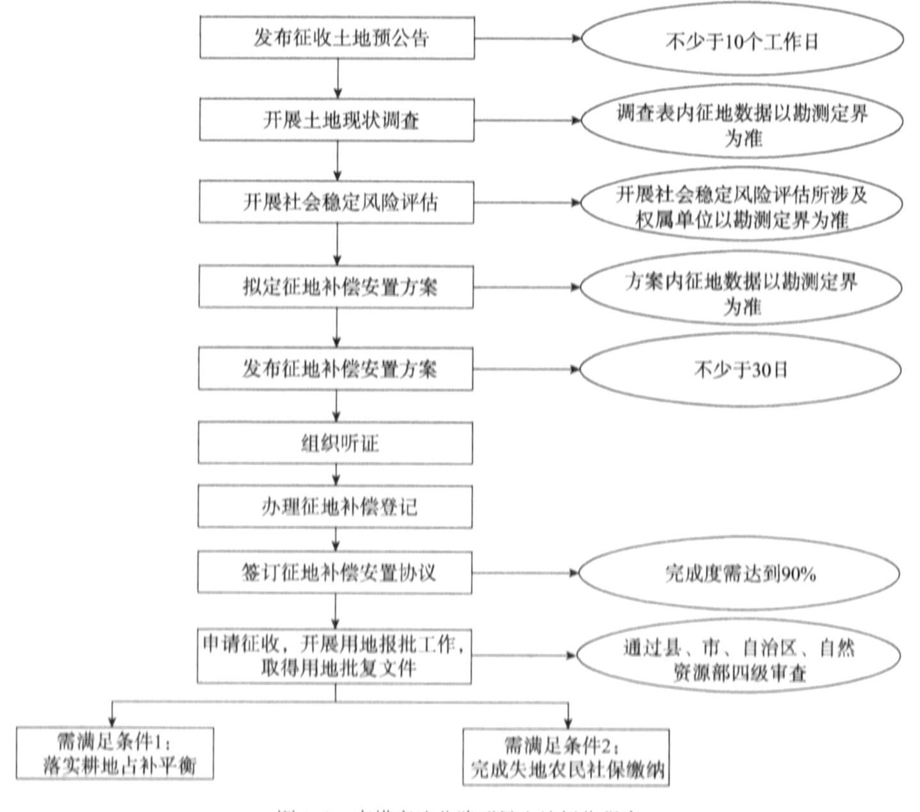

图6-4　南横高速公路项目土地征收程序

（五）用地报批工作内容

1. 勘测定界部分

提供通过自然资源管理部门审查，用于项目用地报批工作的成果资料，具体工作方案如下：

（1）编写技术设计书。

（2）收集相关资料，了解测区情况。

（3）仪器检测。

（4）召开相关单位协调会。

（5）踏勘，埋石，布设卫星测量控制网。

（6）基线计算，网平差，网加密。

（7）碎部测量。

（8）成果整理。

（9）内外业检查验收。

（10）编写成果验收报告及工作总结等。

2. 用地报批部分

（1）代拟征收土地公告、土地现状调查表、征地补偿安置方案、听证告知书、送达回执等材料，配合自然资源局完成征地公告、听证工作。

（2）配合建设单位、自然资源局完成耕地补充方案，落实耕地占补平衡。

（3）配合建设单位、自然资源局、人社局完成失地农民社保缴纳。

（4）进行外业调查，落实永久基本农田占用及补划，编写项目与国土空间规划衔接方案，通过审查并完成上报。

（5）编写建设用地申请表，项目用地审查表。

（6）代拟项目用地请示、自然资源管理部门审查意见、“一书四方案”。

（7）绘制项目土地利用现状图、国土空间规划图。

（8）收集项目用地报批所需材料，进行组卷上报。

（9）配合县、市、自治区、自然资源部四级自然资源管理部门完成对本项目的审查工作，协调解决用地报批工作中遇到的问题。

（10）取得自然资源部关于本项目的用地批复文件，完成资料备案、归档。

（六）用地报批材料组卷

用地报批工作具备系统性、逻辑性和整体性特征，各种材料之间都有所联系，改动某些数据或调整某个材料都会影响整个项目审批材料，审批材料组卷包含图、文、表等材料。南横高速公路项目用地报批材料清单如下：

（1）建设用地申请表。

（2）项目可行性研究报告的批复。

（3）项目初步设计的批复。

（4）项目用地预审与选址意见书。

（5）地质灾害危险性评估审查认定意见。

(6)关于本项目是否压覆重要矿床审查认定意见。

(7)林业行政主管部门出具的占用林地批准文件。

(8)项目临时用地复垦方案审查意见。

(9)社会稳定风险评估报告审查意见。

(10)耕地占补平衡挂钩信息确认单。

(11)失地农民社保缴纳证明材料。

(12)征收土地情况调查表、征地听证材料、征地补偿安置协议。

(13)项目纳入国土空间规划衔接方案及审查意见。

(14)建设项目用地勘测定界技术报告书和勘测定界图。

(15)建设项目工程平面图。

(16)项目土地利用现状图、国土空间规划图。

(17)项目用地审查表。

(七)用地报批工作推进具体问题及解决措施

结合南横高速公路项目用地报批实际进展情况,用地报批未批复或者推进受阻的具体问题及解决措施如下:

1.项目占用永久基本农田问题

《中共中央　国务院关于加强耕地保护和改进占补平衡的意见》(中发〔2017〕4号)、《国土资源部关于全面实行永久基本农田特殊保护的通知》(国土资规〔2018〕1号)等文件规定,一般建设项目不得占用永久基本农田,重大建设项目选址确实难以避让永久基本农田的,在可行性研究阶段,必须对占用的必要性、合理性和补划方案的可行性进行严格论证,通过国土资源部用地预审;农用地转用和土地征收依法依规报国务院批准。严禁通过擅自调整县乡土地利用总体规划,规避占用永久基本农田的审批。

高速公路建设项目普遍涉及占用永久基本农田问题,以往通过"核销"方式解决占用永久基本农田的问题已经行不通,要解决占用永久基本农田的问题,结合广西壮族自治区人民政府下发的《研究广西高速公路等线性工程项目建设用地保障工作的纪要》(桂政阅〔2018〕81号)文件的有关要求,建设单位应当在可行性研究阶段同步开展初步设计工作,确保可行性研究阶段与初步设计阶段项目线路的走向保持一致,同时尽可能提前联系对接土地行政管理部门,了解线路走向,掌握沿线基本农田范围,从而进行线路优化,避免和减少占用永久基本农田。确实难以避让占用永久基本农田的,在用地预审申报阶段,需编制占用永久基本农田补划和规划调整方案。重大项目建设确需占用永久基本农田的,在原县域范围内补划永久基本农田,地方国土资源主管部门根据《基本农田划定技术规程》(TD/T 1032—2011),组织做好永久基本农田补划工作,省级国土资源主管部门组织实地踏勘论证并出具论证意见,占用永久基本农田材料在完成编制、评审、踏勘论证等手续后需随用地预审资料报自然资源部,获得批复后,项目的前期建设程序才能有效、持续推进。应当注意的是,《研究广西高速公路等线性工程项目建设用地保障工作的纪要》(桂政阅〔2018〕81号)文件中强调"严格确定项目线路走向,项目取得用地预审批复后,不得随意改变,并且将这个要求作为一条工作纪律明确下来,谁改变就追究谁的责任"。

2. 耕地占补平衡问题

《中共中央　国务院关于加强耕地保护和改进占补平衡的意见》(中发〔2017〕4号)要求：严格落实占补平衡、占优补优。强化耕地质量保护与提升，坚决防止耕地占补平衡中补充耕地数量不到位、补充耕地质量不到位的问题，坚决防止占多补少、占优补劣、占水田补旱地的现象。严格落实耕地占补平衡责任，完善耕地占补平衡责任落实机制；非农建设占用耕地的，建设单位必须依法履行补充耕地义务，无法自行补充数量、质量相当耕地的，应当按规定足额缴纳耕地开垦费。《国土资源部关于切实加强耕地占补平衡监督管理的通知》(国土资发〔2010〕6号)要求：补充耕地挂钩使用，地方国土资源部门在报批建设用地时，按照占补平衡要求，将占用耕地项目与备案确认的补充耕地项目挂钩；国土资源部门对补充耕地挂钩使用情况进行实时监督。建设项目与补充耕地项目挂钩，市、县国土资源部门在申报建设用地拟订补充耕地方案时，按照“先补后占”要求，将建设项目与已报部备案确认的补充耕地项目挂钩，落实耕地占补平衡；缴纳耕地开垦费的，由国土资源部门安排补充耕地项目挂钩。从上述要求及结合建设项目实际推进方式来看，都是采取建设单位缴纳耕地开垦费委托地方土地行政管理部门补充耕地的方式。高速公路建设项目在办理用地报批，涉及耕地“占优补优”时，需开展占补耕地等级评定，积极与地方人民政府、土地行政管理部门对接，落实耕地占补平衡。由地方土地行政管理部门在耕地占补平衡动态监管系统中安排土地整治项目，挂钩补充耕地面积，经系统确认完成耕地占补平衡挂钩信息确认单。

3. 被征地农民养老保险补贴问题

《广西壮族自治区人力资源和社会保障厅　国土资源厅　财政厅关于印发广西壮族自治区被征地农民参加基本养老保险制度指导意见的通知》(桂人社发〔2016〕46号)规定：被征地农民养老保险补贴资金在征地成本中单列，不得纳入征地统一年产值补偿标准；报国务院、自治区人民政府批准征地的，由征地所在县(市、区)级人民政府将被征地农民养老保险实施方案等有关材料送市级人力资源社会保障部门审核，市级人力资源社会保障部门及时提出书面审核意见，作为国土资源部门办理建设用地报批手续的必要材料。根据上述文件规定，高速公路项目建设单位，在编制项目概算费用时(初步设计阶段)需提前考虑，提前计算，将被征地农民养老保险费用在征地成本中单列，在用地报批过程中，及时跟进土地行政管理部门，在完成“征收土地情况调查表”“被征地农民社会保障情况审核表”后将其递交市级人力资源社会保障部门，要求其出具社会保障意见，确保用地报批材料组卷能顺利完成，报批工作持续推进。

第3节　南横高速公路项目前期相关专题编制及管理

高速公路项目各专题评估论证是项目前期工作的重要组成部分，有些专题是工程可行性研究报告审批或核准的前置条件。南横高速公路项目前期专题工作包括环境影响评价、社会稳定风险评估、地质灾害危险性评估、压覆矿产资源评估、水土保持评价、防洪影响评价、地震安全性评价、林地使用可行性研究、航道通航条件影响评价、土地复垦、公路桥梁和隧道施工安全风险评估。各专题工作与主体工程相辅相成，专题工作基于线位大致确定的主体工程设计文件，主体工程又依托专题工作的实际情况，从不同领域、不同方面对主体工程线位走向、经济技术、环境影响等进行编制和管理。

一、环境影响评价

（一）概念

环境影响评价是指对规划和建设项目实施后可能造成的环境影响进行分析、预测和评估，提出预防或者减轻不良环境影响的对策和措施，进行跟踪监测的方法和制度。环境影响评价包含规划环境影响评价和建设项目环境影响评价，其中，建设项目环境影响评价是指针对单个建设项目的环境影响程度组织的环境影响评价，编写与项目有关的环境影响的篇章或者说明。

（二）法规政策

1.《中华人民共和国环境保护法》（2014 年修订）

《中华人民共和国环境保护法》（2014 年修订）第十九条规定：未依法进行环境影响评价的开发利用规划，不得组织实施；未依法进行环境影响评价的建设项目，不得开工建设。建设项目应在开工建设前办好环境影响评价手续。

2.《中华人民共和国环境影响评价法》（2018 年修正）

《中华人民共和国环境影响评价法》（2018 年修正）第二十五条规定：建设项目的环境影响评价文件未依法经审批部门审查或者审查后未予批准的，建设单位不得开工建设。虽然环境影响评价不作为工程可行性研究报告审批的前置条件，但这并不意味着工程可行性研究阶段不需要进行环境影响评价工作。公路项目涉及的环境敏感区种类多、分布广，对路线方案影响大，因此环境影响评价仍需与工程可行性研究路线方案研究同步开展，可在施工图设计阶段再做报批。

3.《中共广西壮族自治区委员会　广西壮族自治区人民政府关于深化投融资体制改革的实施意见》（桂发〔2017〕12 号）

《中共广西壮族自治区委员会　广西壮族自治区人民政府关于深化投融资体制改革的实施意见》（桂发〔2017〕12 号）规定：精简投资项目核准前置审批事项，只保留选址意见、用地（用海）预审以及重特大项目的环评审批作为前置条件，须环评审批的重特大项目具体范围由环保部门牵头制定并向社会公布。

（三）报告书编制依据

高速公路建设项目环境影响评价报告编制依据包含但不限于以下内容：

（1）《中华人民共和国环境保护法》（2014 年修订）。

（2）《中华人民共和国环境影响评价法》（2018 年修正）。

（3）《中华人民共和国水污染防治法》（2017 年修正）。

（4）《中华人民共和国大气污染防治法》（2018 年修正）。

（5）《中华人民共和国环境噪声污染防治法》（2018 年修正）。

(6)《中华人民共和国固体废物污染环境防治法》(2020年修订)。

(7)《中华人民共和国土地管理法》(2019年修正)。

(8)《中华人民共和国野生动物保护法》(2018年修正)。

(9)《中华人民共和国水土保持法》(2010年修订)。

(10)《中华人民共和国森林法》(2019年修订)。

(11)《中华人民共和国防洪法》(2016年修正)。

(12)《中华人民共和国文物保护法》(2017年修正)。

(13)《中华人民共和国渔业法》(2013年修正)。

(14)《中华人民共和国城乡规划法》(2019年修正)。

(15)《中华人民共和国水法》(2016年修正)。

(16)《建设项目环境影响评价分类管理名录》(生态环境部令2020年第16号)中所有环境敏感区的相关法律法规、保护或管理条例、实施办法等。

(17)《公路建设项目环境影响评价规范》(JTG B03—2006)。

(18)《规划环境影响评价技术导则 总纲》(HJ 130—2019)及大气、地面水、地下水、声环境、生态影响等各类环境影响评价技术导则。

(19)路网城乡建设相关规划,各类保护区、功能区规划等。

注:以上相关编制依据均应采用最新版本。

(四)报告书主要内容

依据《规划环境影响评价技术导则 总纲》(HJ 130—2019),环境影响评价报告书主要内容包括:

(1)总则。

(2)规划分析。

(3)现状调查与评价。

(4)环境影响识别与评价指标体系构建。

(5)环境影响预测与评价。

(6)规划方案综合论证和优化调整建议。

(7)环境影响减缓对策和措施。

(8)环境影响跟踪评价计划。

(9)说明公众意见、会商意见回复和采纳情况。

(10)评价结论。

(五)报告书编制及审批流程

依据《生态环境部建设项目环境影响报告书(表)审批程序规定》(生态环境部令2020年第14号)和《中华人民共和国环境影响评价法》(2018年修正),项目公司委托相应技术单位编制环境影响评价报告书,由项目公司按照国务院的规定报有审批权的生态环境主管部门审查,审查通过后,再由生态环境主管部门出具环境影响评价批复文件。南横高速公路项目环境影响评价报告书编制及审批流程如图6-5所示。

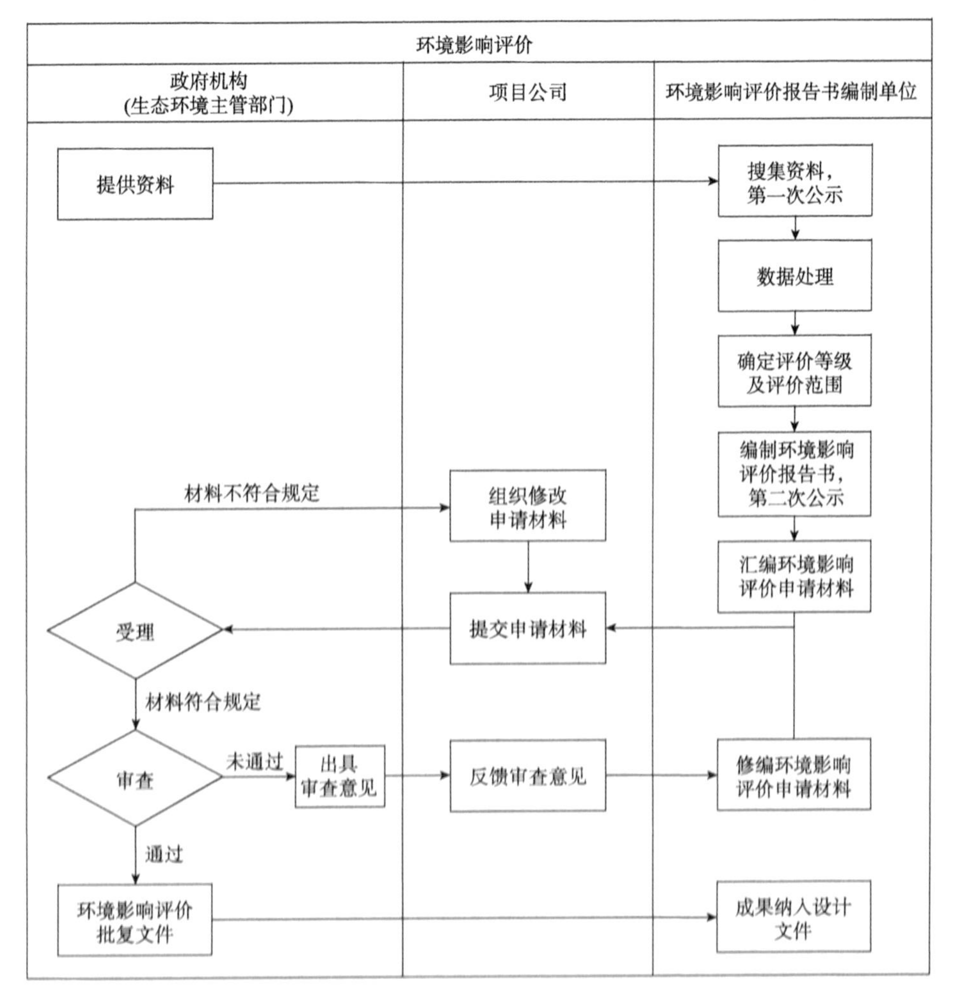

图6-5 南横高速公路项目环境影响评价报告书编制及审批流程图

(六)管理要点及注意事项

1. 声环境保护措施与评价要点

环评报告应分路段提出噪声防护距离,配合规划部门做好公路沿线的土地利用规划,在城市规划区还应充分考虑规划发展情况。若项目经过噪声敏感建筑物用地路段(如居民住宅、教育科研、医疗卫生等用地路段),应预留声屏障等噪声治理措施实施条件。噪声防治措施应结合项目实际情况采取相关措施(如使用低噪声路面技术、设置减速禁鸣标志等)降低噪声源强度,对运营中期预测超标的声环境敏感目标,针对不同情况,采取设置声屏障、安装隔声窗、搬迁或功能置换等措施。

2. 水环境保护措施与评价要点

高速公路项目禁止穿越一级水源保护区,若经过二级水源保护区,环评报告应分析经过水源保护区不同工程方案的环境影响程度和可行性,给出环境影响比选结论,明确项目跨越水源保护区的保护方案并提出严格的应急防范措施。项目应加强跨越水体桥梁段两侧的防撞护栏设计,对敏感路段可提出双层加强型护栏或双层防撞墙的设计方案。项目应对跨越水体桥梁设置桥面径流收集系统并配套足够容积的事故池(计算时应充分考虑物料运输量、降雨等因素),用于收集事故废水。项目应对事故池进行防渗设计,事故水应排入事故收集池后运走处理。

3. 生态保护措施与评价要点

新建公路项目应当避免穿越自然保护区核心区和缓冲区、风景名胜区核心景区等依法划定、需要特殊保护的环境敏感区。项目应集约利用通道资源,避让基本农田,禁止耕地超占,减少土地分割和边角地,严守生态保护红线。项目应准确把握工程特点和区域环境特征,加强弃渣综合利用,认真研究取、弃土场位置方案,充分使用取、弃土场作为永久设施用地,高效利用沿线土地;尽量"零弃方、少借方",充分考虑土石方调配,因地制宜增加桥梁、隧道比例,减少高填方设计,保护土地资源。项目应重点考虑对湿地生态、野生动物、野生植物的影响,对本地区特殊生态环境应重点保护,充分发挥环境影响评价的事前控制作用和统筹作用,尽量降低规划项目对生态环境的影响。

二、社会稳定风险评估

(一)概念

社会稳定风险评估是指项目单位在组织开展重大项目前期工作时,对社会稳定风险进行调查分析,征询相关群众意见,探究并列出风险点、风险发生的可能性及影响程度,提出防范和化解风险的方案措施以及采取相关措施后的社会稳定风险等级建议的专项工作。

(二)法规政策

1.《国家发展改革委重大固定资产投资项目社会稳定风险评估暂行办法》(发改投资〔2012〕2492 号)

《国家发展改革委重大固定资产投资项目社会稳定风险评估暂行办法》(发改投资〔2012〕2492 号)第六条规定:国务院有关部门、省级发展改革委、中央管理企业在向国家发展改革委报送项目可行性研究报告、项目申请报告的申报文件中,应当包含对该项目社会稳定风险评估报告的意见,并附社会稳定风险评估报告。但是有些项目实际申报文件中,未要求包含社会稳定风险评估报告或评估意见,即工程可行性研究报告审批、核准阶段不对社会稳定风险评估作要求,一般施工图设计阶段、开工建设前完成即可。

2.《关于印发全国投资项目在线审批监管平台投资审批管理事项统一名称和申请材料清单的通知》(发改投资〔2019〕268 号)

《关于印发全国投资项目在线审批监管平台投资审批管理事项统一名称和申请材料清单的通知》(发改投资〔2019〕268 号)规定:各级有关部门应按照《全国投资项目在线审批监管平台投资审批管理事项统一名称清单(2018 年版)》(附件 1),统一修改相关办事指南中涉及的投资项目审批管理事项名称。审批管理事项有子项的,应在统一名称的基础上作进一步明确细化。在该文件中,社会稳定风险评估再次成为工程可行性研究报告审批前置条件。

3.《关于印发广西壮族自治区发展和改革委员会固定资产投资项目社会稳定风险评估暂行办法的通知》(桂发改投资〔2013〕833 号)

《关于印发广西壮族自治区发展和改革委员会固定资产投资项目社会稳定风险评估暂行办法的通知》(桂发改投资〔2013〕833 号)第五条规定:实行审批制的政府投资项目、实行核准制的企业投资项目以及需自治区发改委核报自治区人民政府或国家发展改革委审批、核准的项目,应在提交项目可行性研究报告或者项目申请报告之前,开展并完成项目社会稳定风险分析报告(篇章)编制和评估工作。

(三)报告编制依据

高速公路建设项目社会稳定风险评估报告编制依据包含但不限于以下内容:

(1)《国家发展改革委重大固定资产投资项目社会稳定风险评估暂行办法》(发改投资〔2012〕2492 号)。

(2)《国家发展改革委办公厅关于印发重大固定资产投资项目社会稳定风险分析篇章和评估报告编制大纲(试行)的通知》(发改办投资〔2013〕428 号)。

(3)《关于印发广西壮族自治区发展和改革委员会固定资产投资项目社会稳定风险评估暂行办法的通知》(桂发改投资〔2013〕833 号)。

(4)《公路工程技术标准》(JTG B01—2014)。

(5)《国家公路网规划(2013—2030 年)》。

(6)《广西高速公路网规划(2018—2030 年)》。

(7)项目工程可行性研究报告。

(8)项目与社会稳定风险评估有重要关联的前置条件(环境影响评价、水土保持方案、压覆矿产资源评估、地质灾害危险性评估、用地预审)报告及批复文件。

注:以上相关编制依据均应采用最新版本。

(四)报告主要内容

(1)概述。

(2)项目工程概况。

(3)安全风险评估方法。

(4)评估对象。

(5)风险防范措施。

(6)社会稳定应急预案。

(7)评估结论。

(五)报告编制及审批流程

根据《国家发展改革委重大固定资产投资项目社会稳定风险评估暂行办法》(发改投资〔2012〕2492 号)、《国家发展改革委办公厅关于印发重大固定资产投资项目社会稳定风险分析篇章和评估报告编制大纲(试行)的通知》(发改办投资〔2013〕428 号)和《关于印发广西壮族自治区发展和改革委员会固定资产投资项目社会稳定风险评估暂行办法的通知》(桂发改投资〔2013〕833 号),由项目公司委托社会稳定风险评估咨询机构编制社会稳定风险分析报告,上报评估主体进行评审,形成评估报告和出具书面意见,自治区发展改革委提出咨询意见,再形成新的社会稳定风险分析报告及其评估报告，并提出新的咨询意见。南横高速公路项目社会稳定风险评估报告编制及审批流程如图6-6所示。

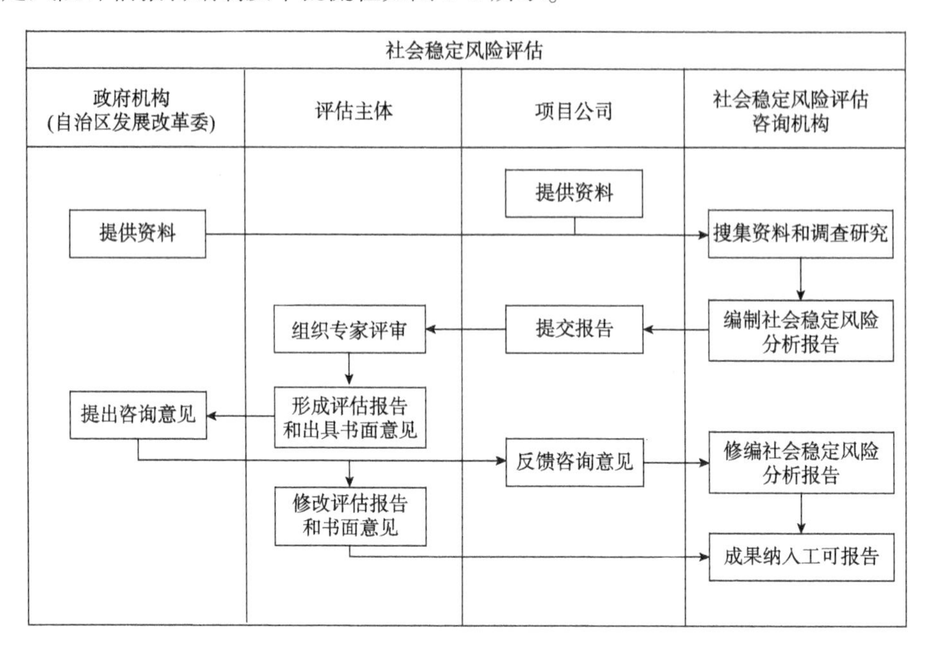

图6-6　南横高速公路项目社会稳定风险评估报告编制及审批流程图

（六）管理要点及注意事项

1. 关于编制单位的选择

社会稳定风险分析为近几年国家发展改革委要求新增的前期专项工作，原为项目工程可行性研究报告里的“社会评价”章节，考虑到工作的延续性，建设单位可委托项目工程可行性研究报告咨询单位作为社会稳定风险分析报告编制单位，同时也可以减少社会稳定风险评估工作及报告的编制费用。

2. 关于报告编制的要求

社会稳定风险分析报告编制内容及深度可参照《国家发展改革委办公厅关于印发重大固定资产投资项目社会稳定风险分析篇章和评估报告编制大纲（试行）的通知》（发改办投资〔2013〕428号），报告中应着重分析项目实施对环境和征地拆迁的影响及防范措施，并按规定做问卷调查、公示，收录项目沿线地方主管部门及基层群众意见。此外，报告中还应收录环境影响评价、水土保持方案、地质灾害、压覆矿产资源评估等专项结论或批复文件。由于项目社会稳定风险评估报告是工程可行性研究报告批复的前置条件，本项专题工作需要提前开展。

三、地质灾害危险性评估

（一）概念

地质灾害危险性评估是指在查明各种致灾地质作用的性质、规模和承灾对象社会经济属性基础上，从致灾体稳定性、致灾体和承灾对象遭遇的概率分析方面入手，对其潜在的危险性进行客观评价，开展以现状评估、预测评估、综合评估、建设用地适宜性评价及地质灾害防治措施建议等为主要内容的技术工作。其中，地质灾害包括自然因素或人为活动引发的危害人民生命财产安全的山体崩塌、滑坡、泥石流、地面塌陷、地裂缝、地面沉降等与地质作用有关的灾害。

（二）法规政策

1.《地质灾害防治条例》（国务院令第394号）

《地质灾害防治条例》（国务院令第394号）第二十一条规定：在地质灾害易发区内进行工程建设应当在可行性研究阶段进行地质灾害危险性评估，并将评估结果作为可行性研究报告的组成部分；可行性研究报告未包含地质灾害危险性评估结果的，不得批准其可行性研究报告。

2.《国土资源部关于加强地质灾害危险性评估工作的通知》（国土资发〔2004〕69号）

《国土资源部关于加强地质灾害危险性评估工作的通知》（国土资发〔2004〕69号）规定：对承担地质灾害危险性评估工作的单位实行资质管理制度。严禁不具备相应资质条件的单位从事地质灾害危险性评估工作。在《地质灾害危险性评估单位资质管理办法》正式颁布之前，一级评估暂由获得国土资源行政主管部门颁发的地质灾害防治工程勘查甲级资质证书的单位进行，二级评估暂由获得国土资源行政主管部门颁发的地质灾害防治工程勘查甲、乙级资质证书的单位进行，三级评估暂由获得国土资源行政主管部门颁发的地质灾害防治工程勘查甲、乙、丙级资质证书的单位进行。

3.《关于取消地质灾害危险性评估备案制度的公告》（国土资源部公告2014年第29号）

《关于取消地质灾害危险性评估备案制度的公告》（国土资源部公告2014年第29号）规定：取消地质灾害危险性评估备案制度，一级评估报告不再报送省级国土资源主管部门备案，二级评估报告不再报送市（地）级国土资源主管部门备案，三级评估报告不再报送县级国土资源主管部门备案；各级评估报告不再报上级国土资源主管部门备查。涉及国务院法规和部门规章的管理制度按相关程序办理。

4.《国土资源部关于修改〈建设项目用地预审管理办法〉的决定》（国土资源部令2016年第68号）

《国土资源部关于修改〈建设项目用地预审管理办法〉的决定》（国土资源部令2016年第68号）第八条规定：建设单位应当对单独选址建设项目是否位于地质灾害易发区、是否压覆重要矿产资源进行查询核实；位于地质灾害易发区或者压覆重要矿产资源的，应当依据相关法律法规的规定，在办理用地预审手续后，完成地质灾害危险性评估、压覆矿产资源登记等。

5.《广西壮族自治区国土资源厅办公室关于执行广西地方标准〈地质灾害危险性评估规程〉（DB45/T 1625—2017）的通知》（桂国土资办〔2017〕563号）

《广西壮族自治区国土资源厅办公室关于执行广西地方标准〈地质灾害危险性评估规程〉（DB45/T 1625—2017）的通知》（桂国土资办〔2017〕563号）规定：从2018年1月1日起，自治区国土资源厅不再委托广西地质环境监测总站组织地质灾害危险性一级评估报告评审工作，评估单位凭地质灾害危险性一级评估报告(送审稿1份)及评估项目备案表到自治区国土资源厅地质环境处申请“地质灾害危险性评估报告审查专家安排表”,审查专家由地质环境处工作人员从自治区国土资源厅地质灾害防治专家库中随机抽选安排。评估单位应自行组织抽选的专家召开评审会议,也可自行委托有关机构(单位)组织召开评审会议。一级评估项目评审通过后15天内,评估单位把报告审定稿等有关材料刻录成光盘,送自治区国土资源厅地质环境处存档。

(三)报告编制依据

高速公路建设项目地质灾害危险性评估报告编制依据应包含但不限于以下所列内容:

(1)《地质灾害防治条例》(国务院令第394号)。

(2)《国土资源部关于修改〈建设项目用地预审管理办法〉的决定》(国土资源部令2016年第68号)。

(3)《国土资源部关于加强地质灾害危险性评估工作的通知》(国土资发〔2004〕69号)。

(4)《关于取消地质灾害危险性评估备案制度的公告》(国土资源部公告2014年第29号)。

(5)《广西壮族自治区人民政府关于取消下放和调整一批行政审批项目的决定》(桂政发〔2015〕28号)。

(6)《地质灾害危险性评估规范》(GB/T 40112—2021)。

(7)项目工程可行性研究报告。

(8)项目勘察设计文件。

注:以上相关编制依据均应采用最新版本。

(四)报告主要内容

根据《地质灾害危险性评估规范》(GB/T 40112—2021),地质灾害危险性评估报告主要内容包括:

(1)评估工作概述。

(2)地质环境条件。

(3)地质灾害危险性现状评估。

(4)地质灾害危险性预测评估。

(5)地质灾害危险性综合分区评估及防治措施。

(6)结论与建议。

(五)报告编制及审批流程

根据《地质灾害防治条例》(国务院令第394号)、《国土资源部关于加强地质灾害危险性评估工作的通知》(国土资发〔2004〕69号)、《广西壮族自治区人民政府关于取消下放和调整一批行政审批项目的决定》(桂政发〔2015〕28号)等相关法律法规,广西壮族自治区对地质灾害性危险性评估不再进行备案登记和行政审批,由项目公司自行委托地质灾害危险性评估单位开展地质灾害危险性评估并编写评估报告,项目公司向作为审查主体的省级相关行业社会组织提交申请材料,审查通过后,再由审查主体出具批复文件。南横高速公路项目地质灾害危险性评估报告编制及审批流程如图6-7所示。

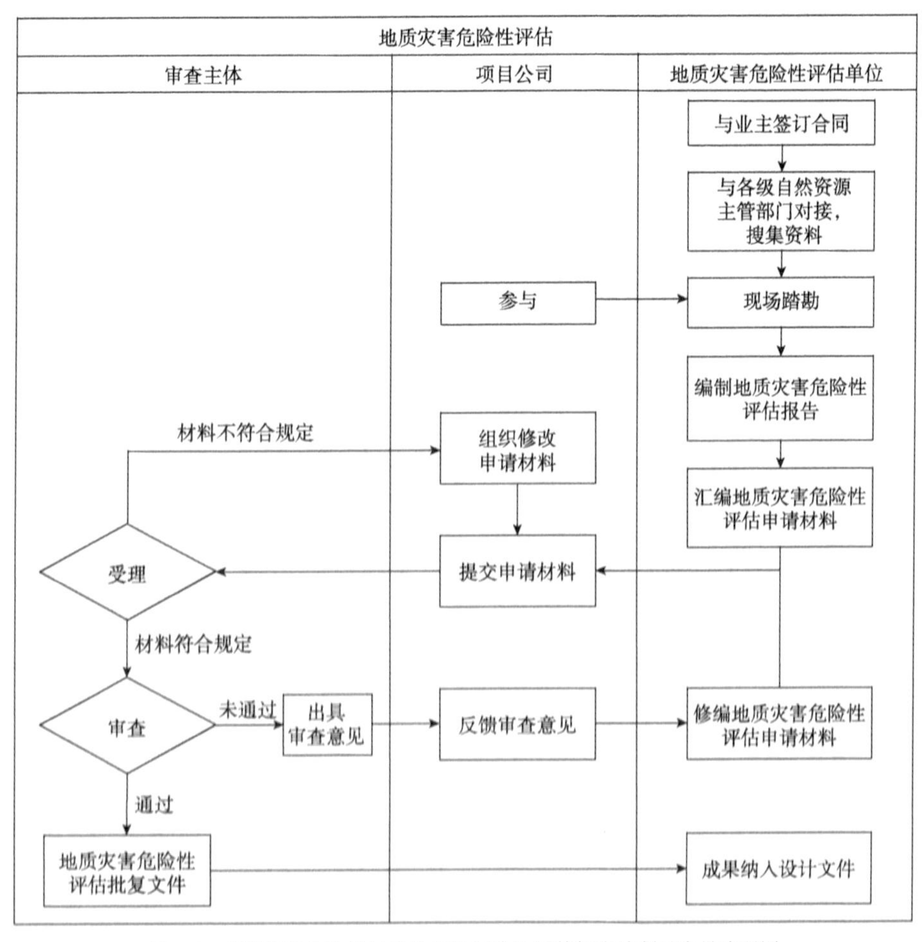

图6-7　南横高速公路项目地质灾害危险性评估报告编制及审批流程图

(六)管理要点及注意事项

1. 地质灾害危险性评估审查主体发生变化

根据《广西壮族自治区人民政府关于取消下放和调整一批行政审批项目的决定》(桂政发〔2015〕28号)文件精神指示,广西不再实施建设项目地质灾害危险性评估报告审查备案的行政审批,审查主体由行政主管部门变为政府指定的省级相关行业社会组织,该前期专项工作也已经不作为工程可行性研究报告审批的前置条件。但是地质灾害危险性评估可与后续开展的设计阶段的地质勘察形成对比,在一定程度上可以反映地质灾害分布情况,作为设计阶段的参考资料,且地质灾害危险性评估报告是项目用地报批的前置事项,故地质灾害危险性评估工作的开展是有必要的。

2. 适应新的政策要求

在《广西壮族自治区人民政府关于取消下放和调整一批行政审批项目的决定》(桂政发〔2015〕28号)文件发布之前,按照其他高速公路立项审批工作经验,地质灾害危险性评估和建设项目压覆矿产资源评估工作均由建设单位委托同一家单位来开展。现无须做行政审批,则可以在费用上节约部分资金,委托合同中需注意调整相应条款以适应新的政策。在高速公路立项审批工作开展过程中,国家政府相关政策不断变化,相关负责人要积极关注,经常与自治区自然资源厅、发展改革委等行政审批单位交流沟通,了解最新的要求,推动项目前期工作的顺利开展。

四、压覆矿产资源评估

(一)概念

建设用地压覆矿产资源评估是对建设用地评估范围内因工程实施而导致的重要矿产资源或非重要矿产资源不能开采利用的资源量做出评估。其中,压覆矿产资源是指建设项目实施后不能开发利用的矿产资源。

(二)法规政策

1.《国土资源部关于进一步做好建设项目压覆重要矿产资源审批管理工作的通知》(国土资发〔2010〕137 号)

《国土资源部关于进一步做好建设项目压覆重要矿产资源审批管理工作的通知》(国土资发〔2010〕137 号)规定:建设项目压覆重要矿产资源由省级以上国土资源行政主管部门审批。压覆石油、天然气、放射性矿产,或压覆《矿产资源开采登记管理办法》附录所列矿种(石油、天然气、放射性矿产除外),累计查明资源储量数量达大型矿区规模以上的,或矿区查明资源储量规模达到大型并且压覆矿产资源储量占三分之一以上的,由国土资源部负责审批。按本通知规定由国土资源部负责审批的,建设单位应履行以下手续:

(1)建设项目选址前,建设单位应向省级国土资源行政主管部门查询拟建项目所在地区的矿产资源规划、矿产资源分布和矿业权设置情况,各级国土资源行政主管部门应为建设单位查询提供便利条件。不压覆重要矿产资源的,由省级国土资源行政主管部门出具未压覆重要矿产资源的证明;确需压覆重要矿产资源的,建设单位应根据有关工程建设规范确定建设项目压覆重要矿产资源的范围,委托具有相应地质勘查资质的单位编制建设项目压覆重要矿产资源评估报告。

(2)有关材料经建设项目所在省(区、市)国土资源行政主管部门初审同意后,报国土资源部。

(3)建设项目压覆已设置矿业权矿产资源的,新的土地使用权人还应同时与矿业权人签订协议,协议应包括矿业权人同意放弃被压覆矿区范围及相关补偿内容。

(4)建设单位应在收到同意压覆重要矿产资源的批复文件后 45 个工作日内,到项目所在地省级国土资源行政主管部门办理压覆重要矿产资源储量登记手续。45 个工作日内不申请办理压覆重要矿产资源储量登记手续的,审批文件自动失效。

2.《国土资源部关于修改〈建设项目用地预审管理办法〉的决定》(国土资源部令 2016 年第 68 号)

《国土资源部关于修改〈建设项目用地预审管理办法〉的决定》(国土资源部令 2016 年第 68 号)第八条规定:建设单位应当对单独选址建设项目是否位于地质灾害易发区、是否压覆重要矿产资源进行查询核实;位于地质灾害易发区或者压覆重要矿产资源的,应当依据相关法律法规的规定，在办理用地预审手续后，完成地质灾害危险性评估、压覆矿产资源登记等。也就是说，压覆矿产资源登记不再是用地预审批复的前置条件，但应在用地报批前完成。

3.《广西壮族自治区国土资源厅关于规范建设项目压覆重要矿产资源审批管理工作的通知》(桂国土资规〔2017〕5号)

《广西壮族自治区国土资源厅关于规范建设项目压覆重要矿产资源审批管理工作的通知》(桂国土资规〔2017〕5号)规定：建设项目选址时，建设单位应依据经审批(核准、备案)的相关文件，向自治区国土资源厅及项目所在地(市)、县国土资源主管部门查询拟建设项目用地及评估范围内矿产资源分布、矿业权设置及开采情况。查询结果经建设项目所在地(市)、县国土资源主管部门确认，可作为办理用地手续的材料。经调查，建设项目确需压覆重要矿产资源的，建设单位应按规定编制并提交压覆重要矿产资源评估报告，并对评估报告的真实性、合规性负责。

(三)报告编制依据

高速公路建设项目压覆矿产资源评估报告编制依据应包含但不仅限于以下所列内容：

(1)《中华人民共和国矿产资源法》(2009年修正)。

(2)《中华人民共和国矿产资源法实施细则》(国务院令第152号)。

(3)《国土资源部关于进一步做好建设项目压覆重要矿产资源审批管理工作的通知》(国土资发〔2010〕137号)。

(4)《广西壮族自治区国土资源厅关于规范建设项目压覆重要矿产资源审批管理工作的通知》(桂国土资规〔2017〕5号)。

(5)项目工程可行性研究报告。

(6)项目勘察设计文件。

注：以上相关编制依据均应采用最新版本。

(四)报告主要内容

根据《广西壮族自治区国土资源厅关于规范建设项目压覆重要矿产资源审批管理工作的通知》(桂国土资规〔2017〕5号)，压覆矿产资源评估报告主要内容包括：

(1)概况。

(2)评估区矿产资源概况。

(3)调查评估区矿业权设置情况。

(4)建设项目压覆重要矿产资源必要性论证。

(5)经济社会效益对比分析。

(6)结论与建议。

(五)报告编制及审批流程

根据工程建设规模，结合《中华人民共和国矿产资源法》(2009年修正)、《国土资源部关于进一步做好建设项目压覆重要矿产资源审批管理工作的通知》(国土资发〔2010〕137号)和《广西壮族自治区国土资源厅关于规范建设项目压覆重要矿产资源审批管理工作的通知》(桂国土资规〔2017〕5号)，由项目公司委托矿产地质勘查单位开展压覆矿产资源评估工作并编写压覆矿产资源评估报告，由项目公司逐级上报至县、市、省级自然资源主管部门进行审查，审查通过后，再由省级自然资源主管部门出具压覆矿产资源评估批复文件。南横高速公路项目压覆矿产资源评估报告编制及审批流程如图6-8所示。

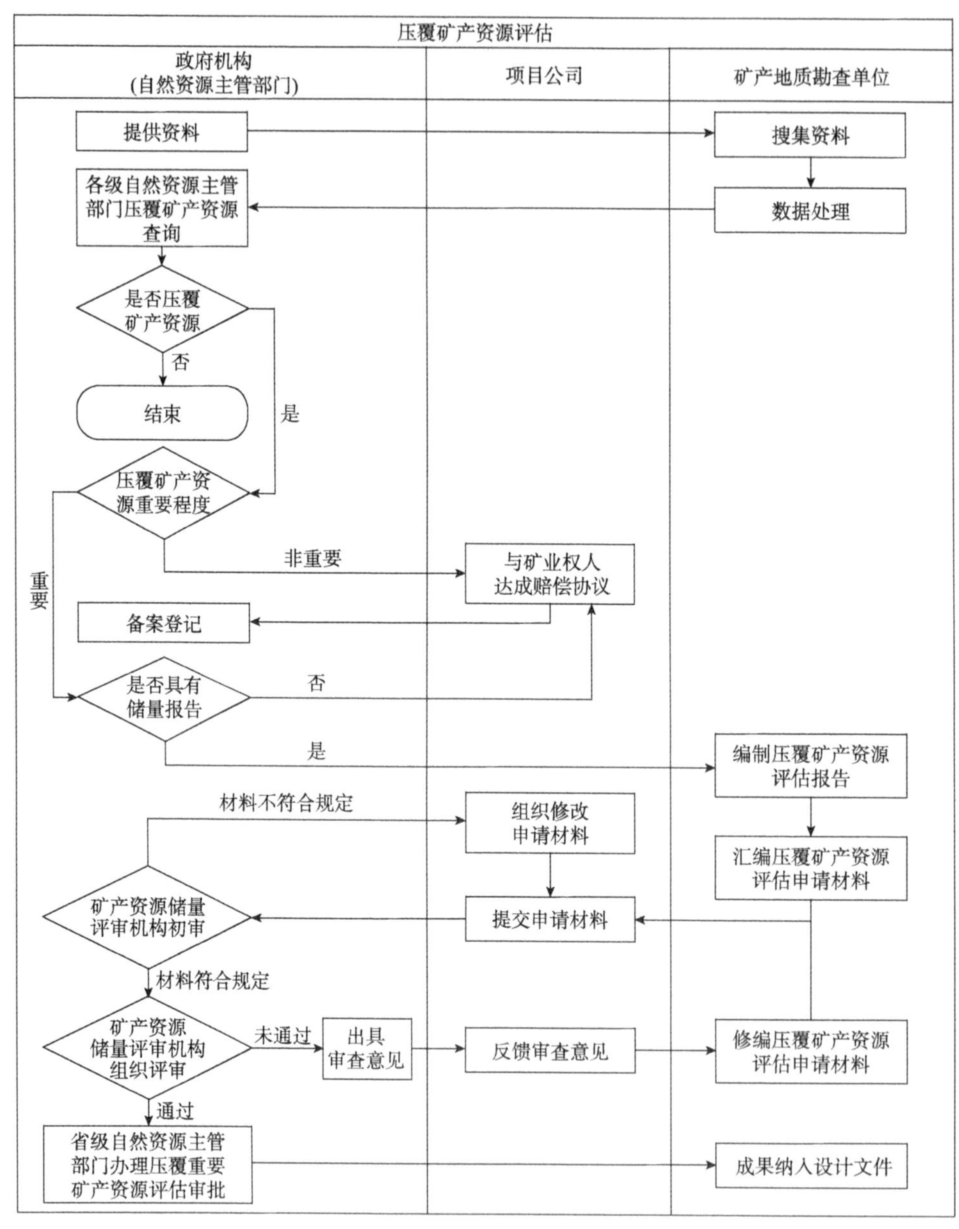

图6-8　南横高速公路项目压覆矿产资源评估报告编制及审批流程图

（六）管理要点及注意事项

1. 健全管理制度，提升管理效能

一是建议补充明确对压覆非重要矿产资源实行备案管理。对于压覆非重要矿产资源的，建设单位应在开展实施建设前与被压覆矿产资源的所有者或使用者签订补偿协议，并将补偿

协议报送相关自然资源主管部门进行告知性备案。完成协议签订后,矿业权人或自然资源主管部门应在矿产资源储量统计年度数据报送中将压覆非重要矿产资源储量数据纳入国家统计。二是建议健全完善压覆管理事中、事后监管机制,增加行之有效的监管手段和惩戒措施,如加强对压覆审批后建设单位是否有超批复范围实施建设、压覆非重要矿产资源矿业权人是否按要求报送压覆资源储量信息、建设单位实施项目建设前是否已按要求完成压覆审批和补偿协议签订等情况的调查;对建设单位未经批准擅自压覆重要矿产资源的建设项目,由省级人民政府责令拆除或进行相关处置,并处罚款和追究相关刑事责任;对市、县人民政府不查实建设单位是否履行压覆审批或签订补偿协议等职责就予以转发用地批复或供地的行政管理人员进行行政处罚;将不按时报送压覆非重要矿产资源储量统计数据的矿业权人纳入矿业权人勘查开采信息公示的异常名录及黑名单进行惩戒,并督促有关单位及人员按规定落实要求。

2.优选编制单位,降低建设成本

项目建设单位一般都会有经常合作的压覆矿产资源评价报告编制单位,双方合作时间长,关系较为良好。但是在新的项目合作过程中,双方各自的要求会改变或增加,编制单位服务质量下降、编制费用增加等是项目建设单位经常遇到的问题。建设单位可以采用招标、询价等方式,选择其他能提供优质服务、价格相对较低的单位,既节约项目建设成本,也方便后续工作的开展。

五、水土保持评价

(一)概念

水土保持评价是指通过对工程影响区域水土保持现状的调查研究,根据工程建设的特点,对工程防治责任范围内可能造成的水土流失及危害进行预测、分析,按照预防为主、因地制宜、综合防治、加强管理、注重效益的方针,从水土保持的角度论证主体工程的合理性,并提出切实可行的防治措施,使新增的水土流失状况得到有效控制,减少泥砂进入河道和掩埋农田、草地、林地等情况,保证工程安全,改善生态环境,将工程建设活动带来的人为水土流失状况减到最少。

(二)法规政策

1.《中华人民共和国水土保持法》(2010年修订)

《中华人民共和国水土保持法》(2010年修订)第二十五条规定:在山区、丘陵区、风沙区以及水土保持规划确定的容易发生水土流失的其他区域开办可能造成水土流失的生产建设项目,生产建设单位应当编制水土保持方案,报县级以上人民政府水行政主管部门审批,并按照经批准的水土保持方案,采取水土流失预防和治理措施。第二十六条规定:依法应当编制水土保持方案的生产建设项目,生产建设单位未编制水土保持方案或者水土保持方案未经水行政主管部门批准的,生产建设项目不得开工建设。高速公路建设项目属于线性工程,填挖土方数量较大,水土保持方案是项目开工建设重要前置条件之一。

2.《中华人民共和国水土保持法实施条例》(2011年修订)

《中华人民共和国水土保持法实施条例》(2011年修订)第十四条规定:在山区、丘陵区、风沙区修建铁路、公路、水工程,开办矿山企业、电力企业和其他大中型工业企业,其环境影响报告书中的水土保持方案,必须先经水行政主管部门审查同意。在山区、丘陵区、风沙区依法开办乡镇集体矿山企业和个体申请采矿,必须填写“水土保持方案报告表”,经县级以上地方人民政府水行政主管部门批准后,方可申请办理采矿批准手续。建设工程中的水土保持设施竣工验收,应当有水行政主管部门参加并签署意见。水土保持设施经验收不合格的,建设工程不得投产使用。水土保持方案的具体报批办法,由国务院水行政主管部门会同国务院有关主管部门制定。

3.《广西壮族自治区生产建设项目水土保持方案编报审批管理办法》(桂水规范〔2020〕4号)

《广西壮族自治区生产建设项目水土保持方案编报审批管理办法》(桂水规范〔2020〕4号)第二条规定:应当编制水土保持方案的生产建设项目应在开工前编制水土保持方案,并经县级以上水行政主管部门或者地方人民政府确定的其他生产建设项目水土保持方案审批部门批准。生产建设单位未编制水土保持方案或水土保持方案未获得批准的,生产建设项目不得开工建设。

4.《开发建设项目水土保持方案编报审批管理规定》(2017年修正)(2023年3月1日废止)

《开发建设项目水土保持方案编报审批管理规定》(2017年修正)第七条规定:水土保持方案经过水行政主管部门审查批准,开发建设项目方可开工建设。

(三)方案编制依据

高速公路建设项目水土保持方案编制依据应包含但不限于以下所列内容:

(1)《中华人民共和国水土保持法》(2010年修订)。

(2)《中华人民共和国水土保持法实施条例》(2011年修订)。

(3)《中华人民共和国环境影响评价法》(2018年修正)。

(4)《中华人民共和国水法》(2016年修正)。

(5)《广西壮族自治区实施〈中华人民共和国水土保持法〉办法》(2014年修订)。

(6)《生产建设项目水土保持技术标准》(GB 50433—2018)

(7)《生产建设项目水土流失防治标准》(GB/T 50434—2018)。

(8)项目工程可行性研究报告。

(9)项目勘察设计文件。

注:以上相关编制依据均应采用最新版本。

(四)方案主要内容

根据《生产建设项目水土保持技术标准》(GB 50433—2018),水土保持方案报告书主要内容包括:

(1)项目概况。

(2)编制依据。

(3)设计水平年。

(4)水土流失防治责任范围。

(5)水土流失防治目标。

(6)项目水土保持评价结论。

(7)水土流失预测结果。

(8)水土保持措施布设成果。

(9)水土保持监测方案。

(10)水土保持投资及效益分析成果。

(11)结论。

(五)方案编制及审批流程

根据《开发建设项目水土保持方案编报审批管理规定》(2017 年修正)、《中华人民共和国水土保持法》(2010 年修订)和《广西壮族自治区生产建设项目水土保持方案编报审批管理办法》(桂水规范〔2020〕4 号),项目公司委托具相应资质单位编制水土保持方案报告书,由项目公司向有审批权的省级水行政主管部门上报审查,审查通过后,再由省级水行政主管部门出具水土保持评价批复文件。南横高速公路项目水土保持方案编制及审批流程如图 6-9 所示。

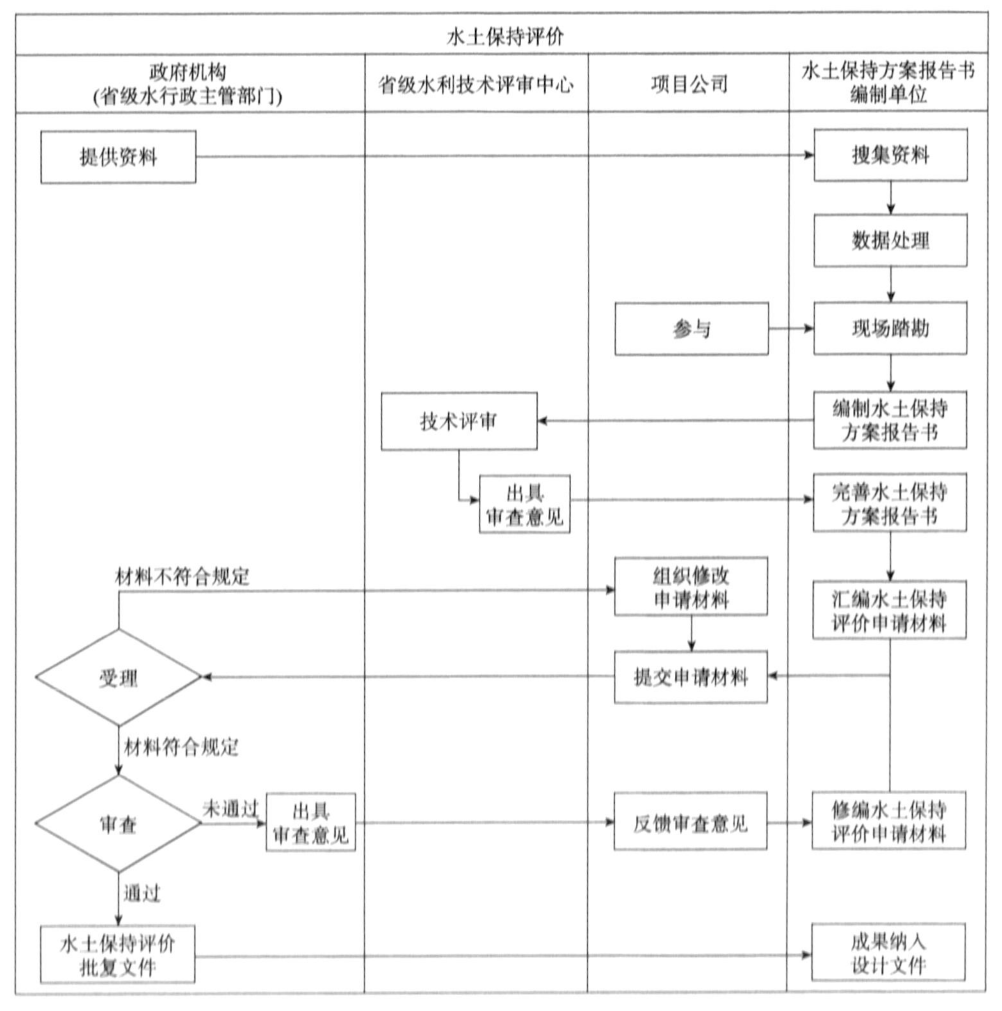

图 6-9　南横高速公路项目水土保持方案编制及审批流程图

(六)管理要点及注意事项

1. 合理选择水土保持方案编制工作开展时机

随着国家推进行政审批改革,不断简政放权,简化审批流程,原作为项目可行性研究、环境影响评价前置条件的水土保持方案,调整为开工前置条件,水土保持方案编制工作开展时机也需要进行调整。为避免因路线及设计方案等发生变化,导致水土保持方案变更,水土保持方案编制工作应在项目初步设计阶段开展,待路线、挖填土石方、取弃土场等方案明确后再核对定稿。如考虑在项目建设过程中获得更多水土保持方面的技术支持,可在项目工程可行性研究阶段就委托有资质的单位编制,在项目可行性研究、勘察设计、施工阶段为项目提供水土保持技术支持,以便贯彻水土保持法律法规,落实水土保持措施,规避法律风险。

2. 协调多个单位加强水源保护

由于高速公路项目属于线性工程,路线长,涉及地域类型较多,不可避免地会遇到水源保护区问题。涉及水源保护区问题,可参考环境影响评价关于水源保护区问题的解决方案。在技术层面上,积极与环境影响评价、项目工程可行性研究报告咨询单位共同研究合理的解决方案,优化设计、加强施工监管;在行政层面上,要积极与自治区生态环境厅、水利厅沟通协调,寻求政府主管部门的理解和支持,考虑采取搬迁取水口或者调整水源保护区范围等方案。建设单位应综合考虑多方面因素,结合编制单位和地方、行业主管部门多方意见,科学制订水源地解决方案。

六、防洪影响评价

(一)概念

防洪影响评价一般是指对桥位河段范围的暴雨径流、各级频率历史水位进行调查、分析,计算拟建工程对附近河势稳定、河道演变、两岸安全、防汛抢险、防洪抢险的影响,计算拟建工程对第三者及公共利益的影响,评价工程项目平面布置、断面结构的合理性,必要时提出相关防治和补救措施。

(二)法规政策

1.《中华人民共和国防洪法》(2016 年修正)

《中华人民共和国防洪法》(2016 年修正)第二十七条规定:建设跨河、穿河、穿堤、临河的桥梁、码头、道路、渡口、管道、缆线、取水、排水等工程设施,应当符合防洪标准、岸线规划、航运要求和其他技术要求,不得危害堤防安全、影响河势稳定、妨碍行洪畅通;其工程建设方案未经有关水行政主管部门根据前述防洪要求审查同意的,建设单位不得开工建设。

2.《中华人民共和国河道管理条例》(2018 年修正)

《中华人民共和国河道管理条例》(2018 年修正)第十一条规定:修建开发水利、防治水害、整治河道的各类工程和跨河、穿河、穿堤、临河的桥梁、码头、道路、渡口、管道、缆线等建筑物及设施,建设单位必须按照河道管理权限,将工程建设方案报送河道主管机关审查同意。未经河道主管机关审查同意的,建设单位不得开工建设。

3.《河道管理范围内建设项目管理的有关规定》(2017 年修正)

《河道管理范围内建设项目管理的有关规定》(2017 年修正)第五条规定:建设单位编制立项文件时必须按照河道管理权限,向河道主管机关提出申请,申请时应提供以下文件:①申请书;②建设项目所依据的文件;③建设项目涉及河道与防洪部分的初步方案;④占用河道管理范围内土地情况及该建设项目防御洪涝的设防标准与措施;⑤说明建设项目对河势变化、堤防安全,河道行洪、河水水质的影响以及拟采取的补救措施。第七条规定:河道主管机关应在法定期限内将审查意见书面通知申请单位,同意兴建的,应发给审查同意书,并抄知上级水行政主管部门和建设单位的上级主管部门。

4.《广西壮族自治区实施〈中华人民共和国防洪法〉办法》(2016 年修正)

《广西壮族自治区实施〈中华人民共和国防洪法〉办法》(2016 年修正)第十三条规定:在洪泛区、蓄滞洪区内建设非防洪工程项目的,应当编制洪水影响评价报告,提出防御措施。洪水影响评价报告由有关人民政府水行政主管部门审查批准;未经审查批准的,建设单位不得开工建设。

(三)报告编制依据

高速公路建设项目防洪影响评价报告编制依据应包含但不限于以下所列内容:

(1)《中华人民共和国水法》(2016 年修正)。

(2)《中华人民共和国防洪法》(2016 年修正)。

(3)《中华人民共和国河道管理条例》(2018 年修正)。

(4)《河道管理范围内建设项目管理的有关规定》(2017 年修正)。

(5)《河道管理范围内建设项目防洪评价报告编制导则》(SL/T 808—2021)。

注:以上相关编制依据均应采用最新版本。

(四)报告主要内容

根据《河道管理范围内建设项目防洪评价报告编制导则》(SL/L 808—2021),报告主要内容包括:

(1)概述。

(2)基本情况。

(3)河道演变。

(4)防洪评价分析与计算。

(5)防洪综合评价。

(6)消除和减轻影响措施。

(7)结论与建议。

(8)主要附图。

(五)报告编制及审批流程

根据《中华人民共和国水法》(2016 年修正)、《中华人民共和国防洪法》(2016 年修正)、《中华人民共和国河道管理条例》(2018 年修正),开展防洪影响评价应当编制防洪影响评价报告、组织技术评审和申报审批。对高速公路建设项目,项目公司委托具有相应资质的单位编制防洪影响评价报告，由项目公司将防洪影响评价申请材料上报水行政主管部门审查，审查通过后，再由水行政主管部门出具防洪影响评价批复文件。南横高速公路项目防洪影响评价报告编制及审批流程如图6-10所示。

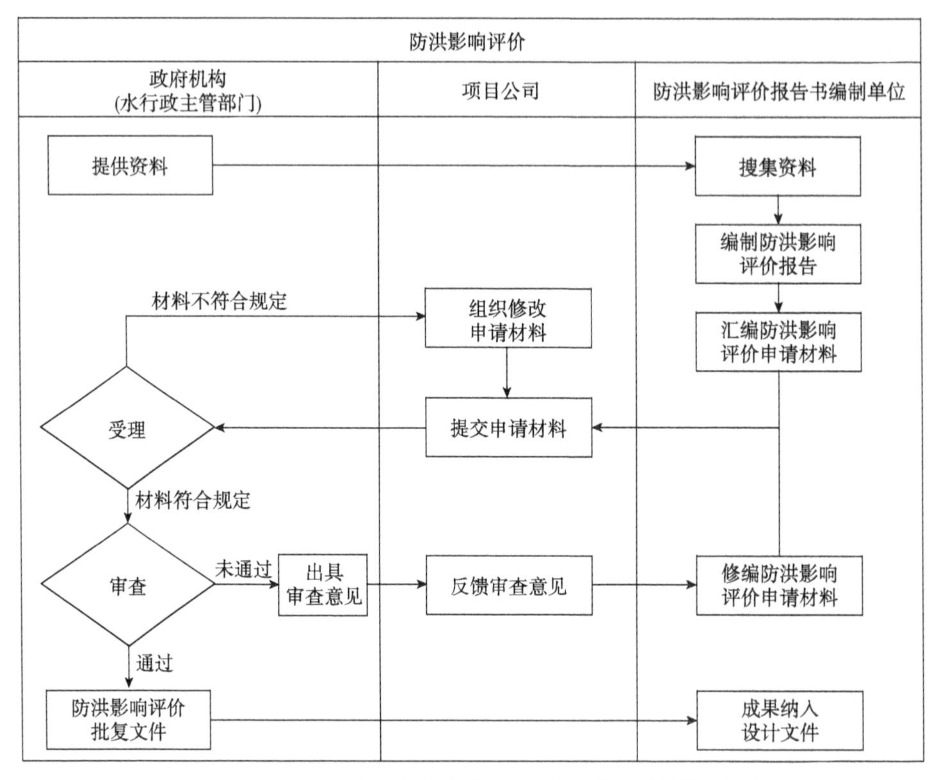

图6-10 南横高速公路项目防洪影响评价报告编制及审批流程图

(六)管理要点及注意事项

1. 加强对评价单位的管理

防洪影响评价本身具有一定的专业性，在整个专题工作中占主要地位，评价中涉及很多专业知识的结合，包括水利知识、规划、管理、设计、法律等方面。评价单位众多，很多单位并不具有相应的资质，因此，相关的管理部门应做好审查工作，对评价单位的专业技术及能力进行分析，保证最终评价结果的质量。

2. 加强沟通和学习

要加强与水利行业内资深专家的联系与沟通，加强向编制防洪影响评价报告经验比较丰富的单位学习，在报告送审前，先请报告编制单位内人员审查，严把质量关，同时，请相关水利专家进行预审。

七、地震安全性评价

(一)概念

地震安全性评价是指在对具体建设工程场址及其周围地区的地震地质条件、地球物理环境、地震活动规律、现代地形变及应力场等方面进行研究的基础上，采用地震危险性分析方法，科学地给出相应的工程规划或设计所需要的有关抗震设防要求的地震动参数和基础资料。

（二）法规政策

1.《中华人民共和国防震减灾法》（2008 年修订）

《中华人民共和国防震减灾法》（2008 年修订）第三十五条规定：重大建设工程和可能发生严重次生灾害的建设工程，应当按照国务院有关规定进行地震安全性评价，并按照经审定的地震安全性评价报告所确定的抗震设防要求进行抗震设防。建设工程的地震安全性评价单位应当按照国家有关标准进行地震安全性评价，并对地震安全性评价报告的质量负责。

2.《地震安全性评价管理条例》（2019 年修订）

《地震安全性评价管理条例》（2019 年修订）第八条规定：下列建设工程必须进行地震安全性评价：国家重大建设工程；受地震破坏后可能引发水灾、火灾、爆炸、剧毒或者强腐蚀性物质大量泄漏或者其他严重次生灾害的建设工程，包括水库大坝、堤防和贮油、贮气、贮存易燃易爆、剧毒或者强腐蚀性物质的设施以及其他可能发生严重次生灾害的建设工程；受地震破坏后可能引发放射性污染的核电站和核设施建设工程；省、自治区、直辖市认为对本行政区域有重大价值或者有重大影响的其他建设工程。第十条规定：国务院地震工作主管部门负责下列地震安全性评价报告的审定：国家重大建设工程；跨省、自治区、直辖市行政区域的建设工程；核电站和核设施建设工程。

3.《广西壮族自治区区域地震安全性评价工作管理办法（暂行）》（桂震发〔2019〕73 号）

《广西壮族自治区区域地震安全性评价工作管理办法（暂行）》（桂震发〔2019〕73 号）第五条规定：法律法规规定需要开展场地地震安全性评价的房屋建筑和城市基础设施等工程，应当根据地震区评价结果进行抗震设防，不再单独开展场地地震安全性评价；不需要开展地震安全性评价的建设工程，可以根据地震区评结果进行抗震设防。

4.《广西壮族自治区人民政府关于印发广西工程建设项目审批制度改革实施方案的通知》（桂政发〔2019〕28 号）

《广西壮族自治区人民政府关于印发广西工程建设项目审批制度改革实施方案的通知》（桂政发〔2019〕28 号）规定：立项用地规划许可阶段，包括项目审批核准、选址意见书核发、用地预审、用地规划许可证核发等。选址意见书核发与用地预审并行办理。同步并行启动建设项目地震安全性评价、环境影响评价、节能评价、取水许可和涉及国家安全事项的建设项目审批。地震安全性评价和涉及国家安全事项的建设项目审批在工程设计前完成即可。

（三）报告编制依据

高速公路建设项目地震安全性评价报告编制依据应包含但不限于以下所列内容：

（1）《中华人民共和国防震减灾法》（2008 年修订）。

（2）《地震安全性评价管理条例》（2019 年修订）。

（3）《广西壮族自治区区域地震安全性评价工作管理办法（暂行）》（桂震发〔2019〕73 号）。

（4）《广西壮族自治区人民政府关于印发广西工程建设项目审批制度改革实施方案的通

知》(桂政发〔2019〕28 号)。

(5)《广西壮族自治区发展和改革委员会等 7 部门关于推行区域评估试点的实施意见》(桂发改重大〔2019〕639 号)。

注:以上相关编制依据均应采用最新版本。

(四)报告主要内容

(1)工程概况和地震安全性评价的技术要求。

(2)地震活动环境评价。

(3)地震地质构造评价。

(4)设防烈度或者设计地震动参数。

(5)地震地质灾害评价。

(6)其他有关技术资料。

(五)报告编制及审批流程

依照《中华人民共和国防震减灾法》(2008 年修订)和《地震安全性评价管理条例》(2019 年修订),新建、扩建、改建建设工程,需要进行地震安全性评价的,建设单位委托地震安全性评价单位编制地震安全性评价报告,由项目公司上报地震工作主管部门进行审查,审查通过后,由地震工作主管部门出具地震安全性评价批复文件并备案。南横高速公路项目地震安全性评价报告编制及审批流程如图 6-11 所示。

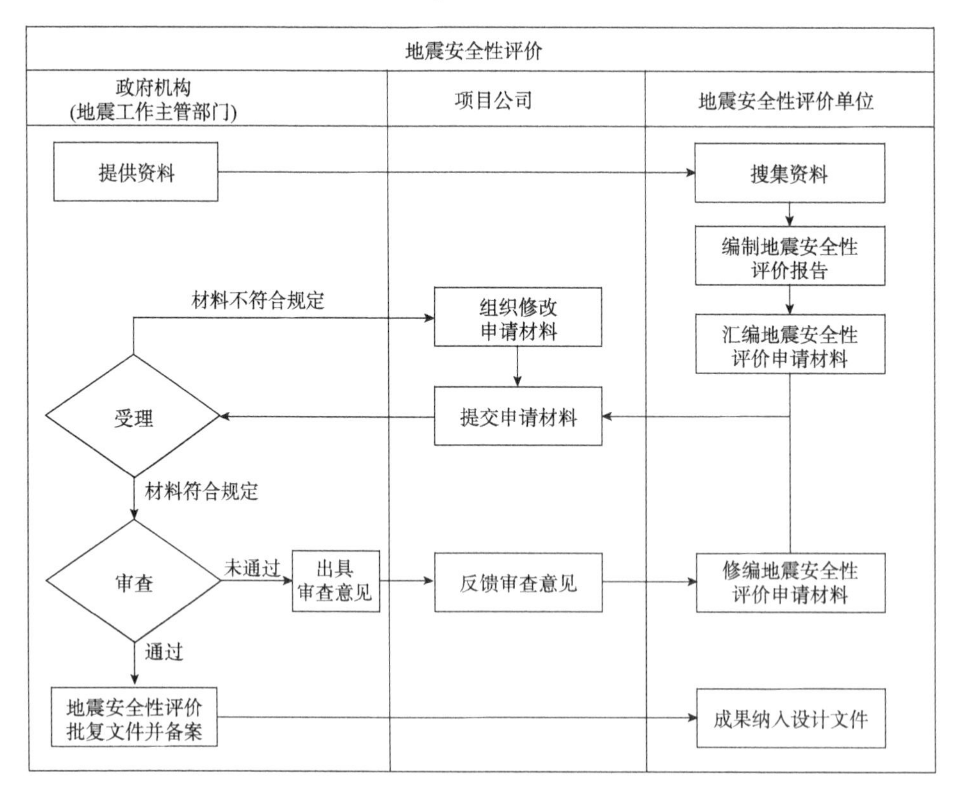

图 6-11　南横高速公路项目地震安全性评价报告编制及审批流程图

（六）管理要点及注意事项

1. 厘清安评、区域安评、地震区划和地震小区划的功能定位

不同建设工程考虑重要性、可能产生灾害程度和类型而选择不同的抵御地震破坏准则，并采用相应的概率水准及与之对应的设计地震动参数。《中华人民共和国防震减灾法》（2008 年修订）、《地震安全性评价管理条例》（2019 年修订）及相关法规、规章和强制性标准等构成了抗震设防管理规制体系，其基础是确定抗震设防要求。重大建设工程的安评、区域安评、地震区划和地震小区划是目前主要的地震安全性评价技术途径，分别用于不同建设工程抗震设防要求的确定，应按照改革要求厘清其功能定位。

2. 加强法制和队伍建设是政府的主要任务

各级政府要转变观念、调整工作重点和工作思路，正确认识防震减灾工作的重要意义，把防震减灾工作作为事关人民生命安全、群众切身利益的大事来抓，把加强法制和队伍建设作为政府的重要工作任务。一是政府要高度重视，认真贯彻落实防震减灾法律法规，严格依法行政，以促进防震减灾事业健康发展为目的，加强地方法制建设，制定与防震减灾工作实际相适应的地方性法规、规定、政策以及制度，会同法制、发改、建设、国土等有关部门出台相关的工作办法和措施以及文件，规范执法行为，做到有法可依、执法必严、违法必究；二是政府要加强行政执法队伍建设，通过多种形式举办各种学习培训班，提高行政执法人员的执法水平和业务素质，政府领导要把地震执法工作作为政府的主要工作来抓，把工作落到实处，做到分工明确，责任到人，切实把地震行政执法工作抓好、抓实。

八、林地使用可行性研究

（一）概念

林地使用可行性研究是指全面评价占用或者征用林地对环境和林业发展的影响，尤其是对一些重点野生动植物和一些名木古树的保护、项目区域和项目区域的森林资源的影响、环境和林业发展的影响进行客观分析和评价。

（二）法规政策

1.《中华人民共和国森林法》（2019 年修订）

《中华人民共和国森林法》（2019 年修订）第三十七条规定：矿藏勘查、开采以及其他各类工程建设，应当不占或者少占林地；确需占用林地的，应当经县级以上人民政府林业主管部门审核同意，依法办理建设用地审批手续。占用林地的单位应当缴纳森林植被恢复费。森林植被恢复费征收使用管理办法由国务院财政部门会同林业主管部门制定。

2.《中华人民共和国森林法实施条例》（2018 年修订）

《中华人民共和国森林法实施条例》（2018 年修订）第十六条规定：用地单位应当向县级以上人民政府林业主管部门提出用地申请，经审核同意后，按照国家规定的标准预交森林植被恢复费，领取使用林地审核同意书。用地单位凭使用林地审核同意书依法办理建设用地审批手续。占用或者征收、征用林地未经林业主管部门审核同意的，土地行政主管部门不得受理建设用地申请。

3.《建设项目使用林地审核审批管理办法》(国家林业局令2016年第42号)

《建设项目使用林地审核审批管理办法》(国家林业局令2016年第42号)第五条规定:建设项目占用林地,经林业主管部门审核同意后,建设单位和个人应当依照法律法规的规定办理建设用地审批手续。第十五条规定:需要国务院或者国务院有关部门批准的公路、铁路、油气管线、水利水电等建设项目中的桥梁、隧道、围堰、导流(渠)洞、进场道路和输电设施等控制性单体工程和配套工程,根据有关开展前期工作的批文,可以由省级林业主管部门办理控制性单体工程和配套工程先行使用林地审核手续。整体项目申请时,应当附具单体工程和配套工程先行使用林地的批文及其申请材料,按照规定权限一次申请办理使用林地手续。

(三)报告编制依据

高速公路建设项目林地使用可行性研究报告编制依据应包含但不限于以下所列内容:

(1)《中华人民共和国森林法》(2019年修订)。

(2)《中华人民共和国行政许可法》(2019年修正)。

(3)《中华人民共和国森林法实施条例》(2018年修订)。

(4)《建设项目使用林地审核审批管理办法》(国家林业局令2016年第42号)。

(5)《自治区林业厅 国土资源厅关于切实加强部门协作规范建设占用林地管理有关问题的通知》(桂林发〔2015〕17号)。

(6)《建设项目使用林地可行性报告编制规范》(LY/T 2492—2015)。

注:以上相关编制依据均应采用最新版本。

(四)报告主要内容

根据《建设项目使用林地可行性报告编制规范》(LY/T 2492—2015),建设项目使用林地可行性报告主要内容包括:

(1)总论。

(2)使用林地现状调查。

(3)其他有关情况说明。

(4)使用林地可行性分析。

(5)森林植被恢复费测算。

(6)保障措施。

(7)使用林地可行性结论。

(五)报告编制及审批流程

根据《建设项目使用林地可行性报告编制规范》(LY/T 2492—2015)、《建设项目使用林地审核审批管理办法》(国家林业局令2016年第42号)和《自治区林业厅 国土资源厅关于切实加强部门协作规范建设占用林地管理有关问题的通知》(桂林发〔2015〕17号)等相关法律法规,项目公司委托具备相关林业调查规划设计资质的单位完成项目林地使用可行性报告编制工作,并向县级以上人民政府林业主管部门提出用地申请,审查通过后,省级林业主管部门对占用林地可行性报告进行批复。南横高速公路项目林地使用可行性研究报告编制及审批流程如图6-12所示。

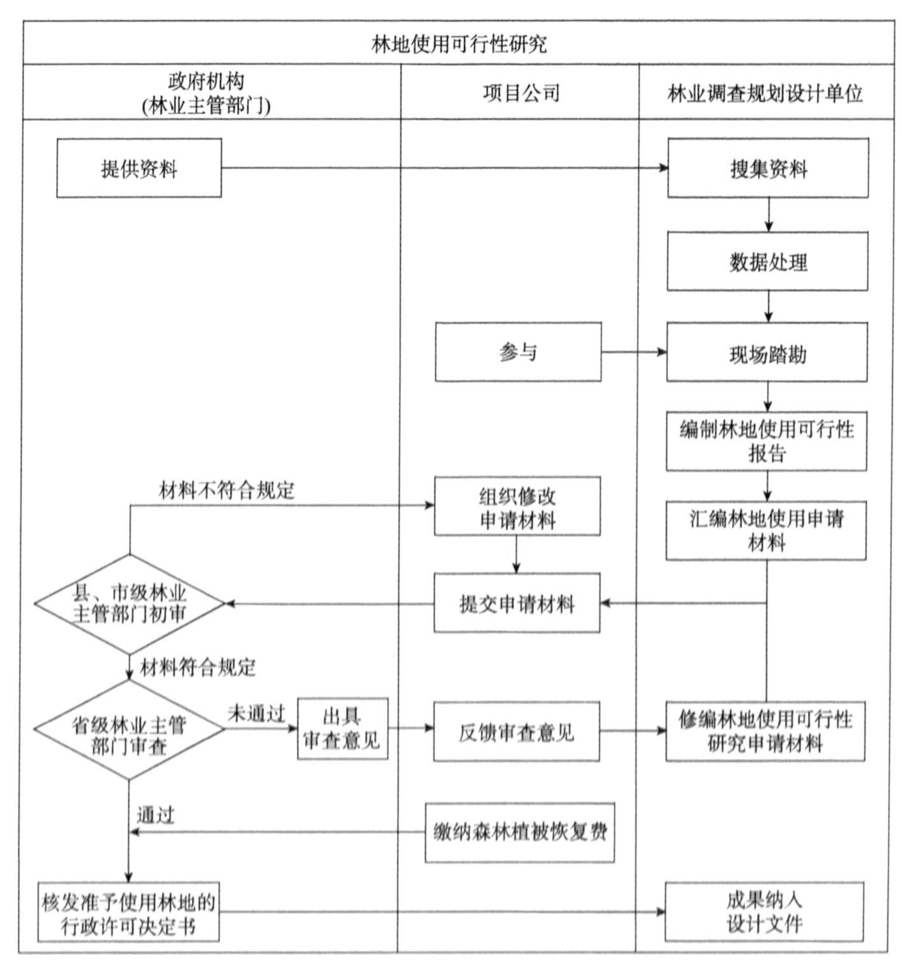

图6-12 南横高速公路项目林地使用可行性研究报告编制及审批流程图

(六)管理要点及注意事项

1.提前介入审核审批

征占用林地审核审批应提前介入工程前期工作,以便有效地实现前置审核。建议征占用林地审核审批工作分为两步走。第一步与项目立项或预可行性研究同步开展,从林业角度预审项目选址方案、大致范围和用地是否可行;第二步在工程可行性研究报告批复后进行,主要是对拟用林地的具体范围及面积、蓄积量进行审核审批。可以有效实现前置预审和分期审核,解决一部分未批先占或边批边占林地的问题。

2.充实内容,展现原貌

报告编制前,从有关部门和报刊、网络广泛搜集材料,做到内容充实、依据充分。用复制、扫描、下载等方式搜集国家和省关于林地审核审批、森林资源调查、保护野生动植物名录、土地分类、各类项目限制或禁止发展等方面的最新政策性规定。如城市总体规划和专项规划、政府年度工作安排用地单位及项目概况、卫片航片图、材积计算公式和材积表、建议造林树种名录等,在文本、附录、附图中加以反映;现场调查时,利用摄影、摄像等手段,收集现场实况。

九、航道通航条件影响评价

(一)概念

航道通航条件影响评价是指在新建、改建、扩建与航道有关的工程前,建设单位根据国家有关规定和技术标准规范,论证评价工程对航道通航条件的影响,并提出减小或消除影响的对策措施。

(二)法规政策

1.《中华人民共和国航道法》(2016年修正)

《中华人民共和国航道法》(2016年修正)第二十八条规定建设与航道有关的工程,建设单位应当在工程可行性研究阶段就建设项目对航道通航条件的影响作出评价,并报送有审核权的交通运输主管部门或者航道管理机构审核,但下列工程除外:临河、临湖的中小河流治理工程;不通航河流上建设的水工程;现有水工程的水毁修复、抢险加固、不涉及通航建筑物和不改变航道原通航条件的更新改造等不影响航道通航条件的工程。

2.《航道通航条件影响评价审核管理办法》(2019年修正)

《航道通航条件影响评价审核管理办法》(2019年修正)第四条规定:国务院或者国务院有关部门批准、核准的建设项目,以及与交通运输部按照国务院的规定直接管理的跨省、自治区、直辖市的重要干线航道和国际、国境河流航道等重要航道有关的建设项目,其航道通航条件影响评价,由交通运输部负责审核。其中,与长江干线航道有关的建设项目,除国务院或者国务院有关部门批准、核准的建设项目以及跨(穿)越长江干线的桥梁、隧道工程外,由长江航务管理局承担审核的具体工作。其他建设项目的航道通航条件影响评价,按照省、自治区、直辖市人民政府的规定由县级以上地方人民政府交通运输主管部门或者航道管理机构负责审核。

(三)评价报告编制依据

高速公路建设项目航道通航条件影响评价报告编制依据应包含但不限于以下所列内容:

(1)《中华人民共和国航道法》(2016年修正)。

(2)《中华人民共和国航道管理条例》(2008年修订)。

(3)《交通行政许可实施程序规定》(交通部令2004年第10号)。

(4)《航道通航条件影响评价审核管理办法》(2019年修正)。

(5)《广西壮族自治区航道管理条例》(2016年修正)。

(6)《广西壮族自治区船闸管理办法》(广西壮族自治区人民政府令第142号)。

(7)《内河通航标准》(GB 50139—2014)。

(8)《海轮航道通航标准》(JTS 180-3—2018)。

(9)《运河通航标准》(JTS 180-2—2011)。

(10)《长江干线通航标准》(JTS 180-4—2020)。

注:以上相关编制依据均应采用最新版本。

（四）报告主要内容

（1）建设项目概况，包括项目名称、地点、规模、建设单位等。

（2）建设项目所在河段、湖区、海域的通航环境，包括自然条件、水上水下有关设施、航道及通航安全状况等。

（3）建设项目的选址评价。

（4）建设项目与通航有关的技术参数和技术要求的分析论证。

（5）建设项目对航道条件、通航安全、港口及航运发展的影响分析。

（6）减小或者消除对航道通航条件影响的措施。

（7）航道条件与通航安全的保障措施。

（8）征求各有关方面意见的情况及处理情况。

（五）评价报告编制及审批流程

建设与航道有关的工程，建设单位应当按照《中华人民共和国航道法》（2016 年修正）、《内河通航标准》（GB 50139—2014）、《海轮航道通航标准》（JTS 180-3—2018）、《运河通航标准》（JTS 180-2—2011）、《长江干线通航标准》（JTS 180-4—2020）和《航道通航条件影响评价审核管理办法》（2019 年修正）等有关规定和技术标准要求，由项目公司自行或者委托具相应资质单位开展航道通航条件影响评价，编制航道通航条件影响评价报告，由项目公司向交通运输主管部门提出航道通航条件影响评价审核申请，审查通过后，交通运输主管部门出具航道通航条件影响评价报告意见并进行公示。南横高速公路项目航道通航条件影响评价报告编制及审批流程如图 6-13 所示。

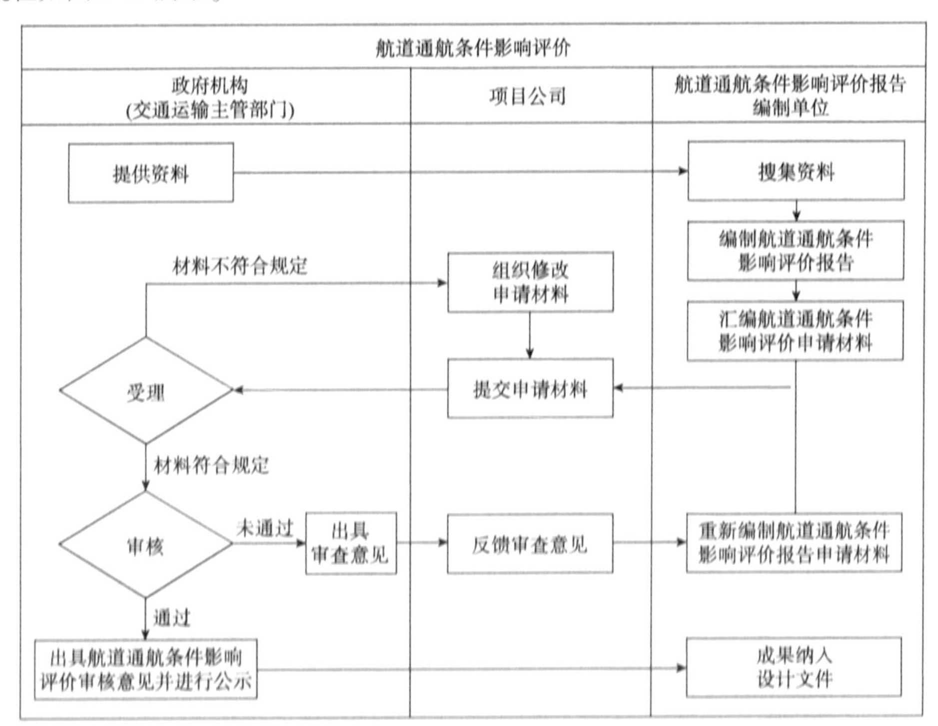

图 6-13　南横高速公路项目航道通航条件影响评价报告编制及审批流程图

（六）管理要点及注意事项

1. 关于通航水域的界定问题

在航评工作中对通航水域的界定至关重要，尤其是对于限制性航道或工程选址存在瑕疵的情况，但现行相关标准规范对通航水域却无明确的定义和清晰的界定。结合若干跨越航道桥梁航评项目的实际经验，目前对通航水域的界定可根据实际情况采用如下三种标准中的一种。

（1）将设计最高通航水位所能覆盖的水域视为通航水域。

（2）将设计最高通航水位条件下水深满足航道可能通航最小船型设计吃水需要的水域视为通航水域。考虑到吃水深度很小的水上运动类船艇（快艇、帆船、竹筏等）都会被限制在指定区域内航行，所以一般航道可按最小通航 50t 级船舶考虑，将通航水域定为设计最高通航水位下水深 0.7～0.9m 的水域。

（3）将设计最高通航水位能覆盖到的且不存在其他阻碍通航客观条件的水域视为通航水域。比如有些水域虽然在设计最高通航水位条件下有足够的水深条件，但其上游或下游处紧邻浅滩或碍航物或是水域内有大量碍航的水生植物生长，船舶不可能从此水域经过。这些水域即便水深条件满足要求也不可视为通航水域。

2. 关于桥墩防撞标准的确定问题

根据《公路桥梁抗撞设计规范》（JTG/T 3360-02—2020）及《铁路桥涵设计规范》（TB 10002—2017），在进行跨越航道桥梁航评工作时确定的防撞标准，是进行桥梁后续设计的重要依据。由于船桥相撞将可能造成非常严重的安全事故，因此对于跨越航道桥梁墩柱的防撞标准，应综合考虑各种可能的船舶状况并从严加以要求。在若干跨越航道桥梁航评项目的实践中也体现了这一思想。考虑到非标准、非常规船舶的通航可能和未来造船技术进一步发展的可能，对位于通航水域内的墩柱，宜在确定的代表船型的基础上再提高一个吨级作为墩柱的防撞标准；对于虽位于通航水域以外，但设计最高通航水位下仍涉水的墩柱，宜按与墩柱处水深条件相对应的船型确定墩柱的防撞标准；对于设计最高通航水位下不涉水的墩柱，可不要求防撞标准。

十、土地复垦

（一）概念

土地复垦是指对生产建设活动和自然灾害损毁的土地，采取整治措施，使其达到可供利用状态的活动，也是恢复土地资源、解决人地矛盾、保护生态环境、提高人民生活质量、缓解工农矛盾、解决就业和维护安定团结的有力保障。

（二）法规政策

1.《土地复垦条例》（国务院令第 592 号）

《土地复垦条例》（国务院令第 592 号）第十一条规定：土地复垦义务人应当按照土地复垦标准和国务院国土资源主管部门的规定编制土地复垦方案。第十三条规定：土地复垦义务人应当在办理建设用地申请或者采矿权申请手续时，随有关报批材料报送土地复垦方案。

2.《土地复垦条例实施办法》（2019 年修正）

《土地复垦条例实施办法》（2019 年修正）第八条规定：土地复垦方案分为土地复垦方案

报告书和土地复垦方案报告表。依法由省级以上人民政府审批建设用地的建设项目，以及由省级以上自然资源主管部门审批登记的采矿项目，应当编制土地复垦方案报告书。其他项目可以编制土地复垦方案报告表。第十一条规定：土地复垦方案经专家论证通过后，由有关自然资源主管部门进行最终审查。第十二条规定：土地复垦方案通过审查的，有关自然资源主管部门应当向土地复垦义务人出具土地复垦方案审查意见书。土地复垦方案审查意见书应当包含本办法第十一条规定的有关内容。土地复垦方案未通过审查的，有关自然资源主管部门应当书面告知土地复垦义务人补正。逾期不补正的，不予办理建设用地或者采矿审批相关手续。

3.《广西壮族自治区自然资源厅关于进一步规范生产建设项目土地复垦方案编报和审查要求的通知》（桂自然资规〔2019〕7号）

《广西壮族自治区自然资源厅关于进一步规范生产建设项目土地复垦方案编报和审查要求的通知》（桂自然资规〔2019〕7号）第二条规定：土地复垦义务人可自行编制方案，也可委托有关机构编制，审批部门不得以任何形式要求申请人必须委托特定中介机构提供服务。新建、改扩建的生产建设项目应在可行性研究阶段或者初步设计阶段编制土地复垦方案；已投产、已建成或者在建的生产建设项目尚未编制土地复垦方案的，应尽快组织补编；生产建设项目性质、规模、地点发生重大变化的，土地复垦义务人应重新组织编制土地复垦方案。土地复垦方案分为土地复垦方案报告书和土地复垦方案报告表。由国务院及自治区审批的建设用地项目需编制土地复垦方案报告书，其他项目可编制土地复垦方案报告表。第三条规定：土地复垦方案审查按照属地化管理原则，由项目所在地市、县自然资源主管部门组织专家对方案进行审查。其中：跨县（市）域临时用地土地复垦方案由设区市自然资源主管部门组织；其他临时用地土地复垦方案由县（区）自然资源主管部门组织。各级自然资源主管部门对复垦方案的审查要做到依法依规、客观公正。

（三）方案编制依据

高速公路建设项目土地复垦方案编制依据应包含但不限于以下所列内容：

（1）《土地复垦条例》（国务院令第592号）。

（2）《中华人民共和国土地管理法实施条例》（2021年修订）。

（3）《土地复垦条例实施办法》（2019年修正）。

（4）《土地复垦方案编制规程　第1部分：通则》（TD/T 1031.1—2011）。

（5）《广西壮族自治区自然资源厅关于进一步规范生产建设项目土地复垦方案编报和审查要求的通知》（桂自然资规〔2019〕7号）。

注：以上相关编制依据均应采用最新版本。

（四）方案主要内容

根据《土地复垦方案编制规程　第1部分：通则》（TD/T 1031.1—2011），土地复垦方案主要内容包括：

（1）前言。

（2）编制总则。

（3）项目概况。

（4）土地复垦方向可行性分析。

(5)土地复垦质量要求与复垦措施。

(6)土地复垦工程设计及工程量测算。

(7)土地复垦投资估算。

(8)土地复垦服务年限与复垦工作计划安排。

(9)土地复垦效益分析。

(10)保障措施。

(五)方案编制及审批流程

依据《土地复垦条例》(国务院令第592号)、《中华人民共和国土地管理法实施条例》(2021年修订)、《广西壮族自治区自然资源厅关于进一步规范生产建设项目土地复垦方案编报和审查要求的通知》(桂自然资规〔2019〕7号)等相关法律法规,项目公司应当在办理建设用地申请手续时,自行编制或委托有关机构编制土地复垦方案,由项目公司将有关审批材料报送自然资源主管部门审查,审查通过后,建设单位要缴纳土地复垦费用,与自然资源主管部门和银行签订土地复垦费用使用监管协议,才可取得土地复垦批复方案审查意见书。南横高速公路项目土地复垦方案编制及审批流程如图6-14所示。

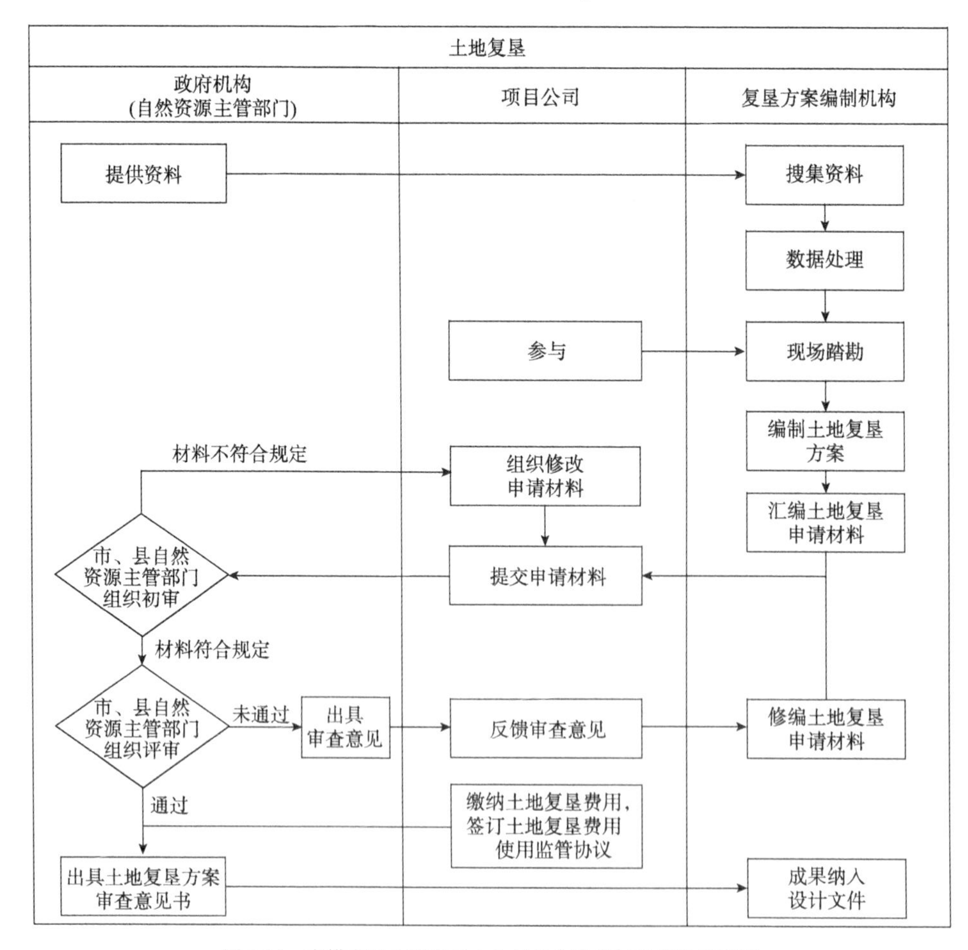

图6-14 南横高速公路项目土地复垦方案编制及审批流程图

(六)管理要点及注意事项

1. 明确土地复垦方向

土地复垦方案编制时应明确项目区、复垦区及复垦责任范围、永久性建设用地及临时用地所在区域,且在审批时要求提供坐标及宗地图,准确认定临时用地的类型,计算耕地面积、林地面积、建设用地的面积,形成与"一张图"结合的监管服务。土地复垦方案的编制能够明确土地复垦地块地点、面积、义务人和复垦后土地利用类型等基本特性,为后期土地复垦工程提供依据。

2. 落实土地复垦资金

土地复垦方案通过明确复垦目标任务、复垦质量及选择合理复垦措施等,确定复垦投资费用。通过工程设计和工程量测算进行土地复垦投资估算,能够详尽、系统地估算出后期土地复垦所需的全部费用。落实土地复垦方案可计算出总投资、单位面积投资等技术经济指标,同时为政府收取保证金提供科学合理的收费标准,保证后期土地复垦的实施和实效。

3. 加强对表土资源的保护

编制土地复垦方案时要注意加强对表土资源的保护,土地复垦方案在土地未被损毁时可根据实际情况确定可剥离的表土的厚度、方量及确定剥离表土的面积;满足表土的剥离、运输、储存、回覆等各个环节中施工方法和施工技术要求,确保原有剥离土壤保持肥力。复垦施工过程中要求土壤达到可供利用的状态,前期进行表土存储则可直接利用原有土层进行回覆,保护原有土层不被损毁,降低造价成本,保护生态环境,且复垦施工完毕后土壤能够尽快达到可供利用的状态。

十一、公路桥梁和隧道施工安全风险评估

(一)概念

公路桥梁和隧道施工安全风险评估是针对工程施工过程中各项作业活动、作业环境、施工设备、危险物品等所潜在风险进行风险源辨识、风险分析、风险估测的系列工作,目的是加强桥梁和隧道工程施工安全管理,优化施工组织方案,增强施工现场安全预控有效性,严防重(特)大事故发生。

(二)法规政策

1.《关于开展公路桥梁和隧道工程施工安全风险评估试行工作的通知》(交质监发〔2011〕217号)

《关于开展公路桥梁和隧道工程施工安全风险评估试行工作的通知》(交质监发〔2011〕217号)规定:列入国家和地方基本建设计划的新建、改建、扩建以及拆除、加固等高等级公路桥梁和隧道工程项目,在施工阶段,应按本通知要求,进行施工安全风险评估。公路桥梁和隧道工程施工安全风险评估工作原则上由项目施工单位具体负责。当被评估项目含多个合同段时,总体风险评估应由建设单位牵头组织,专项风险评估工作仍由合同施工单位具体实施。当施工单位的施工经验或能力不足时,可委托行业内安全评估机构承担相关风险评估工作。

2.《公路水运工程施工安全风险评估指南　第1部分　总体要求》(JT/T 1375.1—2022)

《公路水运工程施工安全风险评估指南　第1部分　总体要求》(JT/T 1375.1—2022)第4条规定:施工安全风险评估分为总体风险评估和专项风险评估两个阶段。总体风险评估宜在项目施工招标前完成。专项风险评估包括施工前专项风险评估、施工过程专项风险评估和风险控制预期效果评价等环节,贯穿整个施工过程。总体风险评估和专项风险评估等级均分为四级:低风险(Ⅰ级)、一般风险(Ⅱ级)、较大风险(Ⅲ级)、重大风险(Ⅳ级)。总体风险评估结论可为建设单位的项目组织实施、安全管理力量投入、资源配置和施工单位选择等方面决策提供支持,可作为施工单位编制施工组织设计和开展专项风险评估的依据。专项风险评估结论应作为施工单位完善施工组织设计、编制完善专项施工方案的依据。

3.《公路桥梁工程施工安全风险评估指南》(交质监发〔2011〕217号)

《公路桥梁和隧道工程施工安全风险评估指南》(交质监发〔2011〕217号)规定:公路桥梁和隧道施工安全风险评估内容分为总体风险评估和专项风险评估,总体风险评估是指开工前根据桥梁或隧道工程的地质环境条件、建设规模、结构特点等孕险环境与致险因子,评估桥梁或隧道工程整体风险,估测其安全风险等级,属于静态评估;专项风险评估是指将总体风险评估等级为Ⅲ级(高度风险)及以上桥梁或隧道工程中的施工作业活动(或施工区段)作为评估对象,根据其作业风险特点以及类似工程的事故情况,进行风险源普查,并针对其中的重大风险源进行量化估测,提出相应的风险控制措施,属于动态评估。

(三)报告编制依据

高速公路建设项目公路桥梁和隧道施工安全风险评估报告编制依据应包含但不限于以下所列内容:

(1)《中华人民共和国安全生产法》(2021年修正)。

(2)《关于在初步设计阶段实行公路桥梁和隧道工程安全风险评估制度的通知》(交公路发〔2010〕175号)。

(3)《关于开展公路桥梁和隧道工程施工安全风险评估试行工作的通知(交质监发〔2011〕217号)。

(4)《公路桥梁和隧道工程施工安全风险评估指南》(交质监发〔2011〕217号)。

(5)《公路水运工程施工安全风险评估指南　第1部分:总体要求》(JT/T 1375.1—2022)

注:以上相关编制依据均应采用最新版本。

(四)报告主要内容

(1)编制依据。

(2)工程概况。

(3)安全风险评估过程与评估方法。

(4)安全风险评估内容。

(5)对策措施及建议。

(6)安全风险评估结论。

(五)报告编制及评审

根据《关于在初步设计阶段实行公路桥梁和隧道工程安全风险评估制度的通知》(交公路

发〔2010〕175 号)、《关于开展公路桥梁和隧道工程施工安全风险评估试行工作的通知(交质监发〔2011〕217 号),建设单位负责总体风险评估,施工单位负责专项风险评估。南横高速公路项目公路桥梁和隧道施工安全风险评估由项目公司委托具有相应资质的单位编制总体风险评估报告,项目公司组织专家对总体风险评估报告进行评审专项风险评估报告由施工单位委托咨询单位编制,由施工单位组织专家评审。

(六)管理要点及注意事项

1. 明确评估主体,建立评估小组

当被评估项目含多个合同段时,总体风险评估应由项目公司牵头组织,可委托行业内安全评估机构承担相关风险评估工作。评估机构应成立评估小组,一般由 5 ~ 7 人组成为宜。评估小组负责人应选择专业技术能力强、施工管理经验丰富的专家担任,负责指挥、协调评估组的具体工作。评估小组成员应由具有丰富经验、有参与类似工程经历的桥梁、隧道、地质、评估等专业人员组成。

2. 实行动态管理,优选评估方法

公路桥梁和隧道工程施工安全风险评估除应遵循科学、实用、可靠的原则外,还应遵循动态管理的原则。当工程设计方案、施工方案、工程地质、水文地质、施工队伍等孕险环境与致险因子发生重大变化时,应重新进行风险评估。风险等级达到Ⅳ级(重大风险)的,必须采取措施降低风险或调整设计、施工方案。总体风险评估需要在项目开工前,根据设计阶段风险评估结果以及类似结构工程安全事故情况,采用定性与定量相结合的方法初步分析公路桥梁或隧道工程项目静态条件下的固有风险特征,估测施工中发生重大事故的可能性,确定项目总体风险等级。在专项风险评估中,可通过分析足够的数据,得到风险发生的分布规律,从而预测出风险发生的概率和后果大小;在缺少足够数据的情况下,由评估人员或专家根据桥梁或隧道实际情况对风险等级进行综合判断。

第7章　南横高速公路项目施工图两阶段设计与投资控制

施工图设计是高速公路投建营一体化项目管理最核心的工作之一。设计方案优劣决定了项目投资规模大小、建设成本高低、推进难易程度、工程品质及运营维护的好坏等各方面，设计管理工作应本着“以人为本、安全至上、资源节约、生态环保、控制投资”的理念开展。从国有投资企业的角度来说，高速公路项目施工图设计管理要树立全寿命周期成本的理念，综合考虑建设成本、运营成本、养护成本，提高建设质量和工程耐久性，确定符合实际需要和经济能力的工程建设方案；在项目设计阶段，项目运营管理要提前介入，把运营期间可能发生的安全质量问题提前在施工图设计过程中解决，从而降低运营和养护成本。

第1节　初步设计管理

初步设计管理的规范性、合理性和设计成果质量，都将对工程产生重大影响。南横高速公路项目将全寿命周期管理理念贯彻于项目设计过程中，坚持“提升品质、控制投资、创建一流”的方针，加强初步设计管理，大大提高了设计方案品质，为实现项目投资控制目标奠定了良好基础。

一、初步设计策划和工作程序

初步设计是根据批准的可行性研究报告和初步设计编制原则进行详细论证后编制的，是工程设计的重要组成部分，是安排投资计划、开展施工图设计、进行工程招投标和竣工验收的依据。初步设计阶段的目的是基本确定设计方案。必须根据批复的可行性研究报告、设计合同的要求，拟定修建原则，选定设计方案、拟订施工方案，计算工程数量及主要材料数量，编制设计概算，提供文字说明及图表资料。经审查批复后的初步设计文件，则作为订购主要材料、机具、设备，安排重大科研试验项目，联系征用土地、拆迁，进行施工准备，编制施工图设计文件和控制建设项目投资等的依据。

（一）初步设计策划

在项目初步设计工作开始前，项目公司应充分了解项目概况，包括项目的设计依据、功能定位、路线走向及主要控制点、主要技术指标、建设规模等基本内容，分析项目的特点、难点和重点，树立勘察设计质量目标，科学、合理地做好初步设计阶段的工作规划，为初步设计阶段的工作提供有力指导。

1. 勘察设计工作内容

勘察设计工作内容包括确定钻探布孔的孔位、孔数、钻孔深度、孔径，以及钻探的方法、方案、程序和流程。

2. 勘察设计周期

根据招标文件、合同要求以及建设单位的文件要求，确定完成初步设计的周期，包括详细的勘察设计进度计划。

3. 勘察设计成果

确定勘察设计单位应提交的勘察设计成果，包括勘测报告、初步设计文件等。

（二）工作程序

高速公路投建营一体化项目的初步勘察设计工作一般由政府前期实施机构负责组织招标并签订合同，在公开招标确定投资人之前由政府前期实施机构负责管理推进，确定投资人之后由政府前期实施机构向项目公司进行合同移交，后续合同由项目公司负责实施管理。项目公司协调组织初步设计单位和施工图设计单位对接交流，全力协助配合设计工作，强化设计过程管理，确保初步设计的质量和进度，做到项目“三线合一”（即用地预审线位、初步设计线位、施工图设计线位一致），概算要足，预算要精。

（1）编制初步设计招标文件，通过公开招标方式确定初步设计单位。

（2）提出初步设计的里程碑计划、关键节点控制要求，包括勘察阶段时间、初步设计编制时间、评审日期、初步设计文件上报时间。审查设计单位的进度计划，按计划节点监控、督促设计进度。

（3）协助、配合设计过程，提供设计基础资料，满足设计提资要求。

（4）界定各参与设计单位的工作任务、范围和职责，参加设计联络会议，协调各参与单位的对接、交流、提资。

（5）对主要路线、主体工程设施等做多方案比选，组织设计交流会议，提供设计优化专业意见。

二、初步设计主要内容

初步设计时，应对路线的走向、控制点和方案进行现场核查，征求沿线地方政府、建设单位及规划、自然资源、生态环境等相关部门的意见，基本落实路线布设方案。对建设条件复杂地段的路线、路基、路面、特大桥、大桥、特长隧道、长隧道、互通式立交、服务设施，一般应选择两个或两个以上的方案进行同深度、同精度的测设工作和方案比选，提出推荐方案。

依据《公路工程基本建设项目设计文件编制办法》（交公路发〔2007〕358 号），高速公路初步设计主要内容包括以下方面。

（1）选定路线设计方案，基本确定路线位置。

（2）基本查明沿线地质、水文、气候、地震、矿产、文物等情况。

（3）基本查明沿线筑路材料的质量、储量、供应量及运输条件，并进行原材料、混合料的试验。

（4）基本确定路基标准横断面和高填深挖路基、特殊路基的设计方案及沿线路基取、弃土方案。

（5）基本确定排水系统与支挡、防护工程的方案、位置、结构类型和尺寸。

(6)基本确定路面设计方案、路面结构类型及主要尺寸。
(7)基本确定特大、大、中桥桥位、设计方案、结构类型及主要尺寸。
(8)基本确定小桥、涵洞等的位置、结构类型及主要尺寸。
(9)基本确定隧道的位置、设计方案、结构类型及主要尺寸。
(10)基本确定路线交叉的位置、形式、结构类型及主要尺寸。
(11)基本确定交通工程及沿线设施各项工程的位置、形式、结构类型及主要尺寸。
(12)基本确定改(扩)建工程施工期间的交通组织方案。
(13)基本确定环境保护措施与景观设计方案。
(14)基本确定改路改渠等其他工程的位置、结构类型及主要尺寸。
(15)基本确定占用土地、拆迁建筑物及管线等设施的数量。
(16)提出需要试验、研究的项目。
(17)初步拟定施工方案及工期安排。
(18)论证确定分期修建的工程实施方案。
(19)计算各项工程数量。
(20)计算人工及主要材料、机具、设备的数量。
(21)编制设计概算。

南横高速公路项目初步设计单位根据可行性研究报告批复的线路起止位置、互通式立交数量和位置、建设标准开展初步设计工作;进一步做好工程地质、水文地质勘查,结合区域路网规划及沿线城乡规划,深化局部路线方案和互通式立交布设方案比选;做好特殊路基、桥梁、隧道建设方案的比选论证,合理运用路线平纵指标,减少高填深挖,编制设计概算,提供文字说明及图表资料。初步设计工作内容包括:控制测量及地形图制作,初测、初勘任务书编制及审查,路线走向方案、桥梁、路基、隧道、交叉等专业设计,外业测量及调查,地质勘查,初测外业验收(含初测外业验收文件编制、内部评审),初步设计文件编制,行洪、通航、环评、水保、安评等专题编制等。

三、初步设计管理过程及要点

初步设计质量直接影响建设项目的投资控制、施工图设计进展、项目总体方案等。

(一)初步设计管理过程

南横高速公路项目初步设计管理过程及主要内容如表7-1所示。

南横高速公路项目初步设计管理过程及主要内容 表7-1

编号	程序	责任单位	主要内容	输出文档
1	前期工作招标	自治区交通运输厅	自治区交通运输厅代表政府方负责前期勘察设计招标,主要包括工可、初步设计、专题等相应工作	勘察设计合同
2	编制勘察设计大纲及指导书	勘察设计单位	勘察设计单位根据批复的工程可行性研究报告初步拟定的路线起终点、中间控制点及路线基本走向,在地形图、数字地面模型或航测像片上进行研究,拟定可能的路线方案,开展方案比选,确定推荐方案	勘察设计大纲、指导书

续上表

编号	程序	责任单位	主要内容	输出文档
3	大纲审查	咨询单位	政府委托咨询单位组织工程专业人员对勘察设计单位编制的"勘察大纲""设计原则"进行审查，主要关注"勘察大纲""设计原则"中内容的合理性和可行性。审查结束后出具"审查意见"	审查意见
4	现场踏勘、方案设计	勘察设计单位	勘察设计单位根据批复后的"勘察大纲""设计原则"以及工可阶段出具的各项资料进行工程项目的方案设计，同步开展地质调绘、现场踏勘，摸清沿线重大控制因素，拟定可能的建设方案，布置全线桥隧构造物、立交、服务区、停车区，开展方案比选，拟定推荐方案，提交本合同段的总体方案设计(路线平、纵面图)	设计方案
5	外业勘测	勘察设计单位	勘察设计单位根据审查后的方案进行外业勘测，主要包括现场核查，路线总体方案、局部比较方案布设、研究比较和优化，路线平面控制测量、高程测量，工程地质和筑路材料调查，桥涵、路线交叉勘测、概预算资料调查等内容。勘测过程中，应根据实际情况对设计方案进行修改，重大方案改变应与自治区交通运输厅进行沟通。项目公司应做好全程跟踪、沟通协调工作	勘测报告、勘测调查记录及成果资料
6	预验收、申请验收	项目公司	勘察设计单位外业勘测及内业资料完成后，向项目公司提出勘测外业验收申请，并按要求整理和提供勘测报告以及相关的调查原始记录、协议等资料，项目公司组织预验收小组对初设外业进行预验收(包括地质勘察专项验收)。验收通过后，由项目公司向自治区交通运输厅申请外业验收	验收申请
7	外业验收	自治区交通运输厅	自治区交通运输厅组织设计审查咨询单位、项目建设单位等单位及专家进行审查和外业验收	外业验收纪要
8	方案设计	勘察设计单位	勘察设计单位根据设计内容及外业验收纪要，补充完善外业勘测和方案设计。项目公司在勘察设计单位进行图纸设计的过程中沟通协调，对图纸的设计进度及质量进行监督检查	初步设计图
9	文件审查	咨询单位	咨询单位代自治区交通运输厅对设计文件进行审查，项目公司跟踪协调，加强管理。重点审查软基处理、工程防护、房建设计等方案设计，设计图纸是否满足深度要求，取、弃土场采用等，重点审查是否将项目建设理念落实到设计中，设计图纸与设计方案、设计要求是否匹配，单价指标等。项目公司重点掌握路线平纵指标、桥隧比例、投资控制等	审查意见
10	组织评审	自治区交通运输厅	自治区交通运输厅组织会议，对设计单位提交的设计图纸进行评审，形成评审意见	评审意见
11	修改设计图纸	勘察设计单位	勘察设计单位根据建设单位、设计审查咨询单位及自治区交通运输厅的评审意见，修改初步设计图纸及相关文件	初步设计文件
12	申请批复	项目公司	项目公司向自治区交通运输厅提出批复申请，并同步提交初步设计文件	批复申请
13	批复	自治区交通运输厅	自治区交通运输厅批复经过修改完善的设计图纸及文件，并下发批复文件	批复文件
14	存档	项目公司	项目公司将设计图纸及相关文件、自治区交通运输厅下发的批复文件等工程设计阶段产生的文件归档保存	工程设计阶段产生的所有文件

(二)初步设计管理要点

初步设计是整个设计管理工作的核心,是项目投资管理与控制的关键。初步设计涉及专题评估内容多,收集资料、踏勘、调查、协调、比选等工作量大。为加强初步设计管理,政府方和项目公司根据项目特点,督促设计单位及时完成各项专项评估工作,加强与外部相关单位沟通,通过深入研究、分析、比较、优化,确定最优路线方案,科学、合理编制工程概算,有效控制项目投资。

1. 统筹推进各专项工作,确保设计进度和质量

建设项目专题或专项评估是完成项目设计的重要支撑。政府方和项目公司积极配合和督促初步设计单位及时完善涉及用地预审、环境影响评价、节能评估、社会稳定风险评估、地质灾害危险性评估、压覆矿产资源评估、水土保持评价、防洪影响评价、地震安全性评价、林地使用可行性研究、航道通航条件影响评价等事项的评估和调查工作,稳步推进各专项工作,调整设计方案后及时与专项单位沟通协调,做到设计方案与各专项的统一,同步推进各项工作,并做到合法合规,避免因专项影响整个项目的推进;督促设计单位落实各项专项评估报告的成果资料,充分发挥专项评估在初步设计中的指导作用;监督设计单位根据用地预审成果,依法依规、严格落实自然资源和环境部门对项目生态红线、基本农田的使用要求。

2. 重视设计方案比选和优化,确定最优路线走向

项目公司积极介入设计方案比选工作,熟悉比选路线的走向、结构物布设、征迁、经济指标和技术难度等情况,协调初步设计单位落实前阶段成果及相关意见,落实各级政府及主管部门提出的意见。初步设计阶段设计优化工作包括:优化路线走向、路线方案、技术标准;确保互通式立交的位置和形式、路桥隧涵等工程设计满足规范要求和远景交通规划;排除影响设计方案的重大不良地质,落实各种不良地质的相应处置方案。充分考虑后期施工图设计降造因素,为施工图设计阶段的优化留足空间,确保设计方案可行、合理。

3. 加强外部沟通协调,对接落实相关方意见

项目公司督促设计单位加强与地方政府主管部门沟通,做好沿线社会、经济、地形地貌、水文地质等基础资料的收集工作,完成与项目相关的地方城镇、道路等现状及规划的收集和调查;对于石油、天然气、高压输电线路、国防光缆等重要管线的迁改方案,督促设计单位发函征求相关产权及管理单位的意见;认真研究高速公路共线段设计的标准问题,提前与自治区交通运输厅、相关业主协商费用处置、运营管养、通行费清分等问题。

4. 严格概算编制审查,控制项目投资

初步设计概算指标要充分考虑施工图预算期间材料涨价、征迁费用超概的风险,预留足够的空间。初步设计概算需报中铁交通投资集团有限公司审查通过后,再上报行业主管部门审批。设计概算审查包括对设计概算编制依据、编制深度和内容进行严格审查,使建设项目总投资计划准确、完整,防止任意扩大或压缩投资规模。设计概算编制依据审查包括编制依据的合法性、时效性及适用范围审查;设计概算编制深度审查包括设计概算是否有完整的编制说明和相关计算表格,是否按编制办法要求进行编制,概算的编制范围及具体内容是否与主管部门批准的建设项目范围及具体工程内容一致;设计概算内容审查包括工程量是否计算正确,是否充

足不漏项，设备规格、数量和配置是否符合设计要求，材料用量和价格、建筑安装工程各项费用计取是否符合国家或地方有关部门的规定，计算程序和取费标准是否正确等。

四、初测、初勘验收管理

勘测是设计工作的基础，初测、初勘外业资料是否齐全、准确和满足规范要求直接影响初步设计质量的好坏，因此，应加强初测、初勘验收管理，规范初测、初勘验收程序，确保提交资料满足编制初步设计文件需求。初测、初勘验收主要要求如下：

（1）外业勘察工作完成后应由建设单位组织地质勘察专项验收和外业勘察验收，验收合格后方可开展内业设计工作。

（2）初测、初勘由建设单位组织地质勘察专项验收，核查地质勘察工作是否符合工程可行性研究报告批复意见，公路工程技术标准、规范、规程，勘察工作大纲，事先指导书要求，形成专项验收意见。

（3）地质勘察专项验收合格的，组织外业验收。外业验收采取现场踏勘和专家评议结合的形式，对现场测量标志、地质勘察、路线及主要构造物方案、内业成果资料等进行全面审查，听取咨询单位、专家、地方政府等的意见，提出完善勘察工作的有关要求，形成外业验收意见。

外业验收重点检查内容包括：

①公路勘测规范、规程执行情况；

②地质勘察探坑、钻孔的位置、频率及相关试验是否满足规范和设计要求，筑路材料料场地勘、试验资料是否满足项目需求；

③是否有环境敏感点、农田、压覆重要矿藏、铁路交叉、电力交叉等重要控制因素；

④相关协议签订情况；

⑤气象、地震、水文等相关基础资料收集情况；

⑥多方案路线比较以及是否遗漏有价值的比选方案情况。

（4）勘察工作量没有完成、深度不足的，不得组织验收。

五、初步设计审查内容要求

初步设计审查是建设审批程序中必不可少的环节，是初步设计编制完成后进一步优化的前提，是提高初步设计质量和提高建设项目经济效益、社会效益和环境效益的关键环节。初步设计审查内容要求如下。

1. 国家、行业规范标准要求

（1）审查初步设计是否满足上级公司批准的“项目投资决策”。

（2）审查初步设计的内容和深度是否符合国家、行业规范标准，建设规模（产能）和标准是否符合政府部门核准的要求。

（3）审查初步设计总体配套是否齐全、有无漏项；总平面布置是否能保证交通运输顺畅、方便生产，同时满足环保、安全生产、防火、防灾要求；工艺流程、设备布置是否符合设计标准，关键设备选型是否符合预定要求重大工艺方案、设备选型是否进行多方案比选，是否符合安全、可靠、经济、适用的原则。

（4）审查项目规划、征地、融资、环保、节能、劳动保护、安全生产，以及水、电、气等配套工程设计是否符合国家有关部门和项目建设的要求，项目建设条件是否落实。

2. 初步设计概算编制要求

（1）初步设计概算编制依据是否合规、编制方法是否正确、编制内容是否齐全、编制深度是否符合要求，费率取值是否恰当、有无重复或漏项、计算数据是否正确，是否执行国家的有关技术经济政策等。对设备信息、当地主材价格，应事先做好充分调研，在初步设计概算中尽可能以市场价格计列设备、材料投资。

（2）初步设计概算各章节费用应满足投资控制目标和项目投资收益目标要求。

六、申报管理程序

严格执行项目申报管理程序，项目前期工作、勘察设计管理工作实行统一领导和分级管理，项目公司及各部门根据权限各负其责，不能越级处理，具体要求如下。

（1）在项目公司成立前，自治区交通运输厅项目前期工作办公室代替建设单位完成项目前期工作、勘察设计管理工作，项目公司成立后，由项目公司履行建设单位职责。

（2）进行项目前期工作、勘察设计及专项评估等报审时，项目公司审核并判断是否需要报送上级公司审核，在项目公司权限范围内，由项目公司批复并上报集团公司备案；超出权限范围，项目公司上报集团公司申请审查。

（3）向自治区发展改革委、交通行政主管部门报批公路建设项目工程可行性研究报告及估算、初步设计及概算、施工图设计及预算等重要文件实行报批（签报）制度，经集团公司同意后方可上报。报批（签报）文件包括签报表、概算（预算）投资分析表（格式见表7-2）、概算（预算）投资对比表（格式见表7-3）。签报的事由中应列明本项目的建设标准、建设规模、工程投资等概况。

××项目概算（预算）投资分析表　　表7-2

项目	工程或费用名称	单位	第1合同段			第2合同段			第3合同段		
			数量	金额（万元）	技术经济指标	数量	金额（万元）	技术经济指标	数量	金额（万元）	技术经济指标
第一部分　建筑安装工程费（路基宽）											
一	临时工程	km									
二	路基工程（扣除桥隧）	km									
1	挖土方	m^3									
	挖石方	m^3									
2	填石方	m^3									
3	特殊路基处理	km									
4	排水工程	km									
5	防护与加固工程	km									

续上表

项目	工程或费用名称	单位	第1合同段			第2合同段			第3合同段		
			数量	金额（万元）	技术经济指标	数量	金额（万元）	技术经济指标	数量	金额（万元）	技术经济指标
第一部分　建筑安装工程费(路基宽)											
三	路面工程	km									
1	路面(沥青或水泥)	m^2									
四	桥梁		桥比(%)			桥比(%)			桥比(%)		
1	一般性桥梁	m									
2	特殊性桥梁	m									
五	交叉工程	处									
1	分离式交叉	处									
2	一般互通式立交	处									
3	枢纽互通式立交	处									
六	隧道		隧道比(%)			隧道比(%)			隧道比(%)		
1	分离式隧道	m									
2	连拱隧道	m									
七	公路设施及预埋管线工程	km									
1	安全、管理、养护设施	km									
2	××连接线(路基宽)	km									
3	××连接线(路基宽)	km									
4	××连接线(路基宽)	km									
	……										
八	绿化及环境保护工程	km									
1	绿化专项工程费	元									
九	管理、养护及服务房屋	m^2									
第二部分　设备及工、器具购置费											
1	设备购置需安装	km									
2	设备购置不需安装	km									
3	工具、器具购置费	元									
4	办公及生活用家具购置费	元									
第三部分　工程建设其他费用											
一	土地及拆迁	km									
预备费		元									
新增费(不做预备费基数)		元									
投资概算总金额		元									

××项目概算(预算)投资对比表

表 7-3

项目	工程或费用名称	单位	××高速公路(本项目)			××高速公路(第一个对比项目)			××高速公路(第二个对比项目)		
			数量	金额(万元)	技术经济指标	数量	金额(万元)	技术经济指标	数量	金额(万元)	技术经济指标
第一部分　建筑安装工程费(路基宽)											
一	临时工程	km									
二	路基工程(扣除桥隧)	km									
1	挖土方	m^3									
	挖石方	m^3									
2	填石方	m^3									
3	特殊路基处理	km									
4	排水工程	km									
5	防护与加固工程	km									
三	路面工程	km									
1	路面(沥青或水泥)	m^2									
四	桥梁	桥比(%)				桥比(%)			桥比(%)		
1	一般性桥梁	m									
2	特殊性桥梁	m									
五	交叉工程	处									
1	分离式交叉	处									
2	一般互通式立交	处									
3	枢纽互通式立交	处									
六	隧道	隧道比(%)				隧道比(%)			隧道比(%)		
1	分离式隧道	m									
2	连拱隧道	m									
七	公路设施及预埋管线工程	km									
1	安全、管理、养护设施	km									
2	××连接线(路基宽)	km									
3	××连接线(路基宽)	km									
4	××连接线(路基宽)	km									
	……										
八	绿化及环境保护工程	km									
1	绿化专项工程费	元									
九	管理、养护及服务房屋	m^2									

续上表

项目	工程或费用名称	单位	××高速公路(本项目)			××高速公路(第一个对比项目)			××高速公路(第二个对比项目)		
			数量	金额(万元)	技术经济指标	数量	金额(万元)	技术经济指标	数量	金额(万元)	技术经济指标
第二部分　设备及工、器具购置费											
1	设备购置需安装	km									
2	设备购置不需安装	km									
3	工具、器具购置费	元									
4	办公及生活用家具购置费	元									
第三部分　工程建设其他费用											
一	土地及拆迁	km									
预备费		元									
新增费(不做预备费基数)		元									
投资概算总金额		元									

报批(签报)流程为:项目公司(指挥部)内部相关部门审查同意→项目公司(指挥部)领导批示同意→集团公司内部相关部门审查同意→集团公司领导批示同意→上报。

第2节　施工图设计管理

施工图设计作为项目建设的标准和依据,对保障工程质量、控制项目进度和投资有重要的作用。南横高速公路项目严格落实初步设计阶段设计审查意见及批复意见,坚持“投建营一体化”思想和“大商务管理”理念,在施工图设计中落实全寿命周期成本的理念,加强施工图设计管理,切实执行施工图标准化设计要求,提高施工图设计质量,为提高项目质量提供基础保障,为实现项目投资控制目标奠定良好基础。

一、初步设计阶段设计审查意见及批复意见落实管理

初步设计阶段设计审查意见及批复意见是否执行到位并落实到施工图设计文件中尤显重要。

(一)初步设计阶段设计审查意见及批复意见

初步设计阶段设计审查意见及批复意见主要包括以下内容:

(1)自治区交通运输厅的初步设计批复及评审意见。

(2)环评、水保、防洪、航道等相关专题批复文件中的要求及措施。

(3)建设单位组织的详勘外业验收意见。

(4)建设单位关于技术方面的书面意见及要求。

(二)设计审查意见及批复意见的落实管理

设计单位在施工图设计阶段要对初步设计审查意见、会议纪要及批复意见执行情况进行

说明。对于执行情况不能简单地答复“已执行”，须详细说明修改情况，以方便项目公司进行核查，满足审查单位审查要求。

项目公司在接收施工图设计文件初稿后，在对设计文件进行审查的同时，要认真核查初步设计批复及评审意见，环评、水保措施及详勘外业验收意见、标准化设计要求等落实情况，出具核查情况说明及审查意见，并将审查意见一同递交集团公司商务管理部（建设管理部）。由集团公司统筹安排内部审查时间。

二、施工图设计指导原则

高速公路施工图设计过程中应遵循相关设计依据，认真贯彻“投建营一体化”思想和“大商务管理”理念，因地制宜，精心设计，坚持保护环境、节约资源，坚持全寿命周期成本理念，坚持安全性设计，确保设计的科学性、合理性、经济性。

1. 遵循相关设计依据

施工图设计应严格执行现行设计规范、规定要求；严格落实集团公司“标准化设计要求”及投建营一体化相关要求，精心设计，确保设计质量。初步设计文件及初步设计批复意见是施工图设计的基础，在施工图设计中，要全面研究、执行初步设计批复意见，解决遗留问题。同时要全面考虑环保、水保批复意见，确保环保、水保措施落实到位。

施工图设计遵循的有关依据按以下优先次序排列；如有特殊情况不按以下优先次序排列，须有充足的理由并报项目公司批准。

(1)自治区交通运输厅初步设计批复及评审意见。

(2)环评、水保、防洪、航道等相关专题批复文件中的要求及措施。

(3)建设单位组织的详勘外业验收意见。

(4)建设单位关于技术方面的书面意见及要求，如专题会审查意见等。

(5)集团公司运营部门意见。

2. 贯彻“投建营一体化”思想和“大商务管理”理念

在设计中应贯彻以人为本、保护环境的理念；坚持高质量发展，树立效益优先的理念；坚持质量第一，树立让公众满意（使用者优先）的理念；坚持合理选用标准，树立节约投资的理念；坚持投建营一体化的思想，树立全寿命周期成本的理念。

3. 坚持保护环境、节约资源

坚持生态环保选线原则，路线在经过水源地保护区、风景名胜区、自然保护区、水土保持敏感区时，按照环境影响、水土保持评价及批复要求，采取避让和保护措施。路线设计必须符合国家有关土地管理、环境保护、水土保持等法规要求；在设计中应统筹利用线位资源，减少土地占用，在满足规范标准的前提下，路线尽量与地形相拟合，尽可能避免高填深挖；设计中应减少矿产资源压覆，合理确定建设规模，提高土地的集约利用程度，减少对土地的分隔，尽量少拆迁建筑物，尽可能少占或不占耕地；尽量减少对原有自然环境和景观的破坏；通过村镇及人群密集地段时，应在技术上采取措施，以减少噪声和废气污染；应合理选择取、弃土场，妥善处理工程废弃物。

隧道布设按“早进晚出”的原则，尽量减少对洞口区域环境植被的破坏；应尽量利用隧道洞渣,选择合理弃土场弃置余方,并进行防护、绿化或复耕,减小对自然生态环境的破坏。桥型方案选择及桥梁布孔,除考虑桥梁设计的合理性和协调性外,应注重与自然环境的和谐统一。

4. 坚持全寿命周期成本理念

坚持全寿命周期成本理念,优化工程耐久性设计,尽可能降低后期维护费用,延长使用寿命,有效控制工程成本。注重精细化设计,最大限度减少设计变更,降低工程造价。施工图设计阶段应高度重视控制投资规模,设计过程中应加强与初步设计工程规模的比较,节约工程造价,严格确保项目预算控制在概算范围内。

加强新技术、新结构、新材料和新工艺的推广应用,体现先进设计思想和理念。设计按照“强制性指标严格执行,一般性指标灵活运用,超限指标论证采用”原则实施,地形复杂路段可根据实际情况,适当灵活采用指标,以降低工程造价。

5. 坚持安全性设计

重视工程安全性设计,贯彻行车安全理念,对线形指标进行优化设计,调整曲线半径配置、平均纵坡、超高和视距等标准,优化隧道进出口、互通进出口的布线,确保道路行车安全。实行信息化设计与动态设计,在勘测、设计过程中,外业勘测、内业设计并举,及时用设计构思指导、要求勘测工作,用勘察成果充实、完善设计。

三、施工图设计主要内容

施工图设计文件编制应根据初步设计批复意见、详勘外业验收意见,进一步对所审定的修建原则、设计方案、技术决定加以具体化和深化,最终确定各项工程数量,提出文字说明、适应施工需要的图表资料以及施工组织计划,并编制施工图预算。

施工图设计文件由设计说明书、设计图纸、工程预算书等组成,主要内容包括总体设计;路线、路基路面、桥梁涵洞、隧道、路线交叉、交通工程及沿线设施、环境保护与景观设计;其他工程、筑路材料、施工计划、施工图预算及附件(基础资料)等。施工图设计文件编制除了要满足规范要求外,总体设计单位还要做好总体协调工作,做好标准化设计工作,确保各勘察设计协调统一性、各专业通用图标准化以及设计文件图表标准化。高速公路施工图设计阶段主要工作内容包括以下方面。

(1)确定路线具体位置。

(2)确定路基标准横断面、路基超高方式图,计算路基土石方数量并精心调配,确定路基取、弃土场位置,绘制路基取、弃土场设计图。

(3)确定路基路面排水系统和防护工程的结构类型及尺寸,绘制相应布置图和结构设计图。

(4)确定特殊路基设计的结构类型及尺寸,绘制设计图。

(5)确定路面结构类型及尺寸,绘制路面设计图。

(6)确定沿线特大、大、中桥位置、孔数及孔径、结构类型和各部尺寸,绘制结构设计图。

(7)确定沿线小桥、涵洞等的位置、孔数及孔径、结构类型和各部尺寸,绘制结构设计图。

(8)确定隧道及其附属设施的形式和尺寸,绘制布置图及设计详图。

(9)确定路线交叉的位置、形式、结构类型和各部尺寸,绘制布置图及设计详图。

(10)确定沿线通道和人行天桥的位置、结构类型和各部尺寸。

(11)确定交通工程及沿线设施各项工程的位置、结构类型和各部尺寸,绘制结构设计图。

(12)确定环境保护及景观工程的位置、类型及数量,绘制布置图及设计详图。

(13)确定其他工程的位置、结构类型及尺寸,绘制布置图及设计详图。

(14)落实沿线筑路材料的质量、储藏量、供应量及运距,绘制筑路材料运输示意图。

(15)确定征用土地、拆迁建筑物及地下管道、电力、电讯等的数量。

(16)计算各项工程数量。

(17)提出施工组织计划。

(18)提出人工及主要材料、机具、设备的规格及数量。

(19)编制施工图预算。

南横高速公路项目采用 BOT + EPC 模式建设,施工图设计由作为投资方联合体成员之一的中铁二院承担。中铁二院根据初步设计批复的建设规模与技术标准,针对工程地质勘察要求、路线优化的建议和意见,以及对路基路面、桥梁、隧道、交叉工程和交通工程的结构类型、设计方案、设计参数、设计优化原则的要求,开展定测详勘;完善路线方案,进一步优化线路纵平面、路基、桥隧、互通和服务区设计方案;与咨询审查单位密切沟通,对设计原则,勘测技术要求,路线、交叉、路基桥涵标准等方案进行全过程咨询;开展施工图设计文件编制;施工图设计送审稿提交咨询审查单位审查,根据咨询审查意见完善施工图设计文件。

四、施工图设计文件审查

(一)施工图设计文件审查流程

在施工图设计文件审查过程中,应建立完善的审查流程,明确相关单位的审查内容及职责,从程序上有效确保项目施工图设计文件审查质量。

南横高速公路项目施工图设计文件审查管理流程如图 7-1 所示。

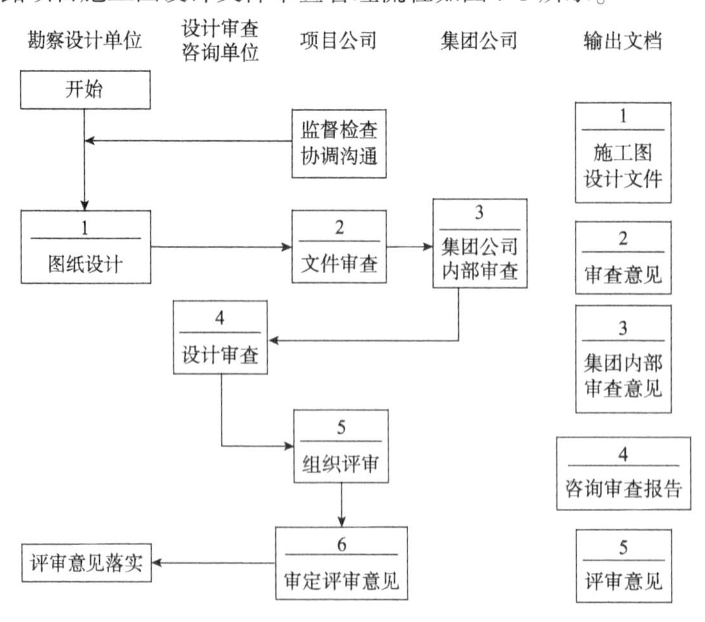

图 7-1　南横高速公路项目施工图设计文件审查管理流程图

南横高速公路项目施工图设计文件审查部分管理流程及相关内容如表7-4所示。

南横高速公路项目施工图设计文件审查部分管理流程及相关内容　　表7-4

编号	管理流程	责任单位	主要内容	输出文档
1	图纸设计	勘察设计单位	勘察设计单位根据设计内容及外业验收纪要，补充完善外业勘测和图纸设计。 项目公司在勘察设计单位进行图纸设计的过程中协调沟通，对图纸的设计进度及质量进行监督检查	施工图设计文件
2	文件审查	项目公司	项目公司对设计文件进行审查，重点审查路线方案及平纵指标、软基处理、工程防护、房建设计等方案设计，设计图纸是否满足施工要求，取、弃土场采用情况等；重点审查项目建设理念是否落实到设计中，设计图纸及设计方案与设计标准化要求是否匹配，投资控制及单价指标等；并出具审查意见	审查意见
3	集团公司内部审查	集团公司建设管理部	集团公司建设管理部组织各部门专家、项目公司抽调各专业人员，分专业对设计文件进行内部审查，并出具集团内部审查意见	集团内部审查意见
4	设计审查	设计审查咨询单位	设计审查咨询单位对勘察设计单位出具的设计图纸及文件进行审查，形成咨询审查报告	咨询审查报告

(二)房建专题设计审查流程

高速公路施工图的房建专题设计审查按照专门审查流程进行，房建设计单位、项目公司、运营公司、集团公司建设管理部落实房建专题设计审查管理流程，从程序上有效保障房建专题设计审查质量。南横高速公路项目房建专题设计审查流程及主要内容如表7-5所示。

南横高速公路项目房建专题设计审查流程及主要内容　　表7-5

编号	流程	责任单位	主要内容	输出文档
1	房建设计方案	房建设计单位	房建设计单位根据项目公司的初步要求，结合标准化设计要求，吸纳运营公司意见后，进行房建方案设计	房建工程设计方案
2	方案审查	集团公司运营管理部	集团公司运营管理部对房建设计方案进行审查，重点审查项目建设理念是否落实到设计中，设计方案与设计标准化要求是否匹配，服务区整体布局及商业布局是否满足要求，并出具审查意见	审查意见
3	方案评审	集团公司建设管理部	集团公司建设管理部组织运营管理部、项目公司对房建设计方案进行评审，并出具评审意见	评审意见
4	方案修改	房建设计单位	房建设计单位根据集团公司评审意见对房建设计方案进行修改	房建工程设计方案(修改版)
5	施工图设计	房建设计单位	房建设计单位根据确定的设计方案进行施工图设计	房建施工图设计文件
6	施工图审查	项目公司、集团公司运营管理部	项目公司、集团公司运营管理部对房建施工图设计文件进行审查，并出具审查意见	审查意见

五、施工图设计管理要点

施工图设计管理的主要目的是控制施工图设计质量、设计进度和成本,提高设计的可建造性,为施工提供可靠的设计依据。施工图设计过程涉及地质勘探、资料互提、综合协调、文件审查等,工作量大。为加强施工图设计管理,项目公司重视合同履约管理,加强工程地质勘察和设计接口管理,加大设计文件审查力度,加强施工图预算编制管理,确保施工图设计质量和效率,有效控制项目投资。

1. 加强合同履约管理

项目公司加强对勘察设计单位的合同履约管理,审查该阶段设计工作计划,监督设计过程资源配置,加强计划执行情况检查,开展合同履约评价及考核。针对设计优化、地质详勘、施工图编制等工作质量和进度成果,以及科研课题开发、信息化建设、智能化设计等工作成果,设定有效的合同约束条款,加强设计单位合同履约的执行力。

2. 加强工程地质勘察工作

在施工图设计阶段,项目公司督促设计单位重点加强滑坡、岩溶、顺层坡等不良地质现象与软土、膨胀土等特殊岩土的勘察工作,为处治方案的选择和特殊路基、防护工程设计提供可靠的基础资料;加强挖方路基中岩土的测试工作,查明岩土力学性质,为土石成分合理划分、边坡坡率设计及防护设计提供依据;加强桥梁、涵洞、挡墙等构造物及沿线设施区域的工程地质勘察工作,进一步查明场地工程地质条件,为构造物设计提供可靠的基础资料。

3. 加强设计接口管理

设计接口是设计管理最敏感部位,如果不能合理规划并解决接口之间的问题,在后期可能导致专业分包商之间施工配合不到位、整改工作量大等问题,造成项目协调工作量及成本增加,直接影响项目质量和进度。中铁二院加强设计接口管理,加强与在建工程联合设计,在便道、梁场外接电等方面提前介入,充分调查并结合施工条件开展设计,加强永临结合设计,减少工作浪费;项目公司协调各相关方,要求设计单位按协调的技术参数进行施工图设计,加大与行业主管部门、地方政府的沟通力度并改进沟通方式,有效加快设计进度,确保项目施工图设计质量。

4. 加大设计文件审查力度

为确保施工图设计质量,项目公司对施工图设计文件格式、内容及深度是否符合设计合同、设计任务书的要求加强审查,并对其技术上的正确性、准确性及合理性进行审查。为提升施工图设计效率,项目公司规范审核流程,严格审核管理,合理配置审查工作小组成员,在审查工作输入、内部审查循环过程以及审查输出等各环节,针对质量控制点进行严格控制;合理设置审查工作记录,统一制定相关的审图工作表格,具体包括作业记录表、施工图设计文件审查送审资料清单、施工图设计文件审查项目内部流转记录表、施工图设计文件审查意见告知书、相关专业审查概况表、备案与归档文件审查记录表、施工图设计文件审查资料输出交接表以及专题讨论会会议纪要等;进行严格的质量抽检,主要包括抽检单项审图的生产质量、专业审图人员的工作质量,及时发现审图过程中的问题等,抽检完毕后要做好相关记录,与已形成的审查工作记录一起归档备查。

5. 加强施工图预算编制管理

项目公司在施工图设计阶段及早组织开展基础工程数量清单编制工作，深度介入施工图预算编制，确保后期施工图预算编制、分标段工程量清单编制及预算分劈工作的顺利进行，确保指标经济合理，技术方案安全可行，成本风险适度可控。项目公司与项目所在地工程造价主管部门建立良性沟通机制，深入咨询当地定额、收费标准、计价制度及超常规项目如新工艺的定额测算与测定等问题，并及时了解新政策、新办法等，确保施工图预算编制的正确性和合理性。施工图预算编制须和0号台账建立同步进行，0号台账和工程量清单编制同步进行，分标段预算和施工图预算报批同步进行。在0号台账完整建立前施工图预算不得上报行业主管部门审批。

六、标准化设计管理

南横高速公路项目设计过程中，设计单位严格遵循各类设计标准、规范性文件，同时在设计方案时注意地形、地势、地质等具体条件的不同和变化，结合实际情况和以往经验制定标准化设计方案，编制设计标准图。通过标准化设计，提高了设计方案质量，为有效加快项目建设速度、控制工程投资、打造品质工程奠定了坚实基础。

(一)总体设计

总体设计是公路设计的纲，具有全过程、全方位的引领作用，能充分体现公路设计的先进性、适用性、安全性、经济性。南横高速公路项目充分把握“技术可行，经济合理，不留遗憾”的总体原则，从工程全寿命周期和社会综合效应等方面综合考虑，将路、桥、立交等工程与不良地质防治、环境保护、水土保持及沿线社会经济发展等方面紧密结合起来，打造以“质量优良”为前提，以“资源节约、生态环保、节能高效、服务提升”为主要特征的绿色公路。

1. 总体设计内容

总体设计应论证确定公路功能、建设规模及建设方案，应统一协调路线、路基、桥涵、隧道、路线交叉、交通工程与沿线设施等各专业内、外部的关系，明确相关设计界面和接口，使之成为完整的系统工程，符合安全、环保、可持续发展的总体目标。总体设计的主要内容应根据公路建设项目特点、条件和技术等级而不同，一般包括项目地理位置图，项目建设条件，总体设计、路线、路基路面、桥梁涵洞、隧道设计的说明书，路线平、纵面缩图，主要技术经济指标表，公路平面总体设计图等。

2. 总体设计理念

南横高速公路项目总体设计坚持“以人为本”“安全至上”，落实科学发展观，确保公路设计与建设工作统筹规划、合理部署。结合项目特点，全面考虑地形、地质条件和工程建设环境，依据综合设计理念、设计创新理念、全寿命周期成本理念、旅游设计理念统筹引领设计方案。

(1)综合设计理念

公路建设要求不断提高，不仅要从交通功能出发考虑公路的通畅性、安全性，还要更进一步地关注自身利益的维护、对环境的保护、对历史文化的体现以及对审美和艺术的表达等。

(2)设计创新理念

“灵活设计、创新设计”是公路达到“安全、舒适、环境优美、资源节约、质量优良、系统最优”的重要举措。必须勇于突破思维定式,提升理念,以科技创新为先导,充分吸收国内外成熟的新技术、新材料和新工艺,提高设计质量,力求有所突破和创新。设计时更要在精细程度上下功夫,精雕细琢地处理好每一个工程细节,杜绝设计深度不够、细部设计不到位等问题。

(3)全寿命周期成本理念

交通基础设施建设是一项系统工程,要科学把控投资与安全质量的平衡,综合考虑建设成本、运营成本、养护成本。因此,设计要树立全寿命周期成本的理念,努力提高综合服务能力。设计时要通过多方案比选论证,运用国内外近几年的相关科研成果,提高技术含量、灵活设计,用好每一分建设资金。

(4)旅游设计理念

广西风光秀美,具有特色鲜明的地域文化,是旅游胜地。项目景观设计注重打造亮点,不仅在植物设计中应用秋色叶树种、彩叶植物、花境等,还在互通枢纽景观营造中点缀特色小景,在景观设计中打造新的自然景观。

3. 总体协调要求

总体设计单位牵头负责编制勘察设计大纲,明确各单位设计界面,加强各单位对接协调,确保专题研究内容、研究方法、报告格式的统一性。总体设计单位编制各类通用图,确保路、桥、隧等各项工程方案的标准化。总体设计单位牵头负责全线总体设计,深入贯彻设计原则、设计理念,确保全线总体设计的统一性。总体设计单位负责对全线文件进行审查,确保文件质量的可靠性。

各设计单位、各专业间应明确划分设计界面,加强相互沟通和配合,土建、房建、机电、绿化等各分项负责人须加强设计对接与设计资料互提,并落实专人审核,避免出现专业衔接不到位现象,例如土建与服务区、管理区不能有效衔接,桥台与挖方路基衔接处处理不当,防撞护栏与路基周边环境不匹配,路面排水与土建结构物冲突,错幅布置的桥墩与中央分隔带路基挡墙之间互相干扰,桥梁与台后路基衔接不顺,桥梁经过低填或浅挖路段防护不当和土石方数量漏记,洞门景观装饰与边坡绿化设计界面不清晰,等等,确保各专业设计准确无遗漏。

4. 批复意见落实

设计单位应加强对工程可行性研究报告及初步设计批复意见的落实和执行,特别是对于部分关键性批复条款,应认真进行专题研究,并将执行情况反映在设计文件中。

5. 安全设计要求

设计单位应依据《公路项目安全性评价规范》(JTG B05—2015)、《公路交通安全设施设计规范》(JTG D81—2017)等规范、规定,做好项目安全设计。加强标准化设计,在保证运营安全、工程安全、结构安全的基础上,还应充分考虑施工建设条件的安全性、施工方案的安全性、养护维修的安全性等要求,并在施工图设计阶段编制项目安全施工图设计专题报告,随设计文件一同报审查单位、自治区交通运输厅审查。

6. 重大“四新”技术、相关课题专题研究

重大“四新”技术应用和相关课题的专题研究须在设计阶段进行，经建设单位组织审查及报备集团公司同意后，才能确定本项目所采用的重大“四新”技术、拟承担的课题研究，并在设计中明确相关要求、措施、费用。

7. 专题设计

在初步设计、施工图设计阶段，设计单位应结合项目实际，开展各项专题设计，报建设单位审查，如路线方案比选，服务区、停车区和互通位置选址，以及房建工程设计方案、机电设计方案、绿化设计方案、不良地质路段、高填深挖路段、特殊边坡、危岩体专项设计等专题。

危岩体专项设计应对该区域航拍进行分析，充分利用项目地质灾害评估成果，确定危岩体规模，尽量避绕；无法避绕的应在工程可行性研究、初步设计、施工图设计阶段建立监测体系，加强地质勘探，根据勘察结果分析确定方案，合理开展方案比选（如清除危岩体，设置棚洞与主动、被动防护网等）。

（二）路线设计

路线设计是高速公路设计的基础和灵魂，主要内容包括路线选线，平面、纵断面设计，线形设计，公路与公路平面交叉、立体交叉设计等。南横高速公路项目路线设计统筹考虑影响路线设计的各项因素，在充分做好外业勘察的基础上，对路线方案进行深入比选，合理运用技术指标，加强环境保护及安全性设计，保证路线设计的技术可行性、经济合理性、运营安全性与行驶舒适性。

1. 路线设计原则

南横高速公路项目所在区域地形条件复杂，沟壑纵横交错，坡陡谷深，浅滩较多，植被茂密；地质条件变化多端，沿线岩溶、崩塌、滑坡等不良地质现象均有发生；土地资源珍贵，可用耕地稀缺；饮用水源保护区较多，自然景观宝贵。路线设计时，综合考虑多种因素，在保证行车安全的前提下，充分利用有利地形、地质条件，结合沿线主要城镇发展规划、路网布局等进行路线平、纵面设计，不刻意追求高指标，力求工程融入自然，保护耕地，少占基本农田，尽量避让饮用水源保护区等环境敏感区，减少对环境的破坏。

路线布设主要遵循以下原则：

（1）综合选线原则

综合贯彻高速公路地形选线、地质选线、环保选线、安全选线原则，对项目的经济效益、社会效益与环境效益进行综合考量。路线顺应地形布设，针对广西不良地质的特点，加强地质勘察工作，“以避为主，避重就轻”，尽量绕避不良地质地段；严格梳理项目沿线生态环境敏感点，路线方案避免进入生态红线范围，对各类环境保护区、生态林保育区、旅游景区、饮用水水源保护区、水库以及基本农田等尽量绕避，无法绕避的在环保、国土等相关部门法律法规允许范围内尽量降低影响；路线方案布设时充分注重平、纵面各项指标的均衡性，确保行车安全，充分考虑路基、桥梁、隧道等各专业方案的实施难度及安全性，局部路段充分考虑路基与桥梁、明挖与隧道等方案的比选论证，使得工程方案安全、合理，确保施工期及运营期安全。

（2）协调性原则

路线方案研究时充分考虑沿线地方规划、与铁路的交叉、各种管线设施、环境敏感点、重要

水利设施、耕地占用以及矿产资源分布等因素，积极加强与地方政府、铁路、管线以及国土资源部门的沟通和协调，重视地方政府的意见；尽量使公路线形、桥涵、隧道、立交和沿线设施与自然景观协调；对周围环境实行“最大限度保护”的原则，减少人工痕迹，尽可能减轻工程实施对环境造成的影响。

(3)充分比选原则

遵循“多比选，慎选择”的选线原则，路线布线时结合大桥和互通式立交等大型构造物以及地形、地物、地质等因素全面综合考虑，不遗漏任何一个可行的比选方案。重视大桥、互通式立交等大型构造物的选址论证，充分考虑构造物的场地条件及施工条件，降低工程建设难度，减少工程投资。

(4)合理运用技术指标

合理运用路线平、纵、横技术指标，设计时注重平、纵、横线形的配合，力求路线平面顺适，纵面连续均衡，横向合理，视觉良好，使行车安全舒适。互通式立交等大型构造物前后一般采用较高的平、纵面技术指标；地形狭窄受限、自然横坡陡的路段根据实际情况采用相对低的技术指标。路线线位由平、纵、横三面综合设计确定，注重平、纵、横协调，自然连续地诱导驾驶员视距，加强重点路段的线形安全检查，形成安全、和谐、自然的优美线形。避免只顾工程经济性而过分迁就地形，使路线过于迂回弯曲而影响行车安全；同时避免只顾片面追求平、纵、横指标较高而造成高填深挖，不利于安全、环保的做法。

2. 外业勘察要求

针对性采用多种勘察手段，查明工程地质、水文地质条件。外业勘测时，地形陡峭或植被茂密路段应采用多种精度可靠的测量方式进行实地测量，尽可能减少纵、横断面测量成果与实际地形的偏差。

内业设计必须依据外业勘察和地质勘察资料进行，对隧道、桥梁桩基、特殊边坡、软基的处理，应根据勘察反馈的资料对地质结论、设计参数及设计方案进行再验证，如需补充勘察应及时补充，确保地勘与设计吻合，保证安全可靠。勘察设计评审汇报需提供三维影像资料，包括现场航拍影像资料、建筑信息化模型、三维漫游动画等，便于审查工作的开展。

3. 设计技术标准

公路建设应按地区特点、交通特性、路网结构综合分析确定公路的功能，根据功能结合交通量、地形条件等选用技术等级和主要技术指标。各级公路设计速度应根据公路的功能、等级、交通量，并结合沿线地形、地质等状况，经论证确定。高速公路应根据交通量、地形等情况选用高的设计行车速度；对于山区高速公路的设计行车速度，非特殊情况应不低于100km/h的标准；平原微丘区高速公路的设计行车速度，应当采用120km/h。当高速公路设计涉及对现有路网道路改线时，不得降低原有道路的技术指标。高速公路技术指标按《公路工程技术标准》(JTG B01—2014)执行。公路净空标准按广西壮族自治区交通运输厅《关于印发广西公路建筑限界净高补充规定的通知》(桂交建管发〔2011〕138号)执行。

4. 路线方案比选

针对部分关键性结构物(特大桥、长或特长隧道、特殊边坡)以及特殊地质地形、环境保护、水土保持等敏感路段，应根据实际情况对该路段路线方案进行多方案同深度比选，甚至进行走廊带的多方案比选。对规模较大的高边坡、高填方(长300m、高30m以上)、高大挡土墙(高10m以上)、长涵洞通道(长120m箱涵)、互通式立交等应做路桥方案对比。

5. 设计安全性评价

高速公路项目根据《公路项目安全性评价规范》(JTG B05—2015)等规范及相关行业规定、标准进行安全性评价。设计单位应执行相关规范、标准和规程,优化路线平、纵面设计,应尽量避免出现长、大纵坡,应重视交通安全评价对工程设计的指引作用,尽量减少长、大纵坡对运营安全的影响。公路项目在工程可行性研究阶段、初步设计阶段、施工图设计阶段均应编制公路项目安全性评价报告,随工程可行性研究报告、设计文件一同报审查单位、自治区交通运输厅审查。

6. 永临结合设计要求

设计文件应明确永临结合的设计范围、设计原则和出图要求。部分情况特殊的便道应单独设计,并应着重考虑永临结合。部分情况特殊的路段,可考虑梁场与主线路基路面永临结合的设计方案,但必须确保梁场处的路基路面满足高速公路标准要求,设计方应提供预制梁场处的路基路面结构专项设计图纸。

7. 重要建筑命名原则

收费站、服务区、停车区、长大以上隧道桥梁的名称原则上采用附近较大的地名进行命名,对于靠近多条高速公路的县区的收费站、服务区、停车区的命名,还应考虑与已有或拟建的同一类功能区的区分,必须联合建设单位致函当地政府等有关单位、部门征求书面意见。

8. 图纸标注与成果提交

高速公路项目在工程可行性研究、初步设计、施工图设计阶段,设计单位均应在平面图上明确标注路线红线范围、基本农田(核心农田与一般基本农田应区别标识)、矿区、林地、水源保护区、自然保护区、风景名胜区等路域内所有的环境敏感区,并提交以下平纵设计图(包括电子版文件)供审查:

(1)项目总体平面图,以1:10000比例出版,标注桥梁、隧道等构筑物,管线、压覆矿产、保护区、取(弃)土场及互通、连接线、服务区等沿线影响因素信息。

(2)路线方案平纵图,以1:10000比例出版,要求平面图部分为双线图,含地形图、推荐方案和对比方案等内容。

(3)项目用地红线与沿线基本农田分布图、取(弃)土场叠加图,以1:10000比例出版,要求不含地形图。

(4)项目用地红线与饮用水源保护区、生态保护区等生态敏感区域,沿线重要矿产资源分布区域叠加图,以1:10000比例出版,要求不含地形图,生态敏感区域细分各级保护区域,如上述区域重叠,不易区分,则按区域类别单独打印。

(5)用地红线与高压线、铁路、公路(现状及规划)叠加图(不含地形图)。

(6)现场核查用的设计文件出版时应采用防水材料。

(三)路基路面设计

路基路面直接承受车辆荷载的作用,是道路的主要工程结构物,必须具有足够的整体稳定性和抗变形能力。南横高速公路项目路基路面设计结合项目地形、地貌、地质、水文、气象等的特点,贯彻节约用地设计理念,尽量实现填挖平衡,加强边坡勘察与设计,对特殊路基进行针对性设计,在保证路基质量和安全的基础上,实现路基路面工程经济、社会、环保综合效益最优。

1.路基设计原则

(1)成熟适用原则。充分吸收广西地区大量已建高速公路的工程经验,采用成熟的设计方案,保证工程质量的同时,有效节约造价。

(2)因地制宜原则。地形平坦、自然横坡较缓的路段,一般以整体式路基断面为宜;地形复杂、以挖方为主、自然横坡较陡的路段,可考虑采用分离式断面,水平布置或上下错台,或采取半桥半路、半隧半路、半桥半隧等形式,以减少开挖量,保护自然生态环境。

(3)填挖平衡原则。应重视取、弃土设计,防止水土流失;工程设计中应重视土石方平衡,应通过线位和桥隧方案比选尽量减少远距离取土和弃土;取、弃土场应有规划,并与水土保持措施统筹考虑;在山区公路挖方多大于填方、废方难以处理的实际情况下,倡导欠方设计和土地占补平衡设计理念。

(4)保护环境原则。综合考虑路基横断面边坡坡率、防护排水方案及景观绿化设计方案,路基边坡设计等以植物防护为主,同时加强水源保护及取、弃土场的环保设计,对耕植土等不可再生资源加以保护或利用,达到边坡稳定、排水流畅、生态优美的效果。

2.边坡勘察要求

(1)勘察单位应重点加强特殊边坡路段地质勘察工作,要求边坡横向勘探断面间距不应大于50m且每段的横向勘探断面数量不少于1条,每条横向勘探断面上的勘探点间距不应大于30m且勘探点数量不得少于2个;勘探点布置应根据边坡高度和山体地形、地质条件实际情况综合考虑,须延伸到边坡顶界外不小于30m(以涵盖边坡失稳范围为准)。

(2)对于顺层边坡路段,应加强前期勘察,尽量避绕;若无法避绕,应加强顺向坡软弱夹层、断裂带等不良地质情况及覆盖层的调查,包括厚度、岩层产状、分布规律、泥化夹层力学指标等,分析不良地质对边坡稳定性及边坡开挖、防治的影响。

3.边坡设计

边坡防护设计遵循"一坡一设计"原则,对高边坡、特殊岩土边坡均采用"一坡一图一设计"。特别是碎石土、强风化岩土边坡,应加强方案比选,结合地形特点充分考虑排水系统设置,加强坡脚及深层排水设计。为确保高速公路项目建设边坡结构安全及绿化防护效果,边坡工程勘察设计必须按照现行的国家、行业规定、规范要求组织实施。工程实施可能对邻近建筑物、道路、管线及在建工程等周边工程环境造成影响的,其防治措施的相关费用应纳入工程概算中。边坡设计方案选择遵循以下要求。

(1)边坡防护设计必须贯彻使用者优先的设计理念,按根治、稳定、绿化、美化、经济的原则慎重选择防护设计方案,原则上按以下顺序选择:生态防护→放缓边坡卸载→圬工防护(如土钉支护)→锚杆、锚索支挡防护→其他综合的防护方式。

(2)挖方边坡防护形式应充分考虑边坡岩体的岩性、产状、构造裂隙、风化程度和厚度、软弱夹层以及地下水等情况和特点,确保边坡稳定。在确保稳定的前提下,优先采用生态防护。非特殊需要,避免大面积采用喷射混凝土或浆砌片石防护。对于土质边坡,应慎重采用锚杆

(索)防护。

(3)采用光面爆破、静态爆破对硬质岩石边坡进行处置时,应在设计图纸中对采用工程措施的专项设计方案予以说明,明确坡面工程技术指标要求,将相关费用纳入工程概算中。

4. 集约土地资源要求

国家对占用基本农田的要求越来越严格,高速公路建设须严格控制总用地规模及基本农田的占用,原则上施工图总用地规模及占用的基本农田规模不大于预审批复规模,重合度大于90%,基本农田的占比不大于30%,禁止附属设施占用基本农田,对附属设施占用基本农田的情况严格核查。在确定路线及服务区等推荐方案后,对项目全线的取、弃土场及取、弃方设计开展专题研究。认真勘察、仔细计算,合理调配土石方,在经济运距内充分利用移挖作填,严格控制土石方工程量。合理设置取、弃土场,并尽量不占用农田,将弃土和改地、造田结合起来。在环境及技术条件允许的情况下,尽量采取低路堤和浅路堑方案,减少高填深挖;在通过基本农田及经济作物区的高填深挖路段,在技术经济比较的基础上,尽量考虑设置挡墙、护坡、护脚等防护设施,缩短边坡长度,节约用地。

取、弃土场的设置应征求地方政府及群众意见,充分考虑当地水利、矿产等其他规划,取得相关书面意见。取、弃土场应完善复耕复绿、地质灾害处治、水土流失修复等,尽量不占或少占耕地,侵占耕地按照规定程序上报审批后实施。

5. 敏感路段设计

应充分考虑临近居民区、高速公路、铁路、燃气管线和高压塔架等敏感地点路段的设计方案,如是否允许爆破、强夯等,合理设置临时保护工程,减少后期设计变更,并将相关费用纳入概(预)算。

6. 特殊岩土地段设计

(1)设计中应增强对特殊岩土工程特性及其危害类型认识,慎重选择特殊岩土处理技术方案。设计单位对每处路段进行专项设计,每一分项工程或工程措施需单独出具设计施工图纸,说明工程设计方案、施工技术及要求。设计文件报审前,必须报送建设单位进行专项审查,确保施工图设计质量。

(2)勘察设计阶段应加强特殊路基路段调查和勘测,并根据基础资料进行针对性的设计。尤其是对于沟谷地带,合理判断土质,确定软土深度、范围等;对含水率偏高的非软土,可考虑采用排水或部分换填等措施处理,不能一律简单地作挖除换填处理。对于挖出的软弱地基材料,应在设计文件中指明其综合利用设计,提高项目环境和社会效益。

7. 排水设计

排水系统设计充分考虑原有地形、地貌,尽量不破坏原有水系,因地制宜,外形美观流畅,满足功能要求。路基排水设计应根据实际情况设置边沟、排水沟、截水沟等地表排水设施,其中,边沟、排水沟等排水设施应优先选择生态排水措施。

(1)设计对施工现场设置临时性排水设施提出要求,避免积水浸泡路基、边坡等。路基排水设计应将临时性排水设施与永久性排水设施结合,合理利用并减少工程投资。

(2)半填半挖路段要加强对土工格栅层的设计,应结合坡高、坡率和地形地质综合考虑土工格栅的搭接长度。

(3)特殊路基、长大纵坡路段,须做路基路面排水专项设计;设计文件报审前,应报项目建设单位审核,确保设计文件质量。

8. 三背回填

为进一步加强高速公路桥台背、涵背、挡土墙背(简称"三背")回填设计及施工管理,提高三背回填工后质量,有效预防台背跳车现象,应对回填材料选用、回填范围、质量控制等进行合理设计,兼顾可实施性、易操作性,保证回填稳定、安全。另外,设计单位应补充液压强夯补强压实要求,并将相关费用纳入概(预)算中。

9. 路面工程

高速公路项目根据工可预测交通量、公路使用要求及气候、水文等自然条件,密切结合当地实践经验,进行项目路面结构综合设计。

路面设计原则如下:

(1)等级适宜。主线与互通匝道均采用高级路面,连接线、改线与分离式交叉线根据实际情况选用高级路面或次高级路面。

(2)经济适用。路面结构方案须满足本线的实际交通荷载情况,符合沿线气候环境、水文、地质和路线平、纵线形等需要,并充分利用沿线筑路材料,节约造价,实现路面结构合理、经济、耐久。

(3)合理选材。基层原则上采用强度高、水稳定性好、抗疲劳性强的贫混凝土或半刚性基层,其各结构层厚度应经过力学计算确定;粒料层原则上采用透水性好、结构表面均匀的粒料类材料,以提供平整、坚实基面,保护土基不受雨水及临时交通的破坏,结构厚度根据路面力学计算确定。

(四)桥梁涵洞设计

桥梁是高速公路的重要组成部分,是跨越水体、山谷或其他交通线路的重要结构,具有很强的灵活性和环境适应性。南横高速公路项目全线共设置特大桥 1507m/1 座,大、中、小桥 12504.8m/57 座,涵洞通道 319 道,主线桥梁比例 12.51%。项目结合路线走向、地形、地质、水文等条件合理确定桥位,加强桥梁基础设计,做好桥梁结构类型选择,强化标准化设计,为桥梁养护运营做好设计工作,确保桥梁的安全性、稳定性和耐久性。

1. 桥涵设计理念

南横高速公路项目桥涵设计遵循"安全、耐久、适用、环保、经济、美观"的基本理念,综合考虑项目所在地区的自然条件、材料来源、便于施工和养护等因素,采用适应项目特点的新材料、新技术、新工艺,充分考虑景观与环保要求,做到与周围自然环境相协调。桥孔布设重点考虑合理性与协调性,兼顾美观,重视环保设计。

2. 设计技术标准

根据《公路路线设计规范》(JTG D20—2017)、《公路桥涵设计通用规范》(JTG D60—2015),公路桥涵应根据公路功能和技术等级,考虑因地制宜、就地取材、便于施工和养护等因素进行总体设计,在设计使用年限内应满足规定的正常交通荷载通行的需要。主线桥梁设计速度宜在 100km/h 以上,匝道设计速度有条件的应大于 40km/h。道桥如不受地形条件影响,优先按双车道设计;如按单车道设计,应适当加宽硬路肩,确保养护、应急功能。右转弯匝道设计速度应大于左转弯匝道,避免匝道出入口纵坡偏大。

3. 桥位设计

跨越主要河流、等级道路和重要水利设施时设置桥梁构造物。跨河桥桥位尽量选在河道顺直,地质、水文条件良好,桥长较短,河槽能大部分通过设计流量的河段;桥位不宜选择在断层、滑坡、崩塌等不良地质地带。布设在河床宽浅河段上的桥梁,应注意导流工程的设置,并与既有导流工程相配合,以保证行洪的安全。当桥梁位于平曲线上时,可做曲线桥或折线桥。桥上纵坡一般应服从路线设计要求,原则上不在桥上设凹形竖曲线(反坡)。小桥、中桥、涵洞位置服从路线布设的要求。

4. 桥型方案选择

重视桥型方案比选,结合地形和施工措施合理确定桥型方案,充分考虑地形对上部结构施工的影响,避免河流或特别陡峭的地形采用支架现浇结构,增大施工难度和费用。在互通区跨线桥梁、有条件的特殊大跨径桥梁上增加对钢结构的比选、应用,并从全寿命周期理念出发,充分考虑后期运营难度及费用。

1)桥梁宽度

整体式路基段桥梁宽度推荐采用桥梁外侧护栏内边缘与路基护栏内边缘对齐方式确定,分离式路基段桥梁与整体式路基段单幅桥梁同宽。

2)桥型选择

(1)跨径在13~40m范围的中、小跨径桥梁,应采用标准跨径的装配式上部结构;特殊情况下,经比选论证合理后,方可采用支架现浇的上部结构。装配式桥梁一联长度不宜大于160m;跨径为13~16m的,采用后张法预制装配式的预应力混凝土小箱梁或预应力混凝土矮T梁;跨径为20~40m的,采用后张法预制装配式的预应力混凝土T梁或预应力混凝土小箱梁;跨径小于或等于20m的现浇连续箱梁,可采用普通钢筋混凝土结构。

(2)对于互通区桥梁,等宽或宽度变化不大的主线桥、半径较大的匝道桥宜采用标准跨径的装配式上部结构;小半径平曲线上的桥梁,可采用整体式现浇连续箱梁,并采取可靠的结构措施,防止桥梁施工或营运期出现上构漂移或失稳;宽度变化较大的主线桥,宜采用现浇混凝土箱梁结构形式;整体式现浇连续箱梁宜采用多点支承体系;互通区桥梁下构形式与尺寸宜尽量统一。

3)墩台形式选择

墩高小于35m时,宜采用柱式墩:墩高大于或等于7m时设置地系梁,墩高大于20m时,设置一道柱间系梁;对于高震区桥梁,参照抗震设计规范要求设置系梁。墩高为35~45m时,宜采用矩形墩。墩高大于45m时,宜采用薄壁空心墩。台后填土高小于6m时,可采用柱式台。台后填土高为6~12m时,宜采用肋板式桥台。地质情况较好时,可采用U形桥台。

5. 桥梁标准化设计

考虑桥梁标准化、便捷化施工需求,为提高施工用材的周转率、减少资源浪费、降低工程造价,一般桥梁设计原则上同一项目或同一标段的尽量采用相同跨径和相同结构形式;同一座桥梁应尽量采用统一的桩径、墩径。桥梁具体施工结构中的梁板、护栏、墩柱、跨径等的施工结构和几何尺寸尽量采用标准化设计,并减少特殊结构和尺寸的设计。南横高速公路项目桥梁标准横断面示意见图7-2。

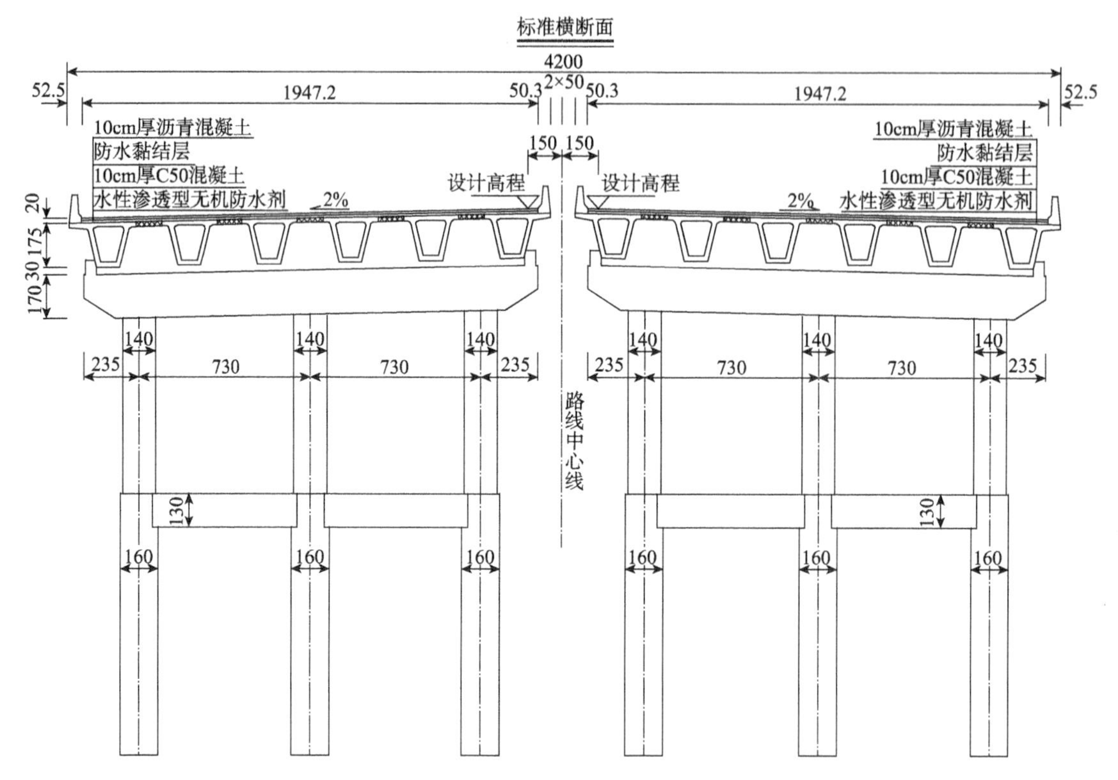

图7-2 南横高速公路项目桥梁标准横断面示意图(尺寸单位:mm)

6. 特大桥和重要桥梁养护方案

桥梁养护按"预防为主、防治结合"的原则,以桥面养护为中心,以承重部件为重点,全面养护。经常清扫桥面,排除积水,清除泥土、杂物,保持桥面平整、清洁。沥青混合料桥面如出现泛油、涌包、裂缝、波浪、坑槽、车辙等病害应及时处治。损坏面积较小时,可局部修补;损坏面积较大时,需将整跨铺装层凿除,重铺桥面,严禁在原有桥面上直接加铺。桥面防水层如损坏,应及时修复。定期检查桥面的泄水管,如有堵塞应及时疏通。经常清除伸缩缝内积土、垃圾等杂物,若有损坏或功能失效应及时修理或更换。桥梁支座至少每半年清扫一次,清除支座周围的油渍、杂物,定期检查滑板支座、盆式橡胶支座的防尘罩,确保完好。如支座损坏或产生故障不能正常工作,应及时更换。为了方便钢梁的检修和后期维护,在箱间横联下设有检修轨道,可供检查车行驶。

7. 水域或水源环保要求

高速公路项目跨越河流的桥梁,除必须满足泄洪要求外,还应充分注意建桥对防洪、环保所造成的影响。经过江河、湖泊等水域或水源保护区及路线交叉处的桥梁,必须根据环保的相关要求设置桥面径流收集及处理系统,并将相关费用纳入概(预)算中。

8. 涵洞通道

桥涵布设一般采用逢沟设涵的原则,只要路基在冲沟处有条件者均设涵洞。为了减少涵洞淤积和水毁发生,涵洞进出口一般考虑设置消力槛和沉砂池等消能设施。涵洞布设以原有沟渠为基础,以不打乱现有排灌系统为原则,对渠道过于密集、位置相距不远、具有合并条件的水渠予以适当改移、合并,并辅以线外工程相连接,以保证排、灌功能。涵洞、通道洞口建筑统一采用混凝土结构;盖板一般采用预制安装。

(五)交通工程及沿线设施设计

交通工程及沿线设施是保障行驶安全、提升行驶体验的重要设施,主要包括交通安全设施、服务设施及管理设施。南横高速公路项目各项设施结合项目所在地区路网规划和公路总体设计的要求,遵照"安全第一、服务用户、科学管理"的原则精心设计。各项设施设计除保持各自特性和相对独立性外,还相互匹配、互联互动,可扩展联网管理,形成统一、协调、完整的系统工程,以保障行车安全,为用路者提供良好的服务和驾乘体验。

1. 交通安全设施设计

高速公路服务设施等级为A级,应为用路者提供系统和完善的指示、指路、警告、禁令等信息,包括交通标志和标线、视线诱导标、护栏、隔离栅、防护网、防眩设施、防撞设施等,保障行驶安全、舒适。

1)设计要求与规范

交通安全设施设计应满足交通运输部《公路交通安全设施设计规范》(JTG D81—2017)、《公路交通安全设施设计细则》(JTG/T D81—2017)等标准规范要求。高速公路隧道洞口交通安全设施设计同时按相关要求进行。

2)交通标志、标线

交通标志和标线的分类、颜色、形状、线条、字符、图形、尺寸和设置等,应符合《道路交通标志和标线　第2部分:道路交通标志》(GB 5768.2—2022)、《公路交通标志和标线设置规范》(JTG D82—2009)的规定。公路交通标线颜色的色度性能应符合《道路交通标线质量要求和检测方法》(GB/T 16311—2009)的规定。南横高速公路项目交通标志和标线设计除了遵循相关行业规范、标准外,还应按照广西地方标准《高速公路交通标志和标线设置规范》(DB45/T 954—2020)执行。为推进广西公路旅游交通标志建设,要求交通标志设计时注意优化旅游公路、边境公路标志设计,在适当地区增加旅游区地点距离标志。

交通标牌、LED显示牌应间距合理,前设施牌不应挡住后设施牌,设施设置在视野开阔路段,避开桥梁、支挡结构物等。标志布设图中标志应全线连续布设,不宜中断,固定标志与可变标志不应遮挡。匝道出口处标牌按照左右伸展设置,避免相互遮挡,影响驾驶员判断;匝道收费广场一端或两端纵坡应控制在3%以内。多个项目共有的枢纽互通标志设计界面不宜按土建段落划分,应统一设计。

3)视线诱导标

高速公路主线、出入口、匝道以及线形变化较大的路段,应视需要设置轮廓标、分流或合流诱导标、线形诱导标等视线诱导标。在公路路基宽度、车道数量有变化的路段及竖曲线路段,适当增大或减小轮廓标的间距。

4)护栏

护栏设计应体现宽容设计、适度防护的理念。护栏标准段、护栏过渡段、中央分隔带开口护栏、防撞端头及防撞垫的防护等级及性能,应满足《公路护栏安全性能评价标准》(JTG B05-01—2013)的规定。需要采用其他防护等级或碰撞条件时,应进行特殊设计和实车碰撞试验。护栏的任何部分不得侵入公路建筑限界。

5)隔离栅

高速公路项目沿公路用地边界设置隔离设施,在遇桥梁、通道时,应朝桥头锥坡(或端墙方向)围死,不能留有人畜可以钻入的空隙。由于地形方面的原因,隔离设施前后不能连续设置的地方,可作为隔离设置的端部,并处理好端头的围封。沿公路用地边界地形起伏较大、隔离设施不易施工的路段,可根据需要设置成一系列斜坡过渡的形式。

6)防眩措施

目前公路上的防眩措施主要有植树防眩、设置防眩板和防眩网。

其一,一般路段植树防眩。植树防眩将防眩与道路绿化相结合,在中央分隔带栽植灌木或小型乔木、花卉,既能起到很好的防眩作用,又美化了路容。公路上有条件的路段优先采用植树防眩。但该措施的缺陷是植树受季节影响较大,施工工期受限制,日后需修剪、浇灌等,养护工作量大,且在构造物上无法采用。

其二,构造物上设置防眩设施。构造物上因无法植树,故须安装专门的防眩设施。常用的有防眩网、防眩板等。防眩网通常采用钢板拉网式,该网整体性好,安装速度快,防眩效果较好,但是造价较高、运输不便,会影响驾驶员的横向通视并给驾驶员行车造成较严重的压抑感,在公路上较少采用。防眩板为单块的板状构造物,独立或组合在一起安装在中央分隔带上,与防眩网相比,防眩板具有外形美观、便于横向通视、无行驶压抑感、坚固耐用、造价低、运输和安装简便等优点。

2. 服务设施设计

1)服务区

(1)设计总则如下:服务区的设计要坚持"布局合理,经济实用,标识清晰,服务规范,安全有序,生态环保"的原则。设计方案应体现当地自然和人文环境。

(2)总体设计要求如下:沿线设施建设规模、等级应符合交通运输部《公路工程技术标准》(JTG B01—2014)、《高速公路交通工程及沿线设施设计通用规范》(JTG D80—2006)及《公路工程项目建设用地指标》(建标〔2011〕124 号)的规定要求。沿线设施建设规模、等级、布局及建设内容应同时充分考虑政府方、项目公司的要求。服务设施应根据《高速公路交通工程及沿线设施设计通用规范》(JTG D80—2006)、《高速公路服务区设计规范》(DB45/T 2052—2019)进行布局,并应考虑相邻高速公路服务设施设置间距及设置功能。

2)加油站

(1)设计基本要求如下:加油站设计应该符合《汽车加油加气加氢站技术标准》(GB 50156—2021)的要求,根据各服务区不同的特点,作出符合实际的优化设计。房建设计单位应与化工工艺设计单位等充分沟通交流,使房建设计与化工工艺设计实现无缝衔接,确保细节设计到位。

(2)布局设计要求如下:加油站平面布置应结合加油车的转弯半径、行车轨迹进行设计,满足加油车进出的安全和便捷要求。服务区建设方案设计,应根据占地情况首先确定加油站的位置和布局,然后考虑其他设施布局,A类服务区加油站宜采用双罩棚,其他类别服务区加油站宜采用单罩棚。加油站尽量采用大、小车分区域加油的设计方案,最大限度保证所有车辆进出加油站顺畅。确保加油站与其他设施和场所的安全距离达到规范要求并有一定的余量。服务区配电房、车辆维修点、水塔、污水处理池等建筑及设施应远离油罐区。加油站整体地坪高程应比服务区地坪高程高出30cm左右,避免服务区地表水汇集到加油站。服务区排水井、线缆井等井口应远离加油站进出口及加油、卸油车道。

3)充电基础设施

(1)服务区充电基础设施的总体要求。①一类、二类高速公路服务区小客车停车位按不低于20%的比例建设充电基础设施,宜优先配置快充。一类服务区:场区总面积80亩及以上、日均交通量20000辆及以上、经营项目(加油站、餐厅、便利店、汽修、客房)有4个及以上开业经营,同时满足上述两个条件的为一类服务区。二类服务区:场区总面积50~80亩、日均交通量10000~20000辆、经营项目(加油站、餐厅、便利店、汽修、客房)有3个开业经营,同时满足上述两个条件的为二类服务区。②应结合服务区总体布局情况,统筹考虑服务区充电基础设施布设的合理性、安全性。

(2)服务区充电基础设施的有关工作要求。①施工图已批复但未竣工验收的高速公路建设项目,如服务区未按相关要求设置充电基础设施的,应尽快办理设计变更手续,完善充电基础设施设置。②施工图未批复的高速公路建设项目,应在施工图设计中按要求考虑充电基础设施的设计内容。③施工图咨询设计审查单位在设计文件或设计变更文件的审查中应按要求审查充电基础设施的设计内容。④新建项目的充电基础设施应与工程主体同步建设完成,已通车但未竣工项目的充电基础设施应在竣工验收前建设完成。⑤服务区预告标志及服务区充电基础设施相关标志设置应按《高速公路交通标志和标线设置规范》(DB45/T 954—2020)和《高速公路服务区交通标志标线设置规程》(DB45/T 2150—2020)的有关规定执行。⑥服务区停车位数量的确定应按《高速公路服务区设计规范》(DB45/T 2052—2019)的有关规定执行,不得擅自调整小客车停车位数量。

3.管理设施设计

根据《高速公路交通工程及沿线设施设计通用规范》(JTG D80—2006),高速公路的管理设施等级为A级,A级管理设施应包括管理、养护机构以及监控、收费、通信、配电照明、房屋建筑等设施,为用路者提供清晰、完整、明了、准确的公路信息,为公路管理者提供科学、先进的技术手段,保障高速公路运行的安全、舒适与高效。

(1)管理、养护机构

高速公路项目应根据项目道路长度、线位走向、周边城镇及道路营运管理需求,设置管理、养护机构。根据《公路工程技术标准》(JTG B01—2014)及《高速公路交通工程及沿线设施设计通用规范》(JTG D80—2006)对养护工区设置的相关规定,宜每40~50km设置一处养护工区。

(2)监控系统

高速公路项目监控系统依据交通运输部《公路工程技术标准》(JTG B01—2014)、《高速公路交通工程及沿线设施设计通用规范》(JTG D80—2006)、《高速公路监控技术要求》(交通运输部2012年第3号公告)、《公路网运行监测与服务暂行技术要求》(交通运输部2012年第3号公告)以及相关行业标准、规范、规程、办法等进行设计。高速公路监控系统应充分发挥高速公路“高速、安全、舒适、高效”等功能特性,保证道路具有较高的服务水平,实现对交通运行的宏观管理和实时调度。

(3)收费系统

高速公路项目收费系统根据《国务院办公厅关于印发深化收费公路制度改革取消高速公路省界收费站实施方案的通知》(国办发〔2019〕23号)、《高速公路称重检测业务规范和技术要求》(交办公路函〔2019〕1182号)、《高速公路交通工程及沿线设施设计通用规范》(JTG D80—2006)、《收费公路联网收费技术要求》(交通部2007年第35号公告)、《公路工程技术标准》(JTG B01—2014)、《数据中心设计规范》(GB 50174—2017)、《供配电系统设计规范》(GB 50052—2009)、《电气装置安装工程　接地装置施工及验收规范》(GB 50169—2016)、《建筑物电子信息系统防雷技术规范》(GB 50343—2012)及相关行业标准、规范、规程、办法等进行设计。高速公路项目应采用简单、实用、可靠、便于维护的收费系统方案,既考虑系统准确、可靠,有效防止作弊,又保证车辆能快速通过,并以最大限度减少工程投资为准则。

(4)通信系统

高速公路项目通信系统根据《公路工程技术标准》(JTG B01—2014)、《高速公路交通工程及沿线设施设计通用规范》(JTG D80—2006)、《高速公路通信技术要求》(交通运输部2012年第3号公告)以及其他交通运输部和相关行业标准、规范、规程、办法等进行设计。

(5)配电照明设施

高速公路项目配电照明系统是高速公路安全畅通的重要保障,是使高速公路的监控、通信、收费、房屋建筑服务设施功能得以实现而必须设置的基本动力保障。高速公路项目供电照明设施根据《高速公路交通工程及沿线设施设计通用规范》(JTG D80—2006)、《供配电系统设计规范》(GB 50052—2009)、《20kV及以下变电所设计规范》(GB 50053—2013)、《建筑照明设计标准》(GB 50034—2013)、《3～110kV高压配电装置设计规范》(GB 50060—2008)、《低压配电设计规范》(GB 50054—2011)等规范及标准进行设计。高速公路项目配电照明设施设计贯彻可靠性和经济性原则,综合考虑沿线电源较为缺乏的特点和工程现场情况进行设计。

(6)房屋建筑

管理设施的房屋建筑根据交通运输部《高速公路交通工程及沿线设施设计通用规范》(JTG D80—2006)、《建筑照明设计标准》(GB 50034—2013)、《民用建筑电气设计标准》(GB 51348—2019)、《建筑机电工程抗震设计规范》(GB 50981—2014)等规范及标准进行设计。管理设施的房屋建筑选址和规模应根据高速公路总体设计、交通量、交通环境、管理机构布局,以及当地建筑、人文、景观等确定。高速公路项目房屋建筑在满足管理机构需求的基础上,应注重经济实用、环保节能、与周围环境相协调,并充分考虑各功能部分的合并运用。

(六)环境保护、水土保持与景观设计

高速公路作为大规模人造工程,极易对自然环境产生干扰或造成社会环境、自然环境的改变。因此,高速公路在设计过程中,做好环境保护、水土保持与景观设计显得尤为重要。南横高速公路项目结合当地自然环境、气候条件、植物资源及行车状况、道路维修条件等,在设计各

个阶段均重视环境保护设计,做好绿化和景观设计、声污染治理、水土保持设计及其他防护措施,提高公路环境保护与景观设计质量和水平,促进可持续发展。

1. 环境保护

高速公路环境保护设计遵循保护优先、预防为主、综合治理的原则。设计充分重视环境保护工作,与主体工程同时设计,落实配套环境保护设施的建设,落实环境影响评价报告和水土保持方案报告中防治方案和应急计划建议,预留足够专项经费,尽可能减少工程建设对环境的不利影响。

(1)环境敏感区域保护

勘察设计单位应收集项目沿线关于国家在重点生态功能区、生态环境敏感区和脆弱区等区域所划定的生态保护红线,调查具有代表性的各类自然生态系统区域(如珍稀、濒危的野生动植物分布区域,重要的水源分布区域,具有重大科学文化价值的地质构造、著名溶洞和化石分布区、冰川、火山、温泉等自然遗迹,以及人文遗迹、古树名木等),掌握其现状或规划的位置和区域范围。

在项目勘察设计阶段,结合环境影响评价报告及环境敏感区域调查,进一步优化路线设计。路线须避绕各类禁止穿越的保护区(如饮用水水源保护区的一级保护区、自然保护区的核心区和缓冲区、风景名胜区的核心区等),尽可能减少对耕地的占用,尤其是对基本农田、公益林的占用。公路两侧可视范围内不宜设置取(弃)土场。取土场、弃土(渣)场、临时堆土场、施工营地设置应避开自然保护区、地质公园、风景名胜区、饮用水水源保护区等环境敏感区域。

(2)土方资源节约

应根据交通运输部印发的《关于实施绿色公路建设的指导意见》(交办公路〔2016〕93号),实事求是地落实"零弃方、少借方"措施,设计应尽可能消化多余方、减少废弃方;对于改扩建工程,充分利用原有工程拆除的圬工、路面挖除或铣刨料等。项目应开展废土处置专项设计,促进废土的综合利用和有效治理,保护生态环境。

按照节约资源的原则,应明确路基清表土利用的具体方案和保证措施,将耕作层表土进行剥离,用于绿化、复垦、造地等,最大限度地恢复公路沿线的生态环境,并将相关费用列入概(预)算中。

(3)水环境防治

设计文件应包含服务区、收费站、养护站生活污水处理工艺、设备要求,应对含油污水进行油水分离处理。饮用水水源二级保护区内的路段应设置路面、桥面径流收集系统等预防设施,合理设置事故收集池。

(4)声环境防治

项目两侧沿线村镇、居民区、学校等各类噪声敏感点受公路交通噪声的影响,应设置声屏障、隔声窗等进行降噪处理,尽量使受影响的敏感点的声学环境满足其功能标准要求,并预留噪声防护费用。沿线声屏障的设置应结合路域景观,不应全部封闭,形成郁闭空间,尤其是桥梁中部可设置透明式声屏障。

2. 水土保持

高速公路建设项目应贯彻国家水土保持的有关法律法规,防止因建设活动造成水土流失,采取有效措施保护水土资源。高速公路建设项目的水土保持设施必须与主体工程同时设计。设计单位根据交通运输部发布的技术标准、规范、定额及设计文件编制办法进行设计，应根据对水土保持方案报告的批复意见进行水土保持方案设计，并将工程费用纳入概(预)算中。

为深入贯彻落实《中华人民共和国水土保持法》等法律法规要求，切实防治公路项目水土流失，应开展项目水土保持专项设计，特别是施工期临时水土保持措施设计，实现按图落实水土保持措施。弃渣场等重要防护对象应开展点对点勘察与设计，弃土(渣)场实际堆渣量大于50万m^3或最大堆渣高度大于20m的，应进行弃土(渣)场稳定性评估。

3. 景观设计

1)景观绿化基本原则

高速公路景观绿化设计贯彻“最大的保护，最少的破坏，最佳的利用，最好的修复，最强的功能”的景观绿化总体指导思想。根据不同道路路线特点和功能要求，灵活地选择适宜的景观绿化模式，保护项目内原有的植物资源，尤其是植物群落，尽可能减少对植被的破坏和影响，与周边自然环境相协调，突出环境机理，强化地域景观特色。对已经破坏的景观应根据当地实际情况进行合理的修复，并且融入美学和艺术，将生态环保和艺术特色结合起来，展现当地的自然景观、人文特色和风土人情，展示城市建设风貌。

(1)功能性原则。绿化工程除了美化公路外，还应满足一定的功能要求，如中央分隔带的防眩要求、互通式立交三角区域的视线通透要求等。

(2)恢复性原则。高速公路绿化设计中应运用多种生态修复手段恢复已遭破坏的生态环境，如针对高速公路建设过程中形成的大量边坡，选择适当的植物护坡绿化措施，目的是恢复边坡的植被，以起到固土护坡作用。

(3)自然性原则。自然式与传统的规则式设计相对应，通过植物群落设计和地形起伏处理，从形式上表现自然，将公路环境充分融入自然环境中，创造和谐、自然的新景观。

(4)统一性原则。公路沿线的山岭、平原、河流，构成美丽的风景，千变万化的植被体现出一种自然美。公路作为一种构造物，既要满足车辆通行的基本要求，又要达到自然与再造的和谐统一。

(5)景观性原则。通过各类植物的合理搭配，不仅能够显现丰富的层次性，还可以使花期、果期和植物季相变化形成延续性和变化性，使高速公路达到“一条大道、两路风景、三季有花、四季洁美”的景观效果。

2)中央分隔带景观设计

高速公路沿线中央分隔带的绿化应与当地的自然和经济条件相适应，以防眩、吸尘、隔离为主要目的，兼顾景观。根据《公路环境保护设计规范》(JTG B04—2010)，绿化植物应选择低矮缓生、抗逆性强、耐修剪的种类，有条件时应选择四季常绿的种类；种植单元的长度应根据设计速度和公路等级合理确定。中央分隔带变化段落控制在10～15km范围内，并结合路线线形、大型构造物及互通位置进行段落划分，互通区及隧道洞口外一定范围内可种植有色植物来提示驾驶员识别道路条件的变化，增强行车安全性。地被植物以植草(撒草种)为主，有条件的路段中央分隔带与土路肩可采用六角砖进行固化。南横高速公路项目中央分隔带景观绿化设计效果如图7-3所示。

图 7-3　南横高速公路项目中央分隔带景观绿化设计效果图

3)路堑碎落台与边坡绿化设计

高速公路路堑碎落台与边坡绿化设计应根据沿线不同的路域景观和地形条件进行区段划分、分段设计,通过巧妙地安排乔灌木等植被的位置,采用“露、透、封、遮”等手法,使高速公路环境成为流动的风景线。路堑边坡绿化设计结合绿化防护、美化工程、景观美化、综合美化工程等达到保护路基边坡、稳定路基,减少水土流失,丰富公路景观,隔离外界干扰的目的。浅挖方边坡通过自然培育草,种植树木、灌木丛等方式进行绿化设计;深挖方边坡采用分级或者多级设计方式,实现土建防护与植被绿化的有机协调,发挥边坡绿化的生态环境功能。

4)路堤边坡绿化设计

高速公路路堤边坡按照路堤的高度落差,充分结合实际需求以及美观需要进行科学的绿化设计,达到防护与美观的协调统一。高度落差比较大的路堤边坡绿化设计可以采用修筑浆砌片石骨架 + 种植草木的方案,以此来整体提升边坡的粗糙感以及留滞能力。高度以及落差比较小的路堤边坡绿化设计可以采用设置绿化带或者绿化网等方案,结合该区域内的植被生长习性以及自然环境等种植一些乔灌木或者藤蔓、花卉等。

5)互通式立交区绿化设计

互通式立交区作为展现沿线生态自然、风土人情、品质公路的重要窗口,其绿化设计应以交通安全为前提,注意驾乘人员的行车安全及舒适,综合考虑其所处区域的环境和地域特色采取相应的绿化模式。互通式立交区绿化设计应保证空间划分清晰,不能遮挡驾驶人员视线,避免影响驾驶人员的判断,同时应注重与周围环境、植被地貌的融合统一,使互通式立交区内部绿化与周围环境融为一体。邕宁东互通绿化效果如图 7-4 所示。

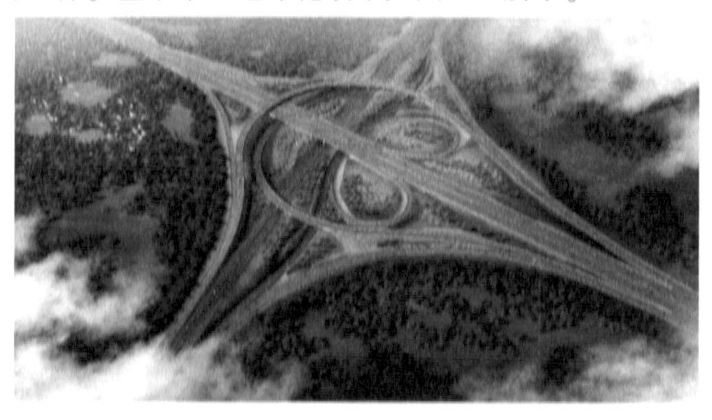

图 7-4　邕宁东互通绿化效果图

6)管理、服务区域绿化设计

高速公路管理、服务区域绿化以美化环境为主,力求创造优美、舒适、安全的工作、生活空间及游憩环境。管理区在进行绿化设计时,在满足功能需求基础上,可对面积较大或重要区域采用园林设计手法进行设计,通过植物造景,布置水池、喷泉、园凳等手段提高绿化档次和品质。服务区作为高速公路的重要停留服务性节点,产生的景观效应最大、生态效应最大,对宣传高速公路"服务至上"的理念尤为重要,其景观的观赏价值与休闲服务功能都应具有较高的水准与品质。

第3节 地质勘察管理

地质勘察是高速公路项目前期工作的重要内容之一,是整个项目顺利推进的基础保障,其工作内容较为烦琐,所运用的专业技术范围较广,具有工期紧、任务重的特点。南横高速公路项目重视地质勘察工作,加强地质勘察管理,坚持依据外业勘察标准化要求进行外业勘察,重视定测方案审查、外业勘测(详勘)、详勘验收等环节的流程管理,为内业设计提供正确、完整的勘测、调查资料,确保项目设计方案质量。

一、定测方案审查

勘察设计单位提交定测设计方案后,经审查咨询单位审查、项目公司审查、集团公司商务管理部(建设管理部)审核,并根据审查意见修改后,再经项目公司核查、审查咨询单位审查同意后,方可开始详勘工作。南横高速公路项目定测方案审查流程及主要内容如表7-6所示。

南横高速公路项目定测方案审查流程及主要内容　　表7-6

编号	流程	责任单位	主要内容	输出文档
1	定测方案设计	勘察设计单位	勘察设计单位根据批复后的初步设计以及评审意见、初步设计阶段出具的各项资料进行工程项目的定测方案设计,提交本合同段的定测方案(路线平、纵面图大图)	定测方案
2	咨询单位审查	审查咨询单位	在方案设计过程中,审查咨询单位应进行过程审查,不断优化定测方案	审查意见、设计方案
3	方案审查	项目公司	项目公司对定测方案进行审查,主要关注定测工作内容、工作方案、进度计划是否合理,控制工作量,减少重复、返工工作,就具体设计从经济成本、勘察安全、生态保护等多方面进行审查并提出优化建议	审查意见、设计方案
4	方案审核	集团公司建设管理部	集团公司建设管理部审核项目公司出具的审查意见,审核通过后,项目公司与勘察设计单位沟通,针对审查意见进行检查监督	审查意见、设计方案
5	定测方案修改	勘察设计单位	勘察设计单位根据定测方案审查意见对定测方案进行修改,经项目公司核查、咨询单位审查同意后,方可开始详勘工作	定测方案

二、外业勘测(详勘)管理

勘察设计单位根据审查后的定测方案进行外业勘测,完成勘察资料汇编;项目公司应全程跟踪检查监督并进行专项检查,地勘监理单位应全过程旁站检查。南横高速公路项目外业勘测(详勘)管理流程及主要内容如表7-7所示。

南横高速公路项目外业勘测(详勘)管理流程及主要内容　　表7-7

编号	流程	责任单位	主要内容	输出文档
1	外业勘测	勘察设计单位	勘察设计单位根据审查后的定测方案进行外业勘测,主要包括现场核查、路线总体方案布设、局部比较方案布设、研究比较和修正、路线平面控制测量、高程测量、工程地质和筑路材料调查、桥涵和路线交叉勘测、概(预)算资料调查等内容。勘测过程中,应根据实际情况对设计方案进行修改,重大方案改变应与项目公司进行沟通	勘测报告、勘测调查记录及成果资料
2	跟踪检查	项目公司、地勘监理单位	项目公司应做好全程跟踪、检查监督及沟通协调工作,若发现问题,责令勘察设计单位整改;地勘监理单位在详勘过程中进行全过程旁站检查(直接在咨询合同中明确)	问题整改通知单
3	专项检查	项目公司	项目公司在外业勘测过程中视进度情况,对地质勘察标准化进行专项检查	地勘检查通报
4	落实整改、勘测结果汇编	勘察设计单位	勘察设计单位根据外业勘测情况,编制完成地质勘察报告及附图、附表,按地质勘察标准化要求完成勘察资料汇编	勘察报告、勘察资料汇编

三、详勘验收管理

(一)详勘验收条件

申请详勘验收的项目必须具备以下条件:

(1)已完成勘察工作大纲规定的全部外业工作,并通过项目公司(指挥部)初步审查。

(2)编制完成地质勘察报告和附图、附表,并通过项目承担单位的初审(合格)。

(3)报告编制所依据的工程地质调绘、勘探测试、试验观测等所有原始资料(含实物地质资料)齐全、准确,并完成综合整理和质量检查,经确认无误。

(4)地质勘察报告由文字部分和图表资料部分组成。文字部分要从合同要求、勘察阶段、地质条件、项目的特点等方面进行编写,其主要内容应包括项目概述、勘探方法、完成工作量、勘察过程、沿线水文及地质状况描述和评价、岩土参数分析和选用等内容。对公路路线、桥梁隧道及防护工程的地质条件要作出定性评价,并制订推荐方案。在地质条件复杂的路段,应按工程地质分区和分段作出评价。

地质勘察报告中的有关图表资料,应清楚齐全,其格式、术语、图例、符号必须符合《公路工程地质勘察规范》(JTG C20—2011)及其附录C的要求。其主要内容包括:①地质平面图和纵、横断面图;②钻孔地质柱状图;③物探成果资料;④原位测试成果资料;⑤岩、土、水试验成果资料;⑥沿线筑路材料勘察资料;⑦其他影像、录音资料。

(5)已经完成项目外业验收工作报告(或工作总结)。外业验收工作报告(或工作总结)的内容应包括内部验收报告及外业验收汇报材料,具体有项目概况、勘察机构、勘察经过、各专业完成的野外勘察工作量、设计单位或部门委托工作内容完成情况、勘察初步结论及对各专业设计建议、存在问题与建议等内容。对于较大的滑坡、泥石流、危岩体、岩溶等不良地质情况,应以工点为单位完成报告。

(二)详勘验收管理流程

勘察设计单位向项目公司提出外业勘测验收申请后,项目公司组织预验收小组对定测外业进行预验收,并组织地勘专项验收;预验收、地勘专项验收通过后,勘察设计单位才能开始图纸设计工作。南横高速公路项目详勘验收管理流程及主要内容如表7-8所示。

南横高速公路项目详勘验收管理流程及主要内容　表7-8

编号	流程	责任单位	主要内容	输出文档
1	勘测成果	勘察设计公司	勘察设计单位外业勘测及内业资料完成后,向项目公司提出外业勘测验收申请,并按要求整理、提供勘测报告和相关的调查原始记录、协议等资料	勘测报告、勘测调查记录及成果资料
2	外业预验收	项目公司	项目公司收到勘测设计成果资料及外业验收申请后,组织预验收小组(包括集团公司部门、地勘监理单位专家等)对定测外业进行预验收	外业验收意见
3	地勘专项验收	项目公司	项目公司现场跟踪、检查地勘工作情况,并组织地勘专项验收	地勘验收意见
4	图纸设计	勘察设计单位	外业验收通过后,勘察设计单位开始图纸设计工作	设计图纸

四、外业勘察标准化

为确保高速公路项目外业勘察、调查资料完整、真实,满足相应勘测设计阶段要求,外业勘察在满足现行国家及行业勘察规范要求的基础上,还应推进各专业外业勘察标准化、规范化、程序化,具体要求如下。

1. 勘测方法先进适用

勘测方法要有针对性,除常规的工程测量、钻探、挖探和地质调绘外,可结合实际情况运用物探、无人机航拍和激光测绘等先进手段进行辅助勘测。

2. 特殊地段扩大地质调绘范围

对于存在深挖高填、滑坡等可能影响公路建设的不良地质路段,应扩大地质调绘范围。对沿库区、沿江(河)路段,应考虑高低水位变化对桥(隧道)的牵引或因填筑路堤而产生的滑动影响,建议扩大地勘调绘范围,避免次生灾害。

3. 外业钻探标准化

提高外业勘察质量,确保外业勘察深度,勘察设计合同实施中总钻孔工作量应满足勘察设计规范,咨询单位应负责核查实际钻孔工作量,项目公司(或委托第三方)对核查结果进行抽查。外业钻探标准化要求具体如下:

(1)外业钻探布置流程标准化。开展外业钻探工作之前,勘察设计单位首先提交"勘察大纲"和"钻孔布置图",并将钻探方法、方案、程序和流程控制等实施过程控制方案递交咨询单位审查,审查通过并报项目公司核备后,方可实施勘察外业工作。勘察过程中,勘察设计单位应根据现场实际情况、勘察反馈的资料及咨询单位和项目公司要求,按现场情况补充钻孔。

(2)外业钻探程序标准化。外业钻探工作应严格按照下列程序开展:钻孔放样→人员、设备进场→安全技术交底→申请开孔→钻探作业(质量监督和控制)→终孔验收→编录钻孔。

(3)钻探现场管理标准化。每个工点在显著位置悬挂统一的"安全技术责任牌",每台钻机悬挂统一的“钻孔号牌”，钻探现场管理执行 QEHS(质量、环境、职业健康安全管理体系)标准等。

(4)钻孔岩芯摆放及保存标准化。一般钻孔的岩芯放入半圆形的 PVC 管内，按一米一排，五排一组的顺序摆放整齐，每个回次进尺要求填写回次标签放入对应岩芯段，对特殊岩芯段做好记录并填写描述标签，放入对应位置，如溶洞、破碎层等，如图 7-5 所示。每一回次岩芯标签填写清楚孔号、回次号、进尺、孔深、岩芯长度等。岩芯采用数码相机拍照保存，分辨率不低于 1028×726，重点部位放大拍照。重要工点选择典型钻孔，在拍照保存的基础上增加视频拍摄留档保存，必要时可建库保存。

图 7-5　岩芯摆放及保存现场图

(5)钻孔编号标准化。钻孔编号应包含工点及公里桩信息，且具有唯一性。

(6)终孔验收标准化。勘察设计单位应对施工过程的钻孔进行质量检查，当钻孔深度达到设计钻孔深度并满足规范及设计要求后进行自检，自检合格后通知咨询单位进行钻孔验收，经验收满足技术要求后，现场填写钻孔验收表，双方签字后方可搬迁钻机，不得私自终孔。

(7)钻孔资料标准化。钻孔岩芯照片与现场验收照片编录成册作为验收资料的一部分，现场照片应显示全部参加验收人员；钻探记录资料与岩芯描述资料同步编录，即钻探记录资料与岩芯描述资料体现在同一表格中。

(8)外业勘察成果标准化。在外业勘察开始前应制定《钻探外业工作标准化管理程序与图样示例》《外业勘察成果整理图表示例》等标准化文件报咨询单位审查，审查通过后报项目公司核备后实施。

4. 特殊性岩土基础资料调查研究

(1)应基本查明软土的范围、深度，分析软土的各项地质力学指标，提供处理方案及工程量的初步地质依据，咨询单位组织相关单位到现场逐一核实。

(2)应着重调查不同地貌单元红黏土的分布、厚度、物质组成、土性等特征及其差异；下卧基岩岩性、岩溶发育特征及其与红黏土土性、厚度变化关系；地裂分布、发育特征及其成因，土体结构特征，土体中裂隙的密度、深度、延展方向及其发育规律；地表水及地下水的分布、动态变化及其与红黏土垂向分带的关系。勘察后应根据现场调查结果及实验数据，提供红黏土的相关工程特性指标，并给出红黏土的岩土工程评价及地基处理方案。

(3)对花岗岩风化岩及残积土的勘察应包括母岩地质年代和岩石名称;根据岩石的野外特征及风化程度参数指标,进行岩石风化程度的划分;不同风化程度风化带的埋深及厚度;风化的连续性及均匀性;有无侵入的岩体、岩脉、断裂构造及其破碎带和其他软弱夹层的产状和厚度。岩脉和风化花岗岩中球状风化体(孤石)的分布;囊状风化的分布深度及范围;各风化带中节理、裂隙的发育情况及其产状;风化带及残积土开挖暴露后的抗风化能力;残积土及风化岩是否具有膨胀性及湿陷性;地下水埋藏特征。勘察后应根据现场调查结果及实验数据,提供花岗岩风化岩及残积土的相关工程特性指标,并给出相应的岩土工程评价及地基处理方案。

(4)对填土的勘察应了解地形、地物的变迁,以及填土来源、堆积年限和堆积方法;查明填土的分布范围、厚度、物质成分、颗粒级配、均匀性、密实性、压缩性和湿陷性,下卧岩土的工程特性及填方基底的稳定条件等,对冲填土还应了解其排水条件和固结程度;查明地下水的类型、埋深、水位及其变化幅度,地表水和地下水的腐蚀性。当在填土上进行路基填筑时还应进行专门勘察。勘察后应根据现场调查结果及试验数据,提供填土的相关工程特性指标,并给出填土的岩土工程评价及地基处理方案。

5. 不良地质勘察

(1)收集区域地质资料和路线设计的相关资料,对区域进行初步地质调绘,了解场地的基本地质条件,在分析收集到的相关资料的基础上,按规模和场地地质条件的复杂程度布置勘探工作;根据地质条件优选钻探、挖探及地质调绘等手段进行勘探。

(2)加强对顺向坡软弱夹层、断裂带、崩塌体和滑坡等不良地质的调查,包括厚度、岩层和裂隙产状、分布规律等,分析不良地质对边坡稳定性及边坡开挖、防治的影响。如有必要,应在下一阶段进行专题勘察。

(3)每段落不得少于1个典型横向勘探断面,每个典型横向勘探断面上的勘探点数量不宜少于2个,每个勘探点上不宜少于1个钻孔,对于坡脚存在桥梁的路段,满足边坡设计的情况下可利用桥梁钻孔资料。

(4)钻孔位置应结合可能的防护方案(如抗滑桩、挡墙等)设计;路基范围内的钻孔深度应钻至设计高程以下稳定地层中不小于3~5m,其余钻孔深度应钻至潜在滑面以下5~10m,孔数及孔深应满足高边坡稳定性分析、土石比例划分和相应防护设计方案的要求。

(5)基岩出露良好、覆盖层薄等地质条件清楚路段,可通过挖探、地质调绘等手段查明深挖路堑工程地质条件。

6. 敏感区域勘察

针对重大环境敏感点、风景名胜区、水源保护区、居民取水口、基本农田区、岸线等区域,应及时通过相关部门收集和获取相关资料。如在外业勘测现场发现相关标识,外业人员应进行定位测量,列出具体位置、范围等信息。

7. 相关地物等调查核实和绕避

充分考虑重要管线(含石油、天然气管道)、铁路、水利、电力杆线、光缆及文物古迹等典型影响因素,测图调绘和设计外业调查工作过程中应着重做好相关地物和地面上的管线标志的测量和调查核实工作,提前与相关主管部门、产权单位进行沟通协调,制定合理可行的交叉或避让方案,按相关规定编制安全技术评估报告,同时取得相关主管部门、产权单位书面意见或意向协议，便于通过各级主管部门的审查。对无法避绕的古树、古墓、宗族墓群等，应调查核实古树、古墓、宗族墓群等的位置、规模、数量，做好征地拆迁意向调查，相关费用金额应满足征地拆迁要求。

8. 拆迁数量调查核实

应调查核实建筑物的拆迁数量，详细标明拆迁建筑物结构类型（钢结构、钢混结构、砖木结构等）和各项设施类别（电力设施、电信设施、厂矿、水库、大坝等）。对于没有明确补偿标准的电力线路、涉及部队的国防光缆及军事设施拆迁等，应委托有资质、有关主管部门认可的单位做专项设计、编制概（预）算。对于厂矿企业等专项拆迁，应详细调查厂矿法人单位证照、有效期、备案地址和审批主管部门等重要信息，邀请有相关资质的单位进行评估，按评估价列入概（预）算。同时要求在勘察报告中单独设电力杆线、厂矿、军事设施等篇章。

9. 沿线水系路系调查

加强沿线水系路系的调查，避免后期由于改路、改沟以及补征地而导致投资增加；使用地方道路作为施工便道时应妥善处理道路恢复问题，将相关费用计入概（预）算。涉路交叉、通道、改路、改沟的位置、形式、标准等方案均应符合地方路网规划，征求地方政府、主管部门等的意见。加强对机电系统外供电和站区外水系的调查，避免遗漏。加强相关已建高速公路沿线设施的调查，查明既有服务区、停车区的设置和使用服务情况，加强拟建沿线设施的用电用水条件调查，为拟建沿线设施的设置提供更充分的依据。

10. 桥梁现场调查

加强桥梁的现场调查，对于跨越特殊构造物、特殊地质地貌或特殊水位的桥位，需对主要墩、台位置进行现场核查，确保桥跨结构设计合理。

11. 沿线筑路材料调查

加强沿线筑路材料的调查工作，包括路面面层、基层、底基层所用碎石、河砂、机制砂、施工用水等筑路材料，同时调查沥青、水泥、钢材等外购材料的基本情况。沿线筑路材料初勘应充分利用既有资料，通过调查、勘探、试验，基本查明筑路材料的类别、产地、质量、数量和开采运输条件，沿线筑路材料初勘成果应提供满足相关规范要求的文字说明和图表资料。各类料场应选取代表性样品进行试验，评价材料的工程性质，桥涵、路基、路面材料的试验内容应满足相关规范要求，并出具试验报告。材料成品率估算应在调查、勘探、试验的基础上进行。

12. 征地拆迁费用核实

充分核实概（预）算中的征地拆迁费用。设计阶段应调查清楚拟征土地的权属、地类、面积以及地上附着物的权属、种类、规格和数量，并及时向沿线国土资源、林业等相关部门核实；征拆要特别注意对地块边角、房子边角的处理；对沿线地方政府实行的征迁补偿标准开展详细调查，包括一些特殊的补偿政策和征迁劳务费。

13. 局部路段施工组织方案

对于地形条件差，交通不便，用水用电条件差，现有条件难以满足施工进场要求的局部路段，需提出施工组织方案，如施工便道工程规模大，对设计工期及投资造成较大影响，应与项目公司协调进行专项设计，并考虑必要的费用。

14. 相关审批手续完善

应与受项目建设影响的通航河流、铁路、高速公路、管线、军事管理区、景区及各类敏感区等工程的主管部门或业主进行充分协调与沟通，明确相关要求，完善相关审批手续，并签订相关协议。

五、地勘管理

(1)编制地勘大纲，统一规范及标准。根据设计规范及有关要求，规范管理职责及工作程序，明确标准和管理要点。

(2)内业设计必须依据外业勘察和地质勘察资料进行，对于隧道、桥梁桩基、特殊边坡、软基处理，应根据勘察反馈的资料，对地质结论、设计参数及设计方案进行再验证，如需补充勘察应及时补充，确保地勘与设计的吻合性，保证安全可靠。

(3)高路堤、陡坡路堤管理要点。

①检查勘察工点区域地质资料收集是否充分、地质调绘范围是否足够；对工点周边设施分布，自然地面斜坡坡度、地层结构、地质构造、岩土体工程地质性质、岩层及节理产状、风化程度、岩土界面形态(坡度及倾向)、不利结构面或软弱夹层分布范围及特征，地下水露头、流向、流量、活动、埋深及变幅、补给，不良地质特征和特殊性岩土的性质及分布等的调查分析是否与实际相符。

②检查勘察工点自然山体或进行斜坡稳定性(地面横坡坡率陡于1∶2.5或坡率虽未陡于1∶2.5但路堤有可能沿斜坡产生横向滑移的路段)评价。

③检查勘察任务执行情况和勘察内容、精度、测试是否符合相关规范、规程要求，对工程安全影响较大的钻孔旁站跟踪检查。

(4)桥梁工程地勘管理要点。

①核查河(沟)床岸坡稳定性，覆盖层下基岩横坡对桥墩、台稳定性的影响。

②检查地下水位埋深、变幅及水对混凝土、钢材的腐蚀性。

③加固措施是否充分、合理。

④核查地质(尤其不良地质)、水文、特殊性岩土等对建桥适宜性的影响分析是否合理。

⑤对地质条件复杂的特大桥、高桥，应重点做好现场旁站、抽查工作。

(5)隧道工程地勘管理要点。

①检查隧道地段产生突水突泥、断层、向斜、有毒气体、高地应力、偏压、膨胀性围岩等灾害的可能性评估是否充分，工程措施和建议是否全面、合理。

②核查第四系覆盖的洞口、洞身通过的主要地质界线地质点布设控制情况。

③对于重要的地质点和地质界线，做好现场复核。

第4节 方案优化与投资控制

根据交通运输部关于“公路品质工程”的指导意见，南横高速公路项目从初步设计开始就及时采取有力措施，结合工程项目所在地气候、地形、地质等具体情况，对项目初步设计方案的路线、互通、关键构造物等进行优化，使设计方案更加科学合理，降低了工程实施难度，节约了资源，减少了投资，实现了项目技术、经济、环保等综合效益最优。

一、方案优化与投资控制总体要求

南横高速公路项目方案优化与投资控制充分贯彻“投建营一体化”思想和“大商务管理”理念，从全寿命周期成本管理角度，做好设计标准化，坚持打造品质工程，实现效益最大化。

1. 贯彻精细化设计理念，打造公路品质工程

贯彻落实《交通运输部关于打造公路水运品质工程的指导意见》(交安监发〔2016〕216号)精神，提升高速公路工程设计水平，全面推进高速公路品质工程建设。设计单位应严格落实相关要求，做好系统设计、统筹设计和创新设计，在外业收集、外业调查、地质勘察、方案制定及设计等阶段全面贯彻精细化设计理念。

2. 贯彻投建营一体化方针，降低全寿命周期成本

充分贯彻投建营一体化方针，坚持“提升品质、控制投资、创建一流”的设计理念，科学把控投资与安全质量的平衡，综合考虑建设成本、运营成本、养护成本，提高建设质量和工程耐久性，结合运营期的维保成本，确定符合实际需要和经济能力的工程建设方案，尽量确保运营期少维修保养，降低全寿命周期成本。

3. 坚持总投资可控兼优，兼顾施工单位合理利润

优化设计不以减少投资为目的、不以降低标准为手段，而是在满足设计规范、批复初步设计及投资方的要求等的基础上通过各种方式进行优化，最后实现总投资可控兼优。满足施工单位的利益，避免施工单位为达到责任目标而蛮干、乱干。通过多方案比选，选择施工简单易行、检测监测容易的方案，既能使施工单位获得合理利润，又能保证施工质量。

4. 综合多目标优化选线，保护环境和节约投资

坚持地形选线、地质选线、国土选线、安全选线、生态环保选线的原则，路线须尽量不占或少占永久基本农田、生态红线，避让各类禁止穿越的保护区(如饮用水水源保护区的一级保护区、自然保护区的核心区和缓冲区、风景名胜区的核心区等)，选择有利于建设及营运安全、保护环境、节约投资的路线方案。

二、方案优化流程及管理措施

(一)方案优化流程

南横高速公路项目设计方案优化结合项目水文地质状况、工程环境、运输功能需求、项目特点等，依照“抓大放小、统揽全局”“先宏观后细部”的设计优化步骤，严格按照设计优化流程进行，提升设计优化工作的有序性，为工作品质的提升提供保障。

首先，参与设计优化的单位深入了解项目的基本资料和具体状况，包括实测地形图，工程地质资料，所在区域的规划资料，所在区域节点的人口、经济、农林等相关资料，当地的相关工程特点等，基于项目设计控制条件、设计约束条件，对项目路线、路基路面、桥梁涵洞、隧道、路线交叉、交通工程及沿线设施、环境保护与景观设计进行优化。

然后,在熟悉项目具体情况的基础上,基于 PDCA(Plan-Do-Check-Act,计划-执行-检查-处理)循环理论,从宏观方面对项目进行优化比选,包括路线走向、技术标准、互通式立交的位置、桥梁设计方案、关键构造物等,从全局角度对造价超标、不符合标准规范的或可能对项目产生关键影响的工程设计优先进行优化。

宏观优化完成后,在宏观优化所确定的走廊带内进行二次优化,对高速公路的细部设计和工程量进行优化。针对线位、土石方、防护、桥隧、环保等具体方案和工程量进行微观优化比选,综合考虑造价、安全和工期等因素推荐最优方案。对容易出现问题的高边坡、台背回填、桥头高填方、路基填料、特殊路基处治、路基路面防排水等进行针对性设计,对易出现混凝土裂缝的位置进行细化设计,做到方案合理、设计精细。

最后,项目公司组织各单位对设计优化方案的经济性、环保性、安全性等进行论证,结合各单位提出的意见进行优化完善,确定设计优化推荐方案,再由设计审查咨询单位审核把关,直至满足设计优化目标要求。南横高速公路项目设计优化流程如图 7-6 所示。

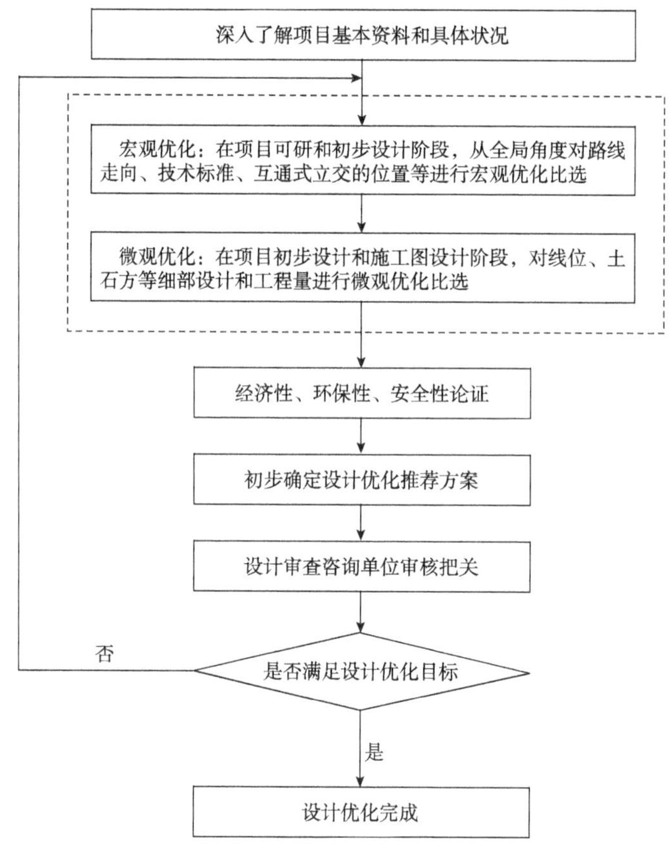

图 7-6　南横高速公路项目设计优化流程图

(二)方案优化管理措施

南横高速公路项目中标后,集团公司主要领导亲自带队,到现场逐段踏勘,研究方案,制定措施,明确了项目投建营一体化建设目标和方向。项目公司精耕细作,积极沟通协调,组织各参建单位主动作为,构建由项目公司牵头初步设计单位、施工图设计单位、设计审查咨询单位、地勘监理单位、造价咨询单位、施工单位、运营单位组成的设计方案优化组织架构(图7-7),充分发挥各方专业优势,对设计方案“精雕细琢,精益求精,反复推敲,反复论证”,共同开展设计优化工作。

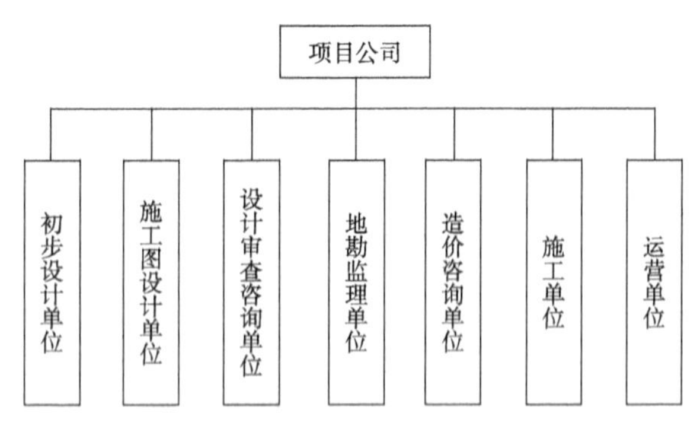

图7-7 南横高速公路项目设计方案优化组织架构

1. 注重研究前期专题成果,预留优化设计实施条件

注重研究前期专题成果,加强与主管部门沟通,创造优化条件。利用前期专题研究成果,向国土资源、交通、环保等主管部门深入了解建设程序,稳定总体路线方案,锁定用地预审,在保证项目顺利推进的前提下为优化设计预留实施条件。

2. 强化设计单位激励措施,激励全力开展设计优化

给足设计费用确保设计单位利润,要求设计院配足人员,以实现资金两平衡、确保投建营一体化项目全寿命周期最优为目标开展设计优化工作。项目公司认真策划、精心组织、全面紧密衔接沟通地方行政主管部门,推动南横高速公路项目施工图设计单位中铁二院获评广西公路建设市场2021年度公路设计企业信用评价等级AA级。

3. 推进设计单位合署办公,深入推进初步设计优化

南横高速公路项目施工图设计单位中铁二院于2020年2月中旬组建设计组,提前进驻现场开展工作,深入分析研究前期资料,与初步设计单位合署办公,全过程介入前期设计工作,提高设计方案质量,在深化施工图设计的同时,推进初步设计优化工作,力争做到“三线”统一,即用地预审、初步设计、施工图设计用地红线的中心线基本一致。关键工作是尽快确定方案,确保预审、初设、施工图设计方案基本一致。

4. 充分发挥专业咨询作用,严格把控设计优化质量

项目公司通过公开招标,选择技术能力强,熟悉本地流程、规范的咨询单位作为施工图设计审查咨询单位。设计审查咨询单位对设计原则、勘测技术要求、路线、路基路面及排水防护、桥梁涵洞、路线交叉、交通工程及沿线设施、环境保护及景观设计等设计方案及工程预算进行全过程咨询,对设计文件进行全面审查,从总体协调、设计内容、结构安全、工程量等方面提出优化意见,设计单位将设计审查咨询审查单位的反馈意见、咨询报告及时吸收并反映到测设方案和文件中,确保工程设计文件科学、准确及完整;设计优化成果再经设计审查咨询单位审查把关,进一步确保设计优化质量。地勘监理单位为定测详勘质量严格把关,严查现场钻探质量,进一步提升施工图设计水平,合理控制投资,尽量避免后期设计变更发生。同时,项目公司

组建专家团队,为项目方案优化设计提供技术服务和咨询,聘请专家学者授课,多次召开专题研讨会,为打造品质工程出谋划策。

5. 施工单位提前介入设计,提高项目可施工性

南横高速公路项目施工单位为联合体成员,施工单位在施工图设计阶段提前介入,结合自身施工经验对施工安全、施工工艺和施工组织设计提出优化建议。项目公司组织各施工单位按照设计单位提供的设计资料,逐段详细踏勘,调查收集沿线范围内拆迁房屋、高压铁塔、管线、古墓、文物等信息,充分发挥施工单位人员熟悉现场的优势,针对遗漏问题进行补缺,及时反馈给设计单位进行优化设计,最大限度减少由前期调查不足引起的后期投资增加的现象,减少建设风险。

6. 运营单位提前介入设计,助力高质量运营

针对本项目标准高、工期紧的实际情况,项目公司充分调动运营单位积极参与施工图设计过程,充分互动,对设计成果进行分析核实。运营单位提早介入设计阶段,配合设计单位做好设计优化,加强道路交通安全设计和运营监测手段应用,提升运营安全保障能力;在设计阶段就考虑增加运营收入,以运营收费为主线,同时考虑经营资产开发,加强服务区、收费站、加油站及餐饮、住宿等服务设施的设计,强化基本服务功能,提升综合运营服务质量,提高项目盈利水平。

三、方案优化内容与成效

(一)方案优化内容

高速公路项目初步设计阶段设计优化内容一般包括:路线走向、路线方案、技术标准;互通式立交的位置和形式,路桥隧涵等工程设计是否满足规范要求和远景交通规划,以及是否适应当地经济的发展需要等,排除影响方案的重大不良地质;落实各种不良地质及相应处置方案。施工图设计阶段设计优化工作还应考虑标段内或相邻标段间土石方调配问题,以及红线内石方加工利用产生的土石方调配平衡问题;边坡防护及排水类型;不良地质处理措施;桥梁桩基类别、墩台身形式、梁体结构(形式、跨径);涵洞通道位置及形式;隧道洞口位置、施工工法、支护设计参数;路面结构类型;后续工程中新材料、新工艺、节能节电产品、智能化交通设施的应用等。

南横高速公路项目严格按照《广西壮族自治区人民政府办公厅关于加强交通建设项目用地保障的实施意见》(桂政办发〔2019〕24 号)等文件要求,在初步设计阶段和施工图设计阶段,综合考虑地质、地貌、工程量和建筑物拆迁情况,对路线、标准结构、软基换填材料等进行了设计优化。

(二)方案优化成效

通过采取多种手段全面、综合优化,南横高速公路项目路线方案更加经济合理,减少了土地资源占用,降低了负面社会影响,有效保护了生态环境,提高了运行安全性及舒适性,有效控制了投资。

1. 减少土地资源占用

通过路线方案优化,使路线布设避让基本农田或其他优质资源,减少对居民区和土地的占

用、分割，避免和减少拆迁，施工图设计阶段方案优化后，全线减少占用基本农田 689.96 亩，有效保护了基本农田。通过合理布设互通、服务区及管理设施位置，优化匝道、场坪、连接道及联络道平、纵面，减少填挖，本项目服务区、收费站房、管理分中心等场坪区均实现了不占用基本农田的目标。

2. 降低项目负面社会影响

施工图设计阶段，通过重点对 14 段路线方案进行深入优化，绕避了部分村落，避免了路线对部分村落的切割；绕避了多处坟地；绕避地方古树一棵。通过优化，使路线与村落保持合理距离，减小对村庄的干扰，使设计与自然环境、当地风俗更加和谐，将项目对地方生产生活的负面社会影响降到最低。

3. 有效保护生态环境

通过优化主线平、纵面及工程总体设计方案，合理降低路基填挖高度，减少高填深挖路基段落，尽量采用低路堤和浅路堑，减小土石方规模，尽量达到土石方平衡，减少借方、弃方。施工图设计方案相对初步设计方案减少弃方约 269.1 万 m^3；尽可能通过优化线形或设置挡墙、收缩坡脚的方式避免侵占山塘、水库，对无法避免的，考虑采用浸水挡墙或浆砌片石护坡的方案予以防护，尽量减少对原有山塘、水库的侵占，同时将路基边沟排水系统顺接至周边其他既有沟渠，避免将水排入山塘、水库中，有效减少了对水生态环境的破坏，推动了项目建设的绿色环保，为实现“碳中和”战略目标做出了努力和贡献。

4. 提高运行安全性及舒适性

在施工图设计阶段，结合公路安全性评价相关结论进一步优化路线平、纵面设计，线路平面最小半径由 1320m 增大至 1800m，避免了为满足视距要求而将主线加宽；最大纵坡由 3% 减缓至 2.5%，改善了线形，降低了高填深挖工点高度，提高项目建成后运行的安全性及舒适性；对全线范围内的 500kV 高压线、大型不良地质路段全部予以合理避让；下调主线设计高程，减小互通连接线纵坡，优化了互通式立交设计，提高行车安全性及舒适性；根据纵断面设置要求调整平面，使路线满足平纵组合要求，完善交通安全设计，提高行车安全性。

5. 有效控制项目投资

优化路线走向后，在初步设计阶段，通过大范围比选、优化路线，避开高山、沟谷，通过截弯取直，科学合理降低桥梁占比，有效缩短线路长度。总体来说，南横高速公路项目最终节省投资 20 多亿元，基本实现预期目标，降低工程投资的效果显著。

第8章　南横高速公路项目招标采购与合同管理

招标采购与合同管理是高速公路项目管理的重要内容,招标采购与合同管理水平直接影响着高速公路项目的顺利开展和经济效益。南横高速公路项目通过建立招标采购领导小组与合同管理机构、规范招标程序、严格合同评审及履行控制等措施,全面提升项目管理水平和质量。

第1节　招标采购管理

工程招标是工程建设的重要环节,项目公司作为建设单位,需依法合规开展招标采购工作。招标范围、招标方式、招标组织形式(委托招标代理或者自行组织招标)按照自治区发展改革委对项目工可核准批复的相关内容执行。

一、招标采购依据

现行高速公路项目招标采购所适用的国家、地方、企业各类法规、标准、办法等主要文件如下,有更新时按最新法规、标准执行。

(一)国家及相关部委文件

(1)《中华人民共和国招标投标法》(根据2017年12月27日第十二届全国人民代表大会常务委员会第三十一次会议修正)。

(2)《中华人民共和国招标投标法实施条例》(根据2019年3月2日《国务院关于修改部分行政法规的决定》第三次修订)。

(3)《必须招标的工程项目规定》(国家发展改革委令2018年第16号)。

(4)《必须招标的基础设施和公用事业项目范围规定》(发改法规〔2018〕843号)。

(5)《公路工程建设项目招标投标管理办法》(交通运输部令2015年第24号)。

(6)《国家发展改革委办公厅关于进一步做好〈必须招标的工程项目规定〉和〈必须招标的基础设施和公用事业项目范围规定〉实施工作的通知》(发改办法规〔2020〕770号)。

(7)《国家发展改革委等部门关于严格执行招标投标法规制度进一步规范招标投标主体行为的若干意见》(发改法规〔2022〕1117号)。

(8)其他招投标法规文件。

(二)项目公司和指挥部相关管理文件

(1)《项目公司招标管理办法》。

(2)《指挥部物资采购管理办法》。

二、招标采购组织实施

(一)招标采购领导小组

高速公路项目工程招标投标领域是地方政府优化营商环境检查重点,也是各级纪委反腐倡廉工作重点,更是项目巡视、审计督察重点,依法合规开展招标采购工作是重中之重。为贯彻国家、省(市)政府和行业主管部门相关法规,项目公司需成立招标采购领导小组,明确部门职责和人员分工,确保各项工作顺利开展,实现预期目标。

项目公司组建招标采购领导小组,编制《项目公司招标管理办法》,经总经理办公会和党工委会议审议通过后印发实行;指挥部应编制《指挥部物资采购管理办法》,经审议通过后实行。商务管理部(工程经济部)为招标采购综合管理部门,招标采购领导小组办公室设在商务管理部(工程经济部)。商务管理部(工程经济部)负责收集相关配合部门的专业技术资料,组织编制招标方案及招标文件,经内部评审后,按规定报上级管理单位或行业主管部门审批备案,发布招标公告或对相关单位发出投标邀请函,并依法组织开标、评标活动,向招标采购领导小组汇报招标采购情况,组织召开定标会,形成定标会议纪要,发出中标通知书等。

(二)必须招标范围认定标准

高速公路项目勘察、设计、施工、监理以及与工程建设有关的重要设备、材料等的采购达到下列标准之一的,必须招标:

(1)施工单项合同估算价在400万元以上。

(2)重要设备、材料等货物的采购,单项合同估算价在200万元以上。

(3)勘察、设计、监理等服务的采购,单项合同估算价在100万元以上。

同一项目中可以合并进行的勘察、设计、施工、监理以及与工程建设有关的重要设备、材料等的采购,合同估算价合计达到以上标准的,必须招标。

《国家发展改革委办公厅关于进一步做好〈必须招标的工程项目规定〉和〈必须招标的基础设施和公用事业项目范围规定〉实施工作的通知》(发改办法规〔2020〕770号),关于招标范围列举事项,对第3条“勘察、设计、监理等服务的采购,单项合同估算价在100万元以上”中没有明确列举规定的服务事项,不得强制要求招标;对未达规定规模标准的,由采购人依法自主选择采购方式,国有企业可以结合实际,建立健全规模标准以下工程建设项目采购制度,确保采购活动公开透明。

(三)招标采购分类实施

1. 招标采购内容

(1)服务类招标

南横高速公路项目采用BOT+EPC模式投资建设,设计、施工由具备相应资质的联合体成员单位负责实施,不再另行招标。监理、中心试验室、监测(环水保监测、特大桥监测、高边坡监测等)、试验检测[桩基检测、桥梁荷载试验、交(竣)工检测]、各类咨询(技术、造价、专项或专题建设程序报告编制等)、文物勘探和发掘(若有)、信息化管理服务、工程保险(工程一切险、第三者责任险、安全生产责任险)等服务类招标,单项合同估算价在100万元以上时,采用公开招标方式,符合邀请招标条件的应采用邀请招标方式;单项合同估算价在100万元以下时,采用询价采购、竞争性谈判等招标方式。

(2)货物类采购

货物类采购主要指物资、材料、设备、工器具和办公用品等的采购,包括且不限于物资、办公用品、计算机软硬件、公务用车等产品的采购。

2. 招标采购方式

南横高速公路项目主要采购方式包括战略采购、框架协议采购、招标采购、动态竞价采购、竞争性谈判采购、单一来源采购、询价采购、鲁班商城采购。

采购规模达到如下标准的,应采用公开招标方式:

(1)物资、机械设备、办公用品、计算机软硬件、公务用车等各类产品,单项合同估算价在200万元以上。

(2)服务类单项合同估算价在100万元以上。

有下列情形之一的,可以采用邀请招标方式:

(1)技术复杂、有特殊要求或者受自然环境限制,只有少量潜在投标人可供选择。

(2)采用公开招标方式的费用占采购预估金额的比例过大。

(3)通过框架协议采购或供应商集中招募确定的或政府主管部门发布的入围供应商名单中实施采购的。

各单位不得将采购项目化整为零规避招标。单项合同估算价在50万(含)~100万元时,可采用竞争性谈判采购方式;单项合同估算价在50万元以下时,可采用询价采购。

主要工程物资材料的采购实行集中采购制度。由项目指挥部和集采供应单位签订集采供应链服务协议,集采供应单位与项目参建施工单位签订主要物资材料采购供应协议,可以约定指挥部对采购货款进行代付。

(四)招标采购程序

项目公司依据招标采购流程按照工程类招标和货物类采购两大类进行管理,其中工程类招标按照公开招标和非公开招标进行划分,货物类采购按照集采类和非集采类进行划分。货物集采类招标采购由集采供应单位组织实施,具体流程由集采供应单位制定、管控,指挥部参与管理;非集采类参照工程类招标采购流程执行。工程类招标采购流程如下:

1. 公开招标采购程序

(1)项目公司成立招标采购领导小组,印发《项目公司招标管理办法》。

(2)选择招标代理,签订招标代理服务合同。

(3)招标立项,由需求部门发起,经公司党工委会议和总经理办公会审议确定招标限价、招标方式等。

(4)招标立项完成后,由招标业务发起部门将公司立项决策资料及相关技术资料移交商务管理部(工程经济部),由商务管理部(工程经济部)负责编制招标方案,组织招标文件编制、公司评审、会签。

(5)招标方案及招标文件报上级管理单位审批,依法依规需报自治区交通运输厅审查的招标事项须同步报审,审查同意后挂网,发布招标公告。

(6)发售招标文件。

(7)组织投标单位踏勘现场,并于招标文件发出后对招标文件答疑(若有)。

(8)组建评标委员会,开标、评标,完成评标报告,推荐中标候选人。

(9)招标采购领导小组定标,确定中标单位并于3天内或公示期满后发出中标通知书。

(10)招标代理编制、整理并归档招投标资料,项目公司完成招标情况报告并向自治区交通运输厅报备(列入必招监管的招标事项),项目公司同步完成招标监督报告并向上级单位纪委报备。

(11)商务管理部(工程经济部)组织合同评审、签订。

2. 非公开招标采购(邀请招标、询价采购、竞争性谈判采购等)程序

(1)项目公司成立招标采购领导小组,印发《项目公司招标管理办法》。

(2)招标立项,由需求部门发起,经公司党工委会议和总经理办公会审议确定招标限价、招标方式,并明确评标委员会人员组成及监督人名单。

(3)招标立项完成后,由招标业务发起部门将公司立项决策资料及相关技术资料移交商务管理部(工程经济部),由商务管理部(工程经济部)发出投标邀请书,该邀请书应明确资质资格、工期、最高限价、截标日期、投标文件格式等。其中,投标文件格式需载明事项:投标函、公司营业执照、资质证书、税务登记证、法人资格证书、公司简介、近年的业绩、完成本项目所需人员配备情况、完成本项目的实施方案、投标报价表[表后附报价编制说明、费用组成、投标报价下浮系数、增值税税率(价税分离)、计算资料及收费标准依据等]。

(4)组建评标委员会,开标、评标,推荐中标候选人。

(5)招标采购领导小组定标,确定中标单位并于3天内发出中标通知书。

(6)商务管理部(工程经济部)编制、整理并归档招投标资料,完成招标情况报告并提交招标采购领导小组,监督人员同步完成招标监督报告并存档备查。

(7)商务管理部(工程经济部)将招标资料复印件移交招标业务发起部门,由业务发起部门组织评审、签订合同。

(五)项目公司主要公开招标项目采购情况

1. 施工监理招标

南横高速公路项目施工监理招标采用公开招标方式,招标组织形式采用委托招标,施工监理共划分为8个标段。

项目设置一级监理机构,各监理标段总监办须设有试验室,负责本段的试验检测工作,监理标段服务内容包括标段桩号范围内的路基工程、桥梁涵洞工程、路线交叉工程、交通安全设施工程、绿化及环境保护工程、预埋件及预埋管线工程、管理、养护、其他沿线设施等全部工程,提供建设工程施工及交(竣)工验收阶段与缺陷责任期的监理服务,包括工程质量控制、进度控制、费用控制、安全监理、环保监理、合同履约管理、信息资料管理、组织协调等方面的监理服务,以及监理合同约定的其他监理服务,如配合业主开展征地拆迁。

2. 中心试验室招标

南横高速公路项目中心试验室招标采用公开招标方式,资格审查采用资格后审方式,评标办法采用综合评估法,招标划分1个标段,即ZXSY1中心试验室标段。招标范围为项目对应土建1~8标路基、路面、桥涵、房建、机电安装、交通安全设施、绿化等建安工程试验检测,参照

《公路工程施工监理规范》(JTG G10—2016)规定,结合现场实际完成试验检测抽检工作。

3. 交(竣)工实体工程质量检测服务招标

南横高速公路项目交(竣)工实体工程质量检测服务招标采用公开招标方式,资格审查采用资格后审方式,评标办法采用综合评估法,全线按照项目土建施工标段情况划分为2个检测标段,JC1标为项目土建工程施工土建1~4标,JC2标为项目土建工程施工土建5~8标。

项目交(竣)工实体工程质量检测主要工作内容是按照国家和部颁质量评定标准和试验规程等有关规定对路基、路面、桥梁(含桥梁的荷载试验)、涵洞和通道、交通工程(其中JC1标含全线机电工程及本标段管辖范围内的交通安全设施工程,JC2标仅含本标段管辖范围内的交通安全设施工程)及沿线附属设施的抽检项目进行检测,对关键抽检项目进行复测,提交相应检测报告,配合广西壮族自治区交通运输工程质量监测鉴定中心进行交工验收的试验检测工作,配合交通运输部(或广西壮族自治区交通运输厅)进行竣工验收的试验检测工作。同时,针对存在的问题提出合理养护和维修处治建议,为项目交(竣)工验收提供基础资料。

三、招标采购管理工作重点

在确保"依法合规"的前提下,通过招标采购市场化竞争降本增效、物资集采降本增效、供应链管理增收创效。实现"降本增效、增收创效"的目标才是招标采购管理工作的重点。

(一)市场化竞争降本增效

项目公司在招标事项确定后,无论采用公开招标还是非公开招标,充分、全面地开展市场价调查,合理确定投标控制上限价,再通过市场竞标,中标价较投标控制价存在一定比例的降幅,能够实现降本增效的目的。采购时要做到应招尽招,市场化竞争越充分、竞标越激烈,项目降本增效就越显著。

(二)物资集采降本增效

指挥部通过集采供应单位对钢筋、水泥、钢绞线、锚具、声屏障、沥青、工字钢、支座、伸缩缝、混凝土外加剂、粉煤灰、土工材料、防水材料、交安产品(波形护栏)等主要物资材料进行集中采购供应,以量议价、抑价,灵活采取战略采购、框架协议采购、招标采购、动态竞价采购、竞争性谈判采购、询价采购、鲁班商城采购等多种方式进行采购,能够保证低于市场价进行采购,达到降本增效的目的。

(三)供应链管理增收创效

指挥部与集采供应单位签订集采供应链服务协议,成立物资集采供应领导小组,组织各参建施工单位共同编制项目物资集中采购供应方案(方案主要内容包括工程概况、主要物资需求情况、集采供应物资范围、采购供应组织模式、采购方式、物资供应保障重难点分析及应对措施等)。指挥部负责统筹参建施工单位提报项目物资需求计划,监管与协调物资供应及结算工作,依据参建施工单位的项目付款总委托,代参建施工单位向集采供应单位支付物资采购款。指挥部牵头、集采供应单位组织、参建施工单位项目部参与招标或竞争性谈判以确定集采物资供应价,增收创效。

四、招标采购工作要点、注意事项及风险防范建议

(一)工作要点

(1)《项目公司招标管理办法》《指挥部物资采购管理办法》应贯彻国家、地方政府和行业主管部门相关法规文件规定,执行相关管理办法,符合项目投资协议和合同相关条款的约定,当政策法规文件有更新时执行新的标准、规定并定期修订。

(2)公路工程建设项目履行项目审批或者核准手续后,方可开展勘察设计招标;初步设计文件批准后,方可开展施工监理、设计施工总承包招标;施工图设计文件批准后,方可开展施工招标。

(3)招标方案编制和审批。公开招标的招标方案经项目公司招标采购领导小组审核、上级管理单位审批后方可实施。项目公司商务管理部(工程经济部)牵头、相关配合部门参与制定招标方案。招标方案应包括标段划分、标段包含的内容范围、各项具体工作时间安排、人员职责分工、工作的具体目标要求与内容等,根据招标项目特点和相关规定要求,选择招标代理机构,明确资格预审(后审)以及评标定标办法。

(4)招标文件编制和报审。商务管理部(工程经济部)根据审批后的招标方案,组织招标代理单位编制招标文件。招标文件主要内容包括投标人须知、合同条款、技术规范、投标文件格式、其他需要说明的事项等,其中"合同条款"部分最为重要,需结合项目实际情况、管理模式、BOT + EPC 合同内容进行编制。招标文件经上级管理部门和自治区交通运输厅(列入政府监管的招标事项)审查后发布招标公告。

(5)投标控制上限价编制和审查。招标立项时,业务主办部门与商务管理部(工程经济部)共同开展调查标的价格、市场情况,标的成本分析,潜在投标人情况等,作为投标控制上限价的编制依据。确定投标控制上限价是实现"降本增效"目标的重要环节,需保证编制质量,必要时可委托有资质的第三方咨询单位进行编制(自治区交通运输厅审查控制价的招标事项),确保投标控制上限价贴近市场造价,降幅合理、可行。

(二)注意事项及风险防范建议

(1)优选招标代理单位。招标代理单位代表项目公司对外进行招标工作,在招标过程中,若代理人对国家颁布的制度、标准缺乏研究和了解,专业素质和职业素质不高,将会导致实际招标过程中出现不少问题,所以选择综合实力强、业务水平高、业绩信誉好的招标代理单位尤为重要。

(2)认真编写招标文件。精心拟定招标合同相关条款,保证合同语言明确,责任界限清晰,避免歧义;风险分担合理,双方权利和义务对等。重视设置资格审查条件,科学制定评标办法,保证能选到信誉、财务状况良好,技术力量、综合实力强的企业。

(3)控制廉洁风险。采购招标投标是腐败多发领域,从业人员须廉洁自律,守住底线、不碰红线,严格遵守廉洁手册;商务管理部(工程经济部)及纪检部门应对招投标各环节的廉洁风险进行辨识,制定针对性防控措施并落实到位,杜绝违规违纪事件的发生。

(4)过程监督和纪委再监督。项目公司纪工委接受上级单位纪委领导,对项目采购招标进行再监督;采购招标过程监督由项目公司招标采购领导小组安排人员进行,原则上由招标事

项业务对口部门派员参与过程监督，监督人在招标完成后负责编写监督报告。

第2节 合同管理

工程项目合同管理是指对工程项目合同的签订、履行、变更和解除进行监督和检查，对合同履行过程中的争议或纠纷进行处理，以确保合同依法订立和全面履行。合同管理是高速公路建设项目管理不可或缺的重要组成部分，是项目公司进行企业管理的重要内容，是防范和控制公司管理风险的基本手段。南横高速公路项目合同体系复杂，为做好合同管理工作，项目公司成立了合同管理机构，明确相关部门及人员职责，严格把控合同签订和合同履行环节，有效防范、控制和化解合同风险，为项目顺利实施提供了有力保障。

一、项目合同体系

高速公路投建营一体化项目是一个复杂的系统工程，参与方众多，关系复杂，项目建设和运营周期长，其间，面临的不确定性因素多、风险大，要求用一系列的协议或合同界定各方权利、义务关系，以确保项目顺利实施。南横高速公路项目的合同体系分为三个层次：第一层次是由政府方、社会投资人、项目公司之间签署的投资协议、股东协议、特许经营权协议共同构成的核心合同体系；第二层次为项目公司和项目推进过程中的各有关主体签署的合同体系，包括项目公司与金融机构签署的融资合同，与保险公司签署的工程保险合同，与三电迁改单位签署的三电迁改合同，与施工监理单位签署的施工监理合同，与总承包单位签署的总承包合同，与设计咨询单位签署的设计咨询合同，与咨询服务单位签署的专项技术咨询合同，与试验检测单位签署的试验检测合同，与科研单位和高等院校等签署的科研合同等；第三层次为总承包单位为实施总承包业务签订的合同，包括与设计分包商签署的设计合同、与设备材料供应商签署的设备材料供应合同、与施工分包商签署的施工合同等。南横高速公路项目合同体系如图 8-1 所示。

1. 投资协议

投资协议是政府方与社会投资人签订的合同，主要是为了明确政府方与社会投资人的权利和义务、社会投资人对项目公司的责任，是政府方与项目公司签订特许经营权协议的基础。南横高速公路项目中，中铁交通投资集团有限公司等 11 家单位组成联合体，与广西壮族自治区交通运输厅签订投资协议。

2. 股东协议

股东协议由项目公司的股东签订，用以在股东之间建立长期的、有约束力的合约关系。股东协议通常包括以下主要内容：前提条件，项目公司的设立和融资，项目公司的经营范围，股东权利，履行特许经营权协议的股东承诺，股东的商业计划，股权转让，股东会，董事会，监事会组成及其职权范围，股息分配，违约，终止及终止后处理机制，不可抗力，适用法律和争议解决等。南横高速公路项目联合体投资各方签订股东协议，组建广西中铁南横高速公路有限公司。

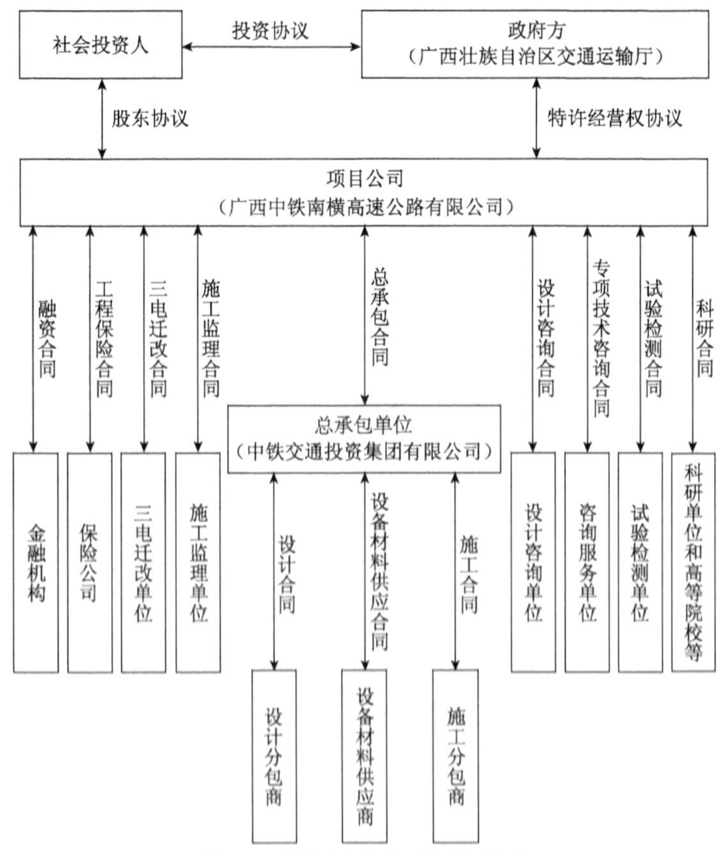

图 8-1　南横高速公路项目合同体系

3. 特许经营权协议

特许经营权协议是政府方与项目公司依法就项目投资所订立的合同，其目的是在政府方与项目公司之间合理分配项目风险，明确双方权利和义务关系，保障双方能够依据合同约定合理主张权利，妥善履行义务，确保项目全寿命周期内的顺利实施。特许经营权协议是其他合同产生的基础，也是整个合同体系的核心。

4. 融资合同

融资合同是借款人以金融机构认可的标的物进行抵押或质押，向金融机构进行融资贷款而签订的具有法律约束力的文件。高速公路项目资金需求量巨大，投资方自有资金有限，难以满足高速公路工程的开发、建设、运营资金需求，项目融资额度及融资投放时间是否满足工程需要成为项目能否顺利完成的关键之一。南横高速公路项目主要以项目公司为融资主体向银行贷款，贷款合同中一般包括以下条款：陈述与保证、前提条件、偿还贷款、担保与保障、抵销、违约、适用法律与争议解决等。同时，出于贷款安全性的考虑，融资方往往要求项目公司以其财产或其他权益为抵押或质押，或由其母公司提供某种形式的担保或由政府作出某种承诺，这些融资保障措施通常会在特许经营权协议等文件中具体体现出来。

5. 工程保险合同

工程保险合同是保险人和投保人在平等自愿的基础上，为规范和明确双方的保险权利和义务关系，经过协商而签订的书面协议。投保人将原本由自己承担的工程风险（包括第三方责任）转移给保险公司，从而使自己免受或少受损失。南横高速公路项目的建筑工程一切险及第三者责任险由中国太平洋财产保险股份有限公司广西分公司（首席保险人）、中国人寿财产保险股份有限公司（共同保险人）、中国大地财产保险股份有限公司（共同保险人）、太平财产保险有限公司广西分公司（共同保险人）、中国平安财产保险股份有限公司广西分公司（共同保险人）5家单位共同承保。共保体采取首席保险人负责制，由首席保险人代表共保体处理日常承保、理赔、培训、防灾防损等服务工作，并按照项目公司要求提供承诺的相关服务；首席保险人应将相关处理决定及时通知共保体其他方，共保体其他方承诺接受并遵守首席保险人与项目公司就有关保险承保、理赔等事宜所作的决定。

6. 三电迁改合同

项目公司与中铁六局集团有限公司签订三电迁改合同，中铁六局集团有限公司作为南横高速公路项目工程电力、通信、管道线路迁改施工方，承担三电迁改任务，包括通信基站迁改、通信线路改迁、电力迁改及管道（城镇给排水管网、农业灌溉管网等）迁改。

7. 施工监理合同

施工监理合同是指项目公司与取得监理资质证书的监理公司及监理事务所等监理单位签订的、委托监理单位承担监理业务而明确双方权利和义务关系的协议。项目公司于2021年2月与各合同段中标监理单位签订施工监理合同。

8. 总承包合同

BOT + EPC模式下，EPC总承包单位在投资方参与政府投资人招标前已由投资方股东协商确定，不需要另行招标；按照合同约定就建设工程项目的质量、工期、造价等向项目公司负责。

9. 设计咨询合同

政府方与初步设计咨询单位签订初步设计咨询合同（项目公司成立后政府方将合同移交项目公司），初步设计咨询单位负责对路线走向、路线方案、技术标准、互通式立交的位置和形式等进行优化。施工图设计阶段，项目公司与施工图设计审查咨询单位签订施工图设计审查咨询合同，由施工图设计审查咨询单位对设计原则，勘测技术要求，路线，路基、路面及其排水和防护，桥梁、涵洞，路线交叉，交通工程及沿线设施，环境保护及景观设计等设计方案及工程预算进行全过程咨询，对设计文件进行全面审查，从总体协调、设计内容、结构安全、工程量等方面提出优化意见。

10. 专项技术咨询合同

项目公司委托咨询服务单位对路面工程提供专项技术咨询服务，双方签订专项技术咨询合同，咨询服务单位对路面施工质量进行过程监管，指导路面参建单位开展工作，保证路面工程顺利实施。

11. 试验检测合同

试验检测合同是项目公司与具有试验检测资质的试验检测单位签订的、委托试验检测单位承担材料和设备试验检测业务而明确双方权利和义务关系的协议。为便于对工程所有材料、设备进行有效的质量检测，业主可以直接聘请试验检测单位。南横高速公路项目聘请了1

家中心试验室,2 家交(竣)工实体工程质量检测机构。

12. 科研合同

项目公司为优化设计、改进施工工艺及促进工程建设管理,与科研单位和高等院校等签订科研合同,有针对性地围绕工程建设开展科学研究工作。

13. 设计合同

中铁二院工程集团有限公司负责南横高速公路项目施工图设计,于 2021 年 1 月与中铁交通投资集团有限公司正式签署设计合同。

14. 设备材料供应合同

主要设备材料采购依据战略采购、招标采购、鲁班商城采购等方式进行,由中铁交通投资集团有限公司与设备材料供应商签订设备材料供应合同。

15. 施工合同

总承包单位与各施工分包商依法签订施工合同,组织分包工程施工,对分包工程的质量、安全和进度等实施有效控制。分包商应当服从总承包单位的质量、安全生产、工期进度管理,分包商就其分包的工程向总承包单位负责,并就所分包的工程向项目公司承担连带责任。

二、合同管理机构及职责

南横高速公路项目合同管理工作遵循合同综合管理与合同主责管理相结合的原则,合同综合管理部门与合同主责管理部门各司其职,各负其责,归口把关,互相配合,共同做好合同管理工作。

项目公司成立合同评审小组,对拟签订的合同进行评审,分析评估合同的可行性、经济性、适宜性、合法性,掌握合同风险,制定风险防范措施,形成书面评审意见。

1. 合同综合管理部门

项目公司商务管理部(工程经济部)是合同综合管理部门,对合同进行归口管理,行使合同综合管理职能,对公司各类合同实施统一管理和专业管理。商务管理部(工程经济部)承担以下合同综合管理职能:

(1)宣传、贯彻、执行国家有关合同及合同管理的法律和规章。

(2)拟订公司合同管理办法,建立健全各项合同管理制度,负责合同综合管理的日常工作。

(3)参与公司重大合同的谈判和起草工作,参加合同评审,负责对合同内容的合法性进行审查,依法提出审查意见,实行合同审查会签制度,使用合同评审表记录合同审核过程。

(4)统一管理公司的合同纠纷案件,负责内部合同纠纷调解。

(5)负责合同管理台账和合同有关档案材料的保管工作,建立合同登记、档案管理制度。

(6)定期监督检查公司合同的履行情况,建立合同履行中资料收集保存制度和合同纠纷预警制度。

(7)负责公司合同管理信息的汇总、编制、分析工作,定期向公司领导报告合同管理工作情况,建立合同统计分析制度和工作报告制度。

(8)负责对公司各部门合同管理工作的业务指导。

2. 合同主责管理部门

项目公司其他职能部门(建设管理部、安质环保部、征拆协调部、财务会计部等)负责本部门职能范围内与合同管理相关的工作,是合同主责管理部门。合同主责管理部门承担以下合同管理职能:

(1)对本部门业务范围内的合同开展资信调查、可行性研究,参加合同谈判,起草合同文稿,负责合同的各部门评审。

(2)履行或监督本部门业务范围内的合同,掌握合同履行信息,及时向公司领导汇报合同履行中发生的问题,提出解决问题的意见和建议。

(3)收集和保存合同签订及履行中的信息和证据资料。

(4)参与处理与本部门业务有关的合同纠纷。

(5)指导监督与本部门业务相关的合同管理工作。

(6)建立合同专项管理台账,每季度末向合同综合管理部门通报合同管理情况。

三、合同管理主要工作内容

合同管理主要工作内容包括合同评审、合同签订、合同履行、合同变更与解除、合同纠纷处理、合同后评价等。其中,合同评审、合同履行、合同变更与解除为重点管理环节。

(一)合同评审

合同评审是在合同签订之前对招标文件和合同条件进行的审查认定和评价,对合同的合法性、条款的完备性及合同风险进行分析。南横高速公路项目各类合同签订前,必须经过评审程序,根据合同重要性和复杂性,对合同的经济、财务、技术等方面的可行性进行审查论证,不得以情况紧急等理由不经评审而签订合同。

项目公司各类合同应先由商务管理部(工程经济部)进行审查,审查完成后由合同主责管理部门送其他各部门征求意见。合同的评审意见应在送审后7个工作日内由各部门提出。一般合同在各部门评审全部完成后,合同主责管理部门将按各部门评审意见修改后的合同文件送交公司领导评审会签;重大、复杂合同还需要召开专题评审会或提交总经理办公会评审,并根据专题评审会或总经理办公会提出的修改意见修订合同文件,最后由合同主责管理部门完善、公司领导评审会签并组织合同的签订。所有合同须经公司法定代表人或其授权代理人签字,所有经公司法定代表人或其授权代理人签字的合同,必须加盖合同专用印章或公司印章。

(二)合同履行

合同签订后,履约合同主责部门应当严格按照合同约定全面履行合同,其他相关部门配合合同履行。履约合同主责部门或人员应全面、深入地了解合同,准确把握合同条款的含义,严格控制合同实现环节、步骤以及履行期限,识别各风险点。

1. 实行合同交底制度

履约合同主责部门或人员未参与合同签订的,签约责任部门应进行合同交底,根据需要对合同主要内容、签约过程中争议点以及其他事项进行解释和说明。在合同交底迟延时,商务管理部(工程经济部)督促完成合同交底工作,必要时参与或直接进行合同交底。

2. 建立合同预警机制

履约合同主责部门和人员发现己方或对方可能出现违约或不可抗力情形，应注意收集和保存相关证据资料，及时采取应对措施，并通报商务管理部（工程经济部）和其他有关部门。

商务管理部（工程经济部）应了解、监督、检查合同履行情况，收集和保存合同履行过程中形成的信息和证据资料，识别合同履行风险，向履约合同主责部门和人员提示风险，提出化解风险的意见或建议。各部门应监督本部门业务范围内合同的履行，掌握合同履行信息，及时向公司领导汇报合同履行中发生的问题，提出解决问题的意见或建议。

3. 实行履约评审制度

在重大、复杂合同的履行过程中，商务管理部（工程经济部）可以报请公司领导，组织相关部门对合同的经济、财务、技术或法律等方面的可行性进行审查论证。在合同对方不履行或不完全履行合同时，不得随意变更合同条款或放纵违约行为，除督促合同对方完全履行合同外，在必要时，应与合同对方协商补充、修改合同，或适时采取变更、终止、解除合同等手段，避免损失扩大，还应在索赔期限内收集证据，及时索赔。重大、复杂合同履行完毕，应当对合同签订和履行进行分析和总结。

（三）合同变更与解除

合同变更是指合同标的、数量、质量、价款或者报酬、履行期限、履行地点、履行方式、违约责任和解决争议方法等的改变。

1. 合同变更原则

（1）合同变更必须有相关职能部门的参与，经公司总经理批准并通过总经理办公会后，才能确定合同的变更。

（2）合同变更程序必须严格按合同签订程序进行。

（3）设计、咨询、监理、勘察等咨询服务类合同的变更，亦应签署补充合同并根据合同商定的金额、取费标准或按照合同有关原则提出合同费用变更。

2. 合同变更与解除规定

（1）合同依法签订后，受法律约束，合同双方不得擅自变更或解除。如需变更或解除，由合同主责管理部门或人员查明原因、提出书面处理意见，按照合同签订程序，办理变更评审，并与对方协商，达成一致意见后，依法变更或解除合同。

（2）合同对方提出合同需要变更时，商务管理部（工程经济部）应及时、准确地将修订的内容传递给各有关部门及领导进行评审，经公司总经理批准并通过总经理办公会后方可修订。

（3）合同的解除必须按照《中华人民共和国民法典》的规定办理。对于特殊情况下合同履行过程中的终止，必须及时办理终止手续，收集因终止合同可能给公司带来经济损失的证据和数据，为纠纷处理做好准备。

（4）对于合同的终止，履约合同主责部门应做好终止记录，收集履行合同过程中所有与合同有关的文件，做好经济往来和结算工作，办理解除合同手续，并将资料交商务管理部（工程经济部）保存。

第9章 南横高速公路项目建设管理

项目建设管理是高速公路投建营一体化项目建设中的最主要一环。科学、合理的施工生产组织是项目进度、质量、成本控制的有力保障。安全施工是现场管控重点、项目顺利推进和履约的基础,要强化体系建设,保证制度落实、责任到人。南横高速公路项目高度重视建设管理,强化生产组织,建立和完善了质量、安全及环水保管理体系,通过优化设计动态调整、建材统一采购、推行临时工程标准等措施有效控制投资,并加强资金管理和监理管理,实现快速、高效、优质推进项目建设,打造品质工程。

第1节 生产组织与进度管理

施工进度管理是对工程项目各阶段的工作顺序及持续时间进行过程规划、实施、检查、督促协调及信息反馈等一系列活动的总称。其最终目的是确保工程交付使用时间目标的实现,其基本任务就是编制进度计划并采取措施控制其执行。南横高速公路项目建设过程中以制定科学、合理的《指导性施工组织设计》《实施性施工组织设计》为指南,科学编制进度计划,加强生产组织管理,强化进度跟踪检查,科学研判制约施工进度的主要因素,综合采取多种控制措施,取得良好成效。

一、生产组织管理主要内容及措施

(一)生产组织管理主要内容

生产组织管理的主要内容包括科学编制《指导性施工组织设计》和《实施性施工组织设计》,按照施组要求有序组织人员、设备、材料进场,有序推进征地拆迁,制定关键线路,加强过程考核管理等。项目公司要以施工组织设计为主线,高度重视计划的严肃性,严格执行下达的投资计划,强化施工过程管控,科学有序推进施工。

(二)生产组织管理主要措施

1. 加强施组动态管理

项目公司要提高指导性施组编制质量,严把实施性施组审批关,运用项目公司工程管理平台信息系统,加强施组动态管理。要强化工程计划节点目标兑现,项目关键线路节点工期滞后30天、45天、60天的,建设管理部、项目公司分管领导、主要领导到现场检查督导,同时采取约谈项目负责人和施工单位领导、实施考核评价等措施,督促施工单位加强施工资源配备、优化施工组织设计;项目总体工期滞后3个月的,或项目关键线路节点工期滞后严重影响项目总体工期的,由项目公司发函,要求施工单位二级公司派员到现场分析、督导,必要时约谈施工单位主要领导。

2. 有序推进征地拆迁

项目公司要协调地方政府成立征地拆迁组织机构，每月梳理征拆进展及费用支付情况，研究工作推进措施。征拆协调部门加强沟通协调，督促地方政府及时实施征地拆迁，提供建设用地，满足工期进度要求。

3. 有序启动配套设施建设

项目公司要按时组织机电、交安、房建、加油站等相关专业队伍进场，及时开展相关工程施工建设。有序推进消防、环水保验收、声屏障安装、土地复垦等工作，提前制定交工验收和高速公路开通运营工作方案，组织参建单位抓好各类检查和验收时发现的问题的整改，确保高速公路项目高质量建成，依法合规开通。

二、进度计划编制

在项目实施前，必须先制订切实可行、科学合理的进度计划，再按计划逐步实施。进度计划是用来表示各项工作的开始和完成时间、相互之间逻辑关系的计划，也是进度控制与管理的依据。进度计划是进度管理体系的基础和核心，合理制定项目进度计划对项目顺利实施有重要意义。

（一）进度计划编制依据

结合国家现行相关法律法规与项目自身特点，南横高速公路项目进度计划的编制依据如下。

（1）相关合同文件：投资协议、总承包合同、三电迁改合同等。

（2）施工规划与施工组织设计相关文件：实施性施工组织设计文件、《广西中铁南横高速公路有限公司施工组织设计及施工方案管理办法》、指导性施工组织设计文件。

（3）《岑溪—大新公路横县至南宁段项目管理目标策划书》。

（4）《广西中铁南横高速公路有限公司生产计划、工程进度管理方法》。

（5）初步设计文件及施工图设计文件。

（二）施工进度计划

1. 主要工程数量

南横高速公路项目全线土石方 3723.5 万 m^3，路面 468 万 m^2。桥梁 14011.8m/58 座，其中，技术复杂特大桥 1507m/1 座，大桥 11778.8m/47 座，中、小桥 726m/10 座。分离式立交 12 处；枢纽互通式立交 2 处，一般互通式立交 6 处；服务区 2 处，养护工区 2 处，管理分中心 1 处，收费站 7 处；包括全线绿化、交通安全设施、交通管理设施、改移道路、改移沟渠、改河及线外构造物等工程内容。南横高速公路项目主要工程数量见表 9-1。

南横高速公路项目主要工程数量表　　表 9-1

序号	指标名称	单位	数量	备注
1	路线长度	km	111.673	
2	路基填方	万 m^3	3536.4	

续上表

序号	指标名称	单位	数量	备注
3	路基挖方	万 m^3	3645.1	
4	路面	万 m^2	468	不含互通匝道及桥面铺装
5	特大桥	m/座	1507/1	不含互通匝道
6	大桥	m/座	11778.8/47	不含互通匝道
7	中、小桥	m/座	726/10	不含互通匝道
8	桥梁合计	m/座	14011.8/58	不含互通匝道
9	隧道	m/座	—	
10	桥隧比	%	12.52	
11	互通式立交	处	8	
12	服务区	处	2	
13	养护工区	处	2	
14	涵洞	道	153	不含互通匝道
15	通道	道	150	不含互通匝道
16	天桥	座	12	
17	占用土地	亩	15343	
18	占用基本农田	亩	3883	
19	基本农田占比	%	25.3	

2. 施工进度安排

南横高速公路项目施工阶段工作内容包括施工准备工作和实体工程建设两部分。施工准备工作于2020年8月1日开工,2020年11月30日完工,历时122天。实体工程建设按照与招标文件匹配性、标段规模匹配性、专业工程协调性等原则分为8个标段,由联合体内相关施工单位负责承建,于2020年12月1日开工,计划于2023年12月31日交工验收并通车。

三、进度计划实施及控制

(一)施工计划编制及下达

项目进度管理按集团公司、项目公司(或指挥部)和项目部三个层次进行管理。根据《广西中铁南横高速公路有限公司生产计划、工程进度管理方法》,公司建设管理部是南横高速公路项目计划、进度管理工作的主管部门,负责指导性施工组织设计的编制以及项目年度、季度、月度施工计划的编制、下达。负责监督项目部对合同工期的控制情况,督促各项目部上报进度计划,并对各项目部上报进度计划进行审查。

南横高速公路项目施工计划编制及下达流程见图9-1。

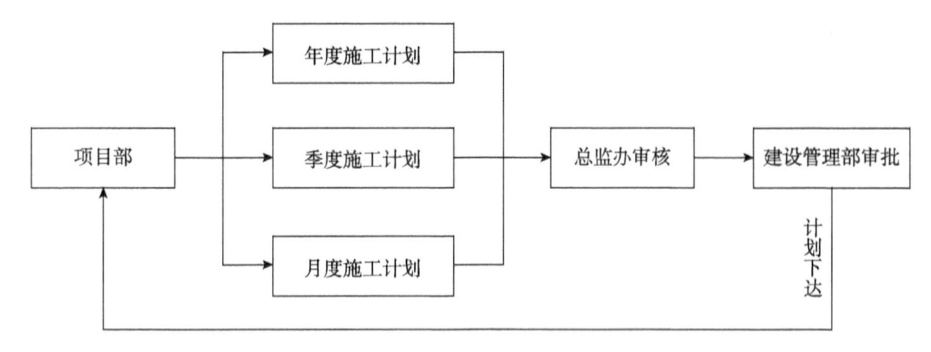

图9-1　南横高速公路项目施工计划编制及下达流程图

1. 年度施工计划

根据承包合同工期的总体进度要求、施工组织设计及当年完成情况，由各项目部编制次年的施工生产建议计划，经总监办审核后上报项目公司（指挥部）审批、备案。项目公司于每年11月10日前，将编制的年度建议计划（分解到每月）报集团公司备案后，于次年初下达给各项目部。

2. 季度施工计划

项目部将编制的下季度施工计划（分月）报总监办，经总监办审核后上报项目公司（指挥部）审批、备案，项目公司（指挥部）于每季度末30日前将下一季度施工计划（分解到每月）报集团公司备案后，项目公司下达下季度施工计划。

3. 月度施工计划

由项目部向总监办提交次月度施工计划，经总监办审核后上报项目公司。项目公司（指挥部）对项目部月度施工计划进行修改、审定并以书面形式批准，并在月末前下达下月施工计划。

（二）施工计划实施过程管理与进度跟踪检查

1. 施工计划实施过程管理

①实行动态管控。各参建单位应严格按照批准的施工进度计划组织工程实施。集团公司通过开展进度巡查和预警管理等措施督导项目计划执行。项目公司（指挥部）通过监控各项目部施工进度、对过程预控管理、开展考核评比等措施确保计划执行。各项目部应设立专职调度，对计划的实施进行跟踪、监督、记录，每周召开生产交班会，每月召开工程进度例会，对进度偏差状况进行总结。

②项目执行调度工作体系。建立规范化、标准化、强有力的生产指挥系统和快速反应的信息管理机制，实行工程建设日报、周报、月报、年度总结报告等定期报表制度。各类报表按项目部、项目公司（指挥部）调度的顺序，实行逐级上报；各时段调度报告主要内容包括上期生产例会交办事项落实情况、本期工程建设进展情况、安全质量管理情况，以及重大施工组织措施，重点通报关注工点、预警工点、计划完成滞后项目，及时反映滞后、预警情况，通报下期工程建设计划、工程建设过程中的重要情况及主要工点代表性图片。

③落实“大调度”作战理念。强化实施性(指导性)施组刚性落实:一是注重调度管理,科学决策、调度先行;二是抓资源配置和施组管理,发挥好施工生产主体作用;三是严格工期进度管理,加强工期预警,强化节点目标考核;四是施组管理和专项方案管理两手抓,动态管控,及时优化与调整。

2.进度跟踪检查

(1)项目公司通过采取进度巡查和预警管理等措施督导项目计划执行。

①进度巡查主要包括以下内容:项目合规性手续办理、报批工作进度,设计工作进度,征拆工作进展,形象及产值进度,重点工作任务完成情况等。

②预警管理。预警阈值:连续两个月月度实际完成产值低于月度计划完成产值60%或季度末实际完成产值低于季度计划完成产值60%。对出现预警项目,集团公司下发施工生产计划完成情况预警通知单,被预警单位在规定时间(一般为7天)内将存在问题和处理措施专题报告集团公司。集团公司将根据整改措施的落实和后期计划完成情况考虑取消预警或采取进一步措施。

(2)项目公司根据总监办上报的月度工程进度报告,组织总监办对承包人月度施工计划完成情况进行检查或抽查,检查结果由各方签字确认,作为考核、奖罚依据,并将检查结果进行通报。各项目部发生月进度或重要节点进度延误时,项目公司(指挥部)应按预警等级划分及时发出相应级别预警信号,并进行重点监控与检查。项目公司(指挥部)对各项目部月度施工计划实行预警管理。预警管理分为黄色、橙色、红色三个级别。月度实际完成产值占计划完成产值80%(含)~90%(不含)发出黄色预警;月度实际完成产值占计划完成产值60%(含)~80%(不含)发出橙色预警;月度实际完成产值小于计划完成产值60%发出红色预警。

(3)各驻地办、总监办严格按照计划检查项目部的实际施工进度状况,并编制反映实际工程进度与计划进度关系的进度动态控制图及进度统计表,对当月实际完成工程量进行统计,并上报项目公司(指挥部)。

(4)项目部要建立健全工程建设进度的周报、月报制度,及时反映施工进度和控制、重点工程的进展情况,对计划执行中出现的问题及时协调解决,重大问题及时通知监理单位、项目公司,项目部对当月实际完成工程量进行统计,报送监理单位。

(5)项目公司(指挥部)每季度召开一次生产分析(调度)会,对工程现场的组织安排、施工顺序、人力和设备投入进行认真研究、总结,安排下季度工作计划。对执行效果好的单位给予表扬,对执行效果差的单位进行批评教育,指出存在问题,要求其采取措施解决存在的问题,并限期赶上计划,以完成阶段目标任务,满足合同工期的要求。

(6)各项目部当月没有完成计划的部分,必须调整到下月,确保季度计划能够完成;本季度没有完成的计划,必须调整到下季度,确保年度计划、总体计划顺利完成。

(三)施工进度影响因素与保障措施

1.施工进度影响因素

根据南横高速公路项目所处地区情况及工程特点,并通过实际建设过程的进展分析,归纳得到以下几方面项目进度计划执行过程中的主要影响因素。

1)环境因素

(1)交通运输条件。南横高速公路项目地形条件及运输条件较好,施工场地附近的乡村道路可以作为施工单位临时性施工便道来解决人、料、机的进场施工问题,但是部分道路狭窄,标准低,会对材料、大型机具的运输造成一定的限制,影响项目施工进度。

(2)沿线地质结构。南横高速公路项目百合互通建设工地位于花岗岩地质带上,由于花岗岩的工程地质特征主要表现为遇水软化、崩解等,很容易遇水形成裂隙将雨水导入地下的泥土层,诱发地质事故。为降低施工导致花岗岩碎裂引发地质灾害的可能性,在项目施工前的地质排查与施工方案设计环节都要耗费大量时间,给项目施工进展带来一定的影响。

(3)疫情防控。南横高速公路项目建设过程处于疫情防控期间,由于疫情引起的原材料供应短缺或劳动力不足等问题,项目无法正常施工,对项目进度目标完成造成影响。

(4)地方限电政策。南横高速公路项目建设过程中受沿线地方限电停产影响,现场施工面临水泥、钢材短缺的局面,对项目完成年度投资目标和现场施工进展影响较大。

2)材料因素

南横高速公路项目红线范围内除土建1~3标有部分强风化花岗岩、中风化花岗岩与强风化砂岩为可利用石方外,土建4~8标红线范围内分布的主要为红砂岩地层,基本上无可利用石方。项目地材预计需用量为1100万t,其中碎石需用量700万t,砂需用量400万t,并且要求路面结构层开始施工前,地材备料必须达到90%以上。因此项目建设过程中面临砂石料用量大、可利用砂石料资源少的情况,对项目施工进展产生较大影响。

3)工程因素

南横高速公路项目全线包括6项控制工程及重难点工程,邕宁东枢纽、沙坪河特大桥、鲁塘江大桥等重难点工程施工方案技术难度大,制约施工进度推进,影响重要计划节点的完成时间。

4)征地拆迁因素

南横高速公路项目征地拆迁情况较为复杂,难度较大,全线迁改难点共14处,特别是横州市内涉及房屋拆迁273户,数量较多,拆迁进展较为缓慢,对现场施工产生不利影响。

2.施工进度保障措施

1)组织措施

(1)总承包指挥部指挥长是南横高速公路项目施工进度的第一责任人,对外代表指挥部负责履行项目合同。指挥部设工程管理部(物资管理部)、商务管理部(工程经济部)、安质环保部、财务会计部、办公室(党群办公室)等职能机构,负责项目的施工组织管理。

(2)若交叉或临近既有铁路施工,经理部要提前与铁路部门沟通,评审设计图纸、施工方案,及时办理相关手续,并参加铁路部门相关培训,确保交叉施工及铁路运行安全。

(3)合理安排施工顺序,编制科学、合理、周密的施工计划,紧紧围绕关键线路和重点项目,特别是项目中的重难点性控制工程,以优化、科学的施工方案和足够合理的资源配置,全面展开施工,优质、高效、安全地完成项目目标。

2)技术措施

(1)在施工过程中,各项目部以施工图设计为依据,及时编制《实施性施工组织设计》,落实重点工程及关键技术项目的施工方案;在施工前及时详尽地组织技术交底,阐明设计意图和细化或示范工艺操作流程。

(2)根据项目全过程的网络进度计划,编制分阶段和月度网络进度计划,及时发现和找出关键工序的转化,并分析原因。确定阶段工作内容和重点,使项目始终处于受控状态。

(3)建立从指挥部、各分包单位、作业工区到现场各生产单位的生产调度指挥系统,实行动态网络管理。全面、及时掌握并处理影响施工进度的关键问题,对工程交叉和干扰施工的项目加强指挥与协调,对重大关键问题超前研究,制订措施,及时配置或调整人、财、物、机,保证工程的连续性和均衡性。

3)资源保障措施

(1)资金保障措施

指挥部下财务会计部采取定期、不定期的方式对各单位的资金使用情况进行监督检查。各项目经理部采取完善的措施,确保资金的专款专用,任何单位和个人不得将资金挪到其他项目使用,保证项目建设的顺利开展。同时加强财务管理工作,精打细算,合理筹划使用资金,切实保证资金的有效使用,并对外公开,以利监督,保证资金的规范使用。

(2)物资设备保障措施

①加强进入施工区路段的交通管理和应急措施的落实,防止堵塞,保持畅通;增加车辆数量,尽可能在交通繁忙时段避峰,在交通低谷时段多出车,及时保证材料供应;采取措施提升施工现场附近的乡村道路运输能力,确保施工便道能够满足项目机械设备以及材料的运输能力要求。

②梁场、拌合站、钢筋加工场等临时设施的选址以及设计方案都根据现场实际情况编制,考虑控制性工程分布、运输便利情况,以及区间土建工程状况等因素,尽量靠近既有公路或者施工便道,便于大型设备和原材料的运输。

③梁场和弃土场征拆工作都在准备阶段提前进行沟通协调,及早进行梁场的建设以保证产品的及时供应,保障项目进度目标的实现。

④针对南横高速公路项目红线范围内可利用砂石料资源少、用量大的情况,项目公司为确保砂石料的及时供应,选定南乡镇鸭水村砂石料场作为主供料场,六景镇布文村狮子山采石场作为辅助供料场,以满足全线砂石料需求,确保施工有序开展,保障项目进度顺利推进。

⑤施工时根据施工进度计划安排,配置数量足够、性能优良、配套合理的施工机械设备。对施工机械设备进行强制性保养,确保设备的完好率,充分发挥其最大效益。在施工中要备足易损件,做到随坏随修。在施工准备期和冬歇期对工程所需设备加强维修保养,确保其处于完好状态,能按计划组织机械设备到场。

4)信息管理措施

为了加强工程建设全程的进度风险防范能力,项目公司开发了项目管理平台,各标段积极配合指挥部工程建设信息化管理的统一部署,建立了一套高效、稳定、专业的项目管理平台,实现基于物联网技术的信息化的进度过程监控。南横高速公路项目管理平台由“电脑端管理系统”和“手机 App 应用”组成。该平台支持以月报形式填写工程形象进度信息、安全生产、存在问题等信息,以便相关人员实时掌握工程进度动态,系统也会自动生成每个月的月报,提取重要指标以图文形式展现相关数据情况。

5)后勤保障措施

(1)随时与气象部门取得联系,掌握好天气预报。尽量避免灾害天气对施工造成影响。

(2)建立良好路地关系,加强与地方政府和人民群众的联系,前期筹备时遵循政府相关政策,注重舆论导向,让沿线群众了解征地拆迁政策与高速公路建设的重要性,促使沿线群众主动配合工作,不留后顾之忧地做好征地拆迁工作。

(3)做好生活物资的供应,改善职工生活、搞好环境卫生、加强治安管理,开展有益于员工身心健康的工地文化娱乐活动。

(4)加强施工现场疫情防控,实行封闭式管理,每日测温不少于两次,实行实名制,对在场和进场人员实施全数摸排、全数登记、全数测温,真正做到人数精确、人员平安。

四、施工进度考评

南横高速公路项目施工过程中对施工进度的考评主要体现在施工进度阶段考核与公司内部信用评价进度考核两方面,以考评结果为依据对进度工作进行督促和激励。

(一)施工进度阶段考核

项目公司(指挥部)根据总监办审核上报的每年、每季、每月工程进度报告和项目公司(指挥部)检查结果,并结合每季、每月施工进度计划对承包人进行考核。南横高速公路项目施工进度阶段考核表见表9-2。

南横高速公路项目施工进度阶段考核表　　表9-2

项目		评比内容	标准得分	评分标准	自评分	公司评分	扣分原因
施工进度(100分)	上报资料(10分)	计、统、调资料是否按规定时间报送	4分	每晚报1项扣1分			
		所报内容是否满足相关规定及要求	3分	每不满足1次规定扣1分			
		计、统、调人员是否稳定,能力是否胜任要求	3分	每换1次扣1分,不能胜任本职工作的扣1分			
	施工计划控制(80分)	是否完成公司下达的施工生产任务	80分	100%完成任务得80分,每减少1个百分点扣1分,超额完成1个百分点奖励1分,奖励总分不超过10分			
	均衡生产(10分)	是否按公司下达的施工生产任务均衡组织生产	10分	按照公司下达的实物指标进行考核,未完成1项重难点扣2分,其他扣1分			

在施工进度阶段考核过程中,根据发现的问题采取相应措施。

(1)如果项目部因力量不足、管理混乱等自身因素造成进度滞后,项目公司将发出书面警告,并召开现场会,提出整改措施。项目部应加大人力、物力投入,加强现场管理,并制定切实可行的整改方案，由项目公司、总监办和各驻地办检查落实。如经两次整改而无效果，项目公司将要求项目部更换项目主要负责人；若造成工程进度严重滞后，项目公司将采取措施对项目部的工程进行分割，甚至终止合同，以保证工程进度目标的实现。工程被分割或被终止合同的项目部须承担赶工费用。

(2)项目公司根据检查情况对出现预警项目进行分级管理。红色预警项目的管理：①由项目公司(指挥部)发函该项目部所属集团公司；②项目部所属集团公司派驻工作组进驻现场，直至存在的问题得以解决；③项目部所属集团公司派驻工作组仍无法解决问题的，建议集团公司按合同约定，调整相应工程施工单位。橙色预警项目的管理：①由项目公司通报该项目部所属集团公司；②项目部所属集团公司领导进驻现场对预警项目落实、限期整改，制定具体的整改方案后报项目公司，并认真组织实施；③列入项目公司重难点挂牌督办项目，委派一名领导配合协调。黄色预警项目的管理：①项目公司(指挥部)约谈项目部主要管理人员，并召开专题会议；②项目部主要管理人员每周向项目公司汇报问题解决情况；③项目公司(指挥部)分管领导和有关部门积极配合项目部协调解决问题。

(3)出现边坡垮塌等突发地质灾害，影响工程安全、进度时，建设单位应当立即组织设计单位、监理单位、施工单位，必要时聘请相关专家，研究处置方案，在责任确定前，应督促施工单位按照方案进行处置，及时消除安全隐患，确保工程进度，如施工单位未能按照指令及方案及时进行处置，为确保不造成次生灾害、工程进度严重滞后，项目公司将采取措施对该项目该部分工程指定分包人，以保证工程安全、进度目标的实现，相关处理费用先从施工单位进度款中扣除，待责任划分确定后再另行处理。

(二)公司内部信用评价进度考核

公司内部信用评价是指项目公司对中国中铁系统内参加南横高速公路项目施工的三级工程公司的综合管理和合同履行情况的综合评价。由公司成立隶属建设管理部的信用评价领导小组负责信用评价日常管理工作，半年内每季度对被评价人开展一次信用评价专项检查，进行不良行为汇总，结果作为后续承包任务分配以及评奖评优的参考依据。在集团公司信用评价中，施工进度的推进情况是重要评价内容之一。公司内部信用评价一般不良行为认定及扣分标准(进度管理部分)如表9-3所示。

公司内部信用评价一般不良行为认定及扣分标准(进度管理部分)　　表9-3

编号	考核内容	一般不良行为认定标准	扣分标准
进度管理(30分)			
1	节点工期	施工单位未按要求时间节点移交工作面，并影响后续工程施工	每次扣1~2分
		施工单位主因造成控制性工程关键节点滞后一个月以上或形象进度严重滞后	每次扣1~2分
		施工单位对现场征拆工作不积极主动配合，致使关键节点工程工期推迟一个月以上	每次扣3~5分
2	施工计划	施工单位主因未完成季度或年度施工计划	每次扣1~3分
3	总工期	施工单位主因造成总工期延误	每次扣4~7分

第2节　安全与质量管理

安全与质量管理是建设工程现场的管控核心，是项目顺利推进、按期履约的保障。为打造“品质南横”，南横高速公路项目公司从前期策划开始就制定了安全生产管理目标和高质量建设目标及创优规划，充分贯彻投建营一体化方针，建立了全方位安全生产与质量保证体系，坚持安全与质量管理并重，采取一系列安全及质量保证措施，确保安全生产与高质量工程建设目标顺利实现。

一、安全与质量管理主要内容及措施

项目安全与质量管理是项目公司规范、指导、协调工程参建单位的安全生产行为，有效提升工程质量的管理工作。主要管理内容包括确定安全生产、质量管理目标，建立安全生产、质量保证体系及制度，制定并采取一系列过程性保障措施等，确保项目安全、高质量建成。项目公司要牢固树立以质量为核心的建设理念，切实把质量放在首要位置抓实抓好；同时要树牢安全发展理念，坚持安全第一、预防为主、综合治理的基本方针，建立健全安全风险管控和隐患排查治理双重预防机制，全面提高安全管控能力。

安全与质量管理主要措施如下：

1. 夯实安全生产基础

落实安全生产责任制，督促参建单位按合同约定设置现场安全管理机构、配备安全管理人员；每半年开展一次安全主题教育；落实建设单位领导风险工点包保制度，督促参建单位落实领导包保和干部带班制度并加强检查；组织制定安全事故综合应急救援预案和专项应急预案并定期演练，筑牢安全生产基础。

2. 强化安全风险管控及隐患治理

在开工前进行风险评估，明确风险工点。风险工点开工前，要对风险事件、风险因素、风险成因进行识别分析，根据可能性、危害性及可预测性对风险程度作出判定，列出风险清单；对全线安全风险点进行评估，以图表形式进行现场动态公示并在进场作业前进行风险提示和教育；开工后针对列入风险清单的风险事件细化应对计划，明确相关参建单位的风险管理责任和应对措施，并在实施过程中对风险进行动态监控，消除和控制各类已知风险因素，强化各类未知安全隐患专项治理。

3. 加强勘察设计管理

项目公司通过加强对勘察设计单位和勘察设计工作的管理，从源头把好质量关；在地质钻探过程中，项目公司派专人进行现场监督管理，确保地质勘察准确度和深度，满足相关规范要求和设计需要；在施工图设计过程中，项目公司聘请经验丰富的设计咨询单位和专家，认真研究和比选线路位置、设计方案；对设计院提出的施工方案，及时组织施工单位的专家提前介入，围绕工程措施、结构安全、施工方案、运营管理等方面开展审核，从源头预防缺陷。

4. 推进标准化管理

坚持以质量为核心，推进项目建设标准化管理。项目公司在项目开工准备阶段，制定开工标准化工作推进计划和实施方案，严格对照项目、标段、相关控制性单位工程开工标准进行检查和审核；坚持首件评估和样板引路，根据施工顺序，强力开展软基处理、涵洞基础施工、涵身施工、桩基施工、路基填筑等工程首件评估工作，抓好首段路基、首个桩基、首座涵洞等施工质量控制，在全线同类工程中推广应用首件评估成果并加强监督、检查；严格原材料质量控制，按规定组织开展物资设备进场检验、平行检验和见证检验等工作，及时组织设计技术交底，检查督促施工单位严格执行技术标准，严格工序管理，加强过程验收管理，及时按规定组织单位工程验收，对已完成的单位工程组织开展运营安全影响风险评估，对关键地段进行专项检查。

5. 推进信息化建设

制定项目信息化建设实施方案并组织落实，应用现代信息技术加强建设管理。发挥工地试验室、拌合站、桥梁张拉、复杂桥梁施工监控、路基连续压实、隧道监控量测、路基高填方与高边坡监控量测等信息系统在质量安全管理中的作用，提高现场管控能力。

6. 开展精品工程创建工作

项目公司根据项目特点，在开工前组织编制创优规划，明确创优目标、各专业单项精品工程目标，并制定创建方案和考评办法；指导参建单位制定精品工程创建目标及创优规划；项目公司定期开展精品创建月度平推检查，以查看工程实体质量和创优工作推进情况为重点，将发现的问题、平推检查排名靠后的参建单位，按建设单位规定纳入工程质量考核；项目公司每年定期召开质量现场会，观摩、推广先进经验，促进全线参建单位精品创建工作水平不断提升，积极推进智能建造，推广应用先进技术，创新工装、工艺、工法，单项精品工程完工后，及时按照精品工程考评办法组织评定。

7. 强化质量安全红线管理

严格落实项目质量安全红线相关文件要求，创新工作方式、方法，坚持去存量、遏增量，进一步提高质量安全红线管理的针对性和有效性，项目公司、施工单位主要领导组织开展红线问题自查自纠，深入现场抓落实，通过查质量安全问题带动思想、作风和管理水平提升；建立红线问题库，严格落实问题整改销号制度，实现闭环管理；每季度自查自纠发现的问题，要求在下季度末前全面整改完成；针对检查发现的严重问题，组织专题分析研究，查清问题的真正原因，对责任单位进行严肃处理；定期对质量安全红线管理工作和问题进行梳理，分析质量管理中的薄弱环节，研究制定长效管控机制，避免质量问题重复发生。

二、安全与质量目标及创优规划

（一）安全生产管理目标

安全生产管理以安全目标为起点和归宿，贯穿管理活动的全过程。制定安全生产管理目标有利于全面、全过程地调动各级领导和所有参建员工安全生产的积极性，有利于贯彻落实全员安全生产责任制，保障安全生产管理工作全面开展。

南横高速公路项目坚持“安全第一、预防为主、综合治理”的方针，遵循“管行业必须管安全、管业务必须管安全、管生产经营必须管安全”和“谁主管谁负责”的工作原则，依据《中华人民共和国安全生产法》《建设工程安全生产管理条例》（国务院令第393号）、《公路水运工程安全生产监督管理办法》（交通运输部令2017年第25号）等法律法规，结合项目实际情况，制定了项目安全生产管理目标，主要包括：杜绝公路工程一般及以上生产安全责任事故；杜绝临近营业线施工铁路交通安全一般D类事故；杜绝道路交通安全、火灾和机械设备一般责任事故；杜绝锅炉、压力容器、民用爆炸物品爆炸责任事故。

（二）高质量建设目标及创优规划

南横高速公路项目为全面提升质量管理水平，打造“品质南横”，制定了高质量建设目标及创优规划。

1. 质量目标

南横高速公路项目质量目标为：杜绝公路工程一般及以上质量责任事故；单位工程一次验收合格率100%，竣工验收等级为优良，争创中国中铁杯优质工程和争评广西建设工程“真武阁杯”奖，达到申报“中国建设工程鲁班奖”条件；交、竣工文件真实可靠，规范齐全，交工工程质量达到国家、行业质量验收标准，符合设计文件和有关技术规范要求，实现一次交接合格。

2. 创优规划

由于南横高速公路项目采用BOT + EPC建设模式，项目投资能否按时收回，实现预期利润目标，项目建设质量是关键。因此，项目公司从前期策划开始，就充分贯彻投建营一体化方针，以打造品质工程为引领，合理控制投资，高质量推进项目建设，力争实现项目运营20年不大修的目标，全线打造广西壮族自治区级品质工程，争创国家级优质工程。

三、安全生产与质量保证体系

（一）安全生产保证体系

为贯彻安全生产管理目标，确保安全生产管理工作顺利开展，项目公司建立了安全生产保证体系，并制定了相应安全生产管理措施。

1. 安全生产保证体系构成

高速公路项目安全生产受到人员安全意识、安全经费投入、技术设备、管理制度、生产环境等因素的影响。为有效管控影响安全生产的各项因素，需要建立安全生产管理组织，统筹协调安全生产管理工作，并从制度、经济、思想、措施等方面出发，建立标本兼治、齐抓共管的全过程、全方位安全生产保证体系。项目公司为抓好安全生产各项工作，预防安全事故发生，围绕安全生产管理目标，建立了以组织保证、制度保证、经济保证、思想保证、措施保证为主要内容的安全生产保证体系（图9-2）。各参建单位基于安全生产保证体系，以施工阶段安全生产管理为重点，多措并举，共同保障项目安全生产。

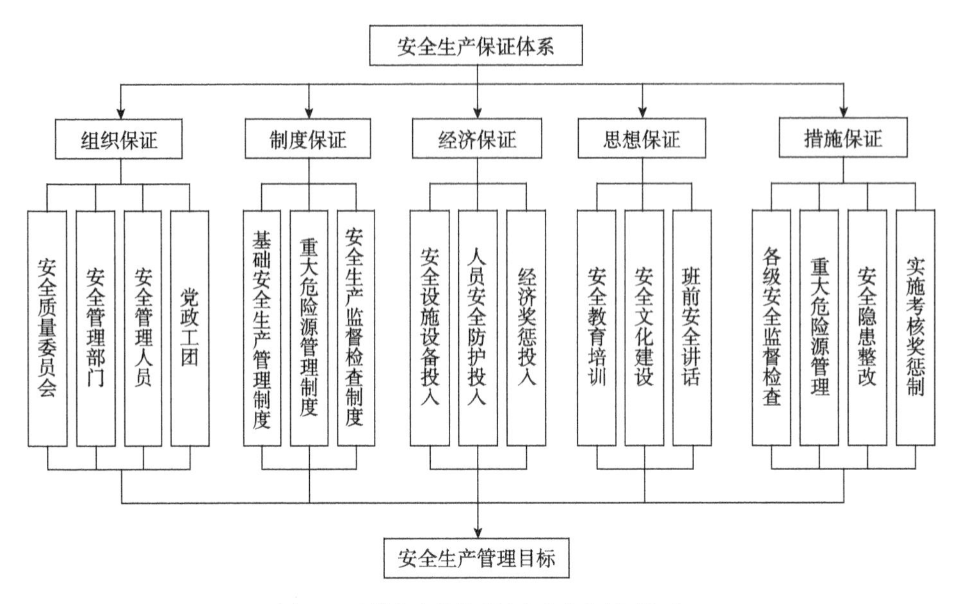

图 9-2　南横高速公路项目安全生产保证体系

2. 组织保证

组织保证方面，南横高速公路项目建立了以安全质量委员会、安全管理部门、安全管理人员、党政工团为基本架构的组织保证体系，为南横高速公路项目安全生产提供强大的组织保证。

（1）安全质量委员会

南横高速公路项目公司成立以党工委书记、董事长、总经理为主任委员，分管安全生产的副总经理为副主任委员，其他领导班子副职、业务部门负责人（含主持工作副部长）为成员的安全生产质量委员会（简称“安委会”），负责对项目安全生产工作进行统一领导。

（2）安全管理部门

安委会在项目公司安质环保部设立办公室，由安质环保部部长担任办公室主任，安质环保部（监理管理部）员工组成安委会成员。此外，项目公司还成立安全质量稽查大队负责工程的日常安全检查工作，安全质量稽查大队队长由安质环保部负责人兼任，副队长由安质环保部（监理管理部）副职担任，成员由安质环保部（监理管理部）以及相关部门人员组成。各参建单位设立现场安全管理领导小组，组长由项目第一责任人担任，施工现场设置安全生产管理机构，配备满足要求的专职安全生产管理人员。

（3）安全管理人员

项目公司安质环保部定员 5 人，均持有三类人员安全生产考核合格证书，其中 2 人持有注册安全工程师证书。全线 8 个施工合同段项目经理部均配备专职安全生产总监、安质环保部部长及专职安全生产管理人员，8 个总监办均按合同约定配备安全专监和安全监理员，全线专职安全生产管理人员共计 64 人，均持有三类人员安全生产考核合格证书，满足国家相关法律法规和行业相关部门规章的要求。

（4）党政工团

项目公司积极发挥党政工团在安全生产中的推动和监督作用，以学习贯彻“习近平总书记关于安全生产重要论述”、开展安全生产攻坚大行动等活动为抓手，与项目党建思想政治工作、两个文明建设、文化娱乐活动等工作紧密结合，积极加强安全标准工地建设，推进落实《中国中铁铁腕治安全硬十条》，齐抓共管形成合力，筑牢安全生产防线，进一步推动安全生产管理相关活动向纵深发展，在全项目范围内形成人人参与、上下联动、互保安全的工作格局。

3. 制度保证

为认真贯彻落实“安全第一、预防为主、综合治理”的方针，促进各单位、各级部门及人员安全生产管理责任的有效落实，项目公司根据《中华人民共和国安全生产法》《建设工程安全生产管理条例》（国务院令第393号）、《公路水运工程安全生产监督管理办法》（交通运输部令2017年第25号）等法律法规制定了南横高速公路项目基础安全生产管理制度，主要包括：安全生产监督管理制度、安全生产许可证制度、安全生产责任制度、安全生产教育培训制度、安全技术交底制度、特种作业人员持证上岗制度、自升式架设设施装拆及检测制度、重大事故隐患挂牌督办制度、领导干部带班制度、意外伤害保险制度、安全生产事故报告制度、安全生产事故应急救援制度、安全生产费管理制度、“三同时”制度、安全检查考核制度、重大危险源管理制度等。

4. 经济保证

经济保证方面，项目公司加大安全设施设备、人员安全防护及经济奖惩投入，并制定了《安全生产措施费管理制度》，编制了安全生产措施费月度、季度、年度使用计划，严格按照标准规定提取安措费，定期对各项目经理部安全生产费使用情况进行专项检查，确保安全生产费专款专用。

（1）安全设施设备投入

项目各施工单位根据相关法律法规要求，加大安全设施设备投入，主要用于现场设置危险源告知牌；施工便道设置限速、转弯、路口警示、夜间提醒等标识牌；重点防火区域设置标识牌、消防设施；配电箱张贴防触电标识、设置防护栏；设置基坑防护围挡、高处作业防护、夜间施工警示防护等，确保安全投入满足现场施工需求。

（2）人员安全防护投入

项目各施工单位根据有关规定加强人员安全防护投入，主要为日常施工中配备的安全帽、安全绳（带）、手套、雨鞋、工作服、口罩、防毒面具、防护药膏等安全防护物品的购置费用。此外，还包括安全防护物品更新费和施工单位对安全防护物品的正常损耗进行必要补充所产生的费用等。

（3）经济奖惩投入

为加大安全管理力度，建立安全生产激励和约束机制，确保各种安全生产规章制度的落实，南横高速公路项目还加强了经济奖惩投入。依据安全生产中“谁主管，谁负责、管生产必须管安全”和“奖罚分明”的原则，在安全生产中实行奖励和惩罚。对在实现安全生产目标过程中认真履行安全生产职责，在安全生产和安全管理工作中成绩显著的单位、部门、个人给予表彰和奖励。对在安全生产工作中，安全责任未落实、隐患排查不力、发生安全事故等情况，追究相关人员责任并予以惩处。

5. 思想保证

思想保证方面，南横高速公路项目通过加强安全教育培训、安全文化建设和严格落实班前安全讲话等措施，不断强化安全思想教育，提高所有参建人员的安全意识，夯实安全管理基础工作,保障项目安全生产。

(1)安全教育培训

为确保项目安全生产有序进行,项目公司及各项目经理部注重加强对现场管理人员及作业人员的安全教育培训工作。主要从施工生产中的安全基本知识、消防安全设施使用及管理、施工临时用电、现场文明施工和安全防护等方面对全体工作人员进行培训;利用多媒体工具箱及安全教育云平台向参培人员讲述剖析一系列真实案例,对施工生产中可能发生的危险因素进行提醒警示,切实提高作业人员安全风险防范意识。此外,定期组织安全生产有关部门及参建员工认真学习安全生产相关法律法规及上级单位、行业主管部门下发的文件,同时将相关文件、图解转发到项目微信群、QQ 群,让员工自主学习、理解、牢记,提高安全责任意识。

(2)安全文化建设

为加强中国中铁股份有限公司安全生产系列文件落实,项目公司定期组织各总监办、各项目经理部召开专题会宣贯学习中国中铁股份有限公司安全生产系列文件及会议精神,各项目部施工现场全部设置宣传展板,制作发放安全生产管理要点小卡片、张贴宣传海报,加深项目参建人员对安全生产管理要点的认识,有效提高安全生产意识。此外,经常性开展线上线下安全知识竞赛,内容涵盖安全生产法律法规、中国中铁股份有限公司"2468"管理要点、"管""监"责任落实、中国中铁股份有限公司卡控红线等知识,实现以赛促学、以学促用的目的。

(3)班前安全讲话

班前安全讲话是安全管理的一个重要环节,是提高职工安全意识、做到遵章守纪、保障安全生产的重要途径。南横高速公路各项目经理部严格落实主体责任制,结合施工生产的实际情况,安质环保部专职安全生产管理人员坚持每日开展班前安全讲话活动,要求各作业队班组长每日对作业人员进行班前安全讲话,总结前一天施工安全情况,结合当天任务和作业环境、危险特点、劳动防护用品的使用,进行有针对性的布置安排,并做好讲话记录。对使用的机械设备、施工机具、安全防护用品、设施、周围环境等认真进行检查,确认安全、完好后才能开展作业。班组长每月 5 日前要将上个月安全活动记录上报安质环保部,专职安全生产管理人员要不定期抽查班前安全讲话的执行和落实情况。

6. 措施保证

措施保证方面,南横高速公路项目各级安全管理机构严格落实安全监督检查制度,加强重大危险源管理和安全隐患排查整治,实施考核奖惩制,多措并举强化项目安全生产管理工作,确保安全生产管理目标顺利实现。

1)各级安全监督检查

项目公司安委会全面领导项目安全生产监督检查工作,安质环保部具体负责对参建单位或合同单位的安全生产监督检查工作,其他各部门负责组织相关专业技术人员与安全管理人员进行安全检查。项目公司每月下旬对各参建单位开展一次综合检查,每周对各参建单位进行不少于一次的监督检查,根据实际需求不定期开展专项安全生产监督检查。监理和施工单位安全生产管理人员严格执行每周例行检查和日常巡检检查。

为进一步明晰安全生产"管""监"系统责任,落实安全生产综合治理要求,南横高速公路项目公司根据《关于全面推进"管""监"责任落实　提升企业本质安全保障能力的通知》(中国中铁安监〔2019〕1 号)、《关于进一步落实安全生产"管""监"责任暨构建风险和隐患双重预防长效机制的通知》(中国中铁安监〔2020〕1 号)及中国中铁 2019 年在宁夏中卫召开的安全生产"管""监"责任落实经验交流会精神,编制了《广西中铁南横高速公路有限公司安全生产"管""监"责任清单及责任矩阵》。责任清单及责任矩阵按照组织指挥系统、资源配置系统、技术保障系统、安质监督系统"四大系统"进行编制,完善了领导层、业务管理层和"四大系统"的安全生产工作清单及责任矩阵,明确界定安全生产管理和监督职责,系统推进安全生产"管""监"责任落实,提高各级管理人员的安全生产责任意识和履责意识。

(1)组织指挥系统主要对项目公司(指挥部)领导层在安全管理顶层设计、制度建设、监督检查等管控活动中的组织、监督职责和相关部门的参与职责进行明确。

(2)资源配置系统涵盖安全生产管理的全过程,具体包括目标管理、安全生产管理制度、安全生产教育培训、重大危险源管控、安全生产费用管理、安全生产检查与改进(隐患排查治理)、安全生产活动、物资设备专业管理、消防安全管理、分包(供)方安全管理、征拆安全、党工团安全生产工作、安全生产信息管理、职业病防治及工伤管理、应急救援管理、安全考核与奖惩等 16 个方面的内容。

(3)技术保障系统主要对技术管理部门、施工技术负责人在工程标准下达、技术管理、安全技术方案和措施的制定及落实、作业过程指导、作业过程控制等方面的组织、监督职责和其他相关部门及人员的参与职责进行明确。

(4)安质监督系统主要对安全质量专职负责人和部门在安全管理过程中的纠偏预警和监督整治职责进行明确。

2)重大危险源管理

南横高速公路项目严格执行危大工程管理程序,通过对重大危险源进行监控,制订严密安全防范措施,安排专人定期进行安全检查,确保生产安全。建立危险源辨识及评价体系,对重大危险源登记建档,进行定期检测、评估、监控。积极应用信息化手段管控重大危险源,在全线的主要安全风险工点、重大结构物施工现场、大型站场施工作业点、架桥设备等处均安装视频监控,或采用无人机进行巡查航拍,实时掌控施工作业现场安全生产情况。

3)安全隐患整改

项目公司积极开展安全隐患排查整治工作。一是定期巡查,安质环保部每周对全线进行全覆盖检查,现场业主代表坚持每天对各自管段进行一次巡查,并形成检查记录,利用周交班会对存在的问题进行通报,要求责任单位整改。二是开展专项及综合大检查,包括重要节假日安全专项检查、起重吊装及深基坑专项检查、危大工程专项检查、环水保专项检查、防洪防汛专项检查、季度综合大检查,对检查出的各类安全隐患,全部落实整改。三是积极推广应用"安全质量隐患排查治理系统",通过信息化手段实现安全信息录入、排查计划管理、安全标准化考核等,让各层级管理人员参与安全隐患排查和治理,为项目安全生产筑牢坚实防线。

4)实施考核奖惩制

为加强项目"平安工地"建设,项目公司成立"平安工地"建设考核评价领导小组,在安质环保部设办公室,负责考核评价的日常管理工作。监理单位、施工单位成立相应的"平安工地"建设领导小组,负责实施各自管辖范围内的考核评价工作。考核评价按照百分制计算得分,考核评价分数 70 分及以上的为合格,70 分以下的为不合格。根据考核结果和奖惩细则,对相应责任单位和个人实施相应奖惩。

(二)质量保证体系

为确保工程质量目标实现和创优工作顺利开展,项目公司建立了质量保证体系,并制定了有效的质量管理措施。

1. 质量保证体系构成

高速公路项目工程质量受到人、材料、机械、工法、环境等多方面因素的影响,质量管理涉及多个参建单位、多部门的协同工作,管理难度较大。因此,需要建立健全各级质量管理组织,明确职责分工,提高全员质量意识,从开工前到施工过程中再到收尾阶段严格落实质量控制措施,制定相应质量管理制度和经济保证措施,形成一个系统全面的质量管理保证体系。项目公司为提高项目整体质量管理水平,建立了以组织保证、思想保证、工作保证、制度保证、经济保证为主要内容的质量保证体系(图9-3),使各参建单位按照质量保证体系要求开展质量管理工作,保证项目工程质量可控。

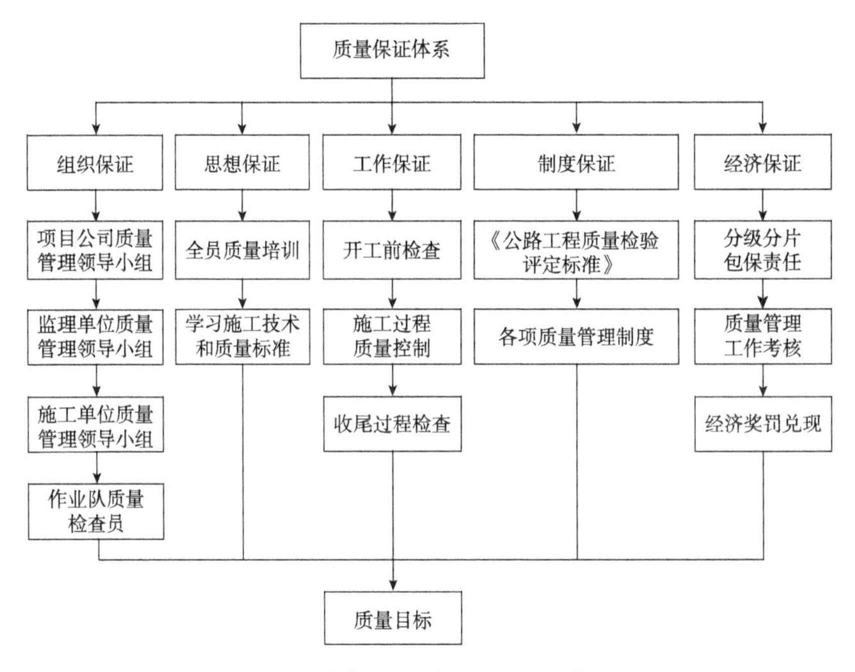

图9-3　南横高速公路项目质量保证体系

2. 组织保证

组织保证方面,南横高速公路项目建立了以项目公司质量管理领导小组、监理单位质量管理领导小组、施工单位质量管理领导小组、作业队质量检查员为基本架构的组织保证体系,为质量管理制度和措施有效执行奠定组织基础。

(1)项目公司质量管理领导小组

项目公司成立以总经理为组长、副总经理和总工程师为副组长、各相关职能部门负责人为成员的质量管理领导小组,全面负责项目质量的组织、检查、指导工作。领导小组下设办公室,办公室设在项目公司安质环保部,负责对领导小组各项工作安排的落实情况进行监督,对过程中的不当行为进行“纠偏”,及时完成领导小组安排的其他工作。

(2)监理单位质量管理领导小组

监理单位应成立以项目第一责任人为组长,各相关职能部门参加的质量管理领导小组,建立完整的质量管理保证体系。同时,项目公司选派8名业务能力突出、施工经验丰富的工程技术人员进驻8个总监办,代表项目公司对各监理、施工单位进行管理,对施工过程中存在的安全、质量和环水保隐患,要求总监办督促施工单位第一时间进行整改。

(3)施工单位质量管理领导小组

各施工单位应当按合同约定设立现场质量管理机构,配备素质较高的工程技术人员和质量管理人员,确保工程施工质量责任制的落实。

(4)作业队质量检查员

作业队质量检查员主要工作内容是按质量管理有关规范及交底情况组织检查、监督现场施工质量,及时掌握工程质量动态、核定分项工程质量等级,杜绝不合格工程材料进入下道工序。对每天质量情况进行记录,报告并跟踪督促作业队整改,参与质量的过程控制。

3. 思想保证

思想保证方面,项目公司组织全员进行质量培训,学习施工技术和质量标准,将"质量是企业的生命线""百年大计质量第一"等思想贯彻到每一位参建员工,形成强大的思想保证。

(1)全员质量培训

项目公司要求各项目经理部积极利用信息技术手段,推广使用安全质量隐患排查治理系统、安全质量教育培训微课堂云平台等系统,确保工程质量网络教育培训工作真正落到实处。线下积极开展"深入贯彻习近平总书记关于质量工作的重要论述"座谈会,举办"质量管理提升建言献策""质量管理知识竞赛"等活动,充分调动全体管理人员积极性和创造性,同时也充分发挥广大员工在质量提升管理中的主体作用,提高全员全过程、全方位质量管理水平。

(2)学习施工技术和质量标准

为确保每一位施工作业人员熟悉施工技术和质量标准,规范施工操作,项目公司要求各项目经理部除进行日常的教育培训和施工技术交底外,还将各重点工序的施工技术方案、质量标准等文件制作成二维码展板,设置在施工现场醒目位置,供施工技术人员利用智能手机扫码学习,提升教育培训的效率和效果。

4. 工作保证

工作保证方面,项目公司要求各施工单位除严格落实开工前检查、收尾过程检查外,在施工过程中还加强现场质量标准化建设、采取施工质量标准化控制措施,确保实现项目质量创优目标。

(1)现场质量标准化建设

为规范项目现场施工,克服质量通病,确保实体质量,项目公司在临建工程开工前编制下发了《南横高速公路项目临时生产生活设施建设标准》和《南横高速公路工序标准化施工指南》,用于指导各项目经理部的路基工程、路面工程、桥梁工程、临时生产生活设施的建设和施工,明确施工工艺标准和质量控制要点,推行样板引路,树立先进标杆和反面典型,在全线大力推进质量标准化建设。

(2)施工质量标准化控制

为打造"品质南横",确保实现项目质量创优目标,项目公司要求中心试验室每周对各标段正在施工的路基、涵洞、桥梁墩柱进行抽检,对路基压实度、层厚、涵身防水、涵背回填、墩柱钢筋保护层厚度不满足相关规范要求的,采取零容忍态度,坚决要求返工处理,并组织各标段总监及项目经理召开现场会,从而提高各参建单位的质量意识和质量管控水平。

5. 制度保证

制度保证方面,项目在建设过程中除按照《公路工程质量检验评定标准》进行工程质量检验和评定外,还根据国家、交通运输部及地方政府、中铁交通投资集团有限公司等有关工程质量管理的法律、法规、条例、文件,完善各项质量管理制度,主要包括:施工图核对优化制度、技术交底制度、重大方案专家评审制度、材料准入制度、首件工程认可制度、隐蔽工程检查制度、监理人员巡视检查和旁站制度、工程质量责任终身制、工程质量责任追究制度、工程质量事故报告制度等。南横高速公路项目公司要求各参建单位根据项目公司的各项管理办法,重点落实好以上质量管理制度。

6. 经济保证

经济保证方面,项目公司严格落实分级分片包保责任和质量管理工作考核两项重点工作,实行经济奖罚兑现,根据工程质量管理工作考核结果进行相应的奖励和惩罚。

(1)分级分片包保责任

项目建立以领导逐级负责制、分片负责制为一体的工程质量包保责任制,切实加强对工程质量的管理,防止各类质量事故发生。通过组织各级、各片质量负责人签订“质量包保责任书”,进一步强化了工程质量管理“红线”意识和底线思维,促使工程质量管理人员勇于承担工程质量责任,形成人人关注工程质量、人人落实质量管理措施的良好工作氛围,为实现“品质南横”建设目标奠定基础。

(2)质量管理工作考核

项目公司要求各参建单位加强日常检查,主要对质量基础管理、施工过程管理、桥涵工程质量、路基工程质量、监督检查和专项检查落实情况、工程首件制度落实情况等进行检查。项目公司在日常检查的基础上,结合月度、季度、年度大检查结果,对各施工单位的工程质量进行考评。

(3)经济奖罚兑现

项目公司根据工程质量考评结果,按照项目公司有关规定对施工、监理单位进行相应的奖励和处罚。严格兑现奖惩,充分调动所有参建员工履职尽责、做好项目质量管理工作的积极性和主动性。

(三)质量通病防治

质量通病是指工程建设过程中习惯性出现、经常性出现和重复性出现的质量问题,是提高工程质量的障碍。项目公司在进行质量监管过程中发现项目实施过程中存在如混凝土外观质量较差、路基填挖交界台阶开挖不规范、“三背”回填抽检合格率较低,以及钢筋间距和混凝土保护层合格率波动较大等质量问题。为加强实体工程质量控制,强化质量通病预防和治理,提高弱项指标合格率,确保工程质量,项目公司采取了一系列有效措施对质量通病进行防治。

1. 混凝土外观质量问题防治措施

(1)严把原材料质量关。同一施工部位尽可能选择同一厂家、品牌、规格、批次的水泥、砂、碎石和混凝土外加剂，每批材料进场后及时进行检测，检测合格后方可使用，确保砂、碎石原材料级配良好。

(2)严格控制混凝土拌和质量。严格按照已批复的混凝土配合比进行材料计量，严格控制水泥用量、水灰比和坍落度，确保混凝土和易性和工作性，混凝土应随拌随用，尽量缩短停放时间，对工作性不满足要求的混凝土应予以废弃，严禁现场私自加水。

(3)严格模板检查验收。要求采用定型钢模或组合钢模，不得使用木模或竹胶板替代，每次使用前要对模板变形情况进行检查，严禁使用弯曲、表面凹凸不平等变形模板。每次装模前要对模板进行彻底清理，并均匀涂刷轻机油等脱模剂，避免混凝土粘模造成表面缺陷。确保模板加固牢靠，模板接缝拼装严密。模板接缝控制在2mm以内，并用双面胶密封防止漏浆。

(4)严格控制混凝土布料和振捣工艺。混凝土应分层对称布料，分层厚度不超过300mm，混凝土自由倾落高度超过2m时，应设置串筒或溜槽下料，避免离析。严格控制振捣器插入间距和振捣时间，插入式振捣器的移动间距不应大于其作用半径1.5倍，与侧模保持50～100mm的距离，且插入下一层混凝土的深度为50～100mm，振捣时间以混凝土无明显下沉和气泡、表面出浆呈水平状态为宜(20～30s)。振捣应先周边后中间，且混凝土布料应四周高中间低，便于气泡从中间部位排出，避免聚集在模板处。

(5)严格控制拆模时间和养生。拆模时间应根据混凝土强度和首件总结确定，防止过早拆模，避免因混凝土粘模造成麻面、蜂窝，拆模时不能用力过猛过急，注意保护棱角位置。拆模后应及时覆盖洒水养生，养生用土工布应保持干净，养生用水应洁净，养生期应不少于7天，养生期间应始终保持混凝土表面湿润。

2. 路基填挖交界施工质量问题防治措施

(1)严格按相关规范开挖路基纵、横向填挖交界处台阶。路基纵、横向填挖交界处必须按设计和相关规范要求开挖台阶，台阶宽度不小于2m，高度不超过1m，设置内倾4%的坡度。台阶应开挖至原状土密实处，台阶表面、侧面不得有松散虚土和表土。

(2)逐级开挖陡坡路段台阶。陡坡路段台阶根据填筑进度逐级开挖，每次填筑前现场监理对填挖交界处台阶进行专项检查验收，对不符合要求的必须处理到位，处理不到位不得进行路基填筑施工。

3. “三背”回填施工质量问题防治措施

(1)“三背”回填前检查验收结构物质量。“三背”回填前对结构物进行检查验收，混凝土强度达到设计规定强度后才可进行回填，有防水要求部位应检查拉杆孔是否封堵密实，沉降缝处是否按设计要求施作防水；挡墙泄水孔是否通畅，是否按设计要求设置反滤层，是否按要求设置填厚控制标尺。

(2)严格选择回填材料。严格按照设计要求选择合格回填材料，填料中粒径0.075mm以下颗粒占比不得大于15%，填料粒径不得大于5cm。

(3)严格控制填筑层厚和碾压。分层填筑厚度不得超过15cm，涵台背回填应两侧对称进行，大面碾压可采用振动压路机进行，边角处及靠近结构物部位应采用人工整平后再采用小型压路机或夯机压实。压实度检测应着重检查边角等薄弱部位，桥台、涵台背压实度不小于96%，挡墙墙背压实度不小于同层位路基压实度要求。为确保“三背”回填质量，减少工后沉降,必要时采用液压夯实机每间隔1m进行补强处理。

4. 钢筋间距和混凝土保护层质量问题防治措施

(1)严格控制钢筋下料及加工。严格按照设计要求进行钢筋下料,桩基、墩柱等钢筋笼采用滚焊机进行加工,箱梁钢筋采用胎模进行加工,加强钢筋连接和焊接质量控制,避免吊装和运输中散架。盖梁、系梁等钢筋采用现场简易胎模加工,以确保钢筋间距。

(2)严格选用混凝土保护层垫块。严格按照标准选用混凝土保护层垫块,混凝土保护层垫块强度应不低于结构物混凝土强度,优先选用圆形或锥形垫块,梅花形垫块用于墩柱、箱梁应慎重选择,并严格区分长、短边,绑扎牢固,避免因垫块松动造成保护层不合格。每平方米保护层垫块不少于4个(必要时可增加至6个),按梅花形布设。

(3)加强工前钢筋检测。为确保钢筋间距和混凝土保护层合格率,要求加强工前检测,钢筋间距和混凝土保护层工前检测合格率不得低于100%。

第3节 环保与水保管理

高速公路项目建设会消耗沿线土地资源,影响沿线生态景观,甚至对沿线环境造成污染。因此,做好整个项目的环保、水保管理是建成环境友好型公路的关键。南横高速公路项目沿线植被茂盛,项目区内地表水系发育,沿线水库众多。从项目立项、设计到施工建设整个过程中,项目公司及参建各方以环保及水保管理目标为引领,构建环保及水保管理体系,有针对性地制定和落实环境保护和水土保持措施,实现了项目经济效益与环水保效益相统一。

一、环保与水保管理主要内容

项目公司要切实做好生态环境保护全过程管理,把高速公路建成促进沿线经济发展的环境友好型生态公路。项目公司在初设批复前要按规定完成环保、水保审批手续,实施过程中发生重大变动的要按规定履行相关程序后方可建设;制定穿越自然保护区、风景名胜区等专项施工方案,正确处理工程进度与文物保护的关系;组织落实环保、水保措施与主体工程"三同时"制度,初步验收前按规定完成环水保验收;要按规定做好节水、节材、节地和再生资源使用工作,妥善处理施工产生的弃渣、废水、扬尘等环境污染物,推进公路建设可持续发展。

(一)环境保护管理主要内容

环境保护管理主要内容包括以下几个方面:

(1)各标段项目经理部按照分区划块的原则,做好工程项目的环境管理,进行定期检查,加强合作协调,及时解决施工中的问题,实施有效的纠正和预防措施,保持现场良好的作业环境、卫生条件和工作秩序。

(2)对项目建设过程中影响环境的因素进行控制,制订应急预案和相应措施,并保证环境保护信息通畅,预防可能出现的非预期的损害。在出现环境事故时,应及时采取措施消除影响,并应制订相应措施,防止环境被二次破坏或污染。

(3)根据工程实际情况和现场状况,尽量保持原来的自然环境面貌,特别是对森林、河流、山坡、文物、景区等，应采取最大限度的保护措施。

(4)进行有效的施工现场节能管理，有条件时应规定能源使用指标。施工现场的环境保护管理工作应有记录。

(二)水土保持管理主要内容

水土保持管理主要内容包括以下几个方面：

(1)施工单位系统编制建设项目主体工程及水土保持设施施工组织计划，确保主体工程与水土保持设施同步施工，保证水土保持设施按设计要求完成施工，且施工质量满足相关规范要求。

(2)施工单位应针对项目主体工程、临时设施、取土弃渣场等制定水土流失防护措施，并负责维护，减少施工期间施工区域的水土流失。

(3)配置专业水土保持监理人员，根据水土保持方案及批复意见、批复设计等编制水土保持监理工作计划及实施细则，并监督水土保持措施落实情况，巡检发现问题后整改，并完成水土保持监理工作月报及年报。

(4)生产建设单位自行或者委托具备水土保持监测能力的机构开展水土保持监测工作，应在项目开工前落实水土保持监测机构，监测期从项目施工准备期开始，至通过项目水土保持验收后结束。

二、环保及水保管理目标和基本要求

为加强环境保护和水土保持管理，防止项目沿线环境破坏和水土流失，项目公司制定了环保及水保管理目标，并提出了环保及水保管理基本要求，为项目全线环保及水保管理工作指明方向。

(一)环保及水保管理目标

南横高速公路项目依据《中华人民共和国环境保护法》《中华人民共和国水土保持法》《中华人民共和国水土保持法实施条例》《建设项目环境保护管理条例》等国家和地方相关法律法规和规章制度，结合项目实际情况，制定了环保及水保管理目标，主要包括：严格遵守环保、水保方面的法律法规和地方性规章，杜绝环境污染和水土流失事件；项目建设过程中做到环境保护"三同时"，实现环保"三个零"和"三防"目标；污染物排放达到所在地政府主管部门规定的排放标准；防止和减少大气污染；环保、水保等专项验收顺利达标；绿化符合设计要求；实现节能减排的各项控制指标。

(二)环保及水保管理基本要求

为确保项目环保及水保管理工作顺利开展，并实现预期目标，根据相关法律法规及规章制度，环保及水保管理工作应按如下基本要求开展：

(1)环保及水保管理工作应贯穿项目建设的全过程，必须坚持强化项目建设过程中自然生态环境的保护，控制污染物的排放，满足相关环境保护法律要求。各级领导管生产就必须管环境，环保及水保管理工作需遵循项目环境保护、水土保持方案书及批复文件等国家、行业、地方有关环境保护的法律法规及有关规定，不断提高项目的整体环境管理绩效。

(2)施工单位项目部环保及水保管理工程师在项目开工前,必须认真学习环保及水保管理相关文件,了解和熟悉环保及水保管理的基本知识。同时加强参建员工的环保及水保培训教育,增强参建员工环保及水保意识。

(3)施工单位项目部应与当地环境监督管理部门保持联系,接受行政监管,及时取得业务工作指导和进行信息交流。积极配合建设单位和监理单位开展环保及水保监察工作,协助建设单位和监理单位委派人员对施工现场的环保及水保工作进行监督、检查和监测。

三、环保及水保管理保证体系及措施

南横高速公路项目全面实行"预防为主、综合防治、全面规划"的管理原则,贯彻可持续发展理念,根据相关法律法规和项目建设实际情况制定了有效的环保、水保管理措施,确保项目环保及水保管理目标的实现,为打造一条环境友好型生态公路提供坚强保障。

(一)环保及水保管理保证体系

为切实做好环保及水保工作,项目公司成立以党工委书记为组长,总工程师、财务总监为副组长,各部门负责人为主要成员的环保及水保管理领导小组,并在安质环保部设办公室,负责日常管理工作。施工单位成立环保及水保管理小组,设计单位和监理单位指定专人负责此项工作。在管理过程中坚持管生产必须管环境的原则,建立健全岗位责任制。结合施工组织设计,制定实施性环保及水保措施,从思想、组织、制度、措施、工作、经济等方面入手,形成严密的环保及水保管理保证体系(图9-4),切实保证环保、水保工作落到实处,使施工现场环境与生态保护工作达到国家和各级环保部门的标准。

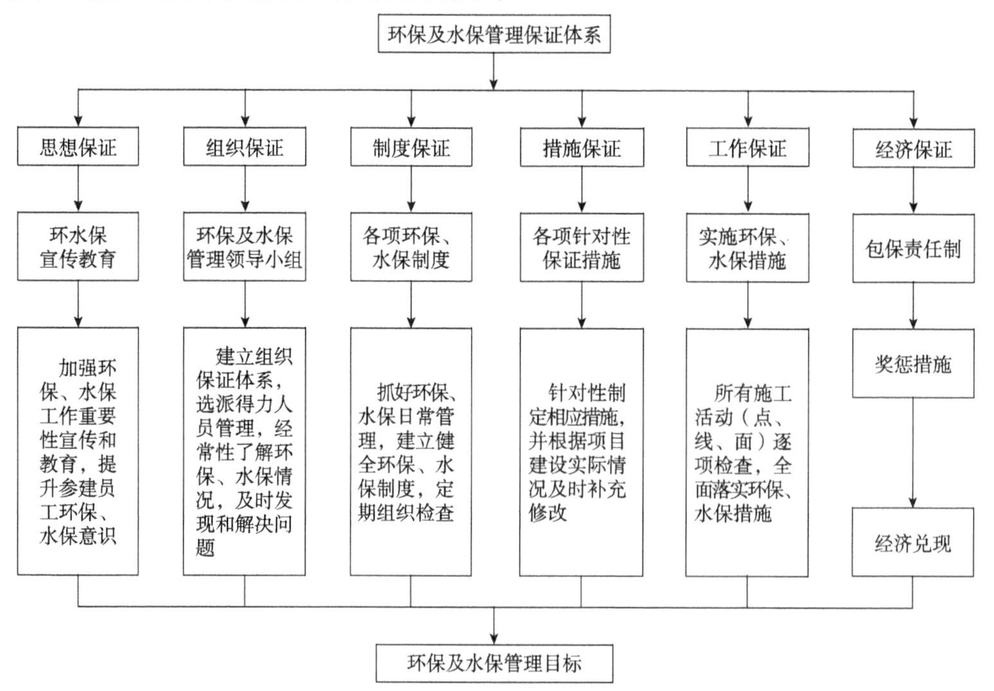

图9-4　南横高速公路项目环保及水保管理保证体系

(二)环境保护措施

根据高速公路项目环境保护相关法律法规及环水保基本要求和内容,结合项目实际情况,南横高速公路项目制定了针对性环境保护措施,主要包括生态环境保护措施、水环境保护措施、大气环境及粉尘防治措施、固体废弃物处理措施、场地恢复措施。

1. 生态环境保护措施

(1)施工过程中杜绝一切对环境保护造成不良影响的行为,对树木、植被及地下水资源的保护是施工中的环保重点。对合同规定的施工界限内、外的树木、植被等尽力维持原状。

(2)施工完成后,对临时用地及时进行复耕和绿化处理。

(3)在生活区内植草、种树,设置卫生设施,营造良好环境。

(4)施工过程中,积极与环保、水保等有关部门联系,商定环保方案、措施,保护周围环境。

2. 水环境保护措施

(1)不在河流、湖库最高水位线下的滩地、岸坡设置物料场地、废弃物堆放场及施工营地,施工废料、生活垃圾等不随意堆放或弃于河滩、河道等处。

(2)生活、生产污水按设计和环保部门要求进行净化处理后,排放到指定位置。

(3)砂石料冲洗废水、机械含油废水,经收集处理达到排放标准后,再排放到指定位置。

3. 大气环境及粉尘防治措施

(1)施工场地和运输道路经常洒水防护,尽可能防止扬尘对生产人员及农作物造成危害或污染。

(2)车辆在运料过程中,对易飞扬的物料用篷布覆盖严密,装料适中,不超限。

(3)干燥季节进行路基施工时,采取洒水措施以保证路面潮湿,避免尘土飞扬。

4. 固体废弃物处理措施

(1)生活垃圾按可回收利用、可生物降解、不易生物降解分三类集中收集堆放。

(2)生活垃圾收集装袋后集中运到指定的垃圾场,统一处理。

(3)统一处理生产施工中产生的建筑垃圾,可以利用的尽量利用,无法利用的运往指定的垃圾场集中填埋。

(4)合理规划驻地厕所位置,尽量将厕所建在植被稀少地段,对粪便做深埋处理。

5. 场地恢复措施

(1)工程完工后,及时对现场进行彻底清理,现场清理包括路基范围内的所有垃圾、灌木、竹林、石头、废料等的铲除、挖除、移运与堆放。

(2)有害物质如燃料、废料、垃圾等,在采取其他措施处理后运至主管部门指定地点进行堆放,防止对动植物造成损害。

(3)恢复占用的耕地原状,回填表层种植土,疏通灌溉水渠,并取得当地政府相关部门的签认,尽可能在下季农作物种植前完成。

(三)水土保持措施

为有效预防和治理水土流失,项目公司根据水土保持相关法律法规及环水保基本要求和内容,结合项目实际情况,制定了项目水土保持措施,主要包括主体工程区水土保持措施、临时工程用地区水土保持措施、一般水土保持措施。

1. 主体工程区水土保持措施

(1)建立水土流失防治体系,按照设计及时完成系统、全面的水土保持工程措施,形成完整的水土流失防治体系。

(2)工程施工严禁切割、阻挡地表径流,不得强行改变径流的方向或改沟、改河,保证地表径流的排泄顺畅。

(3)基础施工的弃土及时运输到指定弃土场堆放,不得堆弃在河滩;开挖山体边坡时,及时采取有效的防护措施,以减少水土流失。

(4)工程附近有集中式饮用水源时,临时堆渣场和施工污水处理设施与水源的距离应符合有关法规的要求,临时堆渣场采取设置挡土墙等措施,污水处理设施采取防渗漏措施,防止水质恶化。

(5)施工结束,及时清除水中杂物,做到工完场净,并及时恢复原地貌。

2. 临时工程用地区水土保持措施

(1)在施工中临时占地,应将原有的地表肥力土推至一旁,待施工完毕后,再将熟土推至原有表层,以利于今后恢复耕种。根据当地的自然情况,对裸露地除硬覆盖外,还应种植适合该地区的常绿植物等进行美化,使工程建设造成的地表裸露面尽可能恢复植被。

(2)工程建设形成的其他裸露地表,均应绿化栽植,防止新增水土流失源。植物防护措施配置应遵循土地整治与造林种草措施相结合的原则。选择树种要做到适地适树,并结合生活及美化要求,适当选择具有观赏价值的树种。在具体布设上,防护林带要合理密植,注意乔、灌、草合理搭配,绿化和美化有机结合,形成综合性水土保持防护体系。

3. 一般水土保持措施

(1)实行"三同时"制度,加强对施工人员水土保持意识的教育管理。严格遵守《中华人民共和国水土保持法》《中华人民共和国水土保持法实施条例》及广西壮族自治区人民政府有关法律法规。

(2)建立水土保持管理机构,配置专职水土保持员,建立健全水土保持体系,坚持管理原则,抓住工程水土保持工作重点,有针对性地采取措施,确保水源、植被不被污染和破坏。

(3)施工前邀请地方水保部门共同对沿线水文、地质、植被情况进行调查,共同制定水土保持方案和措施。

(4)施工中严格按设计方案施工,尽量减少植被破坏,采取永临结合的原则,修建好施工中的各项排水设施,防止水土流失。废弃的砂、石、土必须运至指定的弃土场堆放,做好挡护和绿化。同时积极加强宣传教育,提高全体员工对水土保持重要性的认识。

(5)工程竣工后,对弃土场、生产生活用地及施工便道等进行复耕复垦,并按照当地水土保持主管部门的要求进行绿化,同时修建好排水系统,防止水土流失。

(6)会同工程所在地区、市、县环保部门等地方政府部门一起加大环保执法力度,最大限度地减少工程建设对生态环境的影响。

第4节　项目投资与成本控制

高速公路项目投资控制是指在建设过程中,对影响项目建设投资的各种因素加强管理,并采取各种有效措施,将工程建设中实际发生的各种消耗和支出严格控制在投资计划范围内,实现项目建设投资最优化目标,使企业获得良好经济效益。南横高速公路项目采用投建营一体化模式实施,项目公司立足全寿命周期视角,合理确定投资控制目标,在项目前期优化设计降低投资的基础上,在采购、施工、竣工验收各阶段采取有效措施对投资及成本进行全方位动态管控,确保投资目标的实现。

一、项目投资与成本控制主要内容

投资目标是项目管理最核心的目标之一,项目公司在实施过程中对投资实际值与目标值进行偏差分析,采取有效措施加以纠正,对建设成本进行有效控制,保证投资目标的实现。施工阶段项目投资与成本控制的主要内容包括确定投资控制目标、编制资金使用计划、审核工程款支付申请、纠正投资偏差、控制变更价款等。项目公司牢固树立全方位、全过程投资控制的观念,强化关键环节管控,确保建设标准适度,工程造价经济合理,投资控制各项措施落到实处。

1. 确定投资控制目标

高速公路项目投资目标在不同阶段随着建设过程的不断深入逐步具体和深化,在项目决策阶段确定投资估算;在初步设计阶段,设计单位概略计算全过程建设费用作为初步设计概算,一经批准不允许随意突破投资估算;在施工图设计阶段对初步设计进行深化,编制施工图预算,以施工图预算作为施工阶段的投资控制目标。

2. 编制资金使用计划

各施工单位应根据施工组织计划,统筹安排好整个合同期的资金使用计划,包括年度资金计划、半年度资金计划、季度资金计划、月度资金计划,保证编制的资金使用计划内容真实、数字准确,经监理单位审核后及时报送项目公司,经审批后作为当期用款依据。

3. 审核工程款拨付申请

施工单位在申请拨付工程款时,根据工程计量和项目自生资金存量情况向总承包商提交“关于申请拨付工程款的报告”和“项目用款计划表”;专监人员根据图纸、工程量清单、规范、质量合格证等进行现场工程计量,审核工程量清单和提交报告,并报总监审定;总监向总承包商签发“工程款支付证书”后,各施工单位提交“工程款拨付申请表”,总承包商在财务共享系统上发起付款审批流程予以支付,因特殊原因需要超计划范围支付的款项,应另报总承包商领导,经书面批准同意后方可支付。

4. 纠正投资偏差

高速公路项目施工中,监理人员应监督各项目部是否按照“项目用款计划表”执行施工任务,定期将实际投资与计划投资进行比较,若发现投资偏差,则分析投资偏差产生的原因并提出相应的优化调整意见,报项目公司进行方案优化的最终决定,采取组织措施、经济措施、技术措施、合同措施等对发生偏差部分进行调整,以实现项目总体投资控制目标。

5. 控制变更价款

项目公司要严格按程序开展变更设计,及时组织现场核对,严禁合并或拆分变更设计,严格控制变更设计费用,若合同中有适用或类似的变更规定,则按合同规定确定变更价款,由监理工程师提出初审意见后报项目公司审批,否则项目公司、监理及施工各方协商确定变更价款;每季度开展一次变更设计清理工作,每年年末统计、分析项目重要、重大变更设计及预备费使用情况,并报送有关部门。

二、投资控制目标

根据相关管理要求,原则上以政府批准的概算为投资控制目标。在实际建设管理过程中,项目公司结合企业内控要求,也制定了投资上限和利润目标。投资利润目标是企业内部绩效考核的重要依据。

(一)工可、概算、预算指标

按照南横高速公路项目可行性研究报告的线路走向和工程规模,南横高速公路项目工可估算总投资为224.32亿元,批复的初步设计概算为208.74亿元,批复的施工图预算为196.53亿元;两阶段设计过程中投资控制目标即初步设计概算不突破投资估算,施工图预算不突破批复的初步设计概算。

(二)项目投资控制总目标及建设期年度投资控制目标

根据相关批复文件,南横高速公路项目投资控制总目标为208.74亿元,建设期年度投资控制目标如表9-4所示。

建设期年度投资控制目标 表9-4

年份(年)	2020	2021	2022	2023
比例(%)	3.8	33.5	28.7	34
建设资金(亿元)	8	70	60	70.74

三、各阶段投资与成本控制措施

在建设阶段,南横高速公路项目公司积极采取有效措施,严格项目投资和成本控制,并取得较好效果。

(一)采购阶段投资控制措施

高速公路项目施工所需的物料采购费在项目造价中占有的比例最大,加强采购阶段投资控制对降低工程建设投资有十分重要的作用。南横高速公路项目在采购阶段主要通过统一采购、供应工程所需材料设备,自建砂石料场等方式进行投资控制。

1. 材料设备统一采购、统一供应

中铁交通投资集团有限公司委托中铁物贸集团有限公司承担南横高速公路项目集采物资

供应服务工作。中铁物贸集团有限公司依据相关文件组织集中采购,主要采用战略采购、招标采购、鲁班商城采购等方式,实现主要材料统一采购、统一供应,有效降低物资采购成本。

2. 自建砂石料场,降低材料成本

根据现场调查,南横高速公路沿线砂石料资源有限,供应不足,市场价格不可控。为解决地材供应不足和成本控制问题,根据地方有关文件精神,项目公司积极沟通、协调地方政府,取得地方政府的支持,委派专人负责地材资源调查事宜,通过查看地质图、走访、钻探等手段寻找适合的资源。合理利用现场石料,加工碎石和机制砂,集中统一供应到各项目部的拌合站。经对比分析加工成本和周边市场价格,自建砂石场在不考虑市场涨价的情况下,可有效节约项目材料采购成本。

(二)施工阶段投资控制措施

施工阶段是整个高速公路项目建设过程中持续时间最长、耗用资金最多、存在很多不确定性因素的阶段,也是进行整个项目投资控制非常重要的一环。南横高速公路项目根据工程实际情况,充分发挥 BOT + EPC 建设管理模式的优势,采取合理安排工期及建设顺序、统一临时工程建设标准、加强建设过程变更设计管控、建立劳务分包共享平台等措施进行投资控制。

1. 合理安排工期及建设顺序

南横高速公路项目按照工程建设自身规律,合理确定工程建设工期,合理安排工程建设顺序,采取组织、技术、经济、合同等手段加快工程进度,合理缩短建设期,从而节约利息支出,降低财务费用和建设管理费用,实现工程投资的有效控制。

2. 统一临时工程建设标准

项目公司根据广西壮族自治区交通运输厅临建标准和现场实际情况,编制了《南横高速公路项目临时生产生活设施建设标准》,指导全线项目部驻地、混凝土拌合站、钢筋加工场、梁体预制场、小型预制构件场、施工便道及便桥等临时生产生活设施建设,统一建设标准,降低临时工程建设投资,提高现场标准化水平。

3. 加强建设过程变更设计管控

为有效控制项目建安总投资,在总承包合同签订前,项目公司组织技术人员对施工图进行工程量清理,建立工程0#台账和工程量清单,确保工程数量准确,避免工程量和施工图预算出现重大差、错、漏等问题。项目公司与各工程局签订的总承包合同采用总价固定、过程据实计价的管理模式。建设过程中,施工现场若无重大不可预见事件发生,原则上不允许发生变更设计,以有效避免不必要成本产生,实现项目投资控制目标。

4. 建立劳务分包共享平台

项目公司通过现场调研发现各工程局对现场进度管理的力度参差不齐,各项目经理部劳务分包单价相差较大。为提高各标段的管理水平,降低施工阶段投资,项目公司建立了劳务分包共享平台,要求各标段的劳务分包合同送项目公司备案,项目公司定期公布、分享各工序劳务分包单价,对分包单价异常的标段,要求分析原因,及时整改。

(三)竣工阶段投资控制措施

竣工阶段投资控制措施主要包括加强竣工结算审核、编制竣工决算报告。

1. 加强竣工结算审核

竣工结算是施工单位依据合同规定全部完成所承包的工作，向项目公司进行最终工程价款结算的经济文件。工程结算的编制不仅影响项目公司与承包商之间的利益，也是合理确定工程实际投资的重要依据。因此项目公司要认真、准确地做好竣工结算的审核工作，委托业务能力强、社会信誉好的企业开展结算审核，在建设过程中注重工程技术、施工方案报告等结算资料的妥善留存，审核时特别注意合同条款的核对、细致检查隐蔽工程验收记录、核对清单数量以及综合单价等，保证结算审核的合规性、完整性、真实性和准确性，有效节约工程投资。

2. 编制竣工决算报告

高速公路项目竣工决算报告由项目公司按照国家有关规定编制，是反映建设工程项目建设成果和财务状况的总结性文件。竣工决算报告以竣工结算为基础进行编制，编制主要体现两点：一是作为正确核定固定资产价值，办理交付使用、考核和分析投资效果的依据；二是通过与预决算的对比分析，积累资料，总结经验，提高高速公路项目的管理水平和投资效率。

第5节　建设资金与农民工工资管理

高速公路建设资金是高速公路得以顺利建设的重要保障，加强资金管理可有效提高资金利用效率，保证资金安全、合法、合规、专款专用，使高速公路建设项目取得良好的经济效益和社会效益。广西南横高速公路项目指挥部根据相关法律法规、中国中铁股份有限公司相关规定及施工合同文件，结合项目实际情况，制定了《广西南横高速公路工程建设资金管理规定》，项目公司制定了《农民工及农民工工资管理办法》及《南横项目关于根治拖欠农民工工资攻坚行动的实施方案》，确保了资金管理工作有序进行，加强了对农民工工资的监督及管理，保障了南横高速公路项目建设的高质量、高效率和经济性。

一、建设资金与农民工工资管理主要内容

项目公司要加强资金管理工作，防止资金挤占和挪用，确保建设资金专款专用，满足项目施工建设需要和完成合同规定的目标；同时加强对农民工工资的监督、管理以保障农民工合法权益，保证高速公路建设环境安定和谐，维护社会稳定。建设资金与农民工工资管理主要内容包括明确建设资金来源、全过程资金监管、规范农民工工资支付等。

1. 明确建设资金来源

高速公路建设资金来源逐渐多元化，主要包括政府投资、地方自筹资金、银行贷款、企业自筹资金和社会融资等。投建营一体化高速公路项目建设资金主要包括权益资金和债务资金：权益资金由各股东单位按照股权比例实缴，按投资协议约定时间注入资本金；债务资金主要通过银行贷款等方式筹集，项目公司应加强与各大银行对放款时间、资金规模保障及资金集中等问题的沟通，确保分阶段按需求放贷，争取政策优惠红利，以减少融资闲置占用额度和融资成本。

2. 全过程资金监管

资金使用是否有效、安全取决于监督机制是否有效，项目公司要对各项目部建设资金使用情况进行监督和不定时检查。项目公司的监管重点应放在对各承包人的资金监管和征地拆迁资金监管上，对其进行全过程、全方位的监督检查，建立健全内外部资金使用的内部控制制度，确保安全、合理、有效地使用建设资金。

3. 规范农民工工资支付

项目公司督促各参建单位依法规范劳务用工管理、及时足额以网银支付方式支付农民工工资，每月对项目经理部上报的上月农民工工资支付清单及付款回执（扫描件）进行审批。要落实维护社会稳定责任，实行特殊时段和关键时期维稳工作包保责任制，及时化解矛盾，解决问题，积极营造良好的建设环境。

二、资金管理会计机构及账户管理

（一）会计机构

1. 会计机构设置要求

为确保资金管理工作有序进行，南横高速公路项目指挥部要求各项目经理部应当建立健全会计机构，并配置会计机构负责人、专职会计和税务管理岗位会计人员，会计人员应当具备从事会计工作所需要的专业能力，应按规定每年参加继续教育学习。

2. 会计机构核算工作要求

各项目经理部会计机构应按适用法律、合理的财务和商业标准及《中国中铁会计核算手册》认真而有效地处理其业务与事务；加强内部财务管理和会计控制，规范会计核算体系；建立健全资金使用管理制度，做到资金管理有制度可依，有原则可循。

（二）账户管理

为强化资金集中管理，南横高速公路项目积极发挥主观能动性，严格执行中铁交通投资集团有限公司资金管理相关规定，通过加强资金结算账户管理，提升项目资金集中度和资金使用效率，节约财务成本。

1. 结算账户开设

南横高速公路项目指挥部仅开设一个财务公司账户，日常资金结算全部通过财务公司账户进行。各项目经理部严格执行中国人民银行有关账户管理的规定，并考虑工程款项结算支付要求，在指挥部统一指定银行或金融机构开立结算账户和农民工工资专用结算账户。项目经理部的结算账户一经选定不得擅自变更开户银行；如确有变更开户银行的必要，需先报指挥部批准方能予以实施。各项目经理部应以书面形式将其开户许可证明复印件、开户银行、户名、账号等资料报送指挥部的下设部门财务会计部备案。各项目经理部应当根据指挥部管理需求，按要求及时提供各银行账户流水明细清单及其他清单。

2. 结算账户使用要求

指挥部只对签订合同的单位或者签约单位授权成立的项目经理部支付和被授权项目经理

部委托的事项支付，不对非其授权委托的内部独立核算单位或分包人单独支付。各项目经理部开设的结算账户，主要用于指挥部向项目经理部支付工程款，以及按项目经理部履约合同资金专款专用要求及时支付与工程项目有关的款项等，不得用于与本工程项目无关的其他活动。

三、建设资金监管

加强建设资金监管是保证建设资金安全、合理、有效地使用，防止资金外流，提高投资效益的重要工作。高速公路建设项目资金监管内容主要包括对承包人的资金监管和征地拆迁资金监管。

（一）对承包人的资金监管

高速公路项目建设中，建安投资占建设总投资比重超过70%，也就是说，有70%以上的建设资金要通过计量支付给承包人，由承包人支配和使用。因此，加强对工程承包商的资金监管是高速公路项目建设单位实施财务监管的重心。南横高速公路项目指挥部根据相关法律法规及中国中铁股份有限公司相关规定以及施工合同文件，并结合项目实际情况，制定了对承包人的资金监管相关措施和要求。

1. 资金使用情况监督检查

南横高速公路项目指挥部随时对建设资金使用情况进行监督、检查。各项目经理部应积极配合、主动接受检查和监督，不得以任何借口阻止检查。

2. 建设资金使用要求

南横高速公路项目指挥部支付的各款项均为项目的专款专用资金，在合同执行期间，项目部不得以任何理由和方式转移、挤占、挪用、截留、出借和质押工程建设资金，不得化整为零转移资金、变相转移资金、违规使用资金等，不得将资金用于其他工程，不得有对外投资、担保、拆借的行为。

3. 建设资金集中管理

南横高速公路项目各项目经理部遵照中国中铁股份有限公司要求，将建设资金存入中铁财务有限责任公司进行集中管理，集中管理的资金应用于南横高速公路项目建设。未经指挥部书面同意，该资金不得作为项目上缴款进行上缴，各项目经理部的上级单位也不得进行收缴。各项目经理部必须保证集中资金上收下拨通畅。

4. 农民工工资支付

南横高速公路项目各项目经理部必须按月及时支付农民工工资，不得以任何理由拖欠农民工工资，同时设立农民工花名册，对农民工工资支付进行台账管理。每月向项目经理部上报上月农民工工资支付清单及付款回执（扫描件），所有农民工工资均要求实行网银支付。

（二）征地拆迁资金监管

征地拆迁费是按照《中华人民共和国土地管理法》《中华人民共和国土地管理法实施条例》《中华人民共和国基本农田保护条例》等法律法规的规定，为进行公路建设需征用土地所支付的土地征用及拆迁补偿费等。南横高速公路项目为加强征地拆迁资金监管，确保征地拆迁资金专款专用，制定了相应管理措施。

1. 征地拆迁资金专户管理

为了便于协调和管理，保证征地拆迁补偿款专款专用，南横高速公路项目公司督促地方政府建立征地拆迁资金管理专户，并将专户信息以文件形式函告南横高速公路项目公司，征地拆迁补偿款拨付全部以转账方式进行。

2. 严格确定和支付征拆费用

南横高速公路项目建设土地征用及附着物拆迁，严格执行地方政府相关补偿标准文件。补偿数量由南横高速公路项目公司、相关部门（市局）、乡镇、村组及权属人共同清点、丈量登记，并相互签字确认。严格按照合同协议约定方式支付征拆费用，严禁超付和无协议支付。定期进行资金拨付核对，防止误拨、漏付现象发生。定期监督检查征地拆迁补偿款到位及使用情况。在征拆数量台账基础上建立征拆费用支付台账并适时更新，确保征地拆迁款拨付正确无误。

3. 征拆费用分析与核算

南横高速公路项目公司每季度对征拆费用进行分析，对已确定费用、已支付费用进行统计，对未确定费用进行测算，估算项目阶段性征拆费用，与概算指标对比分析，分析材料每季度末上报中铁交通投资集团有限公司生产管理部。

四、农民工工资管理

加强农民工工资管理，及时发放农民工工资，可有效保护农民工利益，保障社会和谐稳定，避免因农民工工资问题给参建各方带来不利影响。南横高速公路项目为规范农民工工资支付行为，预防和解决施工单位拖欠或克扣农民工工资问题，保护农民工的合法权益，根据《中华人民共和国劳动法》《中华人民共和国劳动合同法》《国务院办公厅关于全面治理拖欠农民工工资问题的意见》（国办发〔2016〕1号）等相关法律法规和文件，结合项目实际，制定了南横高速公路项目农民工工资管理有效措施。

（一）提高政治站位，明确工作目标

坚持以人民为中心，认真推动根治欠薪工作落实落地，切实解决好新形势下农民工工资支付保障问题，维护农民工合法权益和社会和谐稳定，进一步巩固和完善项目农民工管理长效机制，以期达到制度合理、管理有序的目标，确保农民工工资及时足额发放到位，守住农民工工资“零拖欠”底线。

（二）加强组织领导，压实管理责任

项目公司（指挥部）成立以项目党政主要领导为组长、其他领导为副组长、相关部门为组员的农民工管理领导小组，全面掌握全线8个项目经理部农民工管理工作落实情况，督促各标段认真开展农民工管理工作，切实维护农民工合法权益。

各项目经理部成立以项目主要领导为第一责任人的农民工工作管理领导小组，全面掌握本标段内农民工用工情况，定期组织对所管辖标段农民工工资发放情况进行摸底排查，建立农民工信息登记统计表及欠薪问题工作台账，准确掌握第一手资料，逐一制定根治欠薪方案，切实保障农民工合法权益。同时安排专人密切关注本标段辖区范围内农民工工资拖欠方面的舆

情信息，积极与地方劳动监察等部门对接，发挥对接和协调作用，做到欠薪舆情第一时间掌握、第一时间报告，避免事态进一步恶化。

(三)强化制度落实，保障依法合规

严格落实农民工工资保证金、劳动合同签订、施工全过程结算、实名制、分账管理、分包委托总承包企业通过银行代发工资、按月足额发放工资、维权信息告示牌等(简称“一金七制度”)保障农民工工资支付制度，按月公示农民工工资发放记录，依法合规推进农民工管理工作。

(1)依法推进全员签订劳动合同。凡项目范围内施工单位招用劳动者，均必须按照《中华人民共和国劳动法》《中华人民共和国劳动合同法》规定，在用工之日起与劳动者依法签订劳动合同，明确双方的权利和义务。

(2)完善劳动用工网上备案制度。凡项目范围内施工单位招用农民工需在广西建筑农民工实名制管理公共服务平台完成项目账号注册，将所承包项目全部建筑工人及项目管理人员的实名制信息录入平台，并实时更新，对信息的真实性、完整性、准确性负责。

(3)全面落实农民工工资保证金制度。各项目经理部按照有关规定开设农民工工资保证金专用账户，并按要求存入保证金，或使用保函替代农民工工资保证金(符合免缴条件的单位无须缴纳保证金)，预防和解决拖欠农民工工资突发事件，促进项目建设的健康有序发展。

(4)严格执行工资和工程款分账管理。各项目经理部按照有关规定开设农民工工资专用账户，专项用于支付该工程建设项目农民工工资，全面实行农民工工资和工程款分账管理制度，确保农民工工资通过专户代发形式足额发放到农民工个人账户中，杜绝拖欠农民工工资而引起群体性事件或极端事件发生。

(5)认真执行劳动者维权告示制度。各项目经理部在施工现场醒目位置设立维权信息告示牌，明示建设单位、施工总承包单位及所在项目部、分包单位、相关行业工程建设主管部门、劳资专管员等基本信息，明示当地最低工资标准、工资支付日期等基本信息，明示相关行业工程建设主管部门和劳动保障监察投诉举报电话、劳动争议调解仲裁申请渠道、法律援助申请渠道、公共法律服务热线信息。

(四)强化过程管理，建立预防机制

(1)做好资金保障，确保农民工工资拨付。项目公司(指挥部)积极筹措建设资金，按期展开验工计量工作，及时足额将农民工工资拨付至农民工专用账户中，并监督施工单位及时发放农民工工资，避免拖欠农民工工资的现象发生。

(2)建立排查制度，严防迟报、漏报。各项目经理部定期报送农民工工资支付清单到项目公司(指挥部)，项目公司(指挥部)根据清单核实排查，防止发生迟报、漏报问题。对发现上述问题的，第一时间进行调查、处理，守住农民工工资“零拖欠”底线。

(3)建立预防机制，预留应急保证金。按照每期工程计量金额，预留一定比例农民工工资应急保证金，一旦有欠薪事件发生，便可立即启用应急保证金先行垫付，应急保证金作为各标段缴存农民工工资保证金的补充，对预防欠薪事件的发生起到了双重保障的作用，确保将欠薪问题消除在萌芽状态。

（五）落实主体责任，加强违约处罚

（1）各项目经理部发生拖欠农民工工资事件的，经核查情况属实，项目公司（指挥部）有权将该行为列入项目信誉评价考核管理范围，取消所涉及单位和人员的评先评优资格，并且将暂停拨付工程款，优先保障农民工工资拨付，在季度综合检查中进行扣分处理。

（2）对各项目经理部拖欠农民工工资或出现农民工上访现象，引发群体性事件、极端事件造成严重不良社会影响的，项目公司除通报施工单位上级单位外，还有权报工程所在地相关行政管理部门、劳动保障行政主管部门、公安部门进行查处，报相关行政管理部门将该企业的不良行为记入企业信用档案，并在有关媒体上向社会公布。除此之外，施工单位若发生以下五种情况，项目公司将视情况轻重，予以施工单位一定经济罚款。

①施工单位未依法与农民工签订劳动合同。

②施工单位未按期支付农民工工资。

③施工单位未按劳动合同约定标准支付农民工工资。

④施工单位未按期与农民工结算并足额支付剩余工资。

⑤其他影响农民工工资发放的情形。

第6节　监理管理

为更好地发挥工程监理在南横高速公路项目建设过程中的监督、管理作用，落实监理合同及国家法律法规规定的责任及义务，确保本项目的质量、安全、进度、费用及环保符合施工合同、设计图纸、相关法律法规的要求，项目公司根据工程建设需要制定了《广西中铁南横高速公路有限公司工程监理管理办法》，对监理单位职责、项目公司对总监办的考核与监督、监理工作考核等进行了详细规定。

一、监理管理主要内容

监理单位是项目施工过程中主要监督、控制者之一，项目公司加强对监理的管理是确保监理活动处于受控状态，确保监理单位认真负责地监管工程的重要保证。监理管理的主要内容包括监理资质审查、监督监理履约行为、监理动态考核管理等，使监理单位更好履行合同，为项目建设服务。

1. 监理资质审查

项目公司在监理招标工作中重点考察监理单位的资质、项目拟投入人员资质、同类工程监理经验及监理业绩，全方位考察其专业技能、工作经验、对项目所在地区的熟悉程度等因素，选择最合适的监理单位为工程建设服务。

2. 监督监理履约行为

项目公司对监理单位履约行为的监督主要包括监理资料管理和监理现场管理两方面，以监督为主，管理为辅。监理资料包括监理日志与会议记录、监理月报等，项目公司需对资料完整性、全面性及清晰度进行监督审核；对于监理现场管理，注重考察监理人员及时发现问题与解决问题的能力，是否满足现场实际需要，检查各项规章制度的落实情况，监督监理人员是否完整执行监理合同、监理实施细则，使其更好地为项目服务，为施工现场服务，防止发生损害项目公司利益的事情和对施工单位进行“吃、拿、卡、要”。

3. 监理动态考核管理

项目公司对监理单位的监理人员和监理效果两方面进行考核。一方面，掌握监理人员的出勤到位、工作表现、廉洁自律等日常工作情况，加强监理个人考核评价，严格监理“黑名单”动态管理，根据工作情况要求监理单位更换不称职的监理人员，同时奖励考核优秀者，进一步激发监理人员工作活力，形成积极竞赛局面；另一方面，对项目进度、质量、安全、环水保、投资成本等方面的监理效果进行不定期检查考核，并将每次检查结果纳入阶段目标考核，以考核评分结果作为年底信誉评价参考依据。

二、监理管理组织机构

监理管理组织机构及其职能是确保项目监理工作顺利开展的基础，南横高速公路项目根据《公路工程施工监理规范》(JTG G10—2016)、《关于印发〈公路水运工程监理信用评价办法〉的通知》(交质监发〔2012〕774 号)等国家和地方规范及监理合同相关规定，结合项目建设需要，采用一级监理管理，具体为项目公司→各标段总监理办公室(图 9-5)。项目公司建设管理部负责协调总监办与承包人、设计代表的工作关系。总监办按照合同要求接受项目公司的相关指导、管理、考核。各标段总监是履行各项监理职责的管理者，对所负责标段监理工作负全面责任。

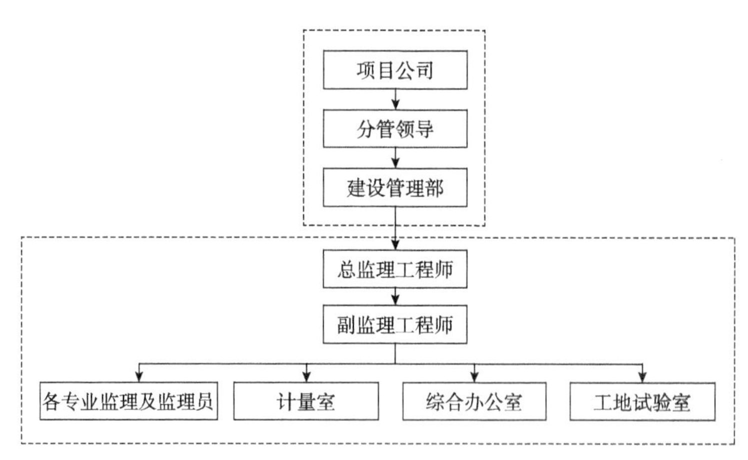

图 9-5　南横高速公路项目监理管理组织机构图

三、项目公司对总监办的考核与监督

项目公司按监理合同对总监办的生活、办公设施，试验测量设备，监理人员的落实、到位情况进行全面检查，督促总监办完善各项保障措施，并对工程建设中监理人员的工作表现、劳动纪律、廉政情况进行考核，对各种进场设施、设备的使用情况、完好程度进行跟踪了解，督促其维修或更新，以满足监理工作需要。

(一)工程质量监理

(1)项目公司按监理规程、合同要求督促总监办建立健全质量保证体系(含监理试验室的仪器及试验人员配备),审查监理机构的抽检、平行试验是否符合相关规范要求,审查监理机构外委试验部门的资质和信誉,现场检查与独立抽检试验相结合,以加强对工程质量的监督。

(2)上级主管部门、质监部门等检查工地时如发现不合格工程,将视情况轻重给予责任人批评、经济处罚、通报,甚至要求总监办开除的处分。对工程造成重大质量事故或隐患的,将上报广西壮族自治区交通工程质量安全监督站处理、备案,并依法追究其责任人和总监办的责任。

(3)各现场监理机构必须按照招标文件的要求,对监理机构派出的工地试验室进行管理。加强工程材料质量审查,严格按照合同及规范要求进行抽检,杜绝不合格工程材料应用于工程建设,保障工程质量。

(4)总监办应按照项目公司质量总体目标要求,制订相应质量控制计划和关键工程、重点工程控制计划。项目公司将不定期对工程质量进行检查,将每次检查结果纳入阶段目标考核。

(5)总监办应按照合同规定,以品质工程为主题,响应项目公司开展的质量主题活动,并对各现场监理机构和承包人的活动开展情况进行督促、指导、监督、考核。

(6)监理机构应安排专人按规范填写监理日志,详细记录监理机构履职过程,总监办要定期检查确认,随时抽查。各类监理档案资料要分类妥善保管,及时统计汇总,总监办要定期或不定期巡查各管辖承包人各阶段工程质检资料的收集、整理、归档完成情况。

(二)工程安全监理

(1)总监办应按国家相关法律、法规和合同文件要求,建立健全安全规章制度,督促承包人建立健全工程施工安全保证体系,并结合工地情况进行现场安全检查、落实。

(2)各现场监理机构应审查承包单位施工安全保证措施和专项安全施工方案是否满足国家及地方关于施工安全的规定的要求,以及这些措施的可操作性及完整性,并在施工过程中检查施工单位对各项措施的落实、执行情况,以及实施的效果。

(3)各现场监理机构应加强特殊工种证件的有效期核查,对重要的施工机械,特别是塔式起重机、人货电梯等要求施工单位申报专项安装及拆除方案,并检查其主管部门颁发的统一编号、安装单位资质、作业人员的特种作业操作证、承包单位的验收文件等。

(4)采用日常检查与专项检查方式,定期或不定期地对施工现场开展隐患排查与治理工作,发现重大事故隐患时应要求施工单位立即停工整改、跟踪督办,并履行报告职责。

(5)按规定对安全生产费用计划、提取、使用情况进行核对、计量和审批,审查使用凭证,确保专款专用,同时建立安全经费管理台账。

(三)工程进度监理

(1)项目公司督促监理单位按照项目公司总体进度目标审查承包人的进度计划,并根据总体计划制订阶段目标计划(年度、季度、月度),切实落实目标计划的保证措施。

(2)在计划执行过程中,总监办应随时督促检查承包人的工程进度,现场监理人员每天必须掌握当天进度执行情况;总监办每周必须汇总工程进度信息,建立进度计划联系制度,每周向项目公司汇报,并根据工程实际进展情况,要求承包人调整进度计划,以满足项目公司总体进度目标要求。

(3)总监办必须根据进度计划要求,制订相应的监理计划,监理计划必须满足现场进度计划的要求。总监办和承包人进度计划的落实情况应随时接受项目公司的检查,检查结果将被纳入阶段目标考核。

(四)工程费用监理

(1)监理工程师必须及时、准确核实承包人完成工程投资及计量支付情况,分析由此可能产生的影响工程质量、进度的问题,及时向项目公司反馈。

(2)监理工程师对承包人计量与支付的审查,采用现场抽查方式,对重要隐蔽工程、变更增加工程的计量与验收,除必须提供施工原始影像资料外,还须有两名及以上监理工程师和项目公司相关人员在现场共同参与验收。

(3)监理人员如在计量和变更等方面弄虚作假,将严肃查处。在工程材料、工程投资等方面给项目公司造成损失或产生不良影响者,项目公司将要求总监办按合同约定给予赔偿。

(4)监理人员应根据工程现场实际,对设计方案提出合理的优化意见,项目公司保留方案优化的最终决定权。

(五)标准化施工监理

总监办应根据交通运输部公路局《高速公路施工标准化技术指南》(2012 年 11 月)等文件资料和项目公司关于标准化建设的相关要求,落实总监办、驻地办、试验室的标准化建设工作并监督检查承包人施工标准化建设落实情况。总监办应根据南横高速公路施工标准化管理实施细则对承包人施工标准化工作进行监督与管理。

(六)环保及水保监理

总监办应监督检查承包人是否按照国家相关规定和设计要求做好工程沿线生态环境、水土保持、自然保护区、自然景观、主要河流水质等的保护工作;同时做好施工场地、驻地、施工便道、砂石料场、取弃土(渣)场等大型临时工程的环境保护备案登记工作,使环保及水保工作满足国家和地方关于环境保护的要求。

(七)合同履约管理

(1)总监办人员配置、机构设置、监理人员上岗情况等均需满足合同要求。此外,项目公司应列席总监办主持召开的工地例会,以便了解、研究和尽可能解决施工中的各种问题。监理工程师在授权范围内处理有关工程设计变更,对计量支付和新增项目单价提出初审意见后报项目公司审批。

(2)总监办应按照合同规定,定期对承包人的合同履约情况进行审查、考核,对承包人的违约行为提出初步处理意见并报项目公司审批,对承包人的从业行为进行初评价,项目公司保留最终评价权。

(八)信息化管理

总监办应按监理合同要求配合落实好南横高速公路项目信息化管理工作,充分利用互联网、物联网等信息化技术手段,积极创新,逐步由传统监理工作方法向信息化、智能化管理提质升级,实现进度、质量、安全、环保、费用管控及监理资料的数字化管理,进一步提升监理工作效率。积极督促管辖施工单位落实建设单位有关信息化、智能化管理文件要求,配合建设涵盖进度管理、投资管理、质量管理、档案管理、安全管理、综合管理的工程建设项目信息化管理平台,实现各方数据、信息共享,提升管理效率,最终实现建设管理目标。

四、监理工作考核细则

项目公司采取季度考核的方式对监理工作进行检查考核。考核内容包括监理单位履约情况、工程质量监理情况、工程进度监理情况、工程费用监理情况、工程安全监理情况、工程环保及水保监理情况、合同履约管理情况、监理资料管理情况、廉政建设情况以及信息化管理落实情况。制定了总监办履约检查考核评分表,细化了各部分评价内容和评分标准。考核采用百分制进行综合评分,考核等级分为五个等级:得分在95(不含)~100分为一等(好);得分在85(不含)~95分为二等(较好);得分在70(不含)~85分为三等(一般);得分在60~70分为四等(较差);得分低于60分为五等(差)。项目公司将季度考核结果进行全线通报,对被评为一等的单位,进行全线通报表扬;对被评为四等及以下者或年度累计两次考评为三等者,进行全线通报批评,并报告其主管单位。此外,考核结果将作为年底信誉评价参考依据。

第 10 章　南横高速公路项目技术与科研管理

高速公路项目具有技术复杂、工程难点及风险集中等特点，因此在高速公路建设过程中要做好技术与科研管理工作，以保证和推动工程的顺利开展。南横高速公路项目公司建立了完善的技术管理和试验检测管理办法，积极开展多项课题科研工作，推进信息化建设，有力地促进了工程难题的顺利解决，为顺利推进项目建设、提高建设管理效率提供了有力支撑。

第 1 节　技术管理

技术管理是高速公路项目建设管理的重要组成部分，是确保工程质量、加快工程进度、降低工程成本、提高企业经济效益的重要保证。南横高速公路项目公司高度重视项目技术管理工作，建立了完善的技术管理制度，明确技术管理要求，加强施工方案管理，并制定了完善的技术管理考核办法，促进技术管理工作的科学化、规范化和程序化，提高项目管理整体水平。

一、技术管理内容

为加强南横高速公路项目的技术管理工作，保证工程项目建设快速、有序、优质高效地完成，依据集团公司有关规定，结合南横高速公路项目特点和管理要求，项目公司对技术管理工作的内容和要求进行了明确，主要包括设计文件审核、施工调查、工程测量、施工组织设计、技术交底、工程调度、设计变更、内业资料管理、施工方案管理及试验检测管理（后文介绍）等。

（一）设计文件审核

南横高速公路项目施工所需的施工设计文件由项目公司统一分发到各标段，各标段及时组织相关人员对施工设计文件进行复核和现场核对，并做好复核和现场核对记录。

复核和现场核对的内容主要包括（但不限于）以下 9 项：

（1）施工设计图是否符合国家现行的有关标准，图纸资料所标注的尺寸、高程、数量的复核性计算，尺寸、坐标、高程等有无遗漏和矛盾。

（2）图纸的份数及说明是否齐全、清楚、明确，工程地形、地貌、水文、地质以及环境等情况的描述与实际情况是否一致。

（3）现场工程用地界、桥梁、隧道等结构物的长度和高程计算是否正确，结构物设计是否能满足现场实际施工要求，是否存在不能施工、不便施工或难于施工的技术问题。

（4）设计图与其设计说明的内容是否一致，设计图各组成部分之间有无矛盾和差错，标注有无遗漏。

（5）对图纸上所要求的材料能否保证到位或代换，有无难以提供的材料或设备。

（6）关键部位有无特殊措施、特殊要求，施工能否保证。

(7)施工的技术设备条件是否满足设计要求。

(8)当采取特殊的施工技术措施时,现有的技术力量及现场条件有无困难,能否保证施工质量和安全施工的要求。

(9)有关特殊技术或新材料,其品种、规格、数量能否满足设计工艺规定要求等。

对复核和现场核对出的设计问题,汇总逐级上报总监、项目公司建设管理部,再由项目公司建设管理部汇总并组织设计、监理、施工单位进行设计答疑和设计交底。

(二)施工调查

各标段进场后,要立即开展施工调查,拟定调查提纲,包括调查范围、内容和调查方式,组织现场勘察,收集分析有关资料,编写调查报告。

调查内容包括:工程概况,工程重点、难点和控制点的分析及意见,建筑材料供应情况,施工运输方案及供水、供电、施工通信方案的初步意见,对所需的各项大、小临时设施提出的设置点、规模、标准和数量控制等安排意见,生活供应方案、职工进场和施工过程中应注意的问题、环境保护意见等,待解决的问题和事项等。

(三)工程测量

(1)各标段必须建立测量机构及测量制度,并达到与所承担的测量任务相适应的条件,维持测量队伍的稳定。各标段总工程师要亲自督促行业现行测量规范、制度的贯彻执行,尤其是对测量复核制和分工负责制要进行经常性的检查监督。

(2)各标段组织专业技术人员对设计单位所交付的导线控制点桩位坐标、水准基点桩高程以及相应的交桩资料进行闭合性复核测量。测量方案和测量成果报告经总监办审批后报项目公司建设管理部备案。

(3)对设计单位所交付的中线位置桩、三角网基点桩、水准基点桩、导线等及其测量资料进行检查、核对时,若发现标志不足、不稳妥、被移动或测量精度不符合要求,应进行加密、补测、加固、移设或重新测校,并按程序上报项目公司。

(4)各项工程都必须进行施工复测,未经复测的工程一律不允许开工或进行下一道工序的施工。施工管段内的桥、隧重点工程,在施工过程中,必须执行独立的测量复核制度,同时在两个单位的分界处,双方必须共同进行贯通测量,确认共用的中心桩和水准基点。

(四)施工组织设计

(1)各标段根据所施工合同段的工程实际情况,编制本合同段的实施性施工组织设计,编制内容包括(但不限于):工程概况、施工总平面布置、技术规范及检验标准、施工顺序及主要工序的施工方法、质量保证计划及质量保证措施、职业健康安全劳保技术措施、环境保护技术措施、施工组织设计计划进度图、各类资源用量计划、大型临时工程安排等。

(2)各标段编制的实施性施工组织设计,由各标段上级单位技术负责人组织对其科学性、合理性、可行性进行审查和论证,通过后签章确认,并按程序报总监办审批后实施,通过审批后的实施性施工组织设计报项目公司备案。

(3)实施性施工组织设计经批准后,不得随意变更,劳动力组织、设备配备、施工计划安排、技术管理、物资供应、后勤保障等都要以批准的施组为行动纲领,年度、季度、月度施工计划安排以施组的进度安排为编制依据,精心组织施工。

(4)施工组织设计实行动态管理,项目公司定期对各标段施组执行情况进行监督、检查。如因主、客观因素发生较大变化,难以按预定施工组织设计实施时,由原编制单位调整施工组织设计,并按审批程序批准后组织施工。

(五)技术交底

技术交底实行分级进行、分级管理:

(1)设计文件的技术交底,由项目公司组织,各参建单位主要负责人、技术负责人及相关人员参加。设计单位主要对全线和重点工程项目的设计概况、施工技术要求等进行交底,项目公司对工程质量、进度、投资以及管理办法和管理程序进行交底。

(2)参建单位的技术交底,在实施性施工组织设计批准之后、开工之前进行。参建单位技术交底力求准确详尽,内容包括设计技术标准、工程数量、施工方案、施工方法、工艺要求、工期安排、技术措施、操作规程及质量、安全、环境保护等措施。

(3)班组的交底工作,是各级技术交底的关键。技术人员向操作班组交底时,要结合具体操作部位,贯彻落实相关规范要求,明确关键部位的质量要求、操作要求及注意事项,制订保证质量、安全和保护环境的技术措施,对关键性项目、部位和涉及新技术的项目,应反复、细致地向操作班组进行交底,必要时应做示范操作。

各标段在施工前都应进行技术交底并做好详细的书面记录,相关资料、签字确认表、相关记录、纪要等分类存档。技术交底包含设计文件、施工组织设计、施工合同、施工方案工序等有关内容。所有工序实施前,项目部要对作业人员进行书面技术交底,未进行技术交底不得施工。工序应交底到现场管理及作业人员手中,与试验相关的内容交底到试验人员手中,安全质量专项技术交底到参与施工的现场管理人员、技术人员、安全质量管理人员、作业人员手中。

各标段技术管理部门在技术交底前,应熟悉设计图纸、有关的规范规程及技术安全标准等,对原图和资料进行分解,重新组合并附加解释,对可能疏忽的细节要特别说明,提出工艺标准、质量标准和克服通病的措施,不得将设计文件、标准图不加标注、审核、分解而简单地复印下发。

(六)工程调度

(1)工程调度是工程施工管理过程中信息沟通的主要途径。各标段应建立健全调度信息系统,设置专职调度员,准确统计本标段施工生产情况,并按要求及时向公司调度上报各种报表。调度人员应熟悉工程施工调度业务,工作能力和责任心较强。

(2)调度工作需遵守调度双重领导原则、诚实原则和保密原则,执行值班制度、突发事件随时报告制度、调度与相关部门间工作协调制度以及工程建设日报、周报、月报、年度总结报告等定期报表制度。

(3)项目公司要及时收集公司范围内各类工程建设信息,并对信息进行筛选、确认和分析,确保信息的真实性;按期编制各类调度报表,呈送给公司相关领导和部门,及时反映公司工程建设总体推进情况,重点通报公司关注项目、计划完成滞后项目及节点工期兑现压力大项目的情况;每月对公司关注工点、预警工点至少巡视一次,新开工工点开工后适时到现场了解情况;保持与集团公司对口部门联系,了解集团公司工作新动态、新情况,汇报公司工作进展情况;参加公司年度、季度施工计划的编制,参与审查各项目部月度计划;收集、整理并及时更新调度系统通讯录,保持调度系统通信畅通。

(七)设计变更

1. 设计变更分级

(1)重大设计变更

有下列情形之一的属于重大设计变更:①连续长度10km以上的路线方案调整的;②特大桥的数量或结构形式发生变化的;③互通式立交的数量发生变化的;④收费方式及站点位置、规模发生变化的;⑤超过初步设计批准概算的。

(2)较大设计变更

有下列情形之一的属于较大设计变更:①连续长度2km以上的路线方案调整的;②连接线的标准和规模发生变化的;③特殊不良地质路段处置方案发生变化的;④路面结构类型、宽度和厚度发生变化,或路面主要材料发生变化费用超过500万元的;⑤大中桥的数量或结构形式发生变化的;⑥互通式立交的位置或方案发生变化的;⑦分离式立交的数量发生变化的;⑧监控、通信、收费系统总体方案发生变化的;⑨管理、养护和服务设施的数量和规模发生变化的;⑩其他单项工程费用变化超过500万元的;⑪超过施工图设计批准预算的。

(3)一般设计变更

一般设计变更是指除重大设计变更和较大设计变更以外的其他设计变更。一般设计变更A类:单项工程费用变化达到30万~500万元的变更;或无合同单价需新确定单价进行补充,且单项变更金额超过30万元的变更。一般设计变更B类:单项工程费用变化达到10万~30万元的变更;或有合同单价需新确定单价进行补充,且单项变更金额不超过10万元的变更。一般设计变更C类:单项工程费用变化达到0~10万元的变更。

2. 设计变更提出

(1)勘察设计、施工和监理等单位可以向项目公司提出设计变更的建议。设计变更的建议应当以书面形式提出,并应当说明变更理由。项目公司也可以直接提出设计变更的建议。

(2)设计变更的建议以书面形式提出,并应当注明变更理由,如原设计存在错误,原设计存在缺陷,原设计深度或精度不够,深化原设计,技术标准、规范发生变化,发生地质、气象等灾害,地方政府或有关部门要求,施工工艺改变,工期调整等。

3. 设计变更申报

(1)一般设计变更的申报流程

一般设计变更A类,由监理工程师审查,提出审查意见并报项目公司,项目公司通过党工委会、总经理办公会审批;一般设计变更B类、C类,由监理工程师审查,提出审查意见并报项目公司,项目公司走会签流程进行审批。

(2)较大、重大设计变更的申报流程

设计、施工或监理等单位以书面形式提出设计变更的建议→建设管理部要求设计单位进行初步勘察后,组织相关单位对设计变更建议进行现场核查、论证→将设计变更原因及方案推荐意见,通过书面形式申请分管领导审核→报项目公司总经理办公会、党工委会、董事会决策→报集团公司审批→报自治区交通运输厅批复。

(八)内业资料管理

(1)施工技术内业资料管理由项目公司总工程师主抓,建设管理部具体负责。各标段必须建立和健全技术档案管理制度，技术档案的管理工作要有专人负责，以保证工程技术档案资料、文件归档的及时性、完整性和正确性。工程开工初期各标段及时与公司主管部门、地方档案馆沟通，明确竣工文件编制要求，制定编制计划，明确主要责任人；施工期间同步完成资料的编制、汇总及整理工作；工程完工后按合同约定的时间交付给公司及所在地档案馆。

(2)内业资料管理的基本要求是做好内业资料的收发、形成和归档工作。①收发：资料员负责上级来文签收登记并及时向负责人报告，负责将下发的文件及时发放到相关单位并做好记录；②形成：试验检测、测量、施组、方案、交底及重要的计算资料，应有第二人复核或检算，以确保数据和资料准确无误，文整资料应由第二人进行校对，避免产生文整错误，试验检测报告、隐蔽工程检查记录等施工过程资料填写要清晰、规范，及时签收形成闭合资料；③归档：各类内业资料应由专人负责管理，并对内业资料(含电子文件)按专业分类立卷，建立详细的目录、管理台账，按档案接收单位要求分类整理，以便能顺利查阅及移交，需保密的工程资料、图纸、文件等的借阅必须得到相关主管领导的同意，并按时归还。工程竣工移交后，应按属地档案馆管理规定，清理内业资料，分别按留用、归档、上交、销毁等方式予以处理。

(3)各项目部每月对本单位内业资料管理工作进行自查，并将自查结果留档建立台账。公司每季度对项目部的内业资料管理工作进行一次检查并考核。内业资料管理考核结果将被纳入综合检查考核评比。

二、施工方案管理

南横高速公路项目各分部分项工程开工前，各标段要编制具体的施工方案，并报总监办审批、项目公司备案。

(一)施工方案分类

施工方案分为4类：A类为超过一定规模的危险性较大分部分项工程专项施工方案(需要专家论证、审查)，B类为危险性较大分部分项工程专项施工方案，C类为一般性专项施工方案，D类为一般施工技术方案。

(二)施工方案编制

施工方案编制前需召开专项研讨会，以确定总提纲，论证安全、质量、进度及经济等方面的合理性。施工方案编制要进行充分的方案比选，保证方案的安全性、先进性、经济合理性，施工方案要特别重视结构检算、工序能力计算等。

专项施工方案编制，主要包括但不限于以下内容：

(1)工程概况：工程基本情况、施工平面布置、施工要求和技术保证条件。

(2)编制依据：相关法律法规、规范性文件、标准、规范及图纸(国标图集)、施工组织设计等。

(3)施工计划：施工进度计划、材料和设备计划。

(4)施工工艺技术：技术参数、工艺流程、施工方法、检查验收等。

(5)施工安全保障措施：组织保障、技术措施、应急预案、监测监控等。

(6)劳动力计划：专职安全生产管理人员、特种作业人员等。

(7)计算书及相关图纸。

(三)施工方案审批程序

(1)A类:方案编制→项目部组织专业技术人员召开自评会→上报项目部上级单位审查→组织外部专家论证并根据专家意见修改完善→监理单位审批。

批准后的施工方案(含评审、审批资料)报项目公司建设管理部备案。

(2)B类:方案编制→项目部组织专业技术人员召开自评会→上报项目部上级单位审查→监理单位审批。

(3)C类、D类:方案编制→项目部组织专业技术人员召开自评会→监理单位审批。

(四)施工方案专家论证

对于A类施工方案,需要组织专家对施工安全问题、施工技术和方法等进行论证。南横高速公路项目严格按照有关规定,邀请相关领域专家进行专家论证,充分发挥专家在相关领域里丰富的施工经验和一定的预见能力,为工程施工提出切实可行的建议,并根据专家论证结果重新修改施工方案。

专家论证的主要内容包括专项施工方案内容是否完整、可行;专项施工方案计算和验算是否符合有关标准规范;安全施工的基本条件是否具备,是否符合现场实际情况等。

专项施工方案经论证不通过的,各标段施工单位修改后应当重新组织专家论证。专项施工方案经论证修改后可通过的,应当根据专家书面意见对专项施工方案进行逐项修改完善;监理单位应对专项施工方案修改的情况进行逐项核查。

(五)施工方案实施

专项施工方案由项目部总工程师组织召开专项施工方案交底会确定,项目经理、生产副经理、技术管理人员、质量管理人员、安全管理人员、主要施工班组负责人参加。

施工过程中,必须严格按照批准的施工方案组织施工,不得擅自改动。施工组织设计及施工方案实行动态管理,出现以下变化,应及时进行修改或补充,并按照原程序重新论证、报批、交底。作废版本由项目部负责收回,并作出“作废”标识。

(1)工程设计有重大变更。

(2)有关法律、法规、规范和标准实施、修订和废止。

(3)工期发生重大调整。

(4)主要施工方法有重大调整。

(5)主要施工资源配置有重大调整。

(6)施工环境有重大改变。

(六)施工方案检查

项目公司每月对施工方案执行情况进行检查,并对施工方案进行动态优化调整。项目部项目经理每月组织对施工方案执行情况进行检查,并形成记录。检查内容包括:

(1)专项施工方案是否结合工程特点编制,内容是否完整,设计计算是否完善,是否具有针对性和可操作性。

(2)专项施工方案编制、审核、审批等相关人员签字是否齐全;按要求应组织专家论证的,是否组织了专家论证并按照专家论证意见修改完善。

(3)实施前是否进行了详细的交底,相关参与实施专项施工方案的人员是否了解专项施工方案的内容及安全技术措施。

(4)对专项施工方案实施过程进行监管时发现的问题是否整改落实;现场发生变化时,是否按规定程序变更方案。

(5)专项施工方案实施过程中有关安全生产的措施是否落实。

项目公司根据检查结果,对施工方案管理情况较好的项目部项目经理及总工程师进行通报表扬,对不符合要求的项目部项目经理及总工程师根据不符合程度进行通报批评或处罚。

项目部根据检查结果,对不符合施工方案要求的行为根据不符合程度,组织分析原因,提出整改要求,并跟踪改进情况,出现重大问题时应及时向上级单位报告。

三、技术管理考核

南横高速公路项目公司对各项目部技术管理进行考核,考核由项目公司总工程师领导、建设管理部负责。技术管理考核评分由三部分组成:技术管理专项检查评分、日常技术管理检查评分以及项目部上报技术资料评分,其中技术管理专项检查评分占当季技术管理总评分的50%,日常技术管理检查评分占30%,项目部上报技术资料评分占20%。若当季检查出现单位工程不合格或发生较大及以上的工程质量事故负全部或主要责任的,则当季技术管理总评分计0分。

(一)技术管理专项检查评分

项目公司每季度末月组织1次对各项目部的技术管理专项检查和评分。技术管理专项检查内容见表10-1。

技术管理专项检查内容　　表10-1

序号	检查项目	检查内容
1	技术管理体系	(1)技术管理体系健全,管理部门或岗位设置齐全,责任分工明确,满足精细化管理要求。 (2)技术管理人员及时到位,资格符合合同约定,数量及业务能力满足施工需求。 (3)对上级单位的技术管理文件学习、交底及时、全面,制定了必要的实施细则。 (4)制定工作交接制度,人员调动后,交接工作规范,衔接顺畅
2	施工调查	(1)施工分部所属上级单位、施工分部按规定分别组织了中标后、开工前施工调查。 (2)中标后、开工前施工调查的时间、内容,以及调查报告的编制、审批、印发、交底及执行等满足指挥部印发的《施工调查管理办法》有关管理规定
3	项目管理策划书	(1)按时完成了项目管理策划书的编制、报批,内容全面,满足股份公司精细化管理规定。 (2)严格执行经批准的项目管理策划书,定期上报《项目管理报告》。 (3)施工分部所属上级单位及时阅批《项目管理报告》,对项目管理存在的问题及时采取措施解决

续上表

序号	检查项目	检查内容
4	设计文件管理	(1)设计文件管理台账填写规范,统计项目齐全,按月进行更新。 (2)收到设计文件后7天内组织审核,留存完整的审核记录。 (3)将审核发现问题形成书面资料上报,专人负责跟踪处理,收到回复意见后及时修订原设计文件。 (4)设计文件(含意见回复、设计变更等资料)交付使用前及时组织交底学习,交底记录完整。 (5)无设计文件、设计文件未经审核和交底,现场不能组织施工。 (6)专人对设计文件进行管理,归档、存放、标识等管理规范,严格执行借阅制度
5	施组及方案的管理	(1)建立了施组、施工技术方案、危大工程安全专项方案的管理台账,统计项目齐全,按月更新。 (2)开工前分别由项目经理、总工程师主持完成B、C类施组的编制、报批及交底工作;开工前按时完成了施工技术方案、安全专项方案的编制、报批及交底工作。 (3)施组、施工技术方案、安全专项方案的内容全面且满足相应管理办法的要求;可操作性强,能够切实指导现场施工;排版整洁、装订规范。 (4)严格按照各级审批意见对施组、施工技术方案、危大工程安全专项方案进行修改和完善。 (5)施组、施工技术方案、危大工程安全专项方案的报批程序满足相应管理办法的规定。 (6)施组、施工技术方案、危大工程安全专项方案的交底程序及内容满足相应管理办法的规定。 (7)当边界条件发生重大变化时,及时对施组、方案进行修订。 (8)按月对施组、施工技术方案、危大工程安全专项方案的执行情况进行检查,对各级检查发现的问题及时整改,留存完整的检查、整改记录。 (9)严格按照指挥部有关管理办法要求及时报备施组、施工技术方案、安全专项方案
6	工程开工管理	(1)建立开工报告、单位工程开工条件验收管理台账,对工程开工的管理规范、有序。 (2)各项工程开工前,均按规定完成了开工报告的编制及报批工作;单位工程开工前,完成了指挥部的条件验收检查及发现问题的整改工作
7	技术交底	(1)对股份公司、开发投资公司及指挥部的有关管理办法、文件的宣贯及时、到位,结合项目实际制定了施工技术交底管理制度或实施细则。 (2)设计文件、施组、施工技术方案、安全专项方案、分部分项工程等技术交底层级清楚、分工明确。 (3)建立技术交底台账,对管段范围内的技术交底进行统一编号,按周更新台账。 (4)技术交底应以书面形式进行,交底资料须经复核确认;交底内容须包含但不限于工艺流程、质量标准、克服通病的措施以及安全防范要点。 (5)交底资料内容全面、简单易懂、排版整洁、签字齐全,附图(表)格式规范、签章齐全,严禁以设计文件的复印件为交底资料。 (6)采用交底会议、现场讲解、模拟演练的方式交底,所有参加交底的人员必须签字确认,形成完整的书面交底记录,及时存档。 (7)鼓励大量采用图画(含漫画)、声像、现场操作演练、二维码等辅助交底措施(按3分/项加分)。 (8)过程中随时检查技术交底的执行情况,留存检查原始记录;对检查发现的问题须立即督促整改,严格执行闭合管理规定

续上表

序号	检查项目	检查内容
8	工程测量	(1)建立了测量人员、测量仪器管理台账,控制网复测及加密工作台账,按季度更新。 (2)测量负责人资格满足合同约定,测量人员的配置数量满足施工需求。 (3)测量仪器配置的种类及数量满足施工需求,设有专人保管仪器,仪器的校验、标定及日常保养满足测量规范要求,相应的记录资料收集齐全、管理规范。 (4)工程开工前完成了测量工作方案的编制、报批工作,工作方案切合实际、可操作性强。 (5)控制网的布测、加密工作须由具有相应资质的单位实施,测量成果经施工分部所属上级单位测量主管部门、监理单位审批后方可使用。 (6)控制网复核测量频次不少于高程每季度一次、平面每半年一次的要求;复核测量成果书编制及时、审批手续齐全,满足相关规范要求;年度控制网复测工作须由施工分部所属上级单位主持完成。 (7)坚持测量复核制度,包括但不限于用于测量的设计资料,多测回观测构成闭合条件,内业两组独立计算相互校核,换人、换设备、换方法复核重要构筑物的施工放样等方面。 (8)各种测量原始记录必须在现场同步完成,要求内容全面、清晰、整洁、规范,参与测量人员签字齐全,严禁补记、补绘、涂改。 (9)测量交底工作管理规范,其中涉及控制网的交底工作由项目总工程师主持、施工放样交底工作由测量负责人主持,交底资料内容完整、简单易懂、整洁清晰、签字齐全,并及时归档保存。 (10)对测量桩橛、点位有详细的保护措施,措施执行到位,现场桩橛、点位得到有效保护。 (11)工程实体成品区域高程基准线、里程、墩柱编号等标识齐全、清晰、规范。 (12)测量内业资料管理有序,各类台账统计信息全面、及时,各种记录签字齐全、保管得当
9	施工监测	(1)对股份公司、集团公司及指挥部的有关管理办法、文件的宣贯及时、到位,结合项目实际制定了施工监测管理制度、方案或措施。 (2)工程开工前,编制的施工监测大纲(方案),内容全面,满足设计及相关规范要求,满足实际需要,并按规定完成审批、交底手续。 (3)按合同约定,结合实际需要配置了监测人员及仪器,人员分工明确,仪器种类齐全、规格型号及数量满足要求。 (4)严格执行经审批的施工监测大纲(方案),监测项目齐全、频次满足相关规范及设计要求,监测报告及时、规范、签章齐全。 (5)监测点位布置正确、醒目、及时,制定了切合实际的保护措施并严格执行,现场保护到位。 (6)施工各项目经理、总工程师每天批阅监测报告并签署下一步施工意见。 (7)各级管理人员熟悉预警管理办法,熟练掌握预警处置程序;遇预警情况时按规定程序及时进行处置,并留存完整的处置记录;建立预警处置台账,发生预警后及时更新。 (8)积极配合第三方开展监测工作。 (9)监测内业资料管理有序,各类台账统计信息全面、及时,监测报告、预警处置会议纪要等各种记录资料签字齐全、保管得当

续上表

序号	检查项目	检查内容
10	试验检测	(1)对股份公司、集团公司及指挥部的有关管理办法、文件的宣贯及时、到位，结合项目实际制定了相应的实施细则。 (2)按合同约定配置数量足够、资格合规的试验检测人员，且岗位职责清晰、人员分工明确。 (3)结合工程实际，配置数量足够、种类及型号规格满足相关规范要求的试验检测设备。 (4)工程开工前，结合实际情况完成试验检测大纲(方案)的编制，且按规定完成审批手续；须委外检测的项目，提前完成检测单位的选择及报批。 (5)将审批后的试验检测大纲(方案)分解细化，制定年度、季度、月度试验工作计划，报监理单位审批后严格执行。 (6)建立试验检测台账，要求统计信息全面、填写规范，按周更新。 (7)根据工程进展情况及时开展试验检测工作，检测项目、频次满足设计及相关规范要求；按时出具试验检测报告，各类试验检测资料的编制、报批、归档须与施工进度同步。 (8)建立不合格品检测报告台账，出现不合格检测项目时须立即向指挥部报告。 (9)设专人负责试验设备、仪器、设施的日常维护保养，形成维修保养书面记录；按规定组织标定、校核工作，及时收集标定、校核证书存档
11	过程控制	(1)严格执行质量监督三检制(自检、互检、交接检)，留存完整的检查记录。 (2)针对特殊、关键工序，危险性较大分部分项工程实行技术人员旁站监督制度，旁站监督人员能及时发现并解决问题，遇重大问题须及时上报。 (3)按规定对隐蔽工程进行检查、验收，检查、验收资料齐全，严禁未经验收擅自进入下道工序
12	内业资料	(1)设专人负责技术资料的管理，内业工程师(或资料员)应持证上岗，岗位职责清晰。 (2)施工分部行文发布内业资料管理制度、文件借阅制度。 (3)文件柜目录、文件盒标签、卷内目录等设置齐全、标识清楚、编号统一，更新及时，管理规范。 (4)工程技术资料、质检资料、影像资料的编制、报批、归档与施工进度同步，影像资料分类整理存档，其余资料收集及时、签字齐全，所有资料管理规范。 (5)标准、规范等文件配置齐全、现行有效、标识清楚，满足施工需要；建立目录，统一编号；严禁使用电子版打印的规范、标准。 (6)进场后与监理单位、项目公司及地方档案馆联系，明确竣工文件编制标准，竣工文件的积累与施工进度同步。 (7)按时提交各类报表、计划以及指挥部要求报送的其他施工技术资料

(二)日常技术管理检查评分

项目公司不定期检查施组、方案、工程测量、技术交底、试验检测、监控量测、资料管理、信息化建设等现场执行情况，下发“日常技术管理检查记录表”(表10-2)，记录整改意见和时间节点，项目部根据检查记录表进行整改，并按“技术管理检查问题整改回复书”(表10-3)回复整改结果。检查评分以100分为基础，按要求整改不扣分，整改落实不到位按5分/个进行扣分，当次检查同类问题不进行重复扣分；当季度考核期内同类问题重复出现超过3次(含3次)，视为惯性问题进行加倍扣分。

日常技术管理检查记录表　　表 10-2

受检单位(盖章)：　　编号：

检查名称	
问题描述	
处理意见	
受检单位负责人	签字：　　日期：
检查人员	签字：　　日期：

技术管理检查问题整改回复书　　表 10-3

受检单位(盖章)：　　编号：

检查名称	
整改情况	
受检单位整改负责人	签字：　　日期：
项目公司对标段整改情况验证人	签字：　　日期：

注：本表"整改情况"栏，应对整改前、后情况做简要说明，并附整改前、后对比照片。

(三)项目部上报技术资料评分

依据各项目部日常技术资料报送的及时性和编制质量评分，基础分为 100 分，采取"基础分 - 扣分"的方式评分。项目公司建设管理部根据各项目部日常技术资料报送情况建立台账，按上报技术资料评分表(表 10-4)扣分评分。

上报技术资料评分表　　表 10-4

序号	上报资料名称	时间			质量			扣分小计
		按时	滞后 7 天以内	滞后 7 天及以上	合格	基本合格	不合格	
		不扣分	每滞后 1 天扣 2 分	资料管理不得分，并纳入单位及个人不良行为认定	不扣分	扣 2 分	扣 5 分	
1								
2								
3								
当季得分 = 100 - Σ当季扣分								

第2节　试验检测管理

在高速公路建设过程中如何控制好原材料质量、选择好工艺流程、监控好工程质量，都取决于试验检测。为规范试验检测工作程序，强化试验管理，提高试验工作质量，使试验数据客观公正地反映工程实体质量，同时对施工过程起到有效的监督和指导作用，南横高速公路项目加强对试验检测的管理，制定了《广西中铁南横高速公路有限公司工程试验检测管理办法》，对中心试验室、监理试验室和施工单位工地试验室的建设要求、职责、工作内容等作出明确规定。

一、试验检测机构及设置要求

工地试验室是为满足建设项目现场施工需要和质量控制需要，由建设单位、监理单位或施工单位设置的现场临时试验检测机构，根据工程规模通常设有中心试验室、监理试验室和施工单位工地试验室。

(一)试验室建设要求

1.基本要求

南横高速公路项目工地试验室的建设满足《广西壮族自治区交通工程质量监督站关于加强全区公路水运工程工地试验室管理的通知》(桂交监检测发〔2013〕6号)、《公路工程施工监理规范》(JTG G10—2016)、合同文件、《南横高速公路项目临时生产生活设施建设标准》、《公路工程工地试验室标准化指南》等有关标准规范中工地试验室选址建设、试验室布局、功能室面积、办公区设置、设备配置、安装和试验检测单位母体试验室资质等各项要求。

2.信息化要求

工地试验室应采用信息化手段提高试验工作效率，除日常试验信息管理外，还包括采用统一的试验软件、试验检测数据平台，结合试验室监控情况，采用智能化检测技术，构建信息平台协同工作。中心试验室、监理试验室及施工单位工地试验室的主要力学设备的试验数据必须上传至监管部门。

(二)试验室人员配置要求

1.人员基本要求

试验室主任、技术负责人必须具有连续5年以上试验检测工作经历，中级以上技术职称，持有交通运输部颁发的试验检测工程师资格证书，至少在1个及以上高速公路项目中担任过类似职务；检测工程师具有中级及以上技术职称，持有公路水运工程试验检测专业技术人员职业资格证书，从事公路试验检测工作至少3年以上，至少在1个及以上高速公路项目中担任过类似职务；检测员应有相应试验检测资格证或岗位培训证书，从事公路试验检测工作2年及以上；报告签发人必须为试验检测机构母体授权人并满足交通运输部工程质量监督局对授权签字人能力和授权范围的要求。

2. 人员配置数量

(1)中心试验室的人员配置

中心试验室的人员数量不少于合同中规定的人数,在建设过程中,根据现场施工实际情况,必要时再增加人员,以满足现场需要。

(2)监理试验室试验人员配置

根据工程量大小,各监理试验室持证人数不应低于"两师两员",试验室人员数量由各总监办根据施工内容合理配置。监理试验室负责所辖施工单位的现场试验管理、监督检查、见证取样、协助中心试验室取样检测和委外监督等现场试验检测工作。

(3)施工单位工地试验室试验人员配置

试验室人员数量和专业类别应根据合同条款要求和本标段工程量大小、线路长短、工程特性及难易程度配置,持证人数不应低于"两师两员",试验室人员数量由各施工单位工地试验室根据施工内容合理配置,以满足现场试验室检测工作需要;对于既有土建又有路面的合同段,主要路面试验检测人员应单独配备,原则上交叉重复人数不超过试验检测人员总数的30%,以充分满足现场检测需要。各施工单位工地试验室要设1名专职的内业资料员负责资料的收发登记、整理归档等内业工作。

(三)技术总体要求

(1)各工地试验室应建立、健全各项试验台账,包括原材料的取样、试验台账,标准试验(土工、配合比)台账,结构工程混凝土抽样、抗压试验台账,砌体工程砂浆抽样、抗压试验台账,委外试验台账,不合格试验台账等。

(2)各施工单位工地试验室应根据所施工的工程项目对试验的要求,结合本合同段施工组织计划、设计文件中的工程量编制试验检测年度、季度、月度计划,报监理试验室审核后送中心试验室备案。

(3)各种原材料、半成品、构配件进场时,施工单位工地试验室应填写进场材料报检单,对报检单中该批次材料的名称、批号、产地、规格型号、进场数量、进场日期等详细填写后,报监理试验室。施工过程中的现场抽样,施工单位应严格执行报检报验程序,提前4~6小时以书面形式或电话通知监理试验室和中心试验室取样。

(4)中心试验室将定期或不定期对施工单位工地试验室和监理试验室的室内试验、现场检测、内业资料、试验管理及工地材料的质量控制状况进行检查,对发现的问题将以书面的形式通知施工单位和监理单位,并上报公司建设管理部。

(5)各试验室应当建立健全本试验室质量管理体系文件(程序文件、管理手册、作业指导书等)、母体监督检查制度、人员和试验室信用等级评价制度等,应按照《质量管理体系　要求》(GB/T 19001—2016)和《检验检测机构资质认定评审准则》的要求,确保试验室的质量管理体系有效运行。

二、中心试验室管理

中心试验室是对整个工程项目进行数据控制和检验测定的中心,具有对各监理试验室和施工单位工地试验室的工作进行管理、指导、监督和检查的责任和权利。南横高速公路项目中心试验室以“体系管理、日常巡检、疑问复核、异议仲裁”为重点，对本项目工程试验检验质量进行全过程、全方位的监督和管理。

（一）中心试验室管理职责

南横高速公路项目中心试验室工作职责包括对监理试验室和施工单位工地试验室的监督管理、日常检测管理、协助处理质量问题及参加交（竣）工验收工作、委外试验管理等四类。

1. 对监理试验室和施工单位工地试验室的监督管理

（1）对监理试验室和施工单位工地试验室的设备功能、人员资质、操作方法、资料管理等进行有效的监督、检查和管理。

（2）根据工程进展情况（或已完成工程数量）对各监理试验室和施工单位工地试验室的检测工作进行随机抽查，以检查各试验室的试验检测频次（或数量）是否满足相关规范或合同的要求。

（3）定期或不定期地组织人员对各监理试验室和施工单位工地试验室的试验工作情况进行检查和监督，并根据检查情况提出建议、指导，下发整改指令。

2. 日常检测管理

（1）指导、协调整个工程项目的试验检测工作，制定有关的制度、规定和办法，组织试验人员的业务学习和技术培训。

（2）在监理试验室和施工单位工地试验室进行标准试验的同时或以后进行验证、复核、对比试验，根据试验结果的合理与否来肯定、否定或调整监理试验室和施工单位工地试验室标准试验的参数或指标。

（3）严格按照招标文件的要求，对首次进场的原材料特别是重要原材料（钢材、水泥、混凝土外加剂、桥梁橡胶支座、钢绞线、锚具、夹片、桥梁伸缩缝、防水板、土工布等）以及各种配合比设计，进行验证审批；对授权参数范围内的材料进行试验验证，对工程质量及进场的材料进行定期、不定期的抽检试验及检测，依据管理权限进行审核和批复；对施工单位工地试验室按要求报送的、需要验证审批的各类原材料和混合料，及时验证审批。

（4）审查路基、路面试验段、大型结构试验的试验方案、设备及方法，并监督试验的实施，对试验结果进行评判。

（5）定期对现场完成的成品、半成品进行实体检测，并将检测结果及时反馈给各参建方。

（6）参加工程项目新技术、新工艺、新材料及重大试验检测工作。

（7）负责先进检测设备及先进检测技术的引进或推荐工作。

3. 协助处理质量问题及参加交（竣）工验收工作

参加工程项目重大技术、质量问题的处理，针对检测出的不合格项（或段落），待施工单位整改完成后，重新检测，直至检测合格；对监理试验室和施工单位工地试验室双方有异议的试验检验方法及结果进行仲裁协调；参加工程质量事故的调查、处理；参加工程项目的交工、竣工验收工作。

4. 委外试验管理

受试验能力的限制，对需要外检的材料，做好委外试验送检的统筹安排工作。

(二)中心试验室工作内容

中心试验室的工作内容包括验证试验、抽样试验、标准试验、工艺试验、验收试验、委托试验。

1. 验证试验

验证试验是对施工单位提供的原材料、商品构件、配合比、填筑材料等进行预先验证,以决定其是否可用于相应的工程。验证试验流程见图 10-1。

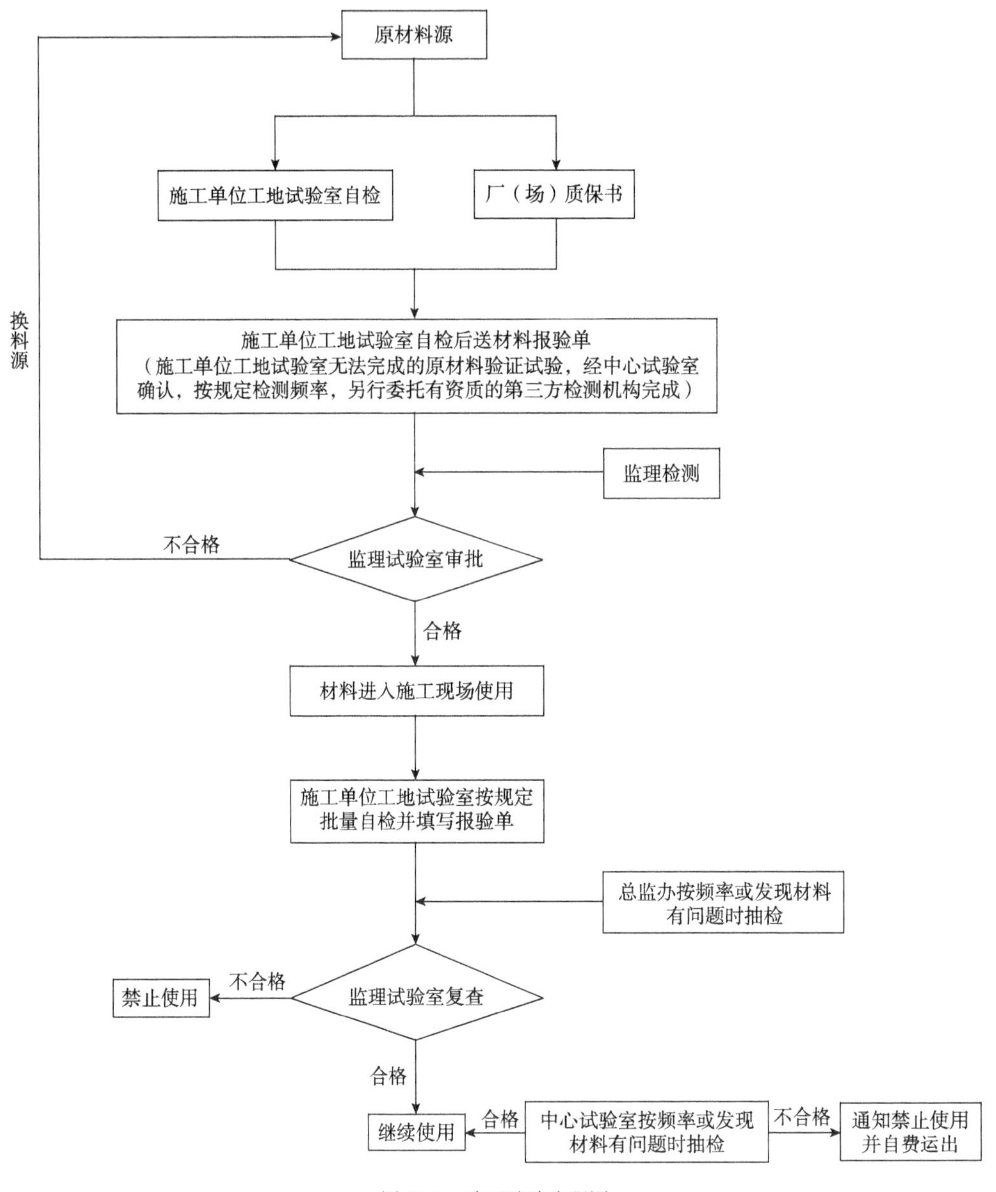

图 10-1 验证试验流程图

2. 抽样试验

抽样试验是对各项工程实施过程中实际内在品质进行符合性检查,内容包括各种材料的物理性能、土方及其他填筑施工的密实度、混凝土及沥青混凝土的强度等的测定和试验。抽样试验的对象包括水泥、粗集料、细集料、石料、填料、钢材、外加剂、外掺料、混凝土、砂浆等。抽样试验流程见图10-2。

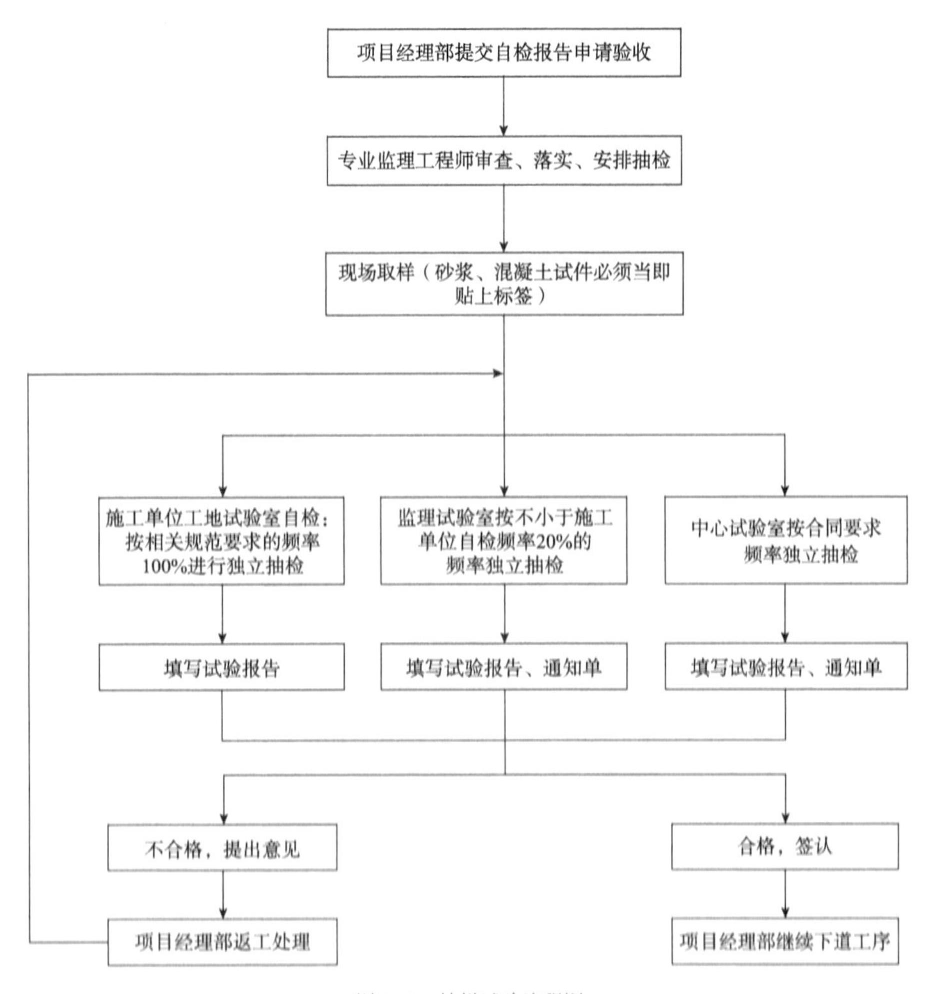

图10-2 抽样试验流程图

3. 标准试验

标准试验是对各项工程的内在品质进行施工前的数据采集,是控制和指导施工的科学依据。标准试验包括各种标准击实试验、集料的级配试验、混合料的配合比试验、结构的强度试验等。施工单位应根据工程施工进度计划及时安排标准试验,监理试验室应同时进行试验,无条件进行试验的,监理单位应派试验监理工程师见证施工单位的试验。施工单位应及时将经监理工程师签认的试验结果呈报中心试验室验证或审查批准。施工单位不得以任何理由使用未经中心试验室验证的各种标准进行施工控制。标准试验流程见图10-3。

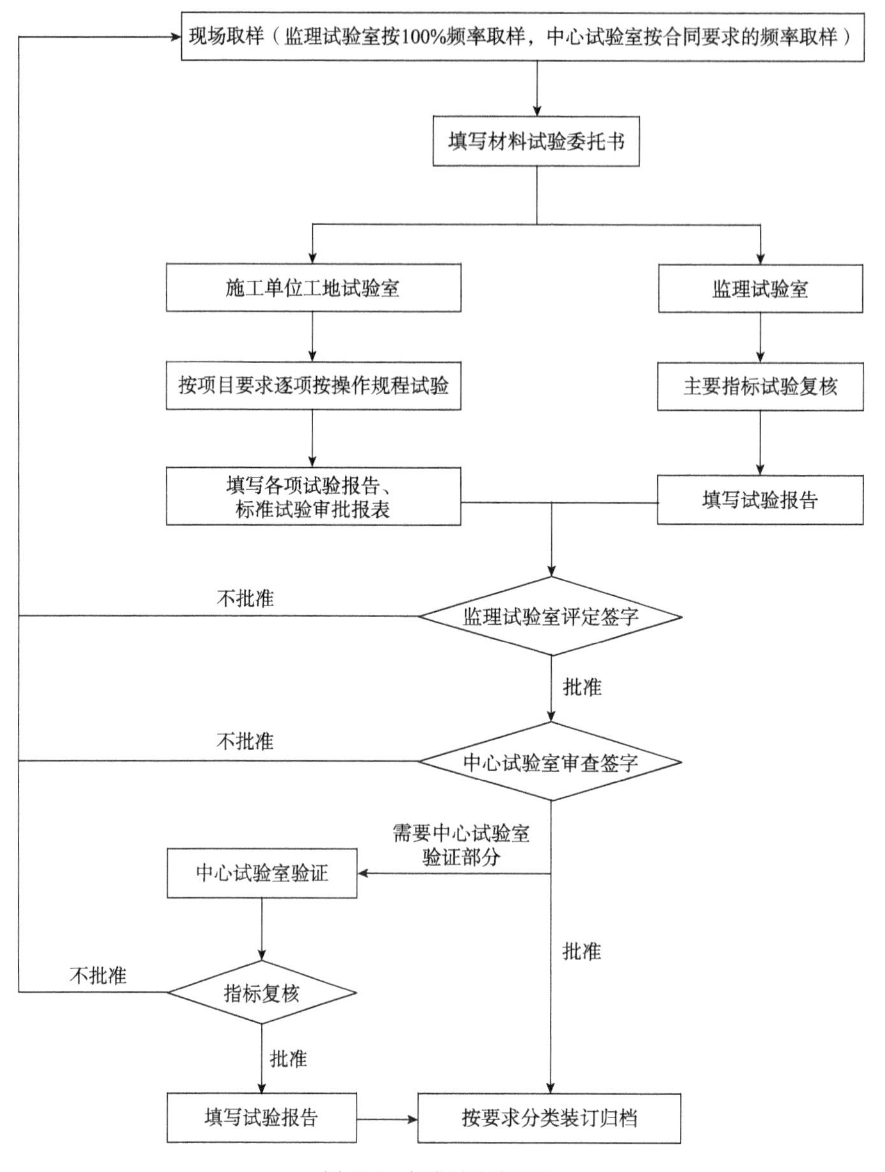

图 10-3　标准试验流程图

4. 工艺试验

工艺试验是依据技术规范的规定，在动工之前对路基、涵洞、防护工程（如护面墙、网格护坡、边沟等）、小型预制构件、路面、交通工程等进行的预先试验，然后依其试验结果全面指导施工。施工单位在试验前向中心试验室提交经监理工程师同意的工艺试验的施工方案和实施细则。机械组合、人员配备、材料、施工程序、预埋观测以及操作方法等至少应有两组以上方案经比选而定，经监理工程师批准后，方可进行工艺试验。试验结束后，由项目经理部提交试验报告，监理试验室验证试验合格后进行审批，未经审批，不得进入规模施工流程。中心试验室须组织人员全过程旁站监理。工艺试验流程见图 10-4。

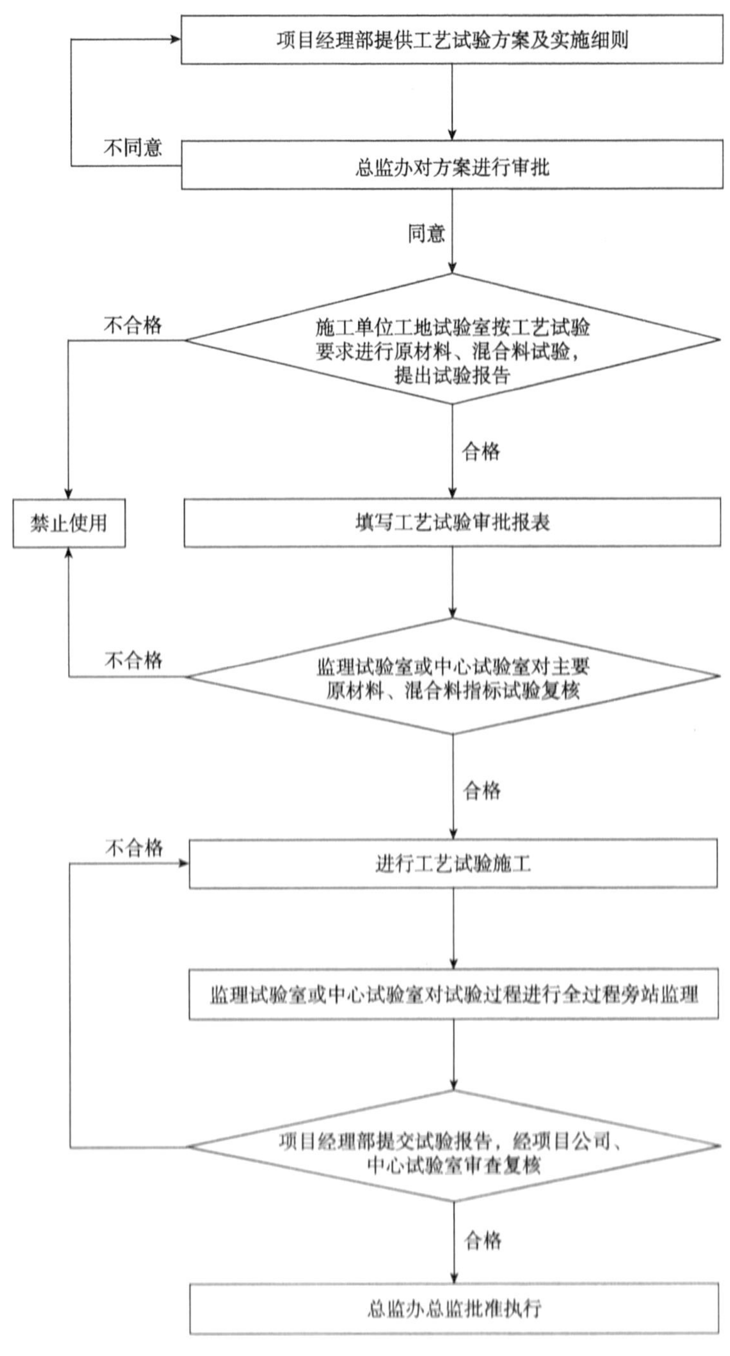

图10-4　工艺试验流程图

5. 验收试验

验收试验是对施工单位已完成的某项工程进行全面的验收检测。中心试验室应积极配合，组织人员到现场做必要的验收检测，以肯定或否定该项目的质量，并配合监理工程师和施工单位完成相应的竣工文件编制工作。验收试验流程见图10-5。

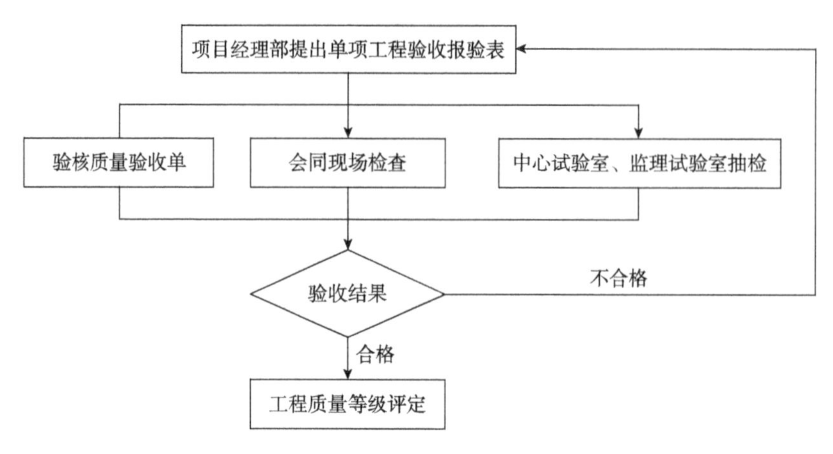

图 10-5 验收试验流程图

6. 委托试验

中心试验室不具备条件完成的试验检测项目,可委托其他具有相应资质的试验单位完成。中心试验室需做好相关的统筹安排工作。

(三)试验检测项目及频率

中心试验室应按合同文件或施工单位工地试验室自检频率的 5% 独立开展试验检测活动。

三、监理试验室管理

监理试验室是施工单位工地试验室的直接监督机构,业务上隶属总监办和中心试验室。南横高速公路项目监理试验室以"监理旁站、质量抽检、材料控制"为重点,对所管辖合同段工程试验检测进行全面的监督和管理。

(一)监理试验室管理职责

南横高速公路项目监理试验室工作职责,可以分为对施工单位工地试验室的监督管理、日常检测管理、协助处理质量问题及参加交(竣)工验收工作三类。

1. 对施工单位工地试验室的监督管理

(1)按《公路工程施工监理规范》(JTG G10—2016)、合同文件和中心试验室的各项规定对所辖施工单位工地试验室的工作进行检查、指导和监督。

(2)随时对施工单位工地试验室的各种抽样频率、取样方法及试验过程进行检查和监督。

2. 日常检测管理

(1)积极配合总监理工程师、中心试验室的检查和监督工作。根据总监理工程师或中心试验室的指令做好各种试验检测工作。

(2)在施工过程中怀疑所辖合同段工程质量存在问题时,应随时取样进行检验,并将情况如实向总监办和中心试验室汇报。

(3)对全部工程项目的试验结果进行数理统计和分析整理,建立全部工程的试验资料档案,为工程竣工提供翔实的试验资料。

(4)对重要部位的施工,应按相关要求及时通知中心试验室到现场抽样检测。

(5)审查施工单位报审的原材料和混合料试验资料,对主要原材料独立取样并进行平行试验,对主要混合料的配合比和路基填料的击实试验结果进行验证。

(6)在施工单位自检合格的基础上,对钢筋、水泥、沥青、石灰和碎石等原材料及水泥混凝土、沥青混合料和无机结合料稳定材料等混合料,分批次按不低于规定施工检验频率的10%抽检;对分项工程中的关键项目和结构主要尺寸,按不低于规定施工检验频率的20%抽检;对结构物基础承载力,按100%的频率进行现场测定。

3. 协助处理质量问题及参加交(竣)工验收工作

参加所辖合同段工程项目重大技术、质量问题的处理,参加所辖合同段工程交工、竣工验收工作。

(二)监理试验室工作内容

监理试验室的工作内容包括抽样试验、旁站试验、平行试验、标准试验、工艺试验、验收试验六类试验。

1. 抽样试验

在施工单位的工地试验室按技术规范的规定进行全频率抽样试验的基础上,监理试验室应按不小于施工单位自检频率20%的频率独立进行抽样试验,以鉴定施工单位的抽样试验结果是否真实可靠。抽样试验流程见图10-2。

2. 旁站试验

旁站试验是监理试验人员对旁站项目的试验过程进行的现场监督活动。旁站试验的内容包括材料试验、强度试验、现场检测等。具体旁站项目参见《公路工程施工监理规范》(JTG G10—2016)附录A。

3. 平行试验

平行试验是指监理试验室在施工单位自检的同时,按有关规定对同一检验项目进行的检测试验活动。平行检验有助于提高试验的准确度,避免某些人为和环境条件所造成的错误试验结果,主要包括填料标准试验、混凝土配合比、地基承载力等试验。

4. 标准试验

标准试验中,监理试验室需要对主要指标进行试验复核,对施工单位工地试验室的标准试验报告予以评定。对标准击实试验,监理试验室和施工单位工地试验室进行平行标准试验,施工单位应在监理试验人员的旁站监督下进行标准试验,试验结果由中心试验室进行验证或审查。标准试验流程见图10-3。

5. 工艺试验

工艺试验中,监理试验室需对主要原材料、混合料指标进行试验复核,对试验过程进行全过程旁站监理,并对试验报告进行审批。工艺试验流程见图10-4。

6. 验收试验

验收试验中，监理试验室需对施工单位已完成工程进行抽检。验收试验流程见图 10-5。

(三) 试验检测项目及频率

监理试验室应按合同文件、《公路工程施工监理规范》(JTG G10—2016) 规定的批量、程序、试验项目进行抽检试验，且抽检频率不低于施工单位自检频率的 20%，标准试验须按 100% 的频率做平行试验。

四、施工单位工地试验室管理

施工单位工地试验室是施工单位在工程建设中进行质量控制的关键部门，在工程的各个阶段和部位都必须进行实时监控。南横高速公路项目施工单位工地试验室以“质量控制、确保进度”为重点，及时开展各项工程自检工作，配合总监办、中心试验室完成抽检工作。

(一) 施工单位工地试验室管理职责

南横高速公路项目施工单位工地试验室工作职责，可以分为日常检测管理、协助处理质量问题及参加交(竣)工验收工作两类。

1. 日常检测管理

(1) 施工单位工地试验室应在中心试验室和监理试验室的监督和指导下开展工作。

(2) 取得交通运输主管部门的备案认可，并严格按批准的试验项目开展工作，严禁超越批准的试验检测项目进行试验检测工作，并只能为本合同段承担的施工任务进行试验检测，不能对外承接试验检测任务。凡需要委外的试验，报中心试验室批准。

(3) 在工程开工前做好各种材料的验证试验，以初步确定材料是否可用于本项目工程，并报中心试验室验证批准。

(4) 所有标准试验的试验结果必须经监理平行试验签认后，呈报中心试验室验证或审查后批准。

(5) 根据施工规范规定的抽样频率、时间和方法，进行施工过程中的抽样试验、工序或单项工程完工后的检查验收试验，并向监理工程师提交试验结果。

(6) 按单位工程建立符合抽检频率的试验检测年度、季度、月度计划，每月在规定的时间内向监理试验室和中心试验室上报当月试验统计台账(试验月报表)。

(7) 对本合同段工程项目的各种试验结果进行数理统计和分析整理，建立本合同段全部工程的试验资料档案，为工程竣工提供翔实的试验资料。

(8) 负责做好与公司委托检测单位的配合、联系工作。

2. 协助处理质量问题及参加交(竣)工验收工作

参加本合同段工程项目重大技术、质量问题的处理，参加本合同段工程交工、竣工验收工作。

(二) 施工单位工地试验室工作内容

施工单位工地试验室的工作内容包括抽样试验、标准试验、工艺试验、验收试验四类试验，各试验内容及流程见前文。

(三)试验检测项目及频率

施工单位工地试验室应按合同文件、施工规范规定的批量、程序、试验项目进行抽检试验，且必须保证各项抽检和标准试验的频率达相关规范要求的100%。

五、试验工作考核评比

为了提高试验人员工作积极性，促进各单位改进检测工作、保证检测工作质量，南横高速公路项目公司开展施工单位工地试验室、监理试验室、中心试验室工作季度与年度考核评比活动，表彰先进单位和个人。各施工单位工地试验室进行评比，各监理试验室与中心试验室合并进行评比。

每季度末月25日对试验室工作进行考核评比，年度考核评比由四个季度考核评比得分综合而来。季度评比采用扣分制，满分100分，评比得分85分及以上为达标、75~84分为合格、75分以下为不合格。对季度评比排名前三，且得分高于85分的试验室，公司将予以通报表扬，对低于75分的试验室予以通报批评。中心试验室考核评比表见表10-5，监理试验室、施工单位工地试验室考核评分表见表10-6。

中心试验室考核评比表　　表10-5

序号	考评内容	扣分标准
1	人员情况(10分)	未经公司同意擅自更换试验人员，每人每次扣2分； 主任、技术负责人未请假擅自离开工地或不按批准的期限回工地，每次扣2分； 未按照合同规定要求人员进场，缺1人扣1分； 未佩戴胸牌，每人扣0.5分
2	设备情况(6分)	设备未正常使用，1次1台扣0.5分； 未按照合同规定配置交通工具，缺1台扣2分； 未定期对仪器设备进行维护、检定和校准，1次1台扣0.5分； 未及时填写试验设备使用记录，1次扣0.5分； 试验设备未及时清洗，每台扣0.5分
3	驻地环境(4分)	驻地环境和各功能室卫生差，办公室零乱、不整洁，1处扣0.5分； 试验留样品乱堆乱放，1次扣1分
4	试验检测(45分)	未及时开展验证试验、抽样试验、标准试验、工艺试验、验收试验和委托试验等相关试验工作，1项1次扣5分； 抽样频率不满足规范要求，1次扣2分； 试验检测原始记录内容不全面、不规范，1处扣0.5分； 检测数据不真实，1处扣10分； 试验检测报告数据不真实、不规范、不完整，1次扣2分； 未及时出具试验报告或报告上签字不全，1次扣1分； 试验检测台账不完善、不规范，1次扣1分； 试验检测不合格台账无相关处理后的资料或资料不齐全，1处扣5分； 资料归档分类不清、不全，1处扣1分

续上表

序号	考评内容	扣分标准
5	专项检查(20分)	未按照公司规定每月对监理和经理部工地试验进行专项检查或检查不全,缺1次(1个)扣2分; 公司安排的工作未按时完成,1次扣2分; 公司或地方监督检查中存在的问题未及时采取措施加以处理或措施未落实到位,1次扣2分; 公司或地方监督检查中存在通报、批评或者处罚的,1处扣5分; 公司或地方检查对原材料发生清退出场的,1次扣5分
6	培训事项(10分)	根据现场施工内容,未定期举行试验培训,缺1次扣5分
7	其他临时安排的工作(5分)	未在规定时间内按质按量完成,每项扣1分,直到扣完
8	考核人	时间:　　年　　月　　日

监理试验室、施工单位工地试验室考核评分表　　表10-6

序号	考核项目及分值		评分标准	扣分	扣分原因	得分
1	资质、人员、设备履约情况(20分)	10分	未经母体机构授权,超越授权范围开展业务,发现1项扣5分			
			随便更换试验室主任,技术负责人未及时到位或未经公司同意更换的,每人次扣2分。主任、技术负责人未经项目部同意累计缺岗7天以上的,每7天每人次扣1分,以此类推			
			其他主要人员未按要求到位或未经公司同意更换的,每人次扣1分			
		10分	主要试验仪器、设备未能按要求按时到位的,每台(套)扣2分			
2	内业管理(5分)	5分	试验检测内业各类档案、资料是否及时分门别类归档,试验台账是否完整、及时、规范,缺1项扣0.5分			
3	试验管理(65分)	5分	组织机构、管理制度是否建立、健全和落实,试验计划是否按要求编制,不满足要求的每项扣1分			
		5分	样品标识、留样及样品处置是否规范,留样台账、试件出入库台账建立是否及时、准确,不满足要求的每项扣1分			
		5分	各操作室、养护室温湿度控制是否符合要求,不满足要求的每项扣1分			
		15分	试验检测原始记录和试验报告编制是否正确、及时、规范,不满足要求的每次扣1分			
			原始记录随意更改、签字不齐全的,试验报告表述不准确、客观的,每次扣1分			
			试验检测原始记录和试验报告未经审核、签发的,每次扣1分			

续上表

序号	考核项目及分值		评分标准	扣分	扣分原因	得分
3	试验管理(65分)	10分	未按标准、规范及合同约定进行检验的,或检测频率不满足标准、规范及合同约定的,或检测方式与要求不符的,每次扣2分			
		5分	原材料进场报验审批、标准试验审批不及时的,存在未批先用现象的,每次扣1分			
		10分	试验检测数据错误的标准试验结果与工程质量不符的,每次扣1~2分			
		5分	出具虚假试验数据结果或报告对不合格的检测项目出具合格的试验检测报告的,每次扣5分			
		5分	发生一般质量事故的,试验室负主要责任的,每次扣5分			
4	外委管理(5分)	5分	外委试验是否及时,检测频率、参数是否满足要求,外委报告确认、审批是否及时,外委单位资质是否满足要求,不满足要求的每次扣1分			
5	安全管理(5分)	5分	安全管理制度是否建立健全,安全警示标识是否设置,试验室安全设施是否完善,化学药品管理是否规范,试验废水废液排放、固体垃圾处理是否符合环境保护要求,不满足要求的每项扣1分			

第3节　科研管理

科研管理是高速公路建设中的一个重要环节,在保证科学研究质量、提高科学研究水平和促进成果转化方面有着极为重要的作用。广西中铁南横高速公路有限公司成立科技研究开发计划管理领导小组,负责领导全线建设过程中试验研究和技术创新工作。领导小组组长由公司总经理担任,副组长由公司总工程师担任,组员包括公司各部门负责人、课题负责人。公司建设管理部作为科研计划归口管理部门,负责科研项目计划的编制、课题立项及科技成果应用等工作。

一、科研课题立项

这里科研课题特指依托于南横高速公路项目,以解决工程建设中遇到的设计、施工、技术、材料、管理等主要难题为目的,具有创造性、先进性、实用性和推广应用价值,并具有显著的经济效益、社会效益的科学研究课题。

(一)课题申报

项目公司和施工单位根据工程建设和管理需要,拟定科研开发课题,按要求填写科技研究开发课题立项申报书,包括国内外现状及趋势分析,研究内容及目标,申报单位及参与单位研究基础，进度安排，课题组织实施、保障措施及风险分析，研究团队，经费预算等内容。课题承担单位必须具备必要的课题研究条件，有健全的研发人员管理制度、科研管理制度、财务管理制度、资产管理制度和会计核算制度以及相关的独立管理机构。

根据《工程建设项目招标范围和规模标准规定》（国家发展计划委员会令第3号）的相关规定，科研课题研究属服务类招标项目，当科研合同费用大于50万元时必须进行招标，并按照《中华人民共和国招标投标法》《科技项目招标投标管理暂行办法》（国科发计字〔2000〕589号）等相关要求进行。

每年12月，公司提出下一年度研究课题计划，上报集团公司，经集团公司审批并纳入下一年度科技研究开发计划的课题，按照集团公司科技项目管理，公司承担相应的科研管理工作。

（二）课题立项评审

项目公司建设管理部负责对申报的课题进行合规性审核、遴选及汇总，并根据专业性质进行分组，组织相关专家进行审核及评议，内容包括课题研究目标、研究内容、研究方法、研究分工、技术路线、实施方案、经费使用、进展计划、研究成果、成果目标指标等。对专家评审通过的课题，报技术负责人审核同意后，建设管理部将该课题作为议题提交总经理办公会审议通过。建设管理部根据公司总经理办公会审议结果，正式下达公司科研立项计划。

科研课题实行合同管理，两个以上单位联合承担课题时，由第一承担单位与项目公司签订合同，并对合同的履行承担责任，第一承担单位应按分工与其他承担单位签订分项合同或协议，并报项目公司核备。参加南横高速公路项目建设的设计、施工等单位自筹资金设立的专项研究课题，也需报项目公司核备。

二、科研课题实施

课题承担单位须成立课题组，课题组成员应精干、稳定，课题组人数及主要成员应能满足课题研究与开发工作的需要。同时，课题承担单位应在合同中明确指定所承担课题的课题负责人（具有高级及以上技术职称），不得随意变更，课题负责人应能胜任研发工作，具有较强的管理和组织协调能力，并在所承担课题的研究领域有较高的造诣。

为确保课题研究开发工作取得预期成果，南横高速公路项目在课题实施阶段实行会议报告制度、定期检查制度、重大事项报告制度。

（一）会议报告制度和定期检查制度

会议报告制度：项目公司每半年召开一次科研项目进展推进交流会，课题承担单位应将科研项目进展情况、实现的阶段性目标、下一阶段工作计划和措施以及存在的问题进行汇报。

定期检查制度：以科研计划和课题合同约定条款执行情况为主要检查内容，并结合实际情况综合考察课题主要技术路线、方案、目标的正确性、研究进度以及经费使用的合理性。定期检查分为课题承担单位自查和公司建设管理部组织检查，或根据需要随时采取其他必要形式对课题进行抽查。

每季度首月10日前，课题承担单位应对上一季度课题执行情况进行自查，编写课题自查季度评价报告，包括上一季度所承担课题的执行情况、经费使用情况、存在的问题及采取的相应措施，并填写“科技研究开发课题季度执行情况表”。

课题承担单位若不按时提交相关中期检查资料或不接受监督检查的，公司将向课题承担单位下达限期整改通知并通报，暂停确认科研经费，并记入工程技术管理考评记录，作为对课题管理部门、项目公司、指挥部业绩考核评分的依据。

（二）重大事项报告制度

课题承担单位对课题执行过程中发生的技术路线或主要研究内容和研究进度调整、课题组主要研究人员变动以及其他可能影响课题顺利完成的重大事项，应及时提出处理意见，报项目公司审批。

课题执行过程中，如因课题所选技术路线、方案已无使用价值，或所依托工程项目发生较大变化导致课题研究无法进行，或参加研发的合作单位或研究人员发生较大变化等各种原因，导致课题研究无法进行，需变更或终止课题合同的，合同一方须向另一方及时提出，并填写“科技研究开发课题变更（解除）合同建议表”，经双方同意，签字并盖章后生效。

三、科研课题结题与成果管理

科研课题结题是以合同确定的研究内容和考核目标为基本依据，对研究工作的完成情况、实施的技术路线、攻克的关键技术、科技成果应用及其对经济和社会的影响、知识产权的形成与管理、项目组织管理的经验、科技人才的培养情况以及经费使用的合理性等方面作出客观的、实事求是的评价。

（一）结题审查

课题完成全部研究工作后，应及时向建设管理部提报结题申请、研究报告以及其他相关文件，并由建设管理部确定对课题组织评审、验收或鉴定的工作方式。建设管理部对课题结题申请材料的合规性、完整性进行审查，审查合格后组织评审、验收或鉴定。审查不合格的课题，建设管理部对课题承担单位提出限期整改意见。课题承担单位按意见整改后，再次提出结题验收申请。课题因故不能按期完成的，课题承担单位应在执行结束前1个月内提出延期申请，并报建设管理部批准。

（二）结题验收与成果管理

建设管理部对符合结题验收条件的课题，按专业组织专家对课题进行结题验收。每组专家3~5人，其中1人为组长。结题验收专家必须具备高级职称，对所属专业有较丰富的理论知识和实践经验，熟悉国内外该领域技术发展状况，具有良好的职业道德。

课题结题验收评审一般采用会议形式或网络形式。会议评审时，评审专家在审核资料基础上，听取课题组汇报并进行质询答辩（必要时可到现场验证），最终形成验收评审书面意见。网络评审时，专家组组长参考本组其他专家意见，综合提出课题结题验收意见，建设管理部据此对课题做出结题验收结论。

参加南横高速公路项目建设的设计、施工、设备供应等单位自主立项的科研课题，在课题完成后由立项单位组织评审验收和上报鉴定，并将鉴定结果报项目公司备案。

课题承担单位在课题的研发过程中对可以形成知识产权的技术成果，应及时采取措施保护知识产权；对拟申请专利的课题成果，课题承担单位应在办理专利申请手续并获专利受理后，再发表论文或申请科技成果鉴定。待课题全部研究工作完成后，课题承担单位对课题的研究报告、技术资料按档案管理的有关规定分类存档、妥善保管。对产生的科技成果及时办理成果登记,对产生的知识产权按国家有关知识产权的规定办理。课题研究成果的知识产权由批复单位和成果完成单位共享。成果完成单位如许可他人实施或转让课题成果,须事先报课题批复单位审批。

(三)结题验收标准

课题结题验收结论分为通过验收、不通过验收,若出现下列情况之一则为不通过验收:

(1)课题目标任务完成不到85%的。

(2)提供的验收文件、资料、数据不真实,有弄虚作假和剽窃他人科技成果行为的。

(3)擅自变更任务书(合同)考核目标、研究内容的。

(4)经费使用存在严重问题的。

对首次验收不通过的课题,建设管理部将未通过原因以书面形式告知课题承担单位,并要求限期整改。课题承担单位将整改后的结题验收材料报本单位科技管理部门并经确认后,向建设管理部再次提出结题验收申请。

课题承担单位在合同规定执行期结束3个月后仍未提出验收申请或未按规定期限提出延期申请的,建设管理部将采取追缴已确认科研经费,对有关单位和责任人进行通报等管理措施。

第4节 信息化建设

利用信息化管理平台对高速公路建设管理过程中主要业务的信息进行采集、传输、加工、储存和维护,可以减轻管理工作量,提高管理效能,提升服务效果。为提高南横高速公路项目建设管理水平,项目公司搭建了项目信息化管理系统综合平台——南横高速公路项目管理平台,实现信息资源整合,为综合管理和决策调度服务,实现重点路段全程实时数据监控,将项目管理提升到一个崭新的水平。

一、平台简介

南横高速公路项目管理平台是采用先进的项目管理理念和方法,利用计算机技术、网络技术、信息技术等手段,结合南横高速公路项目实际的管理需求,建立的一个集计量支付、检验批资料、工程档案、隐患排查、计划进度、施工动态等业务于一体,信息集成、数据融通、功能强大的公路工程项目管理平台,具有高效、稳定、专业等特点。

平台适用于电脑端、手机App端、数据大屏三种终端。电脑端采用B/S模式,用户通过浏览器输入正确的账号、密码便可登录使用;手机App端提供安卓和IOS两种版本,可以通过下载安装使用;数据大屏以图表形式将相关的业务数据进行提炼分析,并在南横高速公路信息化调度室的大屏上实时显示。

二、平台功能

南横高速公路项目管理平台具有统一的单点登录入口、统一的业务入口、统一的待办事宜、统一的动态信息，并进行统一的合同段管理、统一的单位管理、统一的部门管理、统一的用户管理，为各个业务子系统提供基础功能支撑。电脑端管理系统包括16个功能模块，手机App端包括11个功能模块。

电脑端管理系统

手机App应用

（一）数据大屏

将计量支付、计划进度、工程变更等业务数据进行指标的提炼，以图表形式呈现，通过电脑端浏览，以及接入信息化调度室的大屏展示，为领导提供决策支持。

（二）视频中心

南横高速公路项目管理平台视频中心具有实时监控、地图模式、视频点播功能，将施工现场的监控摄像头集中接入、无人机视频进行上传；采用无插件技术，可通过电脑、手机App、信息化调度室大屏进行实时监控以及视频播放。

南横高速公路项目管理平台数据大屏

南横高速公路项目管理平台地图模式

南横高速公路项目管理平台实时监控

（三）计量支付

包括电脑端和手机App端，结合人工智能、电子签名、无插件在线表格等先进技术对工程量清单、桩号设计数据等基础数据进行管理，对材料预付款、动员预付款、奖罚、索赔、中期计量进行申请审核。系统可以智能地关联对应的检验批资料和隐患排查信息，自动生成各种计量支付台账、各种计量支付报表，并可以适应分包对总包、总包对业主不同模式的计量需求。

（四）变更管理

包括电脑端和手机App端，实现从工程变更意向、变更申请、暂定单价、变更令、变更执行情况最终汇总到桩号变更后台账与计量台账无缝关联的过程管理，自动生成变更台账和变更汇总表。

（五）监理计量

支持监理合同支付项目管理，支持开工预付款管理，自动形成监理计量报表。

（六）工程结算

支持结算与计量支付数据共享，支持边计量边结算，支持分期预结算，对开工预付款、材料预付款、农民工工资、奖励处罚、价格调整等合同支付统一管理，自动汇总生成结算支付报表、结算报表、结算台账等。

（七）检验批资料

包括电脑端和手机 App 端，利用无插件在线表格、电子签名签章、活体人脸识别、二维码防伪等技术，内置了 15 大类 600 多个高速公路整套质检资料标准表格模板，使用者（用户）通过调整参数设置即可智能化实现项目划分，并可按工程实施情况调用标准模板同步填报开工申请、检测、检查、评定表格，支持在线资料签批，监控各标段的内业资料完成情况，自动生成质量评定结果，确保使用内业资料佐证计量支付的及时、准确、完整、真实、可靠。

（八）声像文件

包括电脑端和手机 App 端，实现对声像文件的采集，通过项目划分关联到检验批资料，并可将声像文件归档为标准的 PDF 格式案卷。

（九）工程档案

包括电脑端和手机 App 端，对从工程前期到工程验收的各个阶段的文件材料和档案的全过程管理，执行"三同步"管理制度，即与工程建设同步收集、同步整理、同步归档，保证项目文件材料收集、立卷、归档的及时、准确、完整、系统和安全，并利用双层 PDF 技术辅助档案的查询利用。

高边坡自动化监测与数据统计分析

（十）隐患排查

包括电脑端和手机 App 端，可以实现排查任务、隐患上报、隐患处理、隐患查询、隐患统计、业务报表生成、数据分析等业务功能，并集成了项目概况、视频中心、项目视图等模块，使隐患管理规范、信息传递及时、过程记录完整、监督管理多级、统计分析全面。例如，采用北斗卫星对高边坡进行自动化监测并进行数据统计分析。

（十一）施工动态

包括电脑端和手机 App 端，通过将对应分部分项的施工动态以文字、图片、视频的形式记录上传，及时了解各分部分项的施工动态。

（十二）计划进度

通过月报形式填写工程形象进度信息、安全生产存在问题等，掌握工程进度情况。

（十三）项目视图

综合各个模块的数据，建立各模块的数据关联，全面展示各个属性的全方位信息（基本信息及动态信息），包括工程项目视图、标段视图、工程划分视图、清单视图等。

（十四）月报推送

包括电脑端和手机 App 端，系统会自动生成每个月的月报，提取重要指标，以图文形式展现，领导通过月报便可了解相关数据情况。

（十五）技术文档

包括电脑端和手机 App 端，可将相关规章制度、行业标准、技术规范上传形成技术文档共享库，支持无插件在线预览。

(十六)清单辅助

对收集到的项目工程数量表标志清单及桩号、设置关联、转换汇总,自动生成招标工程量清单和计量支付0#台账。系统在数据处理过程中提供一组数据处理和检查工具,提高了桩号设计数据整理工作效率。

三、应用效果

(一)提升建设管理效率

南横高速公路项目管理平台实现了文件送审、报批及档案管理等信息化,节约了办公成本,缩短了文件传阅周期,优化审批流程,提升了管理效率。将检验批资料与验工计价相关联,在系统上进行签字审核确认,避免人员到处找人签字的麻烦,同时能够实现自动统计质保资料完成比例,自动归档组卷,需要纸质版资料时可以直接打印。管理平台的应用还节省了现场管理、统计、试验、数据录入等方面的人工成本以及重复检查、返工等的时间成本,项目负责人跑现场也更加有针对性。

(二)提高现场管控能力

南横高速公路项目管理平台像一双无形的眼睛,全天不休地管理施工过程,利用平台的分析功能及时发现建设过程中存在的问题,有针对性地进行处理。通过对全线重要的施工点安装监控设备,将现场情况实时以画面形式传输到项目管理平台,全方位、全过程、全天候监管,防范安全事故发生。通过发挥工地试验室、拌合站、桥梁张拉、复杂桥梁施工监控、路基连续压实、路基高填方、高边坡监控量测等信息系统在质量安全管理中的作用,提高现场管控能力。

(三)实现精细化管理

南横高速公路项目管理平台各功能模块是保障施工安全、施工质量、施工进度的有效手段,同时也是南横高速公路项目建设管理精细化的体现。如将建设过程中材料试验等工作数据通过自动采集的方式,实时传输到项目管理平台,经过系统处理后一旦发现数据异常,立即自动将不合格的报告通过手机App端发送到有关人员手机上,提醒相关负责人和管理人员及时处理。同时,对施工质量有了更加科学的量化指标,形成规范的管理和工作流程,几乎不留管理死角,与各参建方的沟通也更有依据、更加有效。

(四)提高决策的科学性

南横高速公路项目管理平台协助管理者进行科学决策,通过计量支付和工程结算等模块,可以加大对建设资金使用情况和工程进展的监管力度,进而分析资金的使用效率和工程进度状况,对计量支付、计划进度、工程变更等业务数据进行指标的提炼并以图表形式呈现,使得管理者对当前项目建设情况有更加全面、直观的了解,最终达到科学决策的目的。同时,通过建立工程台账,加强动态管理,有效控制工程造价,通过跟踪业务流程以及强大的查询功能,加大了对工程的监控力度和提升了业务透明性。

第11章　南横高速公路项目交(竣)工验收管理

公路工程项目(合同段)在按照批准的设计文件和技术要求完成后,应当按照国家有关规定进行验收,包括交工验收和竣工验收。工程交(竣)工验收依据包括批准的项目建议书、工程可行性研究报告;批准的工程初步设计、施工图设计及变更设计文件;批准的招标文件及合同文本;行政主管部门的有关批复、批示文件;交通运输部印发的公路工程技术标准、规范、规程及国家、自治区交通运输厅、自治区档案局有关部门的相关规定。

第1节　交工验收管理

交工验收是检查施工合同的执行情况,评价工程质量是否符合技术标准及设计要求,工程是否可以移交下一阶段施工或者是否满足通车要求,对各参建单位工作进行初步评价的工作。投建营一体化项目交工验收由项目公司组织。

一、交工验收条件

公路工程项目(合同段)进行交工验收应具备以下条件:

(1)合同约定的各项内容已全部完成。各方就合同变更的内容达成书面一致意见。

(2)施工单位按《公路工程质量检验评定标准》及相关规定对工程质量自检合格。

(3)监理单位对工程质量评定合格。

(4)质量监督机构按公路工程质量鉴定办法对工程质量进行检测,并出具检测意见。检测意见中需整改的问题已经处理完毕。

(5)竣工文件按公路工程档案管理的有关要求,完成公路工程项目文件归档范围第三、第四、第五部分(不含缺陷责任期资料)内容的收集、整理及归档工作。

(6)施工单位、监理单位完成本合同段的工作总结报告。

二、交工验收内容

交工验收的主要工作内容包括:

(1)检查合同执行情况。

(2)检查施工自检报告、施工总结报告及施工资料。

(3)检查监理单位独立抽检资料、监理工作报告及质量评定资料。

(4)检查工程实体,审查有关资料,包括主要产品质量的抽(检)测报告。

(5)核查工程完工数量是否与批准的设计文件相符,是否与工程计量数量一致。

(6)对合同是否全面执行、工程质量是否合格做出结论,对合同是否全面执行、工程质量是否合格做出结论。

(7)按合同段分别对设计、施工、监理单位的工作进行初步评价。

三、交工验收组织及各方职责

交工验收由项目法人负责组织,各合同段的设计、施工、监理、检测等单位参加交工验收工作。路基工程作为单独合同段进行交工验收时,应邀请路面施工单位参加。拟交付使用的工程,应邀请运营、养护管理等相关单位参加。交通运输主管部门、公路管理机构、质量监督机构、交警大队、地方政府视情况参加交工验收。

参加交工验收单位的主要职责是:

(1)项目法人负责组织各合同段参建单位完成交工验收工作的各项内容,总结合同执行过程中的经验,对工程质量是否合格做出结论。

(2)设计单位负责检查已完成的工程是否与设计相符,是否满足设计要求。

(3)监理单位负责完成监理资料的汇总、整理,协助项目法人检查施工单位的合同执行情况,核对工程数量,科学、公正地对工程质量进行评定。

(4)施工单位负责提交(竣)工资料,完成交工验收准备工作。

四、交工验收程序

交工验收的主要工作有施工单位自检,监理单位对合同段工程质量进行评定,项目法人对施工单位的交工验收申请和监理单位的质量评定资料进行核查(必要时可委托检测机构进行重点抽查),项目法人组织交工验收、颁发“公路工程交工验收证书”、完成“公路工程交工验收报告”并备案等。交工验收程序如图 11-1 所示。

五、交工验收质量评定

(一)评定依据

交工验收质量评定依据包括《公路工程质量检验评定标准》《交通运输部办公厅关于公路工程验收执行新版公路工程质量检验评定标准有关事宜的通知》(交办公路〔2018〕136号)等。

(二)评定方法

项目法人组织监理单位按《公路工程质量检验评定标准》的要求对各合同段的工程质量进行评定。监理单位根据独立抽检资料对工程质量进行评定,当按规定完成的独立抽检资料不能满足评定要求时,可以采用经监理确认的施工自检资料。项目法人根据对工程质量的检查及平时掌握的情况,对监理单位所做的工程质量评定进行审定。各合同段工程质量评分为所含各单位工程质量评分的加权平均值,即:

$$\text{合同段工程质量评分值} = \frac{\sum(\text{单位工程质量评分值} \times \text{该单位工程投资额})}{\text{合同段总投资额}}$$

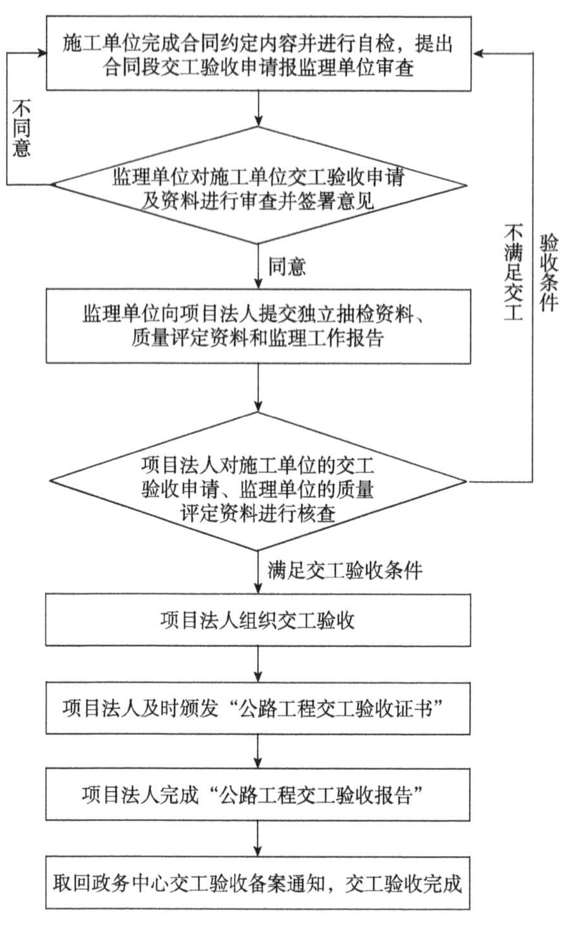

图 11-1 交工验收程序

工程各合同段交工验收结束后，由项目法人对整个工程项目进行工程质量评定，工程项目质量评分为各合同段工程质量评分的加权平均值，即：

$$\text{工程项目质量评分值}=\frac{\sum(\text{合同段工程质量评分值}\times\text{该合同段投资额})}{\sum\text{合同段投资额}}$$

投资额原则上使用结算价，当结算价暂时未确定时，可使用招标合同价，但在评分计算时应统一。

交工验收工程质量等级评定分为合格和不合格，工程项目质量评分值大于或等于 75 分的为合格，小于 75 分的为不合格。

六、交工验收报告备案

项目法人组织交工验收后，应及时完成交工验收报告，并向交通运输主管部门备案，国家级、部级重点公路工程项目中 100km 以上的高速公路、独立特大型桥梁和特长隧道工程向省级人民政府交通运输主管部门备案，其他公路工程按省级人民政府交通运输主管部门的规定向相应的交通运输主管部门备案。一般情况下交工验收报告应该在交工验收会议以后、项目通车之前完成。交工验收报告的内容有工程概况、交工验收结论、存在的问题及处理措施等。

第2节　竣工验收管理

竣工验收是指综合评价工程建设成果,对工程质量、参建单位和建设项目进行综合评价,由交通运输主管部门负责组织。竣工验收是全面检验项目是否符合设计要求和工程质量检验标准以及审查投资使用是否合理的重要环节,是投资成果转入生产或使用(高速公路正式投入运营)的标志,也是建设项目管理工作任务全部完成的重要标志。

一、竣工验收条件

公路工程进行竣工验收应具备以下条件:

(1)通车试运营2年后。

(2)交工验收提出的工程质量缺陷等遗留问题已处理完毕,并经项目法人验收合格。

(3)工程决算编制完成,竣工决算已经审计,并经交通运输主管部门或其授权单位认定。

(4)竣工文件已完成公路工程项目文件归档范围的全部内容。

(5)档案、环保等单项验收合格,土地使用手续已办理。

(6)各参建单位完成工作总结报告。

(7)质量监督机构对工程质量检测鉴定合格,并形成工程质量鉴定报告。

二、竣工验收内容

竣工验收的主要工作内容包括:

(1)成立竣工验收委员会。

(2)听取公路工程项目执行报告、设计工作报告、施工总结报告、监理工作报告及接管养护单位项目使用情况报告。

(3)听取公路工程质量监督报告及工程质量鉴定报告。

(4)竣工验收委员会成立专业检查组检查工程实体质量,审阅有关资料,形成书面检查意见。

(5)对项目法人建设管理工作进行综合评价。审定交工验收对设计单位、施工单位、监理单位的初步评价。

(6)对工程质量进行评分,并确定工程质量等级,综合评价建设项目。

(7)形成并通过《公路工程竣工验收鉴定书》。

(8)负责竣工验收的交通运输主管部门印发《公路工程竣工验收鉴定书》。

(9)质量监督机构依据竣工验收结论,对各参建单位签发"公路工程参建单位工作综合评价等级证书"。

三、竣工验收组织及各方职责

参加竣工验收的人员、单位、部门按照在竣工验收活动中的职责分工,可分为两部分,即竣工验收委员会和参加验收工作的其他单位。

(一)竣工验收委员会及其主要职责

竣工验收委员会由交通运输主管部门、公路管理机构、质量监督机构、造价管理机构等单位代表组成;技术复杂的工程,应邀请有关专家参加。

竣工验收委员会负责对工程实体质量及建设情况进行全面检查,对工程质量进行评分,对各参建单位及建设项目进行综合评价,确定工程质量和建设项目等级,形成《公路工程竣工验收鉴定书》。

(二)参加竣工验收的其他单位及其主要职责

公路工程的竣工验收是对建设项目建设成果的全面考核、检查、总结和评价,直接参与项目建设的单位均应参加验收工作。参加验收工作的单位包括项目法人、设计单位、施工单位、监理单位、接管养护单位等。

项目法人负责提交项目执行报告及验收工作所需资料,协助竣工验收委员会开展工作。由于公路建设项目有设计、施工、监理、接管养护等多家单位,项目法人应组织汇报设计工作报告、施工总结报告、监理工作报告、项目使用情况报告,竣工验收时选派代表向竣工验收委员会汇报。

设计单位负责提交设计工作报告,配合竣工验收检查工作。

施工单位负责提交施工总结报告,提供各种资料,配合竣工验收检查工作。

监理单位提交监理工作报告,提供工程监理资料,配合竣工验收检查工作。

接管养护单位负责提交项目使用情况报告,配合竣工验收检查工作。

四、竣工验收程序

竣工验收的主要流程有项目法人向交通运输主管部门申请竣工验收,质量监督机构出具工程质量鉴定报告及监督工作报告,交通运输主管部门审查竣工验收申请,交通运输主管部门组织竣工验收、形成并通过《公路工程竣工验收鉴定书》,负责竣工验收的交通运输主管部门印发《公路工程竣工验收鉴定书》,质量监督机构依据竣工验收结论对各参建单位签发“公路工程参建单位工作综合评价等级证书”。竣工验收程序如图11-2所示。

五、竣工验收质量评定

竣工验收工程质量评分采取加权平均法计算,其中交工验收工程质量得分权值为0.2,质量监督机构工程质量鉴定得分权值为0.6,竣工验收委员会对工程质量的评分权值为0.2。

交工验收质量评定见第11章第1节,以下对质量监督机构工程质量鉴定得分和竣工验收委员会对工程质量的评分进行介绍。

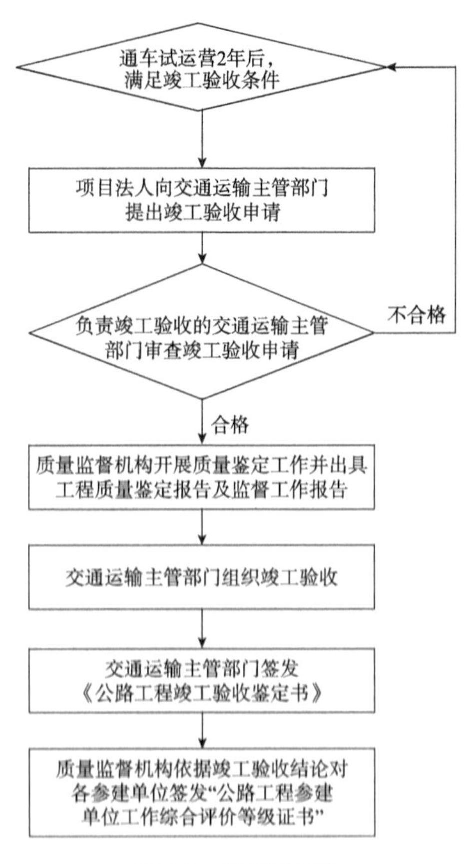

图 11-2 竣工验收程序

(一)工程质量鉴定得分

1. 质量鉴定基本要求

公路工程质量鉴定由项目的质量监督机构(建设行政主管部门或其委托的工程质量监督机构)或竣工验收单位指定的质量监督机构负责组织。质量鉴定工作包括工程实体检测、外观检查和内业资料审查。质量鉴定依据质量监督机构在交工验收前和竣工验收前的工程质量检测资料，同时可结合监督过程中的检查资料进行(必要时工程质量检测工作可委托有相应资质的检测机构承担)。

2. 单位工程和分部工程的划分

按《公路工程质量检验评定标准》进行单位工程和分部工程的划分。

(1)单位工程

每个合同段范围内的路基工程、路面工程、交通安全设施工程、机电工程、房屋建筑工程分别作为一个单位工程；特大桥、大桥、中桥、隧道以每座为一个单位工程(特大桥、大桥、特长隧道、长隧道分为多个合同段施工时，以每个合同段为一个单位工程)；互通式立交的路基、路面、交通安全设施按合同段纳入相应单位工程，桥梁工程特大桥、大桥、中桥分别作为一个单位工程。

(2)分部工程

每个合同段的路基土石方、排水、小桥、涵洞、支挡、路面面层、标志、标线、防护栏等分别作为一个分部工程,桥梁上部、下部、桥面系分别作为一个分部工程,隧道衬砌、总体、路面分别作为一个分部工程,机电工程监控、通信、收费系统分别作为一个分部工程,房屋建筑工程按其专业工程质量检验评定标准划分分部工程。

3. 质量鉴定方法

1)分部工程质量鉴定方法

分部工程质量鉴定主要通过工程实体检测和外观检查进行。

(1)工程实体检测要求

①抽查频率

路基工程压实度、边坡每公里抽查不少于1处,每个合同段路基压实度检查点数不少于10个。路基工程弯沉检测,高速、一级公路以每半幅每公里为评定单元,其他等级公路以每公里为评定单元。

排水工程的断面尺寸每公里抽查2~3处,铺砌厚度按合同段抽查不少于3处。

小桥抽查不少于总数的20%且每种类型抽查不少于1座。

涵洞抽查不少于总数的10%且每种类型抽查不少于1道。

支挡工程抽查不少于总数的10%且每种类型抽查不少于1处。

路面工程弯沉、平整度检测,高速、一级公路以每半幅每公里为评定单元,其他等级公路以每公里为评定单元。其他抽查项目每公里不少于1处。

特大桥、大桥逐座检查;中桥抽查不少于总数的30%且每种桥型抽查不少于1座。桥梁下部工程抽查不少于墩台总数的20%且不少于5个,墩台数量少于5个时全部检测。每种结构类型抽查不少于1个。桥梁上部工程抽查不少于总孔数的20%且不少于5个,孔数少于5个时全部检测。每种结构类型抽查不少于1个。

隧道逐座检查。

交通安全设施中防护栏、标线每公里抽查不少于1处,标志抽查不少于总数的10%。

机电工程各类设施抽查不少于10%,每类设施少于3个时全部检测。

房屋建筑工程逐处检查。

②抽查要求

《公路工程竣(交)工验收办法》(交通部令2004年第3号)规定的抽查项目均应在合同段交工验收前完成检测。竣工验收前,应对带"*"的抽查项目进行复测,复测结果和其他抽查项目在交工验收时的检测结果,作为竣工验收质量评定的依据。沥青路面弯沉、平整度、抗滑等复测指标的质量评定标准根据相关规范及当地实际情况确定。

《公路工程竣(交)工验收办法》(交通部令2004年第3号)未列出的检查项目、交工验收复测项目以及技术复杂的悬索桥、斜拉桥等工程,质量监督机构均可根据工程实际情况增加检测、复测项目。《公路工程竣(交)工验收办法》(交通部令2004年第3号)未明确规定抽查项目的规定值或允许偏差的,按照《公路工程质量检验评定标准》执行。

对弯沉、路面厚度、平整度、摩擦系数、隧道衬砌混凝土强度及厚度等抽查项目优先采用自动化检测(或无损检测)设备进行检测,也可采用常规方法进行检测。采用无测试规程的自动化检测(或无损检测)结果有争议时,由交通运输主管部门组织有关专家确定。

竣工验收前复测的沥青路面弯沉值评定方法:采用数理统计方法评定,对每个评定单元计算实测弯沉代表值,可采用3倍标准差方法对特异数据进行一次性舍弃;若计算实测弯沉代表值满足设计要求,该评定单元为合格,否则为不合格;以合同段内合格的评定单元数与总的评定单元数比值为该合同段内竣工验收复测路面弯沉合格率;对于大于3倍标准差的舍弃点及不合格单元要加强观察。

(2)外观检查要求

外观检查由该项目负责工程质量鉴定的质量监督机构或其委托的有资质的检测单位,负责在交(竣)工验收前对工程外观进行全面检查。工程外观存在严重缺陷、安全隐患或已降低服务水平的建设项目不予验收,经整修达到要求后方可组织验收。项目竣工验收前应对桥梁、隧道、重点支挡工程、高边坡等涉及安全运营的重要工程部位进行详细检查。

(3)分部工程得分计算

抽查项目的合格率加权平均乘100为分部工程实测得分;外观检查发现的缺陷,在分部工程实测得分的基础上采用扣分制,扣分累计不得超过15分。

$$分部工程实测得分=\frac{\sum(抽查项目合格率\times权值)}{\sum权值}\times100$$

$$分部工程得分=分部工程实测得分-外观扣分$$

2)单位工程、合同段、建设项目工程质量鉴定方法

根据分部工程得分采用加权平均值计算单位工程得分。

$$单位工程得分=\frac{\sum(分部工程得分\times权值)}{\sum权值}$$

合同段工程质量得分通过单位工程得分逐级加权计算。

$$合同段工程质量得分=\frac{\sum(单位工程得分\times单位工程投资额)}{\sum单位工程投资额}$$

(1)内业资料审查内容

①所用原材料、半成品和成品质量检验结果。

②材料配合比、拌和加工控制检验和试验数据。

③地基处理、隐蔽工程施工记录和大桥、隧道施工监控资料。

④各项质量控制指标的试验记录和质量检验汇总图表。

⑤施工过程中遇到的非正常情况记录及其对工程质量影响分析。

⑥施工过程中如发生质量事故,经处理补救后,达到设计要求的认可证明文件。

⑦中间交(竣)工验收资料。

⑧施工过程中各方指出的较大质量问题、交(竣)工验收遗留问题及试运营期出现的质量问题处理情况资料。

(2)内业资料要求及扣分标准

①质量保证资料及基本数据、资料齐全后方可组织鉴定。

②资料应真实、可靠,应有施工过程中的原始记录、原始资料(原件),不应有涂改现象,有

欠缺时扣2～4分。

③资料应齐全、完整，有欠缺时扣1～3分。

④资料应系统、客观，检查项目频率、质量指标满足有关标准、规范要求，有欠缺时扣1～3分。

⑤资料记录应字迹清晰、内容详细、计算准确，整理应分类编排、装订整齐，有欠缺时扣1～2分。

⑥基本数据（原材料标准试验、工艺试验等）、检验评定数据有严重不真实或伪造现象的，在合同段工程质量得分中扣5分。内业资料审查发现的问题，在合同段工程质量得分的基础上采用扣分制，扣分累计不得超过5分。合同段工程质量得分减去内业资料扣分为该合同段工程质量鉴定得分。

$$\text{合同段工程质量鉴定得分}=\frac{\sum(\text{单位工程得分}\times\text{单位工程投资额})}{\sum\text{单位工程投资额}}-\text{内业资料扣分}$$

根据合同段工程质量鉴定得分采用加权平均值计算建设项目工程质量鉴定得分。

$$\text{建设项目工程质量鉴定得分}=\frac{\sum(\text{合同段工程质量鉴定得分}\times\text{合同段工程投资额})}{\sum\text{合同段工程投资额}}$$

公式中的投资额原则上使用结算价，当结算价暂时无法确定时，可使用招标合同价。但无论采用结算价还是招标合同价，计算时各单位工程或合同段均应统一。

4. 工程质量等级鉴定

（1）总体要求

路基整体稳定；路面无严重缺陷；桥梁、隧道等构造物结构安全稳定，混凝土强度、桩基检测、预应力构件的张拉应力、桥梁承载力等均符合设计要求；工程质量经施工单位自检和监理单位评定均合格，并经项目法人确认。不满足上述要求的工程质量鉴定不予通过。

（2）工程质量等级划分

工程质量等级应按分部工程、单位工程、合同段、建设项目逐级进行评定。分部工程质量等级分为合格、不合格两个等级，单位工程、合同段、建设项目工程质量等级分为优良、合格、不合格三个等级。

分部工程得分大于或等于75分，则分部工程质量等级为合格；否则为不合格。

单位工程所含各分部工程均合格，且单位工程得分大于或等于90分，质量等级为优良；所含各分部工程均合格，且得分大于或等于75分、小于90分，质量等级为合格；否则为不合格。

合同段（建设项目）所含单位工程（合同段）均合格，且工程质量鉴定得分大于或等于90分，工程质量鉴定等级为优良；所含单位工程（合同段）均合格，且得分大于或等于75分、小于90分，工程质量鉴定等级为合格；否则为不合格。

不合格分部工程经整修、加固、补强或返工后可重新进行鉴定，直至合格。

5. 工程质量检测意见、项目检测报告、质量鉴定报告内容

质量监督机构的工程质量检测意见、项目检测报告、质量鉴定报告应在对检测结果分析的基础上提出。

工程质量检测意见主要包括：检测工作是否完成，工程质量存在的缺陷，交工验收前需完善的问题。

项目检测报告主要包括:检测结果及工程质量的基本评价,工程质量存在的主要问题和缺陷,工程质量是否具备试运营条件。

质量鉴定报告主要包括:鉴定工作依据,抽查项目检测数据、外观检查、内业资料审查及复测部分指标情况,交工验收提出的质量问题、质量监督机构指出的问题及试运营期间出现的质量缺陷等的处理情况,鉴定评分及质量等级。

(二)竣工验收委员会对工程质量的评分

公路工程竣工验收委员会对工程质量的评分主要考虑主体工程质量、沿线服务设施、环境保护工程和竣工图表四个方面,评分表见表11-1。

公路工程竣工验收委员会工程质量评分表　　表11-1

项目名称:

序号	项目	评定内容	分值	实得分
1	主体工程质量	路基边线直顺度,路基沉陷、亏坡、松石,涵洞及排水系统完善状况,支挡工程外观和稳定情况。路面平整度,裂缝、脱皮、石子外露、沉陷、车辙、桥头(台背)跳车现象,泛油、碾压痕迹等。桥面平整度、栏杆扶手、灯柱、伸缩缝、混凝土外观状况。隧道渗漏、松石、排水、通风、照明以及衬砌外观状况。交通安全设施及交叉工程的外观及使用效果等	70	
2	沿线服务设施	房屋及机电系统等功能和外观;其他设施,如加油站、食宿服务等设施的使用效果及外观	10	
3	环境保护工程	绿化工程、隔音消声屏等是否符合设计要求。施工现场清理及还耕情况。与自然环境、景观的协调情况	10	
4	竣工图表	内容齐全,书写打印清晰、装订整齐,符合相关要求	10	
合计			100	

注:1. 缺项目2或项目3时,应得分仍按100分计。例如,缺项目2时,实得分应除以0.9;缺项目2、3时,实得分应除以0.8,以此类推。
2. 主体工程质量评定内容缺项时,其应得分仍按70分计。
3. 工程质量评分以各委员打分的平均值计。

六、建设项目综合评分

竣工验收委员会对项目法人及设计、施工、监理单位工作进行综合评价。评定得分大于或等于90分且工程质量等级优良的为好,小于90分且大于或等于75分的为中,小于75分的为差。

竣工验收建设项目综合评分采取加权平均法计算,其中竣工验收工程质量得分权值为0.7,参建单位工作评价得分权值为0.3(项目法人占0.15,设计、施工、监理单位各占0.05)。评定得分大于或等于90分且工程质量等级优良的为优良,小于90分且大于或等于75分的为合格,小于75分的为不合格。

发生过重大及以上生产安全事故的建设项目综合评定等级不得为优良。

七、竣工结算及竣工财务决算

竣工结算是指发承包双方根据国家有关法律、法规规定和合同约定,在承包人完成合同约定的全部工作后,对最终工程价款的调整和确定。竣工财务决算是全面反映项目建设全过程财务状况,准确核定各类新增资产价值,总结竣工项目建设成果的文件,是办理资产交付使用手续的依据。

(一)竣工结算

1.竣工结算编制

(1)按照施工合同中合同价款及调整等有关条款的约定编制工程竣工结算书。

(2)结算书组成内容包括编制说明(内容包括工程概况、编制依据及方法、需要说明的事项等)、结算总汇总表、各单位工程结算汇总表、分部分项工程计价表(变更项目和合同内项目分开申报)、措施项目计价表、其他项目计价表。

(3)申报结算时须将分部分项工程计价表、措施项目计价表的中标部分和变更、洽商增减账单独列项计算,每份变更、洽商结算费用应注明变更、洽商的编号及条目号。

(4)各项清单组成子目的工程量计算过程必须按照清单核算的要求提供工程量计算式,必要时附简图。

(5)设计变更及洽商现场确认单、认价手续等资料需分类,并有编号(编号应连续),统一汇总,装订成册,报送业主一式四份。

(6)各施工单位编制的结算书须有编制人员签章并加盖单位公章,报送业主一式四份。

2.竣工结算审核

1)审查送审资料的符合性

工程竣工后,承包方需提交竣工结算申请及结算资料,审核方需查验承包方提交的竣工结算资料是否完整、准确、有效,这是竣工结算审核的重要前提。在审核结算资料时,需仔细查看竣工验收报告中各参建单位是否签章、内容是否完整、竣工日期是否在合同约定范围;核对招标时施工图与竣工图的差异,竣工图签章是否完整、设计变更内容是否完整体现等。

2)全面审阅资料

在资料齐全的基础上,审查人员要全面审阅资料,了解工程概况及结算的编制思路,一般审查中注意以下几点:

(1)投资大、工程量大的工程。

(2)费用较高、工程量较大的分项工程单额定价。

(3)类似、补充综合单价或补充定额单价。

(4)各项费用的计取。

(5)市场购买材料的价差。

(6)综合单价包死,工程量按实结算的工程。

(7)合同价与结算价相差很大的“钓鱼”工程。

(8)专业性较强的工程,如河道测绘、清淤、压力检测、测厚、特种设备防腐、园林绿化等。

3)解剖重点子项,现场核对

深入现场、电话询问相关人员、市场调研核实,是掌握实际情况主要方法。核实工程实际与工程资料的一致性,保证工程技术资料的可利用程度,为下一步的计算审查做技术、数据准备。

4)工程量的审核

工程量清单计价模式下的合同主要形式有固定总价合同和固定单价合同。对于固定总价合同,如果未发生施工合同内容和范围的变更,合同价款就是发、承包方最终结算价款,大大降低结算审核的工作量。对于固定单价合同,工程量按实结算。在实际建设工程当中,工程量是承包方进行工程造价结算的主要依据,对于送审的结算工程量,通常承包方未能准确依据竣工图、定额计算规则及规范等计算工程量,出现虚增工程量的问题,在审查中所占比重最大。因此在结算审核工作中,工程量的审核尤为重要。

5)单价的审核

对建设工程的设备、材料等进行单价审核,也是工程结算审核工作的重点,要注意以下几个方面:

(1)审查有无乱套定额,混用新建与修缮、建筑与市政及其他专业定额的情况。

(2)结算中所列各分项工程结算单价与预算定额是否相符,其名称、规格、计量单位和所包括的工程内容是否与单位估价表一致,防止高套定额情况。

(3)对换算单价的情况,审查换算的分项工程是不是定额中允许换算的,换算是否正确。

(4)对补充定额的编制是否符合编制原则,单位估价表计算是否正确进行审查。

(5)执行定额和有关政策法规是否出现偏差。

(6)审核取费标准,即在审计过程中各项费用的计取要加以重视。

6)审查合同执行情况

核对合同条款、合同内容是否全部完成,优惠条款是否落实等。

(二)竣工财务决算

项目建设单位具体承担竣工财务决算编制和上报等工作。

1. 竣工财务决算编制

1)竣工财务决算内容

竣工财务决算应包括竣工财务决算封面及目录、竣工财务决算说明书、竣工财务决算报表及相关资料。

竣工财务决算说明书主要包括以下内容:①项目概况。②会计账务处理、财产物资清理及债权债务清偿情况。③建设资金计划及到位情况,财政资金支出预算、投资计划及到位情况。④建设资金使用、结余资金处理情况。⑤预备费动用情况。⑥尾工工程投资及预留费用情况,应包含竣工财务决算基准日至上报日期间尾工工程投资及预留费用安排使用、债权债务清理等变化情况。⑦概(预)算执行情况及分析,竣工实际完成投资与概算差异及原因分析。⑧建设管理制度执行情况、政府采购情况、招投标情况、合同履行情况。⑨主要技术经济指标的分析、计算情况。⑩征地拆迁补偿情况、移民安置情况。⑪历次审计、检查、审核、稽查意见及整改落实情况。⑫管理经验、主要问题和建议。⑬需说明的其他事项。

竣工财务决算报表主要包括:基本建设项目概况表、基本建设项目竣工财务决算表、基本建设项目资金情况明细表、基本建设项目交付使用资产总表、基本建设项目交付使用资产明细表、基本建设项目尾工工程投资及预留费用表、基本建设项目待摊投资明细表、基本建设项目待核销基建支出明细表和基本建设项目转出投资明细表。

以设备购置、房屋及其他建筑物购置为主且附有部分建筑安装工程的,只需编制基本建设项目概况表、基本建设项目竣工财务决算表、基本建设项目资金情况明细表、基本建设项目交付使用资产总表、基本建设项目交付使用资产明细表。

竣工财务决算相关资料主要包括:①项目建议书、可行性研究报告、初步设计文件、设计变更、概算调整批复等文件的复印件。②历年投资计划及财政资金预算下达文件的复印件。③审计、检查意见或文件的复印件。④其他与竣工账务决算相关的资料。

2)竣工财务决算编制流程

竣工财务决算编制流程包括:

(1)制定竣工财务决算编制方案。

(2)收集和整理与竣工财务决算相关的资料。

(3)竣工财务清理。

(4)确定竣工财务决算基准日。

(5)概(预)算与核算口径的对应分析。

(6)计列尾工工程投资及预留费用。

(7)分摊待摊投资。

(8)确定建设成本。

(9)编制竣工财务决算报表。

(10)编写竣工财务决算说明书。

2. 竣工财务决算审批

竣工财务决算审批部门应按照“先审核后批复”的原则,批复竣工财务决算。竣工财务决算审批部门审核的重点内容如下。

1)工程价款结算情况

主要包括工程价款是否按有关规定和合同(协议)进行结算;是否存在多算和重复计算工程量、高估冒算建筑材料价格等问题;单位、单项工程造价是否在合理或国家标准范围内,是否存在严重偏离当地同期同类单位工程、单项工程造价水平问题。

2)核算管理情况

主要指执行《基本建设财务规则》(2017年修正)及相关会计制度情况。具体包括:

(1)建设成本核算是否准确。是否存在超过批准建设内容发生的支出,不符合合同(协议)的支出,非法收费和摊派,无发票或者发票项目不全、无审批手续、无责任人员签字的支出,以及因设计、施工、供货等单位原因造成的工程报废损失等不属于本应当负担的支出的情况。

(2)待摊费用支出及其分摊是否合理合规。

(3)待核销基建支出有无依据、是否合理合规。

(4)转出投资有无依据、是否已落实接收单位。

(5)竣工财务决算报表所填列的数据是否完整,表内和表间勾稽关系是否清晰、正确。

(6)竣工财务决算的内容和格式是否符合国家有关规定。

(7)竣工财务决算资料报送是否完整,决算数据是否存在错误。

(8)与财务管理和会计核算有关的其他事项。

3)资金管理情况

(1)资金筹集情况:建设资金筹集是否符合国家有关规定。

(2)资金到位情况:财政资金是否按批复的概算、预算及时足额拨付给建设单位;自筹资金是否按批复的概算、计划及时筹集到位。

(3)资金使用情况:财政资金是否按规定专款专用,是否符合政府采购和国库集中支付等管理规定;各投资者计算的结余资金是否准确;应缴回财政的结余资金是否在竣工验收合格后3个月内,按照预算管理制度有关规定缴回财政;是否存在擅自使用结余资金情况。

4)基本建设程序执行及建设管理情况

(1)基本建设程序执行情况:审核决策程序是否科学、规范,立项、可行性研究、初步设计及概算和调整是否符合国家规定的审批权限等。

(2)建设管理情况:审核竣工财务决算报告是否反映了建设管理情况;建设管理是否符合国家有关建设管理制度要求,是否建立和执行法人责任制、工程监理制、招投标制、合同制;是否制定相应的内控制度,内控制度是否健全、完善、有效;招投标执行情况和建设工期是否按批复要求有效控制。

5)概(预)算执行情况

主要包括是否按照批准的概(预)算内容实施,有无超标准、超规模、超概(预)算建设现象,有无概算外和擅自提高建设标准、扩大建设规模、未完成建设内容等问题;在建设过程中历次检查和审计所提出的重大问题是否已经整改落实;尾工工程及预留费用是否控制在概算确定的范围内,预留的金额和比例是否合理。

6)交付使用资产情况

主要包括形成资产是否真实、准确、全面,计价是否准确,资产接受单位是否落实;是否正确按资产类别划分固定资产、流动资产、无形资产、公共基础设施;交付使用资产实际成本是否完整,是否符合交付条件,移交手续是否齐全。

第3节 竣工文件材料管理

公路工程竣工文件是真实记录工程详细情况的技术文件,是工程验收、维护、改建、扩建的依据,是养护、管理部门必须长期保存的重要技术资料,是国家科技档案的重要组成部分。南横高速公路项目公司、勘察设计单位、施工单位、监理单位将公路工程竣工文件材料立卷归档工作纳入公路工程建设项目的管理工作中,配备专人负责竣工文件材料的立卷归档工作,确保竣工文件材料的完整、准确与系统。

一、竣工文件材料收集与编制

(一)总体要求

1.推行双套制

整个项目实行纸质档案与电子档案双套制管理。纸质档案与电子档案要求一一对应。工序资料、开工资料、抽检资料、质量评定资料、试验检测评定报告、综合文件等文件的填报、编制,按照相关标准、规范在南横高速公路项目管理平台进行电子档案数据采集编制。各参建单位按照国家档案行业标准、《关于印发公路建设项目文件材料立卷归档管理办法的通知》

(交办发〔2010〕382号)、《广西壮族自治区交通运输厅关于进一步加强公路建设项目档案工作的通知》(桂交建管函〔2023〕4号)等文件要求在南横高速公路项目管理平台软件系统中进行过程资料填报并经电子签章签批,由监理、业主单位人员进行审核及电子签批并组卷,在项目档案专项验收通过后,统一对电子档案进行打印并同时刻录光盘(3份)进行移交。

2. 推行电子文件和电子档案管理

根据《广西壮族自治区交通运输厅关于进一步加强公路建设项目档案工作的通知》(桂交建管函〔2023〕4号)第四点"积极推进项目档案管理现代化"内容,鼓励各项目在有条件情况下使用电子档案管理系统进行电子文件的编制、归档。工序资料、开工资料、抽检资料、质量评定资料、试验检测评定报告、综合文件等在形成电子文件的管理过程中均按照相关标准、规范在电子档案管理系统中进行电子档案数据采集,确保电子档案的内容数据、元数据及管理数据要素均符合相关标准要求,各组成要素齐全、完整、规范、可读。

3. 采用电子签章技术

质保资料管理形成的电子文件,签批、签章环节标准规范,项目采用安全、可靠的电子签章技术对各质保资料进行线上签批,质保资料在整个档案管理系统的流转、组卷、归档、保存、利用全过程不可篡改,满足《中华人民共和国电子签名法》各项条例,符合归档要求。

4. 完成质保资料的填报与签批、组卷、归档

(1)资料员在电子档案管理系统上对开工资料、工序资料、质量评定资料、质量评分进行填报、签批。

(2)资料员在电子档案管理系统上审核系统根据组卷规则自动生成的开工资料、工序资料、质量评定资料、质量评分预组卷信息。注意只有完成签字、盖章的资料才能进行预组卷。

(3)资料员在电子档案管理系统上将开工资料、工序资料、质量评定资料、质量评分等已完成预组卷的案卷,提交至项目档案,与管理性文件、材料及标准试验文件等一起进行整编、组卷、归档。

5. 试验检测报告和评定报告与工序资料关联

(1)试验员通过试验检测系统将签好字、盖好章的试验检测报告和试验评定报告推送至电子档案管理系统。

(2)资料员在电子档案管理系统上,将试验检测报告和试验评定报告关联到对应工序资料。

(3)资料员根据电子档案管理系统提供的工序试验关联缺额报告查漏补缺,补充关联缺漏的报告。

6. 声像文件的采集与组卷、归档

(1)按照《建设项目影像文件采集指南》的相关要求,加强建设项目影像文件的收集,确保建设项目档案齐全、完整,真实形象反映项目建设的全过程。

(2)隐蔽工程、重要关键性分项(工序)验收时,应现场采集监理、检测等验收人员的影像文件。特别注意监理规范规定。

(3)电子档案管理系统可依据《建设项目影像文件采集指南》的采集要求,设置每一个部位应上传的最少照片张数,资料员可根据系统的提示上传影像文件。

(4)资料员根据电子档案管理系统提供的影像文件缺额报告查漏补缺,补充上传缺漏的影像文件。

7. 系统上完成管理性文件的组卷和归档

在电子档案管理系统上对管理性文件进行收集、整理、组卷和归档。

(二)文件材料收集要求

1. 责任分工

勘察设计单位负责提供勘察设计文件。

施工单位所需提供的资料包括施工总结、主要工程量清单、工程质量自检验收报告、工程质量评定自评分、工程质量自检存在问题的整改情况报告、工程质量自检总结会议纪要及照片。

监理单位所需提供的资料包括监理总结、收集的施工单位主要工程量清单、工程质量预验收报告、工程质量评定监理评分、工程质量预验收存在问题的整改情况报告、工程质量预验收总结会议纪要及照片。

项目公司所需提供的资料包括各总监办与施工单位自评表、各单位工程量清单、各单位工程遗留缺陷表格、工程质量预验收总结会议纪要及相片、工程质量预验收情况的报告等。

2. 原始资料

收集、归档的项目文件应能全面、准确反映工程建设的实际过程。勘察及测量基础资料、施工记录必须是现场原始记录,由文件材料形成单位或部门负责,不得委托他人。现场原始记录如需清稿或录入档案管理系统,需将现场原始记录与清稿后的记录文件或录入电子档案管理系统形成的记录文件一并归档保存。

(三)文件材料编制要求

竣工资料编制是指对建设项目立项审批、招投标、勘察、设计、施工、监理及交(竣)工验收全过程中形成的文字、图表、照片、声像等形式的文件材料进行鉴定、整理并归档的过程。

竣工文件材料必须要保证真实性、完整性、准确性,归档的工程文件应为原件。凡有文件资料缺漏的应按要求补齐。对竣工资料、施工图及设备技术资料的准确性和更改情况进行核实,并按要求修改或补充标注到相应的案卷文件上。非A4纸的文件材料或暂时无法用计算机编辑的材料,应粘贴到A4纸张上,并复印保存或扫描存档。工程施工技术资料均应按照已划分的单位工程为基本单位进行组卷。

竣工图按专业、分册排列(图11-3);竣工图要做到与设计变更资料和隐蔽工程记录“三对口”,并盖上竣工图专用章。竣工图专用章和竣工图审核章均采用不褪色的红色印油(或红色印泥),并应加盖在竣工图纸(右下)空白处。

电子文件及纸质文件数字化的形成和保存应符合《电子文件归档与电子档案管理规范》(GB/T 18894—2016)、《CAD电子文件光盘存储、归档与档案管理要求　第一部分:电子文档归档与档案管理》(GB/T 17678.1—1999)、《电子档案移交与接收办法》(档发〔2012〕7号)和《纸质档案数字化规范》(DA/T 31—2017)的要求。电子文件须与纸质文件同步归档。

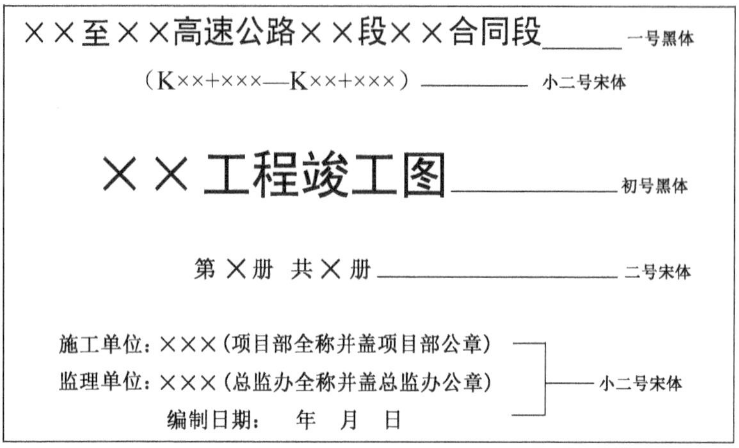

××至××高速公路××段××合同段——一号黑体
（K××+×××—K××+×××）——小二号宋体

××工程竣工图——初号黑体

第×册 共×册——二号宋体

施工单位：×××（项目部全称并盖项目部公章）
监理单位：×××（总监办全称并盖总监办公章）——小二号宋体
编制日期： 年 月 日

图 11-3 竣工图封面样式

竣工资料总目录与卷内目录需纸质目录及电子目录各一份，并且保持一致。电子目录中，总目录与卷内目录应进行链接。

案卷内文件材料应书写工整，字迹、线条清晰，必须利于长期保存。文件材料要求采用 $75g/m^2$ 以上、白色 A4 纸，如有需要也可采用 A3 纸。小于 A4 纸规格的出厂证明、材质合格证等应粘贴在 A4 纸上。采用计算机激光打印或碳素墨水钢笔书写。工程竣工图、工程交接表、工程声像资料须刻录光盘。

工程建设期间数码照片须刻录在专业档案光盘上保存，同时还需冲印出 6 英寸纸质照片与说明一并整理归档，各单位应购买专业照片档案册进行归档。

每个参建单位必须保证有一套完整的原始资料。每个案卷（册）内不允许原件资料和复印件资料混合在一起。案卷与案卷之间构成一套资料，这些案卷不允许既有原件资料，又有复印件资料。

二、竣工文件材料组卷、编目与归档

（一）文件组卷

1. 组卷要求

组卷要遵循公路工程文件材料的形成规律和成套性的原则，保持案卷内材料的系统联系，并要便于档案查考、利用和保管。

有多个单位工程时，工程文件应按单位工程组卷。立卷采用《关于印发公路建设项目文件材料立卷归档管理办法的通知》（交办发〔2010〕382 号）的分类方法。案卷厚度不得超过 50m，卷内不应有重份的文件，文件内不应有重页文件；不同载体的文件应分别组卷。

2. 组卷责任分工

项目公司负责项目立项审批阶段、工程准备阶段、交（竣）工验收阶段，以及在工程施工管理过程中项目法人就工程质量、进度、费用控制方面召开有关会议所印发的有关管理性文件材料的收集和组卷、归档工作。

设计单位负责设计阶段（包括初步设计及施工图设计）形成的工程勘察设计文件材料的

收集和整理组卷工作。

施工单位负责收集施工阶段形成的施工文件材料并组卷。其中开工报告、施工组织设计、施工计划、施工日志及中间验收等分别按合同段集中组卷。各项施工原始记录、监理工作记录按路线进行方向,结合单位(含分部、分项)工程及不同专业,分别整理组卷。

监理单位负责对施工单位的交(竣)工文件材料的形成、收集和整理归档工作进行监督、检查,在资料文件档案验收前向项目公司提交对施工单位的档案资料审核意见,并按规定做好资料文件档案的移交。

3. 组卷内容分类

(1)征地拆迁、招投标文件、评标文件、承包合同、合同谈判、交(竣)工验收等阶段形成的工程管理性文件,按建设程序、问题的类型、时间或重要性程度组成一卷(册)或若干卷(册)。

(2)设计资料包括地质勘察、初步设计、方案设计、技术设计、总体规划设计、工程概预算、施工图设计等资料,按项目阶段,单位工程和分部、分项工程,专业分别整理组卷。

(3)施工单位总体开工报告、施工组织设计、施工计划、施工方案、图纸会审及技术交底、设计变更、施工日志、中间交验、专项检测报告、交(竣)工验收及工程总结分别按合同段、按问题集中组卷。

(4)施工原始记录、原材料试验报告、工序检验报告、工程变更等施工阶段形成的资料,以分项(分部、单位)工程为基础单元,按施工工艺流程、路线前进方向及不同保管期限(如永久、30年、短期)分别整理组成若干案卷(册)。

(5)竣工图按文件中施工图的顺序分篇独立组卷。

(6)竣工决算资料按公路工程概预算编制办法分别组卷。

(7)监理工作形成的监理文件材料,包括监理通知、开(停、复)工令、监理工作指令、有关会议纪要、监理抽检记录、巡视记录、旁站记录及汇总资料、合同管理文件、进度计划管理文件、工程质量控制文件、工程技术管理文件、工程计量与支付文件、与建设单位及参建单位的往来信函、月报表、监理日志等,由各总监办按阶段、问题分别整理组卷。

(8)不同的科研课题分别组卷。

(9)标有密级的文件独立组卷。

4. 卷内资料、文件材料的排列

文件材料按事项、专业顺序排列;同一事项的请示与批复,同一文件的印本与定稿、主件与附件不能分开,并按批复在前、请示在后,印本在前、定稿在后,主件在前、附件在后,相关审查及专家评审等顺序依次排列;工程准备阶段资料文件按照审批及相关手续排列;项目公司及监理单位就质量、进度、费用、安全管理等控制问题普发的文件材料,按照文件材料所反映问题的有机联系,结合重要程度或文件编号顺序依次进行排列;施工及监理文件材料的排列,严格按照《关于印发公路建设项目文件材料立卷归档管理办法的通知》(交办发〔2010〕382号)规定执行;竣工图按专业排列,同专业图纸按图号排列,排列方式原则上与施工图相同;既有文字材料,又有图纸的案卷,文字材料排前、图纸排后;计量与支付文件与附件及进度计划、报表以合同段为单位,按时间依次排列;试运行及交(竣)工验收工作资料文件按照检测观测记录、车辆运行情况及各专项验收和竣工验收工作程序依次排列;科研课题按准备阶段、研究试验阶段、总结鉴定阶段、成果申报阶段、奖励和推广应用阶段等阶段排列。

(二)文件编目

1. 纸质档案的著录

案卷(每一装订册)内文件材料均以有内容的页面编写页码。卷内文件有书写内容的页面均应单独编号,页号从“1”开始。页号编写位置:双面书写的文件材料,在其正面右下角、背面左下角;单面书写的文件材料,在其正面右下角;图样页号编写在标题栏外。部分外来文件材料已自成体系,已经双面书写的,可将其看作“件”处理,不再重新编写页码;与其他文件材料组成一卷的,将该册文件排列在其他文件材料之后,并将其作为一份文件编写册号,不需重新编号。档案盒内(每一装订册)的封面、卷内目录、备考表等不编写页码。在交(竣)工验收前页码暂时可采用铅笔编写,交(竣)工验收后补充、完善并经档案验收小组验收合格后,统一采用页码机打印,页码数字采用黑色字体。

2. 电子档案的著录

根据纸质档案的著录结果,按系统要求完成电子文件上传和著录。

(三)文件归档

各参建单位要坚持让档案管理人员参加工程进度例会,熟悉会议规定,要求档案管理人员必须参加单项或中间验收工作并形成记录。在下达项目施工任务同时下达资料整理归档要求,在组织检查工程进度同时检查文件的完整、准确情况。规定档案管理人员对各种文件应将原件收集齐全,需要归档保存的电子文件,必须制成纸质文件;归档文件材料,必须书写工整,字迹、线条清楚,图样清晰,图表整洁,签字手续完备等。

项目文件材料产生于项目建设的全过程,其形成、积累和管理应列入项目建设计划和有关人员的职责范围,与工作标准和岗位责任制挂钩,并有相应的检查考核措施。

项目公司在项目通过竣工验收3个月内向运营机构及其他有关单位办理移交手续。项目公司负责按照立项审批、设计、施工、竣工、监理等不同阶段或性质,对移交的全部案卷进行系统整理和排列。其中施工阶段形成的案卷依路线进行方向,按照路基、路面、桥梁、隧道、涵洞、交叉工程、沿线设施及监理工作的顺序分别进行排列,并按照《交通文件材料立卷归档办法》(交办发〔1992〕100号)的要求,编写科技档案归档目录一式三份。项目公司和运营机构对接受的全部档案编制档号,并填写在卷面和卷脊上。档号由档案分类号和案卷顺序号组成。

(四)档案的接收—保管—利用

1. 档案的接收

项目交工验收后,各参建单位在6~12个月内向项目公司移交档案。

项目公司在项目通过竣工验收3个月内向运营机构及其他有关单位办理移交手续。

2. 档案的保管

(1)纸质档案的保管

档案室加设防盗门窗;档案室窗子配挂窗帘,防止阳光直射库内;使用白炽灯照明,以避免日光灯中紫外线对档案纸张的破坏;放置吸潮剂;库内严禁吸烟,建立严密的防火制度并配备消防灭火器材;定期检查并投放灭鼠药;配备空调设备,以达到库房理想的温度;加双层窗防止灰尘对档案的损害;定期利用吸尘器及时吸除档案柜架上的灰尘;柜架上放置防虫药品,以防害虫破坏档案。

(2)电子档案的保管

档案验收结束、竣工验收结束后,使用档案级蓝光光盘刻录电子档案,形成档案光盘后进行移交;移交档案光盘时,同时提供一台读盘器用于读取档案光盘,调阅电子档案。

3. 档案的利用

系统对项目形成的电子文件提供按电子文件分类和单位、分部分项工程等多途径检索、查询的功能,并提供借阅管理辅助功能。

在通过竣工验收后,系统的电子文件可进行封装和移交,提供给运营养护期使用。

纸质版文件保存于档案馆中,如需借阅、查看,需主管领导签字同意后,经专人调出,借阅、查看完成后及时归还。

第12章 南横高速公路项目运营管理

运营阶段是高速公路项目发挥使用价值的关键环节,运营管理是决定投建营一体化项目能否实现其经济效益的关键环节。南横高速公路于2023年底建成通车,项目公司的工作重心将由工程建设转为运营管理。全线运营管理体制、机构设置坚持“精简、合理、高效”的原则,按照集中管理模式,合理设置运营管理职能部门,加强与集团公司运营管理事业部对接,落实相关规章制度,借鉴集团公司其他高速公路优秀的运营管理工作方式、方法,全面、高效地开展运营管理工作。

第1节 运营管理概况

为加强高速公路运营管理工作,提供高效、优质的高速公路服务,南横高速公路项目运营管理实行三级管理,并以运营管理标准化、运营管理精细化、运营管理高质量发展为理念,完善和落实决策、监督和考核机制,确保南横高速公路项目运营管理效果和质量。

一、运营管理组织及职责

南横高速公路项目运营管理按照统筹协调、分级管理的原则将主体分为集团公司、运营管理事业部、南横高速公路有限公司(简称“南横公司”)三个管理层级。集团公司是运营管理的指导层,负责南横高速公路运营管理的顶层设计及统筹协调工作;运营管理事业部是运营管理的管控层,负责制定本级运营管理制度并督导南横公司进行落实;南横公司是南横高速公路运营管理的执行层,具体负责现场运营管理工作。

(一)集团公司管理职责

(1)贯彻执行国家有关法律法规和行业标准,制定集团公司运营管理规章制度并监督执行。

(2)负责中国中铁系统在全国范围内的高速公路项目运营业务,努力打造中国中铁系统高速公路业务投建营一体化平台,形成和发展企业品牌化运作能力。

(3)审批高速公路运营改革、发展规划方案,研究制定高速公路机构设置、定员定编方案等。

(4)研究制定高速公路板块各项经济指标,审核运营管理事业部年度预算等事项。

(5)结合高速公路管理要求,组织开展对运营管理事业部的考核和评价。

(二)运营管理事业部管理职责

(1)贯彻执行国家有关法律法规、行业标准和集团公司运营管理规章制度。

(2)研究起草集团公司高速公路运营改革、发展规划方案,监督指导南横公司执行基本运营管理程序。

(3)督促南横公司依法开展高速公路运营管理工作。

(4)负责与股份公司相关部门对接,汇报高速公路运营管理情况,按要求开展运营管理工作,协调解决运营管理过程中出现的问题。

(5)负责审批南横公司重大事项,指导、监督南横公司开展运营管理、竣工验收、小修保养、大中修等工作。

(6)负责运营管理相关前沿信息的收集、分析,组织南横公司开展对标学习、现场交流、技能比武等活动。

(7)联合实施对高速公路建设项目的提前介入工作,积极对接各责任主体单位,发挥投资建设业务咨询服务中心功能和作用。

(8)负责对中国中铁系统委托管理及集团公司自营的BOT、PPP高速公路运营项目实施归口、集中、统一管理和经营。

(9)负责组建和管理高速公路产业链专业化公司,协调推进招商中铁控股有限公司等合资公司相关运营工作。

(三)南横公司管理职责

(1)贯彻执行国家的法律法规、行业标准、集团公司有关规章制度和南横高速公路项目公司股东协议、公司章程。

(2)制定公司运营管理规章制度、突发事件应急预案和风险发生后的处置方案并执行。

(3)南横公司设综合部、财务部、安全养护部、收费监控中心、路产管理部和路政大队等部门,下辖7个收费站和2处服务区,负责日常运营管理工作,科学组织,降本创效,追求运营利润最大化,实现项目预期投资收益。

(4)负责组织编制公司年度预算并上报集团公司审批。

(5)负责组织实施公司路衍经济开发及开展流量经营。

(6)协调、配合、监督高速公路产业链专业化公司组织开展现场生产工作。

(7)负责公司的人才队伍建设以及培训、考核等。

二、运营管理理念

(一)运营管理标准化

推进高速公路运营管理朝标准化方向发展,是我国高速公路运营管理的发展趋势,也是高速公路规模化运营的现实需要。通过大力推进高速公路运营管理标准化,统一标准、统一规范,建立科学、规范的标准化体系,将"标准成为习惯、习惯符合标准、结果达到标准"的标准化管理理念贯穿高速公路运营管理的全过程,提升高速公路运营管理能力,打造新时期、新形势下中铁交通运营管理新模式、新品牌,争做投建营一体化标杆示范项目。

(二)运营管理精细化

精细化管理是一种先进的管理文化和管理方式,全面实施精细化管理是高速公路运营管理科学发展的要求,是提升高速公路整体服务质量的重要举措,是整个高速公路管理工作的核心工程。以高速公路运营管理标准化建设为载体,深入开展精细化管理,在高速公路运营管理工作中将复杂的事情简单化、将简单的事情流程化、将流程化的事情定量化、将定量化的事情信息化。通过落实运营管理责任,层层分解目标任务,拟定各岗位详细的工作流程图,出台各岗位的定量考核办法,及时发现并纠正运营管理工作中的问题,不断提高运营管理能力和服务水平。

(三)运营管理高质量发展

全面做好高速公路运营管理工作,采取合理有效的措施,提高运营管理的有效性和科学性,充分发挥运营管理的作用,同时加大创新力度,完善运营管理机制,促进高速公路运营管理的高质量发展。高速公路运营管理高质量发展能更好地满足人民对美好出行和服务的需要,通过提供优质窗口服务、打造优质路况水平,充分挖掘高速资源、积极创造社会财富,凝聚内部力量、树立外部形象,并进一步提升高速公路养护、收费、应急和服务区等工作的质量和水平,提高公众出行满意度。

三、运营管理保障机制

(一)权责分明的决策机制

明确南横公司、集团公司决策权限,规范议事规则,完善决策流程。针对高速公路运营管理中的决策事项,根据决策内容,由南横公司内部决策并报集团公司备案或审批,或由集团公司直接决策,涉及“三重一大”的运营管理事项,按照“三重一大”决策程序执行。

(二)严格有力的监督机制

完善各类监督检查工作机制,形成集团公司对南横公司监督、南横公司对员工监督、员工之间相互监督、社会公众监督等全方位监督体系,及时发现和纠正运营管理过程中的不当行为,确保路产路权管理、收费管理、养护管理及服务区管理的有效实施,同时充分利用现代科技手段,拓宽民主监督渠道,健全监督机制,切实加强党风廉政建设,落实基层党组织教育、管理、监督党员的职责。

(三)合理有效的考核机制

细化岗位目标、强化岗位职责,制定科学合理的考核标准,形成“考核有据、过程公开、奖罚分明”的考核机制。集团公司对南横公司运营管理绩效进行考核,南横公司对各部门和员工进行日常运营管理考核,同时加强对养护施工单位养护工作的考核,充分利用考核结果,发挥考核结果在集体和个人评优评先中的作用。建立健全目标激励、荣誉激励以及额外福利和酬金等激励机制,提高员工的积极性。

第2节 路产路权管理

高速公路路产包括高速公路红线范围内的路基、路面、桥梁、隧道、涵洞、交安、房建、绿化、机电设施设备、服务区(停车区)等,路权则是与这些路产相关的权益。南横高速公路路产路权管理工作以“畅通优先、安全至上、路权完整”为方针,遵循“决策科学透明、管理规范到位、作业标准及时”的原则,确保南横高速公路“畅通、安全、舒适、美观”。

一、机构与职责

路产路权管理按照“统一管理，分级负责”的原则，由集团公司负责指导考核，南横公司具体开展路产路权管理工作。

(一)集团公司职责

集团公司履行所属高速公路路产路权管理工作统一领导职能，确保路产路权管理工作有序开展，运营管理事业部是主责部门。

(1)负责制定南横高速公路路产路权管理办法。

(2)负责统筹开展路产路权管理信息化、智能化建设，组织开展路产路权管理系统的研发和应用。

(3)负责对南横公司路产路权管理工作进行指导、监督、检查，并对存在的问题督促整改。

(4)负责南横高速公路路产路权请示文件的审批并监督检查。

(5)负责路产路权管理工作的定期考核与评比。

(6)负责组织南横公司路产路权管理业务学习培训，指导信息资料的分析、整理和归档工作。

(7)掌握南横高速公路路产路权管理行业动态，及时推广先进的路产路权管理经验。

(二)南横公司职责

南横公司负责按照现行规范和行业主管单位要求对南横高速公路开展路产路权管理工作，路产管理部是主责部门。

(1)贯彻执行国家、行业主管部门和上级公司有关公路路产路权管理的政策法规、规范和管理办法。

(2)负责建立路产路权管理机构(路产管理部)，配备足够的路产路权管理人员，制定完善的路产路权管理制度。

(3)负责按规范要求，开展路产巡查，管理和保护高速公路、公路用地及公路设施，及时制止并配合地方政府部门处理各种侵占、破坏公路、公路用地及公路设施的行为。

(4)涉路施工管理、赔补偿管理、清障救援管理。

(5)负责现场勘察、收集和统计路产损失，开展路产索赔相关工作，努力维护合法权益。

(6)及时掌握交通事故基本情况，配合交警做好道路交通疏导和管制。

(7)负责南横高速公路路产路权管理年度工作的组织实施、监督、管理和考核等。

(8)负责建立地震、台风、防汛抢险、除雪防滑等灾害防治及应急相关工作机制，制定各项保畅措施，向上级单位上报各种统计资料。

(9)负责路产路权管理人员的培训工作，推广应用新技术、新思路。

二、巡查管理

南横高速公路路产巡查遵循动态巡查和备勤相结合的原则，实行24小时值班制。路产巡查一般每天全程巡查不得少于3次，恶劣天气情况下应保持全时段巡查，以保证高速公路安全、畅通。

（一）路产巡查的主要内容

（1）路基、路面、桥梁、隧道、涵洞、交安、房建、绿化、机电设施设备等设施，以及建筑控制区等的完好情况。

（2）侵犯路产路权的行为：偷盗、破坏、非法占用路产设施，偷逃通行费等。

（3）检查、督促高速公路现场养护、清障等情况。

（4）服务区（停车区）日常管理情况。

（二）路产巡查过程要求

巡查前应仔细检查巡查车辆，确保车况良好。巡查时应遵守交通法规，开启示警灯，保持匀速（60~80km/h），原则上不得私自带人，特殊情况（如救死扶伤）除外。在高速公路上停车处理公务时，应确保安全且不得影响高速公路车辆正常行驶。路产巡查过程中要认真填写巡查记录，当班结束后认真履行交接班手续。

路产巡查过程中发现公路路面范围内有明显影响行车安全的障碍物时，应当在设置临时简易安全警示标志后进行清除，必要时采取安全保障措施并及时通知养护单位进行清除；遇有行人、车辆上下客、边坡违规种植、放牧等情况，应及时予以制止、劝离并做好相关记录工作；注意检查标志、标线及其他反光诱导设施的使用状况，对缺损内容应当及时发起维修流程；发生路产设施被盗时要立即报案，并做好相关记录，全力配合公安机关进行案件侦破工作。

遇有交通事故或其他紧急情况必须快速反应，迅速抵达现场，做好勘验记录，必要时协助公安交警部门维持现场秩序，反馈事故原因、人员伤亡情况、路产损失情况及其他重要信息。处理结束后应当及时恢复预定的路产巡查方案。

（三）巡查人员要求

巡查人员应着统一制式服装，保持规范、整洁，带齐证件、文书及其他必要装备，巡查时须穿反光背心，配备警示器械。此外，在执行公务时应注重仪表，文明礼貌，热情服务，认真对待当事人或社会各界人士的现场咨询，同时自觉接受社会和南横公司内部监督。

三、赔补偿管理

赔补偿包括交通事故损坏赔偿、路产占用补偿。

（一）交通事故损坏赔偿处理

发生交通事故时，相关部门工作人员迅速抵达现场，做好临时安全防护，通知救护、交警、消防、监控中心等单位，做好相关提示，避免二次事故的发生，同时联合交警、养护等单位共同做好交通疏导。

收集事故车辆材料并组织对事故现场进行勘验、拍照，清点路产损失，填写勘验笔录，并与当事人共同复核勘验笔录及路产损失清单，履行南横公司内部审批程序后，要求当事人缴纳路产赔偿费。若当事人现场无法缴纳或对路产赔偿费有异议，协调相关单位对事故现场损坏情况进行核查，并通过法律程序进行维权。

事故现场处理完成后，及时组织清理杂物，并将事故资料、照片及相关资料移交内业整理、存档。

(二)路产占用补偿处理

凡经政府主管部门和南横公司批准的跨(穿)越公路修建桥梁、渡槽等占用、挖掘高速公路,以及在高速公路用地和红线范围内架设、下穿设置管线,埋设电缆等永久性设施或改扩建公路及附属设施的工程项目,应按规定缴纳路产占用补偿费,若因施工造成路产损坏的,当事人应负责修复或赔偿。

项目开工前,涉路施工项目当事人应提前提交工程的申请文件、政府批文、设计图纸、使用年限等资料,南横公司依据当事人提交的资料开展现场勘测,按照相关规定及标准进行审核,确认工程设计切实可行后,办理相关涉路手续并要求当事人缴纳路产占用补偿费用。未征得南横公司同意而擅自动工的,责令其立即停工,限期补办有关手续,对已造成的路产损失进行赔偿。

路产占用补偿费用估算在100万元(含)以下的,南横公司执行内部决策程序,组织签订补偿协议,收取路产占用补偿费用后报中铁交通投资集团有限公司运营管理事业部备案。路产占用补偿费用估算在100万元以上的,实施前,由南横公司上报集团公司运营管理事业部审批后组织签订补偿协议,收取补偿费用并报集团公司运营管理事业部备案。

四、清障救援管理

南横高速公路清障救援的主要工作内容是对在高速公路上发生故障、交通事故或自然灾害造成损坏的车辆进行清障或救援,确保高速公路的安全畅通。

(一)清障救援工作要求

南横公司根据自身实际情况采取自行组织或利用社会资源的形式,遵循"就近兼能力"的原则设置清障救援服务点。清障救援工作应将社会效益放在第一位,坚持"以服务安全便捷出行为主、最大程度发挥社会公共服务职能为目标"的原则,做到"快速准确的事件响应、合理高效的现场清障作业、完善的信息服务"。

从事清障救援工作的人员必须经过严格培训,特种设备的操作人员必须持有相关特种作业证书,作业时应严格遵守操作规程。同时,必须按规定统一着装,穿反光衣、戴安全帽等,挂牌上岗,做到文明服务和"四公开":公开服务承诺,公开监督举报电话,公开收费标准,公开工作号牌。此外,应定期检查和保养清障救援车辆,发现故障及时排除,做好相关检查保养记录,严禁车辆带病作业和行驶,做到预防为主、安全第一。

遇装载易燃、易爆、有毒物品的事故车辆,应有地方政府、安监、消防、高速公路交警、路政、中铁交通投资集团有限公司安全委员会办公室等相关单位人员在场,由专业人员及消防人员对现场进行清理控制并且确认消除安全隐患后才能进行清障,确保安全。

清障救援现场,移动作业时应有专人负责指挥疏导车流,对占用车道时间较长、装载复杂的拖载,清障救援工作人员应在路政、交警人员的指导下,做好作业现场交通管制后,方可进行拖载作业,并服从交警、路政调度。若事故车辆超载、超限(超重、超长、超宽、超高)或存在其他拖载安全隐患等,工作人员要向当事人做好解释工作,待安全隐患消除后方可实施拖载。

此外,建立健全清障救援记录台账并及时更新,台账要明确记录出车车辆、工作人员、起止时间、线路、当事车辆车牌、行驶公里数、金额等。

(二)清障救援工作流程

(1)清障救援队伍接到监控中心清障救援指令后,立即应答,问明救援性质(事故、故障)、车辆类别、车牌号、空车或载货、货物种类、乘客人数、交通状况、里程桩号、联系方式等,做好翔实的记录。

(2)接报后(白天5min、夜间10min之内)出发并以最快速度赶往救援现场(清障车正在作业除外),在可联系的情况下,告知当事人预计到达时间。

(3)清障救援队伍严格按操作规程驾驶车辆,夜间行驶时开启示警灯,到达现场后立即按相关要求设立警示标志,以防发生交通事故。在对现场进行详细勘察后,将情况报告路产管理部,未经许可,不得擅自拖载,不得将车辆撤离现场。

(4)清障救援实行有偿服务。在实施清障救援时,主动向当事人出示物价主管部门规定的收费项目和标准,经双方协商达成一致意见并签订清障救援服务协议。事故车辆拖载至交警指定的地点,故障车辆就近拖载至高速公路收费站外或与当事人商定的地点。

(5)完成清障救援并经双方确认清障救援服务协议规定的收费金额后,按规定收取费用,并出具有效的税务发票,同时通知监控中心救援结果并填写救援记录台账,完善相关记录。

清障救援工作流程详见图12-1。

(三)检查及考核

建立清障救援工作检查、考核制度,严格对清障救援单位进行检查、考核,每季度至少一次,检查、考核的内容包括清障救援台账、清障救援服务协议、收费情况、发票使用情况、相关资质材料、车辆设备的管理及保养、人员资质及培训、备勤记录、投诉情况等,并形成检查、考核记录。对检查发现问题的,下发整改通知书,要求限期整改。

五、涉路施工管理

涉路施工管理是高速公路运营过程中必不可少的环节。为了在涉路施工中维护南横公司和过往驾乘人员的合法权益,同时保证涉路施工过程质量与安全,必须加强涉路施工管理。

(一)涉路施工作业的内容

(1)对路面破损所进行的维修和养护施工作业。

(2)在高速公路范围的路基、桥涵、隧道、边坡、排水沟、交安设施、中央分隔带、服务区和互通区所进行的路产维修、设备安装、广告设置等正常维修和养护施工作业。

(3)高速公路红线外横跨或穿越高速公路所进行的施工,如铁路、公路施工及通信电力管线穿越等。

(4)其他涉及高速公路的施工。

(二)涉路施工作业的申请与审批

施工单位在施工前,要向南横公司提交涉路施工申请书、施工方案、安全防护方案、施工图纸等相关技术资料。申请书内容包括:涉路施工单位、施工项目名称、主要内容;涉路施工种类、时间;施工地点(桩号、方向);涉路施工人数、机械设备情况;作业区范围等。施工方案、施工图纸需经南横公司审核批准后，报高速公路交警（或路政）等有关机构办理施工许可后方可进行涉路施工作业，必要时提前15个工作日通过媒体发布相关信息。

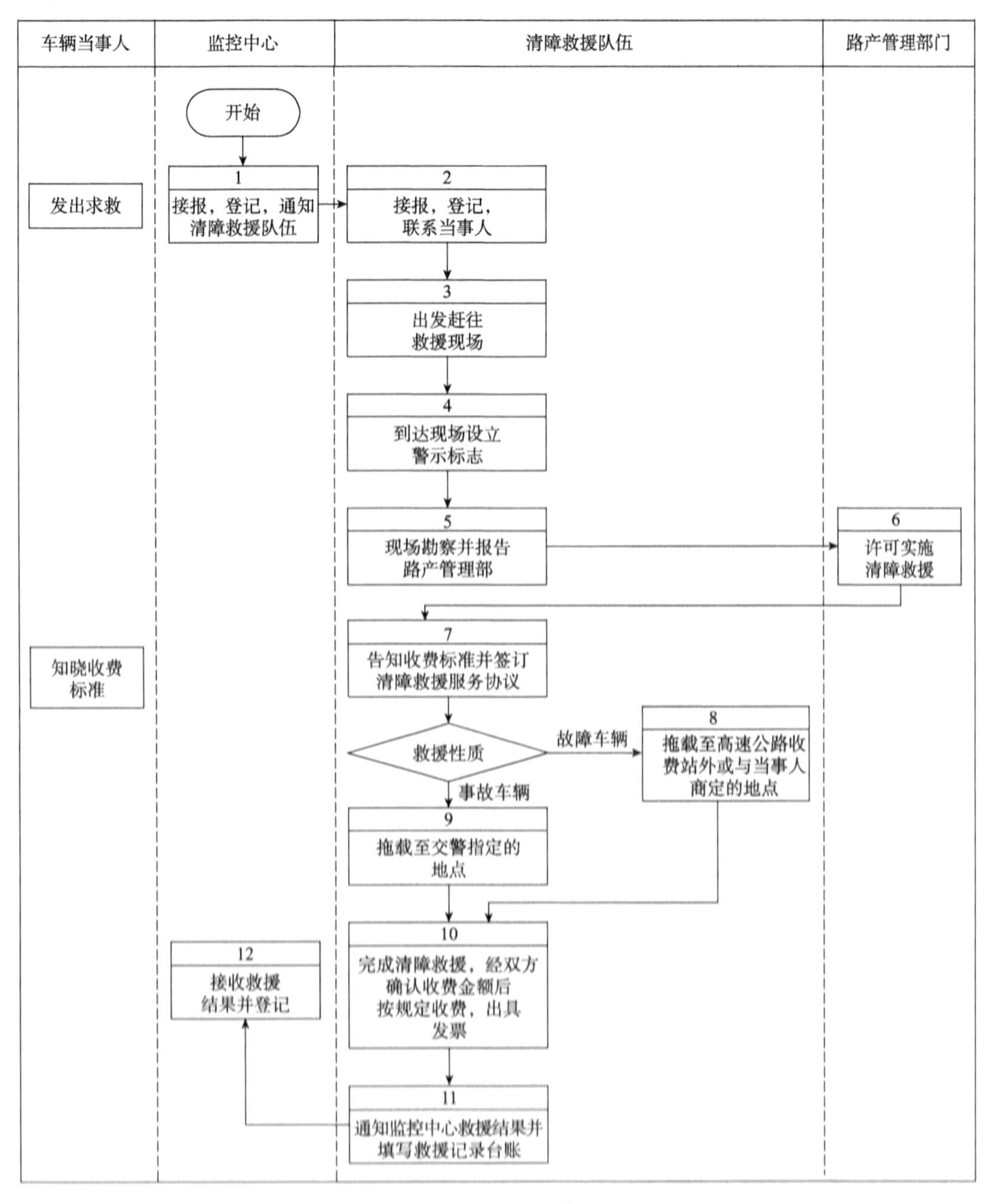

图12-1 清障救援工作流程

对提出的涉路施工作业申请，南横公司组织相关人员及时进行现场勘察、审批，审批时限一般不超过3个工作日。高速公路行政公益性紧急抢修及高速公路除雪作业除外，所有涉路施工项目必须在申请批复后方可进场施工，并在公司备案。

(三)涉路施工现场管理

涉路施工单位必须严格按照《公路养护安全作业规程》(JTG H30—2015)和《道路交通标志和标线　第4部分:作业区》(GB 5768.4—2017)要求做好安全防护。南横公司路产巡查人员发现施工人员、车辆及现场安全防护等不符合规定的,要立即制止,并提出警告,限期整改;对在限期内未做出整改或整改后仍不符合规定的,采取强制措施,如收回核发的有关许可证,中止人员、车辆施工资格,责令停工等。

涉路施工作业中,因施工单位违反相关法律、法规规定,造成交通事故的,根据施工单位的违章行为与交通事故间的因果关系,以及违章行为在交通事故中的作用,认定施工单位的交通事故责任。因施工作业导致路产损失的,按有关规定向南横公司进行赔偿。

涉路施工单位完成施工后,需清理现场,消除交通安全隐患,对高速公路造成损坏的进行恢复原状或赔偿处理,在有关部门检查验收确认后,方可撤出施工现场,并按相关规定办理保证金返还事宜。

第3节　收费管理

南横高速公路收费管理工作重点包括票款卡管理、堵漏增收管理、监控管理、稽查管理、培训管理、服务投诉管理、内业管理等。加强南横高速公路收费管理工作,有助于提高收费管理水平和管控能力,防范和化解运营风险,保障运营高效、安全。

一、票款卡管理

“票”是指收费站计算机打印的通行费发票、定额发票,“款”是指高速公路通行费和备用金,“卡”是指通行卡、纸券。

(一)票管理

通行费票据实行运营管理事业部、收费站、收费班组三级管理制,逐级办理领取手续,运营管理事业部存储的票证必须满足申领票据的种类和数量要求,且通行费票据的发放必须按序号进行,严禁跳号发放。

收费站领取票据后,先检查票据是否有漏号、重号、跳号、装订错误或号码错乱等问题。若存在以上问题,整段票据须停止使用,做好相关记录后退回运营管理事业部。收费人员按操作规程打印票据,打印后查看字迹是否清楚、内容是否正确后再交给驾驶人员。此外,应当班结算、清点已使用收费票据,核对无误后,填写相关票据明细账、总账。弃票应加盖作废章并放入弃票箱,当弃票箱容量使用超过2/3时,及时收集、销毁弃票,由值班站长和当班班长对整个销毁过程进行监督,做好照片资料收集工作。

票卡管理员每月对收费站领取、使用、结存(含收费车道实存)票证进行核对、抽查,并建立票据使用台账,确保通行费票据与通行费收入账目一致。

(二)款管理

通行费收入实行“收支两条线”,收入全额上缴,任何单位和个人不得截留、侵占或者挪用。收费站负责通行费现金收取、日常保管、按规定上缴银行/联网结算中心,保证通行费的安全。非现金按联网收费软件既定流程上缴联网结算中心。

收费站备用金是指南横公司为及时收取通行费和提高车辆通行能力,核定用于收费员兑换找零的周转资金。备用金必须专款专用,不得与其他钱款混放,禁止挪用、占用,每月进行盘点。收费站须按财务相关规定向南横公司申请备用金,并对日常使用、交接、移交等工作做好记录。

(三)通行卡管理

票卡管理员负责运营管理事业部通行卡的调配、保管及账目管理,对入库通行卡要有序存放,并采取相应措施确保通行卡安全。收费站负责通行卡的日常管理,核销室应配备放置通行卡的专用箱,每日核对领用数量、发出数量、收回数量与库存量,同时做好高速公路复合通行卡(Compound Pass Card,CPC)管理系统中"通行卡库存量""库存坏卡量"的录入、核对工作,当通行卡库存量小于核定分配量的70%时,收费站应向运营管理事业部申请调入通行卡;通行卡库存量大于核定分配量的30%时,收费站应向运营管理事业部申请调出通行卡,票证员根据车流情况核定通行卡发放量,领用人要当面点清数量并做好登记签字确认。

收费站实行入口发卡、出口收卡收费模式。CPC卡在MTC入口车道发放,MTC出口车道回收,发放时严格遵循"一车一卡"原则及收费业务要求。入出口收费员发现无法读写或电量低于8%的CPC坏卡时要做好记录(CPC卡电量低于8%的严禁发放),并妥善保管,下班结算时将坏卡单独上缴收费站票证室。此外,收费站须主动追回流失卡,如遇重大节假日免费通行期间,用户在入口收费站领取了CPC卡不慎带离后主动交还的,CPC卡由收费站核实情况后回收并做清卡处理后入库。

二、堵漏增收管理

鼓励员工积极开展"堵漏增收"工作,严厉打击违法作弊车辆,避免通行费损失,做到"应征不漏、应免不收",保障公司合法权益。运营管理事业部为"堵漏增收"工作的主责部门,负责统一指挥、协调,汇总、统计、审核资料和信息,组织收费人员学习车辆打逃手段,提高"堵漏增收"工作成效;收费站负责本路段"堵漏增收"工作的具体实施,记录车辆相关信息,收集原始资料,做好分析、统计、审核、上报及保存工作。

(一)堵漏增收对象

"堵漏增收"工作对象为采用欺骗手段不交或少交车辆通行费的车辆,具体如下。

1.改变车型、车种逃费

(1)大车小标:客户办理ETC时发行错误或客户利用假证、违规安装、拆卸标签等方式造成卡内写入车型小于车辆实际车型。

(2)货车客标:客户办理ETC时发行错误或客户利用假证、违规安装、拆卸标签等方式造成卡内写入为客车而车辆实际为货车。

(3)货车加挂、甩挂:加挂指货运挂车客户办理ETC后,通过加挂等方式,通行时带挂车通行,交费时无挂车交费。甩挂指货车进入服务区后,将车厢放在服务区,然后驾驶车头在就近的收费站下高速后再领卡上来,到服务区拉上车厢后从相邻的收费站下,缩短大型车的缴费距离。

(4)代发卡:指本车领取通行卡让其他车辆使用。

(5)升降挡:出入口车型不一致。

2. 改变计费路径逃费

(1)屏蔽计费设备逃费:车辆通过屏蔽或干扰收费公路收费、计费设施缩短缴费里程。如用铁盒、锡纸包住 CPC 卡或使用高科技屏蔽设备。系统中可以查询到车辆通行图片但是无交易流水。

(2)冲卡逃费:车辆跟车、插队、强行通过收费车道,未交费或未扣费。

(3)只进不出逃费:记录显示只有入口无出口的车辆。在通行交易数据中显示车辆多次覆盖入口无出口。

(4)收费公路私开道口:车辆通过私开道口、服务区、施工区域驶入、驶出,少交、逃交通行费。记录显示无入口、无出口或无出入口的通行车辆。

(5)换牌、换卡逃费:车辆通过调换 CPC 卡、OBU(On Board Unit,车载电子标签)、车牌等,缩短缴费里程少交通行费。车辆缴费路径与实际通行路径不符。

(6)倒车/逆行:未按规定方向、路线行驶的逃费行为。车辆缴费路径、时间与实际通行路径、时间不符。

3. 假冒减免车辆逃费

(1)假冒鲜活农产品运输车辆:伪造行驶证、混装非鲜活农产品假冒鲜活农产品车辆经人工或系统查验不符合相关优免政策要求。

(2)假冒抢险救灾、联合收割机车辆:通过收费公路时经查验证件材料无效或伪造,不符合抢险救灾、联合收割机减免条件。

(3)假冒集装箱优惠车辆:所携带的证明材料与实际车辆不符,伪造或者无相关通行证件,伪造证件冒充集装箱车辆。

(4)免费期间超限冲卡车:高速公路免费通行期间,违法超限并冲卡上高速的车辆。

4. 其他逃费

(1)U/J 形行驶:车辆在高速上掉头行驶,通行扣费里程与实际行驶里程不一致。

(2)车牌不符:实际通行车辆和缴费车辆牌照不一致。

(3)一车多签(卡):一车携带多种 OBU 及支付卡。

(4)不可达路径:路网里不可达路径或超规定时间内通行的。

(5)遮挡号牌:故意利用物品遮挡机动车号牌的逃费行为。

(6)套用号牌:车辆行驶证与实际车牌不符。使用伪造、变造的机动车登记证书、号牌、行驶证、驾驶证。

(二)奖励标准及分配原则

收费站在组织通行费征收工作中,对于收费一线工作人员识别、发现、核查出的利用假冒、违规、作弊等手段欲逃缴、少缴、拒缴通行费行为,以及其他追缴行为,经核实确认后给予奖励。

依据所建立的“堵漏增收”台账,逐条计算挽回通行费总额,并根据挽回通行费总额计算出清分到本路段的通行费金额,提取其中的 30% 作为奖励资金。对于提取的奖励资金,当次查获逃费行为过程中发挥主要作用的工作人员和协查人员按照 3∶2 的比例进行分配,主要人员或协助人员不止一人时按人数平均分配。

凡实名检举收费人员不按规定标准收费，造成通行费严重损失，或举报单位工作人员内外勾结、收取贿赂，致使通行费流失的，经查属实，给予检举和举报人500元/案奖励。

（三）记录、上报、审核规定

收费员在收费现场发现偷逃通行费的车辆后，按要求向监控中心和当班班长报告，对需拍照取证的车辆，由外勤人员配合拍照，同时及时记录相关信息，参与人员均须签字确认。

收费班长每班次收集班员填写的“收费站通行费追缴记录表”，及时上交收费站汇总保存。收费站值班站长每天利用收费系统对各班“堵漏增收”数据和原始资料进行核对，并建立相应台账。

收费站于次月两个工作日内将本站“收费站通行费追缴记录表”和“收费站通行费追缴情况统计表”上报运营管理事业部，运营管理事业部稽查员负责汇总和统计，收费站在上报的时候需注意综合管理机中无法查实的情况必须附现场追缴照片，否则不予奖励。

运营管理事业部结合监控录像、原始资料，对各收费站“堵漏增收”统计报表进行抽查、复核，填写“收费站月份追缴通行费奖励统计表”“收费站月份追缴通行费奖励申请表”，经部门审核后上报南横公司审批，申请奖金。

三、监控管理

南横高速公路运营过程中须充分发挥监控在收费管理中的功能，加强高速公路收费管理，规范收费人员作业行为，提高服务质量和水平，做好窗口形象建设，坚持依法收费、文明收费，进一步完善检查监督机制。

（一）监控职责

监控人员在运营管理事业部的指导下，对收费工作进行全程监控，对道路情况进行实时巡查，负责所辖路段、广场、收费过程的监控巡查，如发现有违纪、作弊行为立即纠正，情节严重的报告收费站长和监控负责人，并做好相关资料、数据的记录整理工作。

监控人员要熟悉掌握监控设备的操作规程，做好监控设备的日常维修工作，设备出现故障及时上报，并填写监控记录、电话记录，遇有重要通知、社会举报或投诉、突发事件等特殊情况时，及时向有关领导汇报并做好详细记录，不得出现迟报、缓报、相互推诿等现象。

（二）监控工作内容

监控人员对收费人员文明用语情况进行监督，文明用语不全、不规范的当场纠正，对不使用文明用语的，责令其正确使用文明用语并做好记录；对收费人员的着装仪表、操作程序、工作纪律、岗亭卫生，疏导员的站姿站位、礼仪形象等情况进行监督，发现有不规范的行为及时纠正；对收费人员操作台面物品摆放情况进行监督，对不符合规定的，及时通知收费人员进行调整；对收费人员操作程序进行监督，防止贪污作弊、私放人情车等严重违纪行为发生。如发现上述情况，做好记录并及时上报运营管理事业部。

此外，对站口车辆通行情况进行监督，注意观察车道通行情况，发现车辆在车道滞留及其他突发情况，要迅速调整广场摄像机到车道近景状态，询问收费人员车辆滞留原因，必要时通知值班站长和路政人员到现场处理。对冲卡车、无卡车、U型车、人为损卡车、换卡车、伪卡车等特殊情况车辆认真做好记录和上报工作,字迹要清楚、工整,要做到“应收不漏、应免不收”。

最后,对路网内各路段、桥梁、隧道发生的非正常情况立即录像,并及时上报运营管理事业部,对收费广场、立交、隧道、桥梁等路面发生的事故或突发事件立即锁定监控、备份录像,做好记录并上报运营管理事业部、路政及高速公路交警。

(三)视频图像使用管理

规范道路、广场、桥区、车道等视频图像的使用,提升预防和处置突发事件的能力,保证视频图像安全运行和管理视频图像使用。

公司内部除视频平台直接使用部门外,其他部门须经运营管理事业部负责人同意后方可查阅视频图像资料,查阅后做好相关记录。国家安全部门或上级管理部门在调阅视频图像时,需持正式介绍信(并注明联系电话)和工作证件,经南横公司或相关部门审批后,由监控中心负责安排相关视频图像调阅,并做好记录工作。

四、稽查管理

收费稽查是指运营管理事业部人员对监控中心、收费站各岗位人员定期或不定期的工作检查。加强和规范稽查管理,有助于防止违法、违纪行为的发生,预防收费工作中的经济犯罪活动,提高收费管理水平和文明服务质量。

(一)组织机构

收费稽查工作实行统一管理,分级负责。

运营管理事业部成立收费稽查小组,每月按计划对各收费站开展互查互纠工作,收费稽查小组由部门负责人、稽查员、票证员、统计员、监控中心站长、收费站长组成,按岗位职责与分工开展稽查工作。

监控中心稽查工作由监控中心站长负责组织实施,成立监控稽查小组,按规定要求督促检查。监控稽查小组由监控中心站长、监控班长组成,按岗位职责与分工开展稽查工作。

收费站稽查工作由站长负责组织实施,成立收费站收费稽查小组,按规定和要求稽查。收费站收费稽查小组由站内管理人员组成,按岗位职责与分工开展稽查工作。

(二)稽查职责

1. 运营管理事业部稽查岗位职责

(1)对收费站、监控中心人员的在岗、离岗情况进行监督抽查。

(2)对收费站的工作计划、目标计划、任务完成情况进行督促抽查。

(3)对收费站业务、内务、账目、资金管理和稽查达标情况进行督促抽查。

(4)对监控中心的业务、内务管理进行督促抽查。

(5)对收费管理人员、监控人员、收费人员的工作业务、纪律风纪、内务管理进行检查。

(6)对收费站、监控中心前月出现问题的整改情况进行检查。

(7)负责制定每月稽查工作的计划并组织落实,将每月的稽查情况通过稽查通报文件反映出来。

(8)根据每月稽查结果和各收费站、监控中心出现的问题进行考核。

(9)对收费人员通行费收费情况进行监督检查,检查是否做到"应收不漏、应免不收"。

(10)对通行车辆是否按规定缴费进行检查,对偷逃通行费车辆进行查处。

(11)完成上级交办的临时任务。

2. 监控中心稽查岗位职责

(1)对收费站、监控中心人员的在岗情况进行实时监控及监督抽查。

(2)对收费站人员执行上级任务过程进行督促检查。

(3)对收费站人员的文明服务、劳动纪律进行督促检查。

(4)对收费站亭内清洁卫生、物品摆放情况进行督促检查。

(5)负责制定监控中心每月稽查工作的计划,根据南横公司要求和实际情况确定稽查重点并组织落实,将每月的稽查情况汇总上报运营管理事业部。

(6)对监控中心人员工作纪律、工作执行与完成情况进行监督检查。

(7)完成上级交办的临时任务。

3. 收费站稽查岗位职责

(1)对收费人员的在岗、离岗情况进行监督检查。

(2)对收费人员的劳动纪律进行督促检查。

(3)对收费人员的票款卡管理进行日常检查。

(4)对收费人员业务、内务整理、账目登记进行检查。

(5)对收费人员核销缴款情况进行检查。

(6)负责制定每月稽查工作的计划并组织落实,将每月的稽查情况通过收费站考核通报表反映出来。

(7)在收费站之间进行互检互查。

(8)对过往车辆进行针对性的检查,防止车辆偷逃通行费;将发现的可疑线索立即上报运营管理事业部。

(9)根据每月稽查结果和收费员出现的问题进行考核。

(10)完成上级交办的临时任务。

(三)稽查内容及稽查率要求

各级稽查按其管理范围采取日常与随机相结合、明察暗访等方式,采用查看监控录像、现场摄像、摄影和直接调查等手段进行稽查,并做到不预告、不定点、不定时。

1. 稽查内容

(1)收费站票据的领取、使用、结存是否准确,结存数与实物数是否相符。

(2)收费站收取的票款是否按规定足额、及时存入银行账户,票款、备用金、CPC卡是否有挪用现象。

(3)收费人员是否按收费标准、工作程序收费。

(4)收费人员是否严格执行收费工作纪律、文明服务礼仪。

(5)过往车辆是否按规定缴纳通行费。

(6)收费系统的管理和使用是否规范,有无损坏设备和违反操作规程的行为。

(7)对过往车辆进行针对性的检查,防止车辆偷逃通行费。

(8)全员劳动纪律是否符合规定。

(9)服务区停靠车辆是否有偷逃通行费嫌疑。

(10)监控中心工作职责的履行。

(11)监控中心信息报送、监控管理的落实。

(12)监控中心对突发事件信息的发布和突发事件的处理是否符合规定。

(13)监控中心各项投诉、咨询、救援电话的受理情况。

2. 稽查率要求

(1)运营管理事业部稽查率

对监控中心稽查率不得低于100%;对所辖收费站按照站点数量进行一定比例的抽查;对收费人员采取随机抽查方式,每月不得少于10～20人次。

(2)监控中心的稽查率

对所辖站点的实时监控每半小时查看一次(一个收费站),覆盖率为100%;监控中心每天对所辖站点监控录像进行查看,覆盖率为100%;以监控人员数为基数的稽查率不得低于150%,其中100%执行运营管理事业部计划的专项稽查,另50%为监控中心随机稽查。

(3)收费站稽查率

以管辖范围内收费人员数为基数的稽查率不得低于150%,其中100%执行运营管理事业部计划的专项稽查,另50%为收费站随机稽查;实时监控、录像检查记录的稽查率按当班人数不得低于100%/日,累计时间不得低于3个小时。

五、培训管理

加强培训管理,可以使收费人员学习、掌握收费业务、文明服务、工作技能、安全防护、企业文化及廉洁从业等方面知识,持续提高员工业务技能和文明服务水平,不断提高收费队伍综合素质。

(一)培训方式

采取分级培训制,一级由运营管理事业部负责,主要对收费管理人员进行培训;二级由收费站负责,对收费员、票证员进行培训,由监控中心对监控员进行培训;三级由班长负责,培训本班组收费员。

培训主要采取集中授课与研讨会、专项技能培训、技能竞赛、师带徒、线上授课等方式进行。收费站根据工作安排和员工的业务技能实际情况,组织开展有针对性的业务知识考试,通过以考代训的方式提升员工的业务技能水平。

(二)培训内容

1. 日常培训

通过企业文化、业务技能、业务理论、安全生产等方面的日常培训工作,使收费人员的业务技能更加扎实,提升文明服务水平,提高车辆放行速度,降低收费差错率。

2. 思想政治及廉洁教育

通过思想政治及廉洁教育来营造廉洁奉公、诚信守法的社会氛围,提高收费人员的思想素质和品德修养，预防贪污受贿行为发生，形成廉洁自律的主观意识，以达到规范和约束个人行为的目的。

3. 收费站员工转岗培训

收费站员工转岗是指收费人员岗位变动，通过转岗培训，员工可尽快掌握新岗位基本业务知识和工作技能，尽快适应当前岗位。

（1）站务转岗培训内容：高速公路基础知识及行业法律法规，相关管理规章制度，职业道德，岗位职责，值班站长标准化作业程序及特情处理，账务处理流程及报表填制，安全生产常识，食堂、宿舍、院区绿化保洁管理，内业资料整理等站务管理工作。由站长直接进行理论知识及实际操作站务转岗方面的站务转岗培训。

（2）收费班长及收费员转岗培训内容：高速公路基础知识及行业法律法规，收费站管理规章制度，岗位职责，标准化作业程序及特情处理，职业道德，机电设备日常维护保养常识，安全生产常识等。收费班长及收费员转岗培训分为站内理论知识培训及班组实际操作培训两种。

（3）票证员转岗培训内容：高速公路基础知识及行业法律法规，收费站管理规章制度，岗位职责及标准化作业程序，账务处理流程及报表填制，职业道德等。票证员转岗培训分为理论知识培训和票款室实际操作培训两种。

4. 业务知识考试

（1）收费班长、收费员考试内容：岗位工作标准化作业程序、特情车辆处理、文明服务规范、安全生产常识、行业政策法规、行业主管部门及南横公司下发的文件与规范等。

（2）票证员考核内容：岗位工作标准化作业程序、行业主管部门及南横公司有关票款文件、南横公司票款制度、票款安全知识、办公软件处理常识等。

（三）培训频率

全年运营管理事业部组织的培训不得少于 2 次，每季度收费站、监控中心组织的培训不得少于 1 次，每月由班长组织开展的培训不得少于 1 次。

每季度收费站组织的业务知识考试不得少于 1 次，全年收费站开展集中廉洁教育培训不得少于 2 次。

（四）培训考核

培训讲师以笔试、岗位操作展示、演讲、实际工作验证等方式对参加培训人员进行考核。收费人员须正常参加培训，有特殊情况不能参加的需按规定请假，销假后要主动补习，保证培训率，月考率不低于 90%。业务知识考试结束后，收费站进行改卷，统计汇总考试成绩。

培训考核结果和业务知识考试成绩可作为收费人员月度考核、星级评定及评优评先的依据。收费员转岗培训考核合格者正式上岗，不合格者继续培训，直到成绩合格后方能正式上岗。

六、服务投诉管理

南横公司应按要求公布投诉举报电话和邮政地址、设立意见箱等，保证投诉举报渠道畅通。投诉举报电话设在监控室，确保 24 小时畅通。

(一)组织及职责

运营管理事业部是投诉举报处理的牵头部门,督办客户投诉举报的调查、处理;负责收费运营、文明服务、路产路权、养护救援、绿化保洁、内部管理等方面投诉举报的接收、转办、处理、回访等工作。

监控中心通过服务热线电话(监督电话)受理、上报、转办各类投诉举报事件,并及时跟踪、督办、回访,定期汇总、分析,形成报告。

综合管理部负责通过互联网、信件、传真等形式反映的各类投诉举报案件的接收、转办、调查、处理、回访等工作,定期汇总、分析,形成报告。

路产管理部负责服务区、停车区、加油(气)站、沿线广告等以及大修施工期间引发的投诉举报的事件,运营期间的关于噪声、设站不合理等前期建设遗留问题的承办、调查、处理、回复等工作,并将结果及时反馈至受理部门(中心),并定期汇总、分析,形成报告。

(二)受理投诉举报范围

受理投诉举报的范围包括:有明确的投诉、举报对象及行为;被投诉、举报的对象或行为在南横公司管辖职责范围内;投诉举报人提出的投诉举报应客观、真实,对其提供材料的真实性负责,并有义务配合相关部门(中心)进行调查取证。

(三)投诉举报的办理

服务热线、互联网、信件、传真等形式投诉举报受理后应及时转办,各承办部门(中心)作出受理决定后,应当及时调查处理,并在规定时限内办结,不得推诿拖延。对涉及多部门承办的投诉举报事件,各部门应共同协商解决。涉及重大影响的投诉举报事件,应及时报告上级部门或主管领导。

承办部门(中心)应在受理之日起 48 小时内完成投诉举报的办理及结果反馈工作,确保客户投诉回复率达到 100%。如情况较复杂,可适当延长办理期限,但延长期限不得超过 5 个工作日,并应做好处理过程的情况反馈工作,对投诉举报的办理结果进行备案,并对投诉举报办理情况进行回访。

七、内业管理

做好收费管理各业务内容的内业管理工作,长期保存各类原始资料并留存电子档以备查阅,做到全面、真实记录收费工作开展情况,同时加强信息化管理工具的运用,借助信息化技术全面提升收费管理效率。

(一)内业资料分类要求

收费站的内业资料管理根据其业务和管理分为文件类、业务类和综合类,共 3 类。

文件类内业资料设国家法律法规、上级文件、其他文件,共 3 个文件目录;业务类内业资料设绿色通道、堵漏征收、其他特殊车辆、稽查记录、报表管理、收费票据台账、收费卡台账、设施设备故障记录、监控查询及抓拍记录,共 9 个文件目录;综合类内业资料设工作计划及总结、会议管理、节能减排、投诉处理、重特大事件记录、合同协议、员工档案、学习培训、考核考勤、党工团资料、精神文明建设台账、请休假管理、交接班记录、值班排班记录、固定资产管理、办公用品管理、物品移交、经费管理、食堂管理、内务管理、车辆管理,共21个文件目录。

(二)内业资料归档要求

1. 全宗目录要求

(1)文件类:以文件二字的拼音首字母WJ为代码,加上内业资料相应的数字序号组成文件类3个内业资料的全宗编号为WJ-1~WJ-3。

(2)业务类:以业务二字的拼音首字母YW为代码,加上内业资料相应的数字序号组成业务类9个内业资料的全宗编号为YW-1~YW-9。

(3)综合类:以综合二字的拼音首字母ZH为代码,加上内业资料相应的数字序号组成综合类21个内业资料的全宗编号为ZH-1~ZH-21。

(4)内业资料中必须建有以上3类所注明的33项内容,如根据实际需要在33项外有其他项目增加,则可自行依次编号。如综合类中增加一项"保安管理",则该项全宗编号为ZH-22,以此类推。

2. 归档时间要求

(1)收费站每月初对上月形成的各类报表和记录进行收集、整理、归档。

(2)收费账簿、各类文件资料应在第二年的第一月内进行收集、整理、归档。

3. 卷内目录要求

卷内目录应完整填写内业资料归属的全宗编号、内业资料名称、内业资料日期、归档页码等相关信息。

(1)全宗编号:填写全宗目录表里面相应归档内业资料的全宗编号,例如,该目录是国家法律法规目录,则全宗编号为WJ-1。

(2)名称:填写内业资料相应的名称,例如,此份内业资料为国家法律法规文件盒里面的《收费公路管理条例》,则名称栏填写《收费公路管理条例》。

(3)日期:填写此份内业资料归档时的日期。

(4)页码:填写此份内业资料的起止页码,例如,《收费公路管理条例》为国家法律法规文件盒里面的第一份内业资料,共有20页,则该栏填写1-20。

(三)运营管理报表上报制度

南横公司应按要求上报运营管理报表,以便集团公司全面掌握各高速公路运行状态。南横公司应于每周五14:30前按要求填报上周的运营管理信息周报;每月23日14:30前(23日至月底为预估值)按要求填报上月的运营管理月报;次月8日10:00前完成准确数据二次上报;每年7月15日14:30前按要求填报上半年的运营管理半年报;次年1月15日14:30前按要求填报上一年的运营管理年报,遇节假日可相应顺延。

第4节 养护管理

南横高速公路养护管理推行全寿命周期养护理念,从项目交工验收合格开通运营之日起就开始进行养护。通过科学设定养护目标,做到"实时维修、尽早预防、合理修复",有助于持续保持高速公路通行服务能力,实现公路资产效益最大化。

一、养护分类

高速公路养护包括路基、路面、桥梁、隧道、涵洞、交安、房建、绿化等土建内容的日常养护和养护工程,养护工程又分为预防养护、修复养护、专项养护和应急养护工程。

(一)日常养护

日常养护是指高速公路路基、路面、桥涵构造物、隧道、交安设施(不含机电设施、服务设施以及各类房建修缮)、绿化等项目的巡查、检查、小修、保养等工作。

1. 路基

(1)路基日常养护内容:整修中央分隔带、路肩、边坡,清除杂物、杂草,保持路容整洁;清理疏通边沟、泄水槽、排水沟、截水沟等,保持排水系统畅通;清除挡土墙、护坡滋生的有碍设施功能发挥的杂草,疏通挡土墙泄水孔,清理伸缩缝、沉降缝。

(2)路基日常养护质量标准:路肩坚实、清洁、平整,无隆起、沉陷、空洞、杂草;边坡稳定、平顺无冲沟,排水通畅;土路肩杂草修剪要整齐,草露出地面高度应不大于15cm,且高度应一致,清除路肩及隔音墙至路肩内的杂树、杂物等;保持挡土墙泄水孔畅通,及时清理伸缩缝、沉降缝,使其正常发挥作用,保证桥头衔接顺畅等。

2. 路面

(1)路面日常养护内容:清除路面泥土、杂物、积冰和积雪,排除积水,保持路面整洁。

(2)路面日常养护质量标准:保持路面清洁无泥土、杂物,无积冰、积雪及积水等,车辆以设计车速平稳、舒适、安全行驶。

3. 桥涵构造物

(1)桥涵构造物日常养护内容:保持桥面、护栏、人行道等外观清洁,伸缩缝及排水设施疏通清理,金属构件全面除锈、油漆。

(2)桥涵构造物日常养护质量标准:桥面清洁,排水良好;人行道、栏杆、缘石洁净;伸缩缝、支座、护墙及标志、标线等无杂物;泄水孔无堵塞,排水系统畅通。

4. 隧道

(1)隧道日常养护内容:清洗隧道外墙污染物;清除隧道内道路路面泥土、杂物、积冰和积雪,排除积水,保持路面整洁。

(2)隧道日常养护质量标准:保持隧道外观整洁、隧道内路面清洁且无杂物;标志标线清晰醒目,排水系统良好。

5. 交安设施

(1)交安设施日常养护内容:各类交通标志、路面标线、突起路标、轮廓标、护栏、隔离栅、防眩设施的日常清洁;里程碑(牌)、百米桩(牌)、道口标柱、公路界碑、防落网、锥形交通路标、公路防撞桶、减速垫、安全岛、平曲线反光镜、声屏障、示警标柱、限高门架、收费站土建及防撞设施等交通安全设施的日常清洁;护栏(含活动护栏)、隔离栅、标志更换。

(2)交安设施日常养护质量标准:保证各类标志版面清洁、反光效果好、夜间图案清晰。

6. 绿化

(1)绿化日常养护内容：公路绿化植物的修剪整形、洒水、施肥、杀虫、除草等日常护理，恶劣天气等造成的花草树木损坏的修复。

(2)绿化日常养护质量标准：公路绿化应按"因地制宜、因路制宜、适地适树、绿美结合、注重效益、栽管并重"的原则，科学规划，合理选择绿化植物品种。平原地区：成活率达到90%为合格，95%(含)以上为优良；保存率达85%为合格，90%(含)以上为优良。山区：成活率达85%为合格，90%(含)以上为优良；保存率达80%为合格，85%(含)以上为优良。盐碱区：成活率达75%为合格，80%(含)以上为优良；保存率达70%为合格，75%(含)以上为优良。

(二)预防养护

预防养护是指高速公路整体性能良好但有轻微病害，为阻止性能过快衰减、延长使用寿命而预先采取的主动防护工程，一般为小修工程，单项预算金额100万元以下的养护工程。

小修工程内容及相关规定如下：

1. 路基

修理挡土墙、护坡、边沟等局部损坏；填补路基缺口，整修、更换路缘石；处理轻微沉陷、翻浆；处理桥头接线或桥头、涵顶轻微跳车等；加固路肩，包括土路肩和混凝土路肩。

2. 路面

处理沥青路面的坑槽、沉陷、拥包、裂缝、松散等轻微病害；处理水泥混凝土路面板的病害，以及日常清缝、灌缝及堵塞裂缝等；处理沥青路面病害。

3. 桥涵构造物

支座、护墙及标志标线维修；桥墩、桥台衬砌局部修理；桥梁河床铺砌，调治构造物的修复；排水设施整段修理或更新；桥头搭板或过渡路面整修。

4. 隧道

隧道内外洞体外观日常检查，排水、通风、消防、照明设施及附属设施检查和保养。

5. 交安设施

各类交通标志、路面标线、突起路标、轮廓标、护栏、隔离栅、防眩设施的日常维修；里程碑(牌)、百米桩(牌)、道口标柱、公路界碑、防落网、锥形交通路标、公路防撞桶、减速垫、安全岛、平曲线反光镜、声屏障、示警标柱、限高门架、收费站土建及防撞设施等交通安全设施的日常维修；护栏(含活动护栏)、隔离栅、标志更换；重新施画路面标线和更换反光道钉。

(三)修复养护

修复养护是指高速公路出现明显病害或部分丧失服务功能时，为恢复技术状况而进行的功能性、结构性修复或定期更换，一般为中修和大修工程。单项预算金额100万元以上(含)、400万元以下的养护工程为中修工程，单项预算金额400万元以上(含)的养护工程为大修工程。

1. 中修工程内容及相关规定

(1)路基。全面修理挡土墙、护坡、泄水槽，铺砌路缘石；清除大塌方、大面积翻浆；局部软土地基处理;局部水毁路基的恢复;整段加固路肩。

(2)路面。处理水泥路面严重病害;处理沥青路面病害;更换或改善水泥混凝土路面板;桥头跳车或路面下沉,进行加固处理;周期性路面检测及维修。

(3)桥涵。更换伸缩缝或支座;梁体或桥墩(柱)病害较为严重,范围较大,影响整体结构安全性,必须进行的加固补强处理;周期性桥梁检测及维修。

(4)隧道。隧道墙体、拱顶等衬砌局部裂缝病害进行补强处理,隧道衬砌漏水病害进行堵漏处理;洞门和隧道墙体等整体装饰;周期性安全专项检测及维修。

(5)交安设施。全面维修、修理、更换或增设部分标志标牌、里程碑(牌)、百米桩(牌)、轮廓标、公路界碑等交安设施;整段路面重新施画标线,更换反光道钉;护栏(含活动护栏)、隔离栅的全面修理和更换。

2. 大修工程内容及相关规定

(1)路基。拆除、重建较大的挡土墙、护坡等防护工程,重大水毁路基的恢复,整段软土地基处理。

(2)路面。整段路面的周期性改善,处理沥青路面病害,整段更换水泥混凝土路面板,重大自然灾害造成的整段路面损坏的修复。

(3)桥涵。桥涵病害修复。

(4)隧道。隧道土建工程。

(5)沿线设施。全线更换沿线设施。

(四)专项养护

专项养护是指为恢复、保持或提升高速公路服务功能而集中实施的完善增设、加固改造、拆除重建、灾后恢复等工程。

(五)应急养护

应急养护是指突发情况下造成高速公路损毁、中断、产生重大安全隐患等,为较快恢复公路安全通行能力而实施的应急性抢通、保通、抢修。

二、养护管理体系与职责

南横高速公路项目养护管理按照“分级管控、内外协作”的原则,形成集团公司指导考核、南横公司执行管理、养护单位实施操作、技术咨询单位支持协作的“四方协同”工作机制。集团公司统一领导养护工作,指导考核南横公司;南横公司全面执行集团公司各项规定,管理考核养护单位;养护单位具体实施各项养护工作;咨询机构提供技术支持和服务,协助各方解决养护管理过程中的技术难点及监控施工质量。

(一)集团公司职责

集团公司履行高速公路养护管理工作统一领导职能,确保养护管理工作有序开展。

(1)负责制定高速公路养护管理制度和考核办法。

(2)负责统筹开展养护管理信息化、智能化建设,组织开展养护管理系统的研发和应用。

(3)负责对南横公司养护工作进行指导、监督、检查,并对存在的问题督促整改。

(4)负责高速公路日常养护和养护工程的方案、预算、招标文件的审批并监督检查。

(5)负责养护工作的定期考核与评比。

(6)负责组织各公路公司养护业务学习培训,指导信息资料的分析、整理和归档工作。

(7)掌握高速公路养护管理动态,及时推广先进的养护技术。

(二)南横公司职责

南横公司负责所辖高速公路的养护管理工作,确保各项技术指标、性能满足现行规范和行业主管单位要求。

(1)贯彻执行国家、行业主管部门和上级单位有关公路养护管理的政策法规、技术标准和管理办法,按照高速公路养护标准、规范和要求进行养护,确保高速公路性能完好、畅通和美观。

(2)负责建立本公司养护管理机构(安全养护部),配备足够的养护管理人员和技术人员,制定完善的养护管理制度。

(3)负责本公司养护年度预算、养护计划、施工方案的制定和养护工作的组织实施、监督、管理和考核等。

(4)负责本公司公路养护的质量和安全生产管理、监督工作。

(5)负责建立地震、台风、防汛抢险、除雪防滑等灾害防治工作机制,制定各项保畅、保通、抢险应急预案并组织实施。

(6)负责高速公路养护专用机械设备和各种应急物资的管理。

(7)负责建立高速公路养护管理档案,及时上报各种养护管理资料。

(8)负责本公司养护技术人员、作业人员的培训工作,推广应用新技术、新材料、新工艺、新设备。

(9)负责准确及时向行业主管部门和上级单位上报各种统计资料。

(三)养护单位和咨询机构职责

养护单位在南横公司的相关制度、办法、指南指导下,不断强化专业化水平,以路面、桥梁、隧道等养护作业为重点,具体施行高速公路日常养护工作和养护工程。

咨询机构围绕"检测、决策、设计、施工、评估"等环节,提供养护技术支持和服务,协助各方完成养护事业创新发展。

三、养护管理标准和基本规定

(一)标准

南横公司应按《公路技术状况评定标准》(JTG 5210—2018)要求进行评定,原则上每年评定一次公路技术状况指数(MQI)。技术状况应当达到《公路技术状况评定标准》(JTG 5210—2018)规定的"良"以上等级同时满足交通运输部、广西壮族自治区行业主管部门规定的要求,路面使用性能指数(PQI)评定达到优等,桥梁技术状况保持《公路桥涵养护规范》(JTG 5120—2021)规定的一、二类等级,隧道技术状况保持《公路隧道养护技术规范》(JTG H12—2015)中的1、2类等级,涵洞技术状况不能出现《公路桥涵养护规范》(JTG 5120—2021)规定的危险类型。

（二）基本规定

高速公路养护应做到经常、及时，预防性养护和周期性养护相结合，确保公路整洁、无破损，路肩、边坡平顺稳定，排水畅通，桥涵、隧道构造物及沿线设施完好，标志、标线齐全、规范，确保机电系统、服务设施、交通安全设施等处于良好的技术状态。同时做好高速公路用地范围内的水土保持和环境保护工作，并按照高速公路养护相关技术规范的要求做好公路的绿化、美化。

南横公司成立安全养护部，明确相应的职责和工作程序，合理配备公路或相近专业技术管理人员和必要的交通工具、办公设备，并按桥梁、隧道、路基、路面、交安、机电、绿化、房建、合同管理、质量监督、安全生产等领域进行工作分工。对高速公路机电系统（监控系统、收费系统、通信系统、供配电系统等）、服务设施（含服务区、停车区），按照国家、行业主管部门有关技术规范要求进行维护，及时维修和更换损坏部件，确保系统、设施经常处于良好的技术和性能状态。

根据相关规定并结合实际制定高速公路技术状况评定、养护计划管理、养护工程管理、日常巡查与检查、桥涵与隧道专项检查、病害处治、养护作业现场管理、科技推广应用、技术档案管理与数据报送、突发事件应急处置等制度，建立并完善病害处治信息台账，并及时进行养护施工技术总结，规范相应的工作程序。同时建立高速公路日常养护、养护工程等病害处治及维护成本信息数据库，及时做好相关数据的更新和维护工作。

根据高速公路技术状况、巡查掌握的数据，结合公路养护管理目标，编制中长期公路养护规划、年度和季度养护计划。确保高速公路养护文件、台账、巡查记录、检查记录、交通情况调查、路况基础数据、年度养护计划、养护工程设计、施工和验收文件、图纸等真实、齐全、完整、有效，并按照规定分类整理和归档。

四、预算管理

南横公司每年按集团公司年度预算要求上报下一年养护预算，每年按集团公司半年度预算要求上报本年中期调整预算，预算经集团公司批准后下达，据此编制具体的月度、季度计划报集团公司备案，并在批复的年度预算内组织开展养护工作；经费实行专款专用，不得挪用和挤占。

日常养护及小、中、大修养护预算应以通用招标清单格式为准，按照章节和细目对应填入计划维修的工程量和金额，经南横公司执行相关决策程序后上报集团公司审批。在预算编制时，如通过招标选定施工单位实施的，项目清单按集团公司要求编制；如需设计的，设计单位提交设计图纸的同时需提交预算清单；如通过招标以外的方式选定施工单位的，原则上采用日常养护及小、中修养护招标工程量清单单价，无单价采用的则按上述要求编制清单单价，且工程数量需有翔实依据，如现场检测、图纸、计算过程、影像资料、试验结果等。

由自然灾害或重大交通事故等造成设施设备需要立即修缮恢复以及因国家、地方政府或行业政策、规范规程等变化需要增加、升级改造或变更现有设施设备以满足运营管理需要的预算外项目，应按相关程序处理。若因应急抢险或时间紧迫、任务繁重，按常规程序无法按期完成而影响正常运营的，南横公司经电话请示集团公司或正式行文上报后可先进行应急抢险保通作业，待完成后，若对病害需要采取永久性处治措施的，应按养护工程规定程序办理并追加相应预算。

五、工程管理

(一)工程招标

南横公司须按照《中华人民共和国公路法》《中华人民共和国招标投标法》《中华人民共和国招标投标法实施条例》《公路养护工程施工招标投标管理暂行规定》《公路工程建设项目招标投标管理办法》(交通运输部令 2015 年第 24 号)、《必须招标的工程项目规定》(国家发展改革委令第 16 号)以及《中国中铁股份有限公司招标采购管理规定》(中国中铁采购〔2019〕45号)等规定进行招标,预算金额 400 万元以上必须进行公开招标,并将招标方案及招标合同上报集团公司进行审批。

日常养护、小修及中修合并招标,每 2 年进行一次招标,大修工程、专项养护及有特殊资质要求的养护项目需单独招标。对定期检测、设计、服务招标(包括土建、结构物、绿化及机电)等养护项目,为了便于全寿命周期养护管理,一般 2 ~ 5 年招标一次。

鲁班平台与"中国招标投标公共服务平台"建立链接,实现招标公告和公示信息的同步发布。按股份公司招标采购相关规定,必须在鲁班平台进行招标采购的,应遵从其规定;未强制规定的项目,积极通过鲁班平台进行招标采购。

(二)工程设计

工程设计是指按照养护工程管理需要,遵循国家和行业现行有关标准和规范,进行方案设计和施工图设计。日常养护、小修、应急养护工程,不需要进行设计管理;中修工程根据实际情况,如需进行设计的需执行一阶段施工图设计管理;大修、专项养护工程需执行两阶段方案设计、施工图设计管理。

(三)工程变更

1. 工程变更分类

工程变更分为一般变更、重要变更和重大变更。

(1)属于下列情况之一的为一般变更:变更累计总金额为合同总价的 10% 以下,挡土墙砌筑材料、桥梁、涵洞构造物基础埋置深度的变更,桥梁工程某些局部不影响结构受力的变更,新增项目单价确定。

(2)属于下列情况之一的为重要变更:变更累计总金额为合同总价的 10% 以上(含)至15% 以下,合同工程量清单单价变更,路基防护工程结构形式的改变,涵洞数量、大小和形式改变,路面层次厚度的改变。

(3)重大变更:凡超过重要变更的都属重大变更。

2. 变更原则

设计文件是安排养护项目和组织施工的主要依据,设计一经批准,不得任意变更,只有当工程变更按规定的审批权限得到批准后,方可组织施工。工程变更应当符合国家有关公路工程强制性标准和本项目技术规范的要求,符合公路工程质量和使用功能的要求,符合环境保护及相关部门的要求。工程变更图纸设计深度和资料要求等级应不低于原设计文件标准及质量要求。

南横公司应按工程变更审批权限实施变更，附齐图文资料，详细申述变更设计理由并附有相关试验数据、简图、单价分析估算、会议纪要等。

3. 变更审批

(1)一般变更：南横公司自行组织实施后将相关资料报集团公司备案。

(2)重要变更：南横公司执行决策程序后上报集团公司，由运营管理事业部审查，分管领导审核，并经集团公司总经理办公会审议批复后组织实施。

(3)重大变更：南横公司执行决策程序后上报集团公司，运营管理事业部提交议案，并经集团公司党委会、总经理办公会审议通过后批复实施。

(四)工程保修

南横公司要切实加强养护工程质量管控，制订保修管理办法，明确各方工作职责，统一标准，规范管理，督促养护工程承包人(各类养护施工单位)严格履行合同义务，对其完成的工程项目存在的质量缺陷、出现的病害或其他不合格之处进行维修，直至满足相关规范、标准和要求，并承担无偿修复的责任。

(五)内业资料整理及归档

每个养护工程项目完工后，南横公司应及时进行工程资料整理及立卷，严格按照发现病害(照片)→下达指令→维修实施(照片)→现场验收(照片)四阶段的要求，形成闭合资料并经内业资料工程师检查验收后存档。维修照片有桩号，前后有相同参照物，按照集团公司档案管理办法认真落实执行。

(六)监督检查及考核

养护单位不能按照现行技术规范、规程和标准保证养护施工质量和安全的，南横公司应根据有关管理制度、合同约定进行处罚，造成高速公路养护重大安全质量事故的，可与之解除养护施工合同，并追究其违约责任。

集团公司根据管理制度采取专项检查、不定期抽查、定期检查与运营管理考核办法相结合，“听、问、查、看、量、测”等方法，对南横公司的日常养护预算、养护计划、招投标、采购、安全生产、养护质量、计量、交(竣)工验收等过程管控工作进行监督检查及考核。同时若因南横公司管理不到位，致使路况技术指标、性能指数不满足相关规范要求受到地方政府、行业主管部门通报批评或其他处罚，影响企业声誉或影响通行费收入、严重影响道路正常通行的，集团公司将按相关规定对相关责任人员予以处罚。

六、防灾与突发事件处置

防灾与突发事件处置是对南横高速公路及其附属设施因水毁、地震、恶劣气候、交通事故、环境污染等自然灾害或突发紧急情况而造成的重大损坏及时进行修复，保证其正常使用的作业，即应急养护工程。

南横公司应及时掌握所辖路段的路况和养护施工信息，按规定对紧急突发事件信息进行报送，强化应急保障能力，针对各类突发事件分别制订应急预案并组织演练，储备应急抢险物资和材料，组织抢险队伍和配备抢险设备。

事件发生后，南横公司应及时启动应急预案，进行交通疏解和信息发布，最大限度地进行车辆分流，并组织开展抢险救灾，防止事态扩大及次生事故的发生，最大限度减少损失，维护道路交通安全。抢险救灾完成后10日内，将抢险方案、费用等报集团公司审核、备案。

抢险救灾完毕，待事态稳定后，对需要采取的永久性病害处治工程按养护工程相关程序办理。

第5节　服务区管理

南横高速公路服务区在为驾乘人员提供餐饮、加油、修理、购物等基本服务的基础上，致力于打造以互联网、物联网信息化为特色的管理、休闲娱乐、增值营销、电子商贸等业态丰富、功能齐全的新型商业区。服务区管理遵循合规经营、优质服务、以人为本、便民利民的原则，确保各类服务证照齐全、有效，设备设施功能完善，满足行业主管单位管理要求及驾乘人员出行服务要求，积极争创星级服务区。

一、机构与职责

(一)集团公司

集团公司履行服务区管理工作的统筹、协调管理职能：贯彻执行国家、行业主管单位服务区管理的相关政策法规；负责制定和修订服务区管理办法及考核办法；指导、监督、检查、考评服务区管理工作；全面掌握公路公司服务区管理动态，适时组织开展服务区管理学习交流活动，及时推广先进的经验，提高服务区管理整体水平。

(二)南横公司

南横公司是服务区日常管理的主责单位，全面负责所辖服务区的管理工作：贯彻执行国家、省(区、市)、行业主管部门和上级有关服务区管理的政策法规和管理办法；负责服务区日常管理，对经营管理单位开展检查、考核、评价等；负责服务区的安全生产监督工作；组织开展服务区管理业务知识培训工作；积极探索和引进先进的管理经验、管理模式，提高高速公路服务区管理现代化水平，提升高速公路整体形象；积极推动服务区拓展经营加气站、充电桩等新型业务；负责对外沟通协调，接受行业主管等单位检查、评比以及办好上级交办的其他工作。

(三)服务区经营单位

服务区经营单位在合同期内负责按合同约定开展服务区经营管理工作：根据国家有关法律法规、规章制度及合同，认真履行经营主体责任，建立健全各项管理制度，制定相关岗位职责，细化各项工作标准、工作程序等；选派有服务区从业经验和资历的人员，配备必要的设备，做好服务区经营工作；坚持社会效益和经济效益并重，诚实守信，合法经营；按照国家和地方有关规定认真执行各项劳动用工制度，规范用工行为，建立健全员工档案和各项考核奖惩办法；按照合同约定，负责服务区所有设施、设备的维护保养，确保设备设施功能完好，满足行业主管单位及驾乘人员要求；办理及维护各类证照，按期送审，确保合法经营。

二、服务区经营模式

国内服务区运营管理的成功经验可归纳为以下几个方面:一是服务区要充分利用天然人流的资源,推进数字化、智慧化建设,创新管理模式,开展商业和咨询服务,提升经济效益;二是服务区的规划建设,要从节约用地的角度,从过去的平面布局向立体空间布局转变,节约用地,提高土地利用效率,提升服务质量和服务功能;三是服务区商业规划,应与地方政府加深合作,开发地方特色产品,促进地方经济发展,提升服务区经济效益。南横高速公路设计服务区两处,区位优势明显,具有较大商业开发价值。

那阳服务区距离横州市主城区较近。横州市土特产品主要有茶叶、茉莉花、荔枝、桑蚕等,茉莉花种植面积广、品质高,因此横州市被茶业界和新闻界誉为“中国茉莉花之乡”。横州市拥有花茶加工厂180多家,年加工量为100万担以上,茉莉花种植面积约11.3万亩,有花农约33万人,年产茉莉鲜花达9万吨,占全国总产量80%以上,是名副其实的中国茉莉花茶生产基地和茉莉花茶加工基地。因此,那阳服务区将加强与地方政府沟通协调,致力于打造成以茉莉花为主题,重点展示横州市“中国茉莉花之乡”美誉,集服务、商业、观赏于一体的现代化服务区。

新福服务区距离南宁出海大通道——平陆运河较近。根据横州市政府最新规划,未来政府将在沙坪河特大桥附近规划平陆运河的特色小镇和物流园区等项目,离本项目关塘互通和新福服务区较近。因此,新福服务区将重点打造成以智慧服务区为主题,功能齐全、服务设施完善的现代化、智慧化大型商业综合体服务区。

三、服务区管理一般规定

服务区管理一般规定包括服务区设备设施管理、公共卫生管理、餐饮管理、客房管理、汽修管理、超市管理、加油站管理、安全管理等方面,具体如下。

(一)服务区设备设施管理

(1)按照行业主管单位总体要求和人性化的原则设置基本服务设施,如餐饮、购物、公厕、加油、加气、加水、充电桩、汽车维修、停车、网络通信、照明、消防、给排水、污水处理设施和备用电设备等,各类设施应齐全、功能完好,并保证正常运转。

(2)结合区域特点及广大驾乘人员需求,条件具备的情况下可借助互联网、物联网信息化增设休闲娱乐、增值营销、电子商贸等设备设施并提供相应服务。

(3)采取自主经营、整体租赁模式管理的,设备设施的日常维修保养、场区保洁等应由经营单位负责,南横公司加强督促经营单位对设备设施的日常维护;采取经营权转让模式经营的,设备设施的维护及升级改造由经营管理单位负责。

(二)公共卫生管理

(1)做好环境保护和卫生保洁工作,保持环境整洁。

(2)服务区广场、绿化区及各经营场所应做到地面无积水、无污染、无烟蒂和果壳等杂物。

(3)服务区公厕24小时免费使用,有专人清扫,保证不间断供水,确保无异味、无杂物、无小广告。地面、隔板保持清洁干燥,通风效果好。洗手池、台面、镜面清洁、无污垢、无水渍。

(4)排污、排水设施应保持完好,做到排污达标、排水畅通,垃圾房、垃圾桶等卫生设施应经常清理、消毒。垃圾应袋装并及时清运。

(5)绿化美观,花木、草坪修剪整齐,定期清除杂草,防治病虫害,及时更换枯死的绿化作物,及时清理绿化区内的各类污染物。

(三)餐饮管理

(1)严格执行国家、行业食品卫生部门管理相关规定。

(2)根据高速公路驾乘人员流动性大、饮食习惯差异大的特点,提倡提供快餐、自助餐和风味特色菜、农家菜等多种形式的餐饮,满足不同消费者的需求。

(3)必须确保食材质量可靠、卫生、安全,避免由此引起的食物中毒及投诉。

(四)客房管理

(1)服务区若有条件,根据需求可设客房。

(2)客房要保持卫生整洁,并按规定要求定期杀菌、消毒。

(3)制定安全管理制度,做好安全预案,及时消除安全隐患,注意防火防盗,保证客人人身和财产安全。

(五)汽修管理

汽修经营要求资质、各类执业证照齐全;维修场所干净整洁,装修风格符合服务区整体要求。汽修服务要坚持"服务第一、客户至上、明码标价",提供24小时不间断服务,严格执行维修合同制,严禁使用假冒伪劣产品,接受社会监督,为过往驾乘人员提供优质、快捷的车辆维修服务。

(六)超市管理

保证经营商品质量,不同商品分类陈列,商品表面清洁卫生,所有商品明码标价。严格商品流通渠道,确保无过期商品、假冒伪劣商品上柜。

(七)加油站管理

(1)要求所有油品质量符合国家标准,且明码标价,保证24小时不间断供油。

(2)加油站计量器具要按规定定期检查维护,确保符合《中华人民共和国计量法》相关规定。

(3)严格执行防火安全规定和国家油品零售企业操作规程,杜绝违章作业,并制订、落实详细的灭火预案与措施,定期进行培训及演练,并按规定经常检查,做好维护保养,保持加油、灭火等设施功能完好。

(八)安全管理

(1)服务区安全管理贯彻预防为主、依靠群众、综合治理的方针,重点建立并落实以防火、防盗、防破坏、防治安灾害事故、防食物中毒为主要内容的安全管理责任制。

(2)加强安全巡查,健全检查巡查制度,加强安全知识宣传教育,做好安全培训。

(3)做好消防专业教育和培训工作,定期进行消防演练,严格控制火种、火源,严格控制易燃、易爆等危险品进入服务区。同时根据各重点部位的不同情况,制定消防操作程序,并严格执行。

(4)与当地公安机关合作,严厉打击服务区内的违法活动,加强保安人员管理,建立定时定点巡查制度,发现特殊情况及时处理,遇重大情况及时报告公安机关。

(5)严防食物中毒。要坚决杜绝腐烂变质食品和有毒食品进入餐厅和超市,并建立食物中毒安全预演制度,还要与当地医疗机构建立联系,发生事故及时妥善处理。

(6)对运送危险品的车辆,应指定地点限时停放,并加强现场管理。

(7)服务区须设置消防设施,配备消防设备,安排专人管理,定期检查数量及完好情况,并建立消防器材台账,确保完好。

四、服务区管理要求

服务区经营单位要定期、不定期对服务区管理进行自查,每次检查的情况须详细记录、存档,并服从行业主管部门及南横公司管理、接受监督。原则上南横公司须在合同中约定向经营单位收取合同额一定比例的履约保证金,强化管理约束机制,确保正常履约、提高管理效率和服务质量。

南横公司应根据地方行业主管部门及上级单位有关要求,经常性做好服务监督,积极引导经营单位开展星级服务区创建活动。可采取日常、突击、定期相结合的方式进行检查,每日例行检查,适时突击检查,每季度至少组织相关职能部门进行一次全面检查。对检查发现的问题,视事件性质及影响程度对相关经营单位处以通报批评、黄牌警告、罚(扣)没履约保证金、提前解除合同、上报地方行业主管部门、列入集团公司"黑名单"等处罚,并做好详细记录、存档。

若因管理不善受到地方政府、行业主管部门、社会监督机构通报批评或处罚或被媒体曝光或社会投诉造成负面影响的,南横公司、经营单位应及早与相关单位沟通协调,积极应对舆情危机,最大限度地消除对企业声誉的影响。

第13章　南横高速公路投建营一体化项目建设总结与展望

“建设交通强国”是以习近平同志为核心的党中央立足国情、着眼全局、面向未来作出的重大战略决策，是建设现代化经济体系的先行领域，是全面建成社会主义现代化强国的重要支撑，是新时代做好交通工作的总抓手。进入新时代，高速公路建设将由追求速度规模向更加注重质量效益转变，致力于打造一流设施、一流技术、一流管理、一流服务，全面推进企业高质量发展。

南横高速公路项目始终以“建设交通强国”为宗旨，充分发挥中央企业联合体投资人专业优势，依法高效履行合同要求，高质量推进南横高速公路项目建设。在建设过程中，积极创新管理模式、强化品质工程建设、注重项目综合效益提升，打造一套高速公路投建营一体化建设管理模式，为高速公路建设发展注入新动能，用实力与责任书写交通建设的崭新华章。

第1节　运作管理经验总结

广西中铁南横高速公路有限公司秉承“勇于跨越，追求卓越”的企业精神，贯彻落实《交通强国建设纲要》，推行现代工程管理，开展公路建设工程质量提升行动，注重效益提升，充分发挥 BOT + EPC 模式在投融资、工程建设和全寿命周期管理等方面的优势，着力打造高速公路“投建营”一体的专业化平台，通过工程设计优化、重点技术创新应用、管理创新等举措，创建“优质耐久、安全舒适、经济环保、社会认可”的品质工程，谱写高速公路投建营新篇章。

一、各相关方通力合作，创新管理模式，引领投建营一体化高质量发展

近年来，广西壮族自治区人民政府积极探索高速公路建设新型融资模式，构建投资主体多元化、融资方式多样化的交通投融资体制新格局。广西壮族自治区交通运输厅有效组织开展南横高速公路项目核准前的前期工作和投资人选择有关工作，政府其他相关部门积极协调配合，简化审批程序，在项目前期工作推进和征地拆迁过程中给予大力支持，为项目建设提供了良好的外部环境。项目沿线地方政府树立大局意识，强化责任担当，积极调动资源，全力配合做好项目征地拆迁、管线迁移、青苗补偿、资产归属工作和项目建设过程中的各项服务工作，取得良好成效，为南横高速公路建设赢得宝贵时间。投资方联合体牵头人中铁交通投资集团有限公司整合中国中铁系统内综合实力强、专业领域经验丰富的投资、设计、施工等单位组成联合体，共同组建项目公司负责南横高速公路项目的投资、融资、建设、运营和维护，为“投建营一体化”高质量发展注入不竭动力。项目实施过程中，联合体各方通力合作，优势互补，协同精进，科学精简设置项目公司、指挥部管理机构，统筹推进股权合作、收益回报、风险分担、投资

控制、建设管理等方面改革创新,保证全寿命周期管理理念在规划设计、采购、施工与运营等各阶段工作中的高效贯彻执行,为项目实现预期效益奠定了良好的基础。

二、技术管理创新并举,强化过程管控,夯实品质工程建设根基

1. 加强项目策划,强化设计优化,助推项目提质增效

项目中标后,集团公司主要领导亲自带队,到现场逐段勘察,研究方案,制定措施,明确了项目投建营一体化建设目标和方向。项目公司精耕细作,积极部署落实,详细开展项目调查,对项目目标、融资渠道、组织架构、标段划分、设计优化、制度体系、材料供应等精心策划,为项目提质增效定位导航;聘请专家学者授课,多次召开专题研讨会,为打造品质工程出谋划策。整合投资方内部设计、施工、运营等专业技术力量大力推进设计优化,并聘请设计咨询单位指导方案优化。通过对路线、互通、关键构造物等进行优化,减少土石方外弃,基本达到土石方平衡,设计线路合理避开了大片基本农田、村庄、古树、高压铁塔等,使设计方案更加科学合理,降低了工程实施难度,节约了资源,降低了投资,提高了行车舒适度和运营安全性,实现了项目技术、经济、安全、环保等综合效益最优,为项目提质增效奠定了坚实的基础。

2. 搭建创新平台,推进技术创新,赋能攻克技术难关

党的二十大报告指出"创新是第一动力""坚持创新在我国现代化建设全局中的核心地位"。广西中铁南横高速公路有限公司针对项目建设过程中遇到的难题,搭建技术创新平台,大力开展技术创新,为优质、高效建成南横高速公路项目提供了强有力的技术支撑和人才保障。为了大力弘扬工匠精神,充分发挥专家型职工在"大众创业、万众创新"实践中的引领示范和骨干带头作用,进一步掀起群众性经济技术创新热潮,加快知识型、技术型、创新型职工队伍建设,夯实创新驱动发展的群众基础,推动企业高质量发展,项目公司创建了以总工程师钟万波冠名的"项目创新工作室",为项目开展技术创新提供了平台,也为项目创优奠定了坚实基础。针对项目重点控制性工程,围绕科研课题攻关,开展复杂桥梁施工监控与运营监测一体化平台关键技术研究,构建基于桥梁功能评价模型的检监测统一评价体系,开发检监测一体化平台,实现复杂桥梁建设与运营的完美结合,打造投建营一体化示范工程;针对南横高速公路的典型路基状况,加强技术研发应用,开发高路堤稳定实用技术、高路堤变形预测控制实用技术、高路堤变形开裂防治技术,达到路基边坡稳定与整体稳定、工后沉降变形可预测、路面结构早期开裂破坏可控制的目标。

3. 整合信息资源,打造智慧引擎,提升项目管理水平

"建设交通强国"战略背景下,高速公路信息化与智能化是国家发展战略重要组成部分,项目公司积极贯彻新发展理念,采用先进的项目管理理念和方法,通过将物联网、云计算、大数据、人工智能、BIM、移动应用等新一代信息技术与高速公路全寿命周期业务深度融合,结合南横高速公路项目实际管理需求,建立了一个集计量支付、检验批、工程档案、隐患排查、进度计划、施工动态于一体,信息集成、数据融通、功能强大的公路工程项目管理平台,利用可视化系统生动形象地展现施工过程中的质量问题、安全问题、图纸信息问题等,及时跟进施工建造进度,加强现场质量管理,实现信息资源整合和重点路段全程实时数据监控,使得项目建设"可知、可视、可测、可控、可评价",进一步提升高速公路项目的智能化管理能力和服务水平。

4. 强化标准化管理，规范现场施工，助力工程品质提升

项目公司发扬中铁人"开路先锋"精神，多措并举，不断加强施工现场标准化管理，将标准化施工理念贯穿于每个施工环节，严格控制每道工序质量，为提高施工效率、保证工程质量和安全提供强有力的保障。制定了《临时工程标准化建设指南》，规范项目部建设，要求每个项目部建设一个标准化钢筋加工场，一座混凝土拌合站，一个标准制梁场。推行标准化工艺，样板引路，加强关键工序控制，规范现场施工，现场重点开展了桩头环切工艺、墩身钢筋预制及安装、涵洞防水施工、涵背回填质量控制、路基填料及压实度控制、边坡防护集中预制安装等标准化工艺推广应用工作。经广西壮族自治区交通运输厅现场实体检测，路基压实度、钢筋保护层、混凝土回弹强度100%合格。聘请专业单位，加强桩基检测、试验检测、施工监测、环保监测等，打造"内实外美"品质工程。

三、践行绿色发展理念，勇担社会责任，助推"精品南横"品牌建设

项目公司强化标杆意识，积极开展绿色公路建设，贯彻"节能减排、智慧高效、环境友好、通畅优美"的建设理念，坚持"预防为主、综合防治、全面规划"的管理原则，建立环保及水保管理保证体系，从思想保证、组织保证、制度保证、措施保证、工作保证、经济保证等方面系统采取措施，确保项目环保及水保管理目标的实现。此外，项目在景观绿化、服务区设计等方面充分融入广西民族特色和风土人情，实现道路与环境和谐相融，使得南横高速公路成为融合特色文化的生态之路。项目公司在项目建设中积极履行社会责任，打造便民利民的和谐工程，融入地方发展，服务大局，积极为带动地方就业、助力乡村振兴等做出央企应有的贡献。优先招聘当地村民为后勤辅助人员，通过消费助农的方式采购地方沃柑、甘蔗等农产品，为退役军人服务站捐赠办公用品，自愿给村民活动室修建挡土墙，通过实际行动带动地方产业发展，促进居民就业，增加当地居民收入，服务乡村振兴，得到地方政府表彰，使得南横高速公路成为让国家、让人民踏实的大路。

第2节　展望

投建营一体化转型发展是交通投资企业推动发展方式变革、实现可持续发展的必经之路。投建营一体化模式高效整合企业内部各类资源，将项目运作范围在投资业务的基础上扩展到工程建设这一项目运作的关键环节，实现以投资拉动工程建设。针对高速公路投建营一体化项目，应以投资为主导，以实现投资价值最大化为目标，全面、高效开展投资决策支持、建设管理、运营管理和资本运作工作，构建以制度、业务、知识和人才为核心的管理体系，形成全寿命周期管理的一体化发展格局，推动企业高质量可持续发展。

一、坚持制度建设优先，规范项目实施全过程

一是要建立项目投融资决策支持制度体系，以"全寿命周期管理、风险可控、效益最大化"为原则，建立投资决策支持平台工作机制，强化业务协同能力，科学把握投资方向，严格控制投资风险，保证投资效益。二是要建立项目建设管理规范化制度体系，以项目管理层和责任主体

定位为基础，分级分类开展制度建设，建立“投资主导、分级授权、过程受控、协同经营”的项目管控体系，增强契约精神，提高项目管理履约水平。三是要建立项目运营管理标准化制度体系。围绕价值创造，制定以标准化运营管理和特色路衍经济为核心的制度体系，落实“一路一策”专项运营管理机制，提升运营效率，培育新的经济增长点，实现投资收益快速提升。四是要建立项目资本运作专业化制度体系，以“依法合规、服务战略、结构合理、资本循环”为原则，构建以资本运作管理为核心的制度体系，健全资本运作监管制度，完善对国有资本重大运作事项的管控机制，保障资产的有效盘活和结构优化。

二、提升业务服务能力，实现投资效益最大化

一是要建立以科学决策为导向的投资决策支持业务体系，制定切合公司实际的投资决策支持方案，明确项目筛选、投资论证和成果交付等工作流程，建立投资开发全过程风险防控机制，开展项目实施阶段的动态投资评估，持续提升业务能力，有效保障项目投资回报。二是要建立以投资控制为导向的建设管理业务体系，围绕项目建设各阶段管控要点，加强投资控制、质量安全、工期进度及合同管理，提升建设管理能力，保障投资受控，提升管控水平。三是要建立以价值创造为导向的运营管理业务体系，建设集“智慧运行、智慧服务、智慧养护、智慧管理”于一体的“大运营”发展模式，创新引进“服务区＋”多元化发展理念，拓展路衍经济新增长点，实现经济效益和社会效益的双提升。四是要建立以持续发展为导向的资本运作管理业务体系，创新融资模式，跟踪重点资产的运行状况，动态研判资产价值，适时推动重点资产的资本运作，优化资产结构，降低资产负债率，提升公司的再投资能力，形成投资滚动发展的良性循环。

三、畅通知识归集通道，推动“知本”变“资本”

一是要建立投资决策支持资料库和研究成果库，全面掌握国家政策法规、行业形势、业务资源等系统性数据资料，形成体系完备、作用突出的研究成果库，强化成果应用，提升投资决策支持能力。二是要建立项目管理标准化文件、数据库和成果库，明确建设管理事项与业务流程，收集并整合建设管理、技术、商务文件和科技等数据和成果，提供规范性指引，有效开展成果转化和推广应用。三是要建立运营管理技术标准库，对标机电运维、桥隧管理、道路养护、应急保障等领域的先进技术，形成涵盖行业数据、标准规范等的基础数据库，积累技术成果，制定技术标准，增强专业技术实力。四是要建立资产动态信息库和资源信息库，跟踪重点资产的运行状况，动态研判资产价值；整合内外部资源，按照机构类型分类管理，深化与金融资本、产业资本、第三方机构等的合作关系，促进资本配置优化，提升再投资能力。

四、创新人才培育模式，助推人才队伍建设

一是要优化人才规划体系，开展人才盘点工作，全面分析人才现状和发展规律；重点引进和培养工程管理、商务管理、技术管理、运营管理、投资开发及资本运作等专业领军人才与业务骨干，实现专业领军人才、业务骨干人才、青年储备人才合理配置，进一步强化中青年人才队伍建设，实现干部队伍年轻化。二是要健全人才评价体系，坚持德才兼备，建立科学有效的人才

分类评价机制，并结合平台岗位能力需求开展胜任力评价，丰富考评手段，采用个人述职、面试答辩、专家评价等方式，提高评价的针对性、精准性和激励性，助推人才快速成长。三是要完善人才开发体系，结合投建营专业能力素质要求，分类别、分层次制定人才专项培养方案，推行常态化导师制、系统培训、轮岗交流、基层历练等人才培养举措，不断对标外部市场标杆企业的先进理念，着力提升平台业务专业能力、研判能力、管理能力和创新能力。四是要畅通人才成长体系，以业绩、能力为导向，搭建科学、规范的员工岗位职级发展和干部管理体系，打造涵盖管理序列、技术序列、技能序列的多元化发展通道，并建立与人才成长通道相配套的激励约束机制，激发人才活力。

参考文献

[1] 刘军辉. 高速公路信息化与智能化建设研究[J]. 智能建筑与智慧城市,2021(1):123-124,127.

[2] 袁家凤,张蒙迪. PPP + 股权合作 + EPC 模式在新时期高速公路投资中的应用[J]. 交通企业管理,2020,35(4):28-30.

[3] 陈峰. 新形势下“投建营一体化”的现状和创新研究[J]. 财经与管理,2020,4(12):107-110.

[4] 杨孝安. 中国承包企业境外投建营一体化项目关键影响因素研究[D]. 北京:北京交通大学,2020.

[5] 周家义,吴超. 实现可持续发展的战略选择——中国电建“投建营一体化”实施经验及建议[J]. 国际工程与劳务,2017(3):24-29.

[6] 杨瑾. 论投建营一体化模式项目的成本控制[J]. 装饰装修天地,2020(23):171.

[7] 杜奇睿,程都. 中国企业境外“投建营一体化”模式的主要风险及对策研究[J]. 宏观经济研究,2020(10):32-41.

[8] 王瑞镛,乌敏,潘敏,等. “新基建”新工程咨询服务导论:模式与案例[M]. 北京:中国建筑工业出版社,2020.

[9] 李刚. 中土集团海外投建营商业模式研究[D]. 北京:北京交通大学,2020.

[10] 王海涛,陈刚,洪蕾,等. 基于投建营一体化模式下的“四个平台”建设[J]. 交通科技与管理,2022(4):190-192.

[11] 陈鑫范. 工程总承包法律应用实务[M]. 北京:中国建材工业出版社,2019.

[12] 王佩茜. “BOT + EPC”高速公路项目总承包商质量行为研究[D]. 重庆:重庆交通大学,2019.

[13] 梁文浜,马超升. 新形势下对高速公路运营管理高质量发展的思考[J]. 中国公路,2020(10):98-101.

[14] 闫茂旺. 高速公路企业高质量发展探讨[J]. 交通企业管理,2021,36(2):4-6.

[15] 耿彦斌. 交通运输高质量发展的内涵要义与实施重点[J]. 交通运输部管理干部学院学报,2019(4):24-27.

[16] 王泽宇,蒋俊杰,宋向南,等. 建筑业高质量发展的内涵与政府治理职能研究[J]. 工程管理学报,2022,36(1):12-17.

[17] 张晓璇. 公路高质量发展的目标和重点[J]. 中国公路,2020(15):30-32.

[18] 中华人民共和国交通运输部. 交通运输部关于深化公路建设管理体制改革的若干意见[J]. 中华人民共和国国务院公报,2015(19):77-81.

[19] 雒倩倩. 我国推行 EPC 总承包模式的制约因素分析及对策研究[D]. 兰州:兰州理工大学,2021.

[20] 程英子. H 高速公路建设项目 BOT + EPC 模式的应用及对策研究[D]. 武汉:华中师范大学,2020.

[21] 冯旭. BOT 高速公路项目建设期业主管理研究[J]. 公路交通科技(应用技术版),2019(7):334-336.
[22] 李伏元,査婷. 探究 BOT + EPC 模式下高速公路建设期全寿命周期成本管理[J]. 中国公路,2017(21):112-113.
[23] 邓睿丽. 某高速公路建设 EPC 模式的应用及效益研究[D]. 广州:华南理工大学,2017.
[24] 王建国. PPP 模式下晋宁至红塔区高速公路施工总承包管理[D]. 昆明:昆明理工大学,2017.
[25] 高靖翔. Y-R 高速公路项目 BOT + EPC 成本管理模式研究[D]. 成都:西南交通大学,2017.
[26] 蒋再文. 基于 TCE 和 MDT 的高速公路项目管理模式重构及运行机制研究[D]. 重庆:重庆大学,2015.
[27] 曾晓文,陈振,谢雄标. 高速公路建设项目管理模式的模糊综合评价[J]. 统计与决策,2010(6):54-56.
[28] 全圣彪. 高速公路建设推行建管养一体化管理模式要点[J]. 交通世界,2019(Z1):228-229.
[29] 罗潇姝. "BOT + EPC"模式下高速公路项目组织结构设计研究[D]. 重庆:重庆交通大学,2018.
[30] 熊彬臣. 联营体模式下国际工程 EPC 项目安全管理研究[J]. 建筑经济,2019,40(12):27-30.
[31] 李兆东. EPC 项目安全管理探讨[J]. 城市建设理论研究(电子版),2016(7):1133-1134.
[32] 李丛. "BOT + EPC"模式下高速公路项目投资控制研究[D]. 重庆:重庆交通大学,2015.
[33] 戴倩. 高速公路 BOT + EPC 项目总承包企业成本分析与控制研究[D]. 重庆:重庆交通大学,2017.
[34] 杨敏. BOT + EPC 高速公路项目成本管理模式研究[D]. 重庆:重庆大学,2015.
[35] 付洁. BOT + EPC 模式下高速公路工程管理模式探索[J]. 经贸实践,2018(3):239-240.
[36] 陈洋. 基于"BOT + EPC"模式的高速公路项目组织模式比较研究[D]. 重庆:重庆交通大学,2017.
[37] 陈明. 基于 EPC 总包模式建设项目安全管理研究[D]. 衡阳:南华大学,2012.
[38] 王延辉,李仁海,苏鹏,等. 基于创优目标的电力 EPC 总承包工程质量管理系统构建[J]. 工程质量,2019,37(6):9-13.
[39] 于洋,谷一,雷震,等. 浅谈"BOT + EPC"总承包模式下的质量管理[J]. 建筑工程技术与设计,2018(25):3317,4061.
[40] 赵志勇. 关于 BOT + EPC 合资模式下的施工总承包管理[J]. 建筑工程技术与设计,2014(9):461.
[41] 广西交通投资集团有限公司. 广西交通投资集团有限公司高速公路项目建设管理指南(筹备篇)[M]. 北京:人民交通出版社股份有限公司,2020.
[42] 广西高速公路投资有限公司. 广西高速公路立项审批与标准化设计管理指南[M]. 北京:人民交通出版社股份有限公司,2020.

[43] 陈敏,孟刚,苗琦,等.新时代建设项目压覆矿产资源管理的思考[J].中国矿业,2022,31(9):24-30.

[44] 李友鹏,潘峰,仝纪龙,等."以新带老"在公路环评中的应用[J].环境保护,2011(8):44-45.

[45] 王超磊,杨桂书,任锦亮.浅析河道管理单位内建设项目防洪影响评价[J].四川水泥,2017(4):161.

[46] 黎益仕,张红,余积明,等.地震安全性评价制度改革的问题与展望[J].震灾防御技术,2021,16(4):781-788.

[47] 原利兵.阳城县点状供用林地占补双平衡探讨[J].山西林业,2020(5):10-11,48.

[48] 白振荣,佘文,张明.使用林地可行性报告编制的常见问题与对策[J].江苏林业科技,2007(4):52-54.

[49] 刘景然,袁满,王琦.跨越航道桥梁航道通航条件影响评价相关问题分析[J].中国水运(下半月),2021,21(4):12-13.

[50] 李丹,李贤波,周颖明.论土地复垦方案编制的重要性[J].南方农业,2017,11(2):72-73.

[51] 李鹏.涉铁工程安全风险管理的探讨[J].上海铁道科技,2014(4):20-21,23.

[52] 中华人民共和国交通部.公路工程基本建设项目设计文件编制办法:交公路发〔2007〕358 号[S].北京:人民交通出版社,2007:7.

[53] 中华人民共和国交通运输部.公路工程技术标准:JTG B01—2014[S].北京:人民交通出版社股份有限公司,2014:9.

[54] 中华人民共和国交通运输部.公路项目安全性评价规范:JTG B05—2015[S].北京:人民交通出版社股份有限公司,2016:12.

[55] 中华人民共和国交通部.公路勘测规范:JTG C10—2007[S].北京:人民交通出版社,2007:4.

[56] 中华人民共和国交通运输部.公路工程地质勘察规范:JTG C20—2011[S].北京:人民交通出版社,2011:10.

[57] 中华人民共和国交通部.高速公路交通工程及沿线设施设计通用规范:JTG D80—2006[S].北京:人民交通出版社,2006:8.

[58] 郑宏波.铁路工程勘察设计项目管理研究[D].北京:北京交通大学,2017.

[59] 罗伯明.提高建设项目设计审查质量势在必行——以北京经济技术开发区为例[J].北京规划建设,1999(4):42-43.

[60] 杨晨.高速公路项目设计阶段影响工程造价的因素分析[J].科技创新导报,2012(2):112.

[61] 姚嘉林,简丽,厉明玉.新时期绿色公路的内涵特征与建设理念[J].交通世界,2018(17):3-6.

[62] 邹锋.山区高速公路总体设计优化思路与方法分析[J].四川建筑,2021,41(4):37-39.

[63] 乐重.铁路综合选线原则思考[J].高速铁路技术,2015,6(3):54-58.

[64] 贾辉,成佳丽,赵立廷,等.山区高速公路设计优化的思路和方法[J].公路,2022,67(5):

217-219.
[65] 汪芳芳,徐祖恩. 浙西南山区高速公路常规桥梁设计要点[J]. 公路交通科技(应用技术版),2018,14(12):167-169,172.
[66] 刘海鸿,符永茂,李胜超. 绿色转型发展下的公路总体设计原则[J]. 交通世界,2021(16):3-5.
[67] 孙津若. 基于生态恢复的高速公路景观绿化设计[J]. 现代园艺,2022,45(6):171-172,175.
[68] 陈辰. 基于地域特色的广西高速公路景观绿化设计探究[J]. 科技创新与应用,2021,11(12):81-83.
[69] 李兴才,邵广建. 公路的优化设计[J]. 林业科技情报,2013,45(1):122-124.
[70] 刘刚亮,陈杰. 广佛肇高速公路 BOT + EPC 建设管理模式研究与建构[M]. 北京:人民交通出版社股份有限公司,2016.
[71] 孙波. BOT 公路项目施工招标与合同管理研究[D]. 西安:长安大学,2008.
[72] 阳逸勋. 大丰华高速公路项目招标管理剖析[J]. 企业技术开发,2019,38(9):35-37.
[73] 史廷轶. 山东高速公司高速公路建设项目招标管理研究[D]. 成都:西南交通大学,2016.
[74] 仇立强. 烟海高速公路建设项目招标管理研究[D]. 西安:西北大学,2012.
[75] 陈耀斌. 基于博弈论的公共建筑工程项目招标策略研究[D]. 北京:中国科学院大学,2020.
[76] 彭东黎. 公路工程招投标与合同管理[M]. 3 版. 重庆:重庆大学出版社有限公司,2021.
[77] 王振峰,张丽,钱雨辰. 公路工程招投标与合同管理[M]. 武汉:华中科技大学出版社,2020.
[78] 孙晨. 基于"EPC + BOT"模式下的高速公路项目成本控制研究[D]. 包头:内蒙古科技大学,2021.
[79] 董轩铭. 高速公路工程项目管理与项目成本控制[J]. 黑龙江交通科技,2021,44(9):233-234.
[80] 王莉萍. 高速公路工程项目质量通病管理与控制[J]. 交通世界,2018(10):150-151,153.
[81] 贺泽敏. 高速公路建设中业主方的环保、水保管理对策研究[J]. 湖南交通科技,2020,46(2):49-53.
[82] 朱茹琴. 高速公路施工项目成本控制方法探讨[J]. 中国产经,2021(7):191-192.
[83] 邢杰. 公路工程项目管理中的环保、水保措施[J]. 交通企业管理,2014,29(4):45-46.
[84] 覃坤. 解析公路工程 BOT + EPC 项目成本管理[J]. 黑龙江交通科技,2017,40(10):175,177.
[85] 钱源. 浅谈指导性施工组织设计文件的编制[J]. 价值工程,2013,32(26):93-95.
[86] 许有俊,孙晨. EPC + BOT 模式下高速公路项目成本控制分析[J]. 建材与装饰,2019(34):262-263.
[87] 徐涛. 政府公共投资项目成本控制环节与对策探讨[J]. 城市建设理论研究(电子版),2016(32):143-144.
[88] 袁立. 投建营一体化战略[J]. 施工企业管理,2021(11):112-116.
[89] 柯运生. EPC 模式下项目成本控制的关键环节分析[J]. 财经界,2015(6):121-122.
[90] 石磊. 高速公路建设项目全过程投资控制分析[J]. 交通世界,2017(27):128-129.

[91] 陈明友. 浅谈高速公路项目建设全过程投资成本控制管理[J]. 江西建材,2017(15):160,165.
[92] 尚亚飞. 高速公路施工阶段的造价控制思考[J]. 运输经理世界,2021(12):13-15.
[93] 沈芝萍. 浅析公路工程竣工资料的整理和编制[J]. 黑龙江交通科技,2021,44(8):209-210.
[94] 张进春. 影响高速公路造价的因素及有效的造价控制措施研究[J]. 运输经理世界,2021(20):90-92.
[95] 杨贞,徐燕雯. 优化高速公路建设项目资金控制管理策略探讨[J]. 财务与金融,2021(3):47-52.
[96] 郝银平. 浅议公路建设单位资金管理存在的问题及对策[J]. 商讯,2021(22):150-152.
[97] 赵波. 我国高速公路运营管理模式研究[D]. 重庆:重庆交通大学,2013.
[98] 史琦. 高速公路运营管理优化对策研究[D]. 西安:长安大学,2016.
[99] 陈赟,刘建军. 高速公路项目运营风险管理[M]. 长沙:中南大学出版社有限责任公司,2014.
[100] 苏浩成. 高速公路管理公司员工绩效考核体系研究——以 NLJ 高速公路管理公司为例[D]. 昆明:云南财经大学,2016.
[101] 现代交通远程教育教材编委会. 高速公路运营管理[M]. 北京:北京交通大学出版社,清华大学出版社,2004.
[102] 郭丰敏,李永成. 高速公路运营管理基础[M]. 北京:人民交通出版社,2007.
[103] 曾江洪. 高速公路运营管理指南[M]. 北京:人民交通出版社,2006.
[104] 何雄伟. 中外高速公路管理体制研究[J]. 交通科技,2006(5):114-117.
[105] 唐维君. 公共服务民营化视角下的高速公路运营管理模式研究——以上海为例[D]. 上海:复旦大学,2011.
[106] 王勤,张周,张征. 公路收费政策变化对高速公路建设的财务影响[J]. 财政监督,2015(32):46-48.
[107] 张家祥. 内蒙古自治区高速公路运营管理的问题及对策研究[D]. 北京:中国政法大学,2011.
[108] 陈长龙. 高速公路运作机制研究——中国高速公路为什么收费高而且难以免费化[D]. 上海:复旦大学,2009.
[109] 周舒灵. 浙江省高速公路服务区智慧化改造设计初探[J]. 智能建筑与智慧城市,2020(6):81-83.
[110] 王娜,刘甲荣,郭建民,等. 论济青高速公路的精细化养护管理[J]. 公路,2012(1):183-186.
[111] 林广明,王风晨,朱敏清. 高速公路服务区发展与运营管理[M]. 北京:中国建材工业出版社,2017.
[112] 花卉. 高速公路服务区经营开发与功能扩展[J]. 现代经济信息,2016(15):328.
[113] 张琛. 高速公路服务区经营开发与功能扩展[D]. 西安:长安大学,2013.
[114] 林云日. 福建省高速公路服务区功能拓展研究[D]. 昆明:云南师范大学,2014.
[115] 张蓉. 云南省高速公路服务区经营功能拓展研究[D]. 昆明:云南大学,2017.

[116] 孙玲. 高速公路服务区物流功能拓展及其运营模式研究——以贵州省为例[D]. 重庆:重庆交通大学,2019.
[117] 周舒灵. 浙江省高速公路服务区改扩建规划与建筑设计研究[D]. 杭州:浙江大学,2019.
[118] 冯云鹤,王凯,李永亮. 高速公路服务区功能设计及功能拓展[J]. 华东公路,2014(5):16-19.
[119] 雷仕欢. 分布式太阳能光伏发电在高速公路服务区中的应用[J]. 低碳世界,2017(8):17-18.
[120] 叶青云. 高速公路运营管理研究[D]. 长沙:中南大学,2009.
[121] 王刚. 高速公路养护中的安全管理浅析[J]. 科技与企业,2013(19):64.
[122] 刘颖,关昌余. 全力建立现代化公路养护管理体系——解读《"十三五"公路养护管理发展纲要》[J]. 中国公路,2016(15):54-58.
[123] 李波. 浅析委托运营管理模式在经营性高速公路中的应用[J]. 商品与质量,2019(24):165.
[124] 谢强,周秀汉,丁红林,等. 高速公路运营管理委托制初探[J]. 公路,2006(10):116-121.
[125] 肖辉. 珠江三角洲高速公路运营管理体制改革的探讨[J]. 广东公路交通,1999(1):1-5.
[126] 熊毅. 中国高速公路养护导入 Performance-Based Contract 模式的研究[D]. 重庆:重庆大学,2015.
[127] 李岩峰. 山东省高速公路智能交通安全系统建设中的问题与对策研究[D]. 济南:山东大学,2018.
[128] 武兆伟. 高速公路综合指挥调度系统设计[J]. 科技信息,2014(6):164-165.
[129] 王孟钧,陈辉华,刘少兵. 建筑企业战略管理[M]. 北京:中国建筑工业出版社,2007.
[130] 王辉. BOT 项目中的人力资源管理问题研究——以 W 项目公司为例[D]. 武汉:华中师范大学,2020.
[131] 付思诗. 四川省高速公路货物运输超限综合治理分析研究[D]. 西安:长安大学,2019.
[132] 李军强,刘民军. 高速公路 PPP 项目运营管理存在的问题及对策[J]. 云南水力发电,2021,37(8):195-198.
[133] 杨战毅. 企业媒体关系与公共危机舆论应对[J]. 东方企业文化,2014(15):98-99.
[134] 张丽英,金俊武. 关于发展我国高速公路产业投资基金的思考[J]. 中国软科学,2000(2):88-90.
[135] 周勇,邹光华. 高速公路经营公司的投融资创新实践[J]. 中国公路,2020(1):62-68.
[136] 路学忠. 浅议高速公路经营开发[J]. 中小企业管理与科技(上旬刊),2013(7):142-143.
[137] 田瀚. 四川高速公路服务区的定位和运营发展研究[D]. 成都:电子科技大学,2017.
[138] 景宏福. 路衍经济的发展机理与价值逻辑探析[J]. 山东社会科学,2021(6):152-157.
[139] 母国勇. 高速公路运营管理模式及灾害预防研究[D]. 成都:西南交通大学,2005.

[140] 马力.我国西北地区高速公路管理体制面临的问题及改善对策研究[D].重庆:重庆交通大学,2015.

[141] 陈苏.我国高速公路养护管理体制研究[D].长春:东北师范大学,2015.

[142] 姚丽贤.高速公路养护管理[J].交通世界,2011(7):94-95.

[143] 赵海瑜.浅谈高速公路养护现状及对策[J].黑龙江交通科技,2011,34(5):91-92.

[144] 孙晓凤.高速公路日常养护市场化经营的经济试用性[J].现代经济信息,2018(10):341-342.

[145] 刘亚辉.高速公路企业运营效益评价研究[D].长沙:长沙理工大学,2007.

[146] 姜岩飞.高速公路运营管理体制及收费政策研究[D].西安:长安大学,2014.

[147] 汪慧.市场经济条件下高速公路管理模式研究[D].西安:长安大学,2010.

[148] 周锦.高速公路管理体制创新研究——以H省为例[D].长沙:湖南师范大学,2015.

[149] 金绮丽.当代中国高速公路管理体制的现状及改善对策研究[D].长春:吉林大学,2004.

[150] 冯春,罗幸炳.我国高速公路行政管理体制改革分析——积极推进“重庆模式”[J].理论与改革,2008(2):90-92.

[151] 杨亮.重庆高速公路综合执法模式研究[D].重庆:西南政法大学,2009.

[152] 李卉.吉草高速公路服务区运营管理研究[D].长春:吉林大学,2015.

[153] 牟笛.基于TOPSIS法的高速公路服务区运营模式研究[D].成都:西南交通大学,2018.

[154] 崔士伟,陈大豹,张云辉.高速公路服务区发展模式研究[M].北京:北京大学出版社,2016.

[155] 张启华.中国共产党历史系列辞典[M].北京:中共党史出版社,党建读物出版社,2019.

[156] 金昇.A市高速公路资源整合分析[J].中外企业家,2018(28):113.

[157] 屈文渭.Z省交通集团高速公路板块资源整合研究[D].南昌:江西财经大学,2016.

[158] 中华人民共和国交通运输部.公路工程竣(交)工验收办法实施细则[J].交通标准化,2010(8):14-16.

[159] 中华人民共和国交通运输部.公路工程竣(交)工验收办法(中华人民共和国交通部2004年第3号令发布)[J].交通标准化,2004(8):17-19.

[160] 夏岩昆,李强,胡艺兵.高等级公路工程的验收[J].交通科技与经济,2000(2):9-10.

[161] 楼文辉,虞文锦,于明镇.公路工程项目收尾管理的措施分析[J].浙江交通职业技术学院学报,2007(1):13-15.

[162] 温鹰海.竣工文件编制中一些问题的探讨[J].交通标准化,2005(8):63-64.

[163] 何海燕.论公路工程档案质量管理[J].西部交通科技,2009(8):164-166.

[164] 张军.浅论公路工程项目档案管理[J].工程与建设,2011,25(3):430-432.

[165] 司梅菊.浅谈公路工程竣工资料整理[J].科技信息,2013(24):334.

[166] 王敏.高速公路建设项目环境影响评价存在的主要问题及评价要点[J].海峡科学,2018(11):44-46.毕天祥.云南省临沧市高速公路全过程环境管理研究[D].云南大学,2022.